W9-CMT-575

STUDIES ON THE CIVILIZATION AND CULTURE OF NUZI AND THE HURRIANS

Volume 11

The Pula-ḫali Family Archives

by

Brigitte Lion

and

Diana Stein

Edited by

David I. Owen

and

Gernot Wilhelm

CDL Press
Bethesda, Maryland
2001

Published by CDL Press, P.O. Box 34454, Bethesda, MD 20827;
E-Mail: cdlpress@erols.com; website: www.cdlpress.com; Fax: 253-484-5542

ISBN 1-883053-56-0

Library of Congress Cataloging-in-Publication Data

Lion, Brigitte.
The Pula-hali family archives / by Brigitte Lion and Diana L. Stein.
p. cm. — (Studies on the civilization and culture of Nuzi and the Hurrians ; v. 11)
Includes index.
Texts in English and French.
ISBN 1-883053-56-0
1. Nuzi (Extinct City)—Economic conditions—Sources. 2. Nuzi (Extinct city) —Social conditions—Sources. 3. Pula-hali family—Archives. 4. Seals (Numismatics)—Iraq—Nuzi (Extinct city). I. Stein, Diana L. II. Series.

DS70.5.N9 L56 2001
935–dc21 2001043262

The Publication of Volume 11 of
Studies on the Civilization and Culture of Nuzi and the Hurrians
was made possible thanks to a generous subvention by

Jon A. Lindseth, '56,
distinguished alumnus and member
of the Cornell University library advisory council,

Bruce Ferrini,
antiquarian and friend of the Cornell University library

and

The Occasional Publication Fund of the Department of Near Eastern Studies
Cornell University, Ithaca, New York

Preface

Eight years ago, our former co-editor, M.A. Morrison, combining an analysis of the archaeological evidence with a careful study of the prosopography of the texts, undertook a comprehensive study of the Eastern Archives of Nuzi (*SCCNH* 4 [1993], 3–130). There, Morrison delineated the methodology she had used to produce a study of the Pula-ḫali family and the merchants of Nuzi (pp. 95–114), along with other family archives. Building upon Morrison's pioneering effort, the full publication of "Excavations at Nuzi 9," and utilizing material published after Morrison's study, B. Lion now provides a detailed portrait of the Pula-ḫali family over three generations. Lion's undertaking reflects the untapped resources within the Nuzi archives—especially the diverse archives of the Palace, Teḫip-Tilla, Šilwa-Teššup, and the smaller family archives—and is a model for what these texts still offer to interested scholars. In addition, Lion has provided a study of the archive of the merchant Ḫašip-Tilla son of Kip-ukur, reconstructing his career and expanding the horizons of her first article. Together, these contributions add significant understanding to the society and economy of Nuzi. As a complement to Lion's contributions, D. Stein has contributed an important study on the sealing practices reflected in the Pula-ḫali archives, coupled with copies of all the seal impressions on the tablets of that archive. Stein's familiarity with the Nuzi glyptic corpus was demonstrated in her masterful study of the Šilwa-Teššup archive sealings (AdŠ 8–9). Stein working closely with Lion reflects the essential cooperation between philologist and art historian, which inevitably produces the most accurate portrayal of the combined data. Taken together, these three penetrating studies reveal the significant results that can be achieved through a careful analysis of all the available Nuzi archival data and their contribution to a fuller understanding of Hurrian society and culture.

We would like to thank Jon A. Lindseth, distinguished Cornell University alumnus, class of 1956, Bruce Ferrini, antiquarian, and the Cornell University, Department of Near Eastern Studies, Occasional Publication Fund, for the generous subsidy that facilitated the prompt publication of this volume. Their interest in and support of the publication of this series is greatly appreciated.

The editors will be pleased to consider articles submitted on historical, philological, archaeological, and art historical topics relating to the general topics of Nuzi, the Hurrians, Hurrian and Hurro-Akkadian, Hurro-Hittite, and Urartian in their widest chronological and geographical contexts. In addition, book-length manuscripts will be considered for publication. Accompanying photos must be printed on gloss paper and clearly labeled. Charts and line drawings should be made so that they can be accommodated in the format size of this volume. Manuscripts from Europe should be sent directly to Professor Gernot Wilhelm, Institut für Orientalische Philologie der Julius-Maximilians-Universität Würzburg, Ludwigstraße 6, D-97070 Würzburg, Germany. Those from North America and Asia should be sent to Professor David I. Owen, Near Eastern Studies, Rockefeller Hall 360, Cornell University, Ithaca, NY 14853-2502 USA. Inquiries may also be made by electronic mail to dio1@cornell.edu; by facsimile to (USA) 607-255-1345 or gernot.wilhelm@mail.uni-wuerzburg.de; facsimile (Germany) 049-931-31-26-74. Manuscripts should be submitted preferably in electronic form (IBM or MAC format) with the name and version of the word processor used, accompanied by a printed copy made on a laser or equivalent printer. Abbreviations and footnotes must conform to the styles reflected in the series. Volume 12: *General Studies and Excavations at Nuzi 10/3*, is in press. Closing date for manuscripts for the next volume of general studies is December 15, 2002. Contributors will be provided with 25 free reprints of their articles.

Studies on the Civilization and Culture of Nuzi and the Hurrians (*SCCNH*), volumes 1–5, may be obtained directly from Eisenbrauns, POB 275, Winona Lake, IN 46590 USA, e-mail orders@eisenbrauns.com, website http://www.eisenbrauns.com. Volumes 6 and following may be obtained directly from CDL Press, P. O. Box 34454, Bethesda, MD 20827 USA, e-mail cdlpress@erols.com; fax: (USA) 253-484-5542; website http://www.cdlpress.com; or from your bookseller.

David I. Owen and
Gernot Wilhelm
Ithaca and Würzburg
June 15, 2001

TABLE OF CONTENTS

L'ARCHIVE DE PAŠŠI-TILLA FILS DE PULA-ḪALI

Une famille de financiers du royaume d'Arrapḫa au XIVe s. av. J.-C.

BRIGITTE LION

Studies on the Civilization and Culture of Nuzi and the Hurrians - 11

TABLE DES MATIÈRES

AVANT-PROPOS

Le travail sur l'archive de la famille de Pula-ḫali a été entrepris fin 1994, dans le cadre d'un programme européen Procope, dirigé par Jean-Marie Durand, professeur à la IVe section de l'EPHE, et par Gernot Wilhelm, professeur à la Julius-Maximilians-Universität de Würzburg.

Grâce à ce programme, j'ai pu bénéficier de deux séjours à Würzburg, haut lieu des études consacrées à Nuzi et au monde hourrite, en décembre 1994 et en août 1996. Conseillée par G. Wilhelm, j'ai entrepris de réexaminer une petite archive, celle des descendants du marchand Pula-ḫali. La plupart des tablettes concernées avaient déjà été copiées par E. R. Lacheman et ces planches venaient d'être publiées dans *SCCNH* 4. M. A. Morrison, dans le même volume, consacrait un chapitre à cette famille et à ses archives. Le travail de M. A. Morrison était donc un point de départ précieux pour une étude approfondie de ce petit lot de textes.

Les tablettes concernées sont presque toutes conservées au Harvard Semitic Museum. La plupart d'entre elles ont été collationnées par G. Wilhelm en septembre 1996; sept autres ont été collationnées par J. Fincke à l'automne 1997. Enfin j'ai pu moi-même examiner presque toutes les tablettes en juillet 1998.

Je tiens à remercier ici tous ceux qui m'ont aidée à mener à bien ce projet:

Jean-Marie-Durand, initiateur parisien du programme, m'a vivement encouragée à me consacrer à l'étude de la documentation de Nuzi.

Gernot Wilhelm, directeur de la partie allemande du programme, m'a accueillie par deux fois à Würzburg; il m'y a laissé un libre accès au précieux fichier des textes de Nuzi et a mis à ma disposition la bibliographie qui me manquait à Paris. Il m'a largement fait bénéficier de sa connaissance des textes de Nuzi et de la langue hourrite; il a suivi les progrès de ce travail, a entièrement collationné plusieurs dizaines de textes à ma demande et m'a informée des joints qu'il avait pu opérer avant leur publication.

Tous deux ont en outre affecté une partie des fonds du programme Procope à mes séjours à Würzburg.

Thomas Richter, lors de ces mêmes séjours, m'a apporté son soutien tant intellectuel que logistique.

Jeanette Fincke m'a généreusement transmis ses copies et transcriptions des textes de Harvard qui concernaient cette archive, avant même leur publication dans la série *SCCNH*. Comme G. Wilhelm, elle a collationné plusieurs tablettes. Elle m'a aidée de ses suggestions toujours éclairantes et m'a guidée parmi les tablettes de Harvard. Sa connaissance très approfondie du corpus de Nuzi m'a été d'un grand secours.

L'EP 1730 du CNRS (devenue depuis UMR 7041 «Archéologies et sciences de l'Antiquité») a financièrement pris en charge une partie de ma mission à Harvard; Francis Joannès, directeur de la section «Histoire et Archéologie de l'Orient Cunéiforme» de cette équipe, est à l'origine de cette décision.

Piotr Steinkeller, conservateur de la collection de Harvard, m'a donné l'accès le plus large aux tablettes. Je remercie également pour leur accueil chaleureux au Semitic Museum James Armstrong, Joseph Greene et Tonia Sharlach.

D. Charpin m'a permis d'utiliser la police de sa création «CunéiType 1», comme il l'a déjà fait pour la plupart de mes travaux antérieurs.

Ma gratitude s'adresse aussi à Luc Bachelot, Pam Friedman et sa famille, Berthille Lyonnet, Cécile Michel, Martha Morrison, Gerfrid Müller, David Owen, Diana Stein, Pierre Villard et Juan-Pablo Vita, pour leur aide amicale et efficace, ainsi qu'à tous ceux qui m'ont apporté leur soutien affectueux pendant ces années.

Paris, juillet 2000.

PRINCIPALES ABRÉVIATIONS

Les abréviations utilisées sont celles retenues par le *CAD*. La liste ci-dessous rappelle les abréviations principales et en ajoute quelques autres, utiles pour la bibliographie des tablettes de Nuzi.

AAN = E. Cassin et J.-J. Glassner, *Anthroponymie et Anthropologie de Nuzi, vol. 1. Les anthroponymes*, Malibu, 1977.

AASOR 16 = R. H. Pfeiffer et E. A. Speiser, *One Hundred New Selected Nuzi Texts*, AASOR 16, New Haven, 1936.

AdŠ = *Das Archiv des Šilwa-Teššup*:
- G. Wilhelm, *Das Archiv des Šilwa-Teššup Heft 2. Rationen Listen I*, Wiesbaden, 1980.
- G. Wilhelm, *Das Archiv des Šilwa-Teššup Heft 3. Rationen Listen II*, Wiesbaden, 1985.
- G. Wilhelm, *Das Archiv des Šilwa-Teššup Heft 4. Darlehensurkunden und Verwandte Texte*, Wiesbaden, 1992.
- D. Stein, *Das Archiv des Šilwa-Teššup Heft 8. The Seals Impressions (Text)*, Wiesbaden, 1993.
- D. Stein, *Das Archiv des Šilwa-Teššup Heft 9. The Seals Impressions (Catalogue)*, Wiesbaden, 1993.

AOAT 205/1 = W. Mayer, *Nuzi-Studien I. Die Archive des Palastes und die Prosopographie der Berufe*, AOAT 205/1, Neukirchen-Vluyn, 1978.

EN = *Excavations at Nuzi*:
- EN 1 à 8: cf. HSS.
- EN 9/1 = E. R. Lacheman, D. I. Owen et M. A. Morrison, *SCCNH* 2, 1987, pp. 355–702.
- EN 9/2 = E. R. Lacheman, M. A. Morrison et D. I. Owen, *SCCNH* 4, 1993, pp. 131–398.
- EN 9/3 = E. R. Lacheman et D. I. Owen, *SCCNH* 5, 1995, pp. 87–357.
- EN 10/1 = J. Fincke, *SCCNH* 8, 1996, pp. 379–468.
- EN 10/2 = J. Fincke, *SCCNH* 9, 1998, pp. 217–384.

HSS = Harvard Semitic Series:
- HSS 5 = E. Chiera, *Excavations at Nuzi 1. Texts of Varied Contents*, Cambridge, Mass., 1929.
- HSS 9 = R. H. Pfeiffer, *Excavations at Nuzi 2. The Archives of Shilwateshub Son of the King*, Cambridge, Mass., 1932.

– HSS 13 = R. H. Pfeiffer, *Excavations at Nuzi 4. Miscellaneous Texts from Nuzi I*, Cambridge, Mass., 1942.
– HSS 14 = E. R. Lacheman, *Excavations at Nuzi 5. Miscellaneous Texts from Nuzi II*, Cambridge, Mass., 1950.
– HSS 15 = E. R. Lacheman, *Excavations at Nuzi 6. The Administrative Archives*, Cambridge, Mass., 1955.
– HSS 16 = E. R. Lacheman, *Excavations at Nuzi 7. Economic and Social Documents*, Cambridge, Mass., 1958.
– HSS 19 = E. R. Lacheman, *Excavations at Nuzi 8. Family Law Documents*, Cambridge, Mass., 1962.

LDN = D. I. Owen, *The Loan Documents from Nuzu*, Ann Arbor, 1969.

Nuzi 1 = R. F. S. Starr, *Nuzi, volume 1, Text*, Cambridge, Mass., 1939.

Nuzi 2 = R. F. S. Starr, *Nuzi, volume 2, Plates and Plans*, Cambridge, Mass., 1937.

NPN = I. J. Gelb, P. M. Purves et A. A. Mac Rae, *Nuzi Personal Names*, OIP 57, Chicago, 1943.

RATK = A. Fadhil, *Rechtsurkunden und administrative Texte aus Kurruḫanni*, Heidelberg, 1972, thèse inédite.

RGTC 10 = J. Fincke, *Die Orts- und Gewässernamen der Nuzi-Texte*, Répertoire Géographique des Textes Cunéiformes, vol. 10, Wiesbaden, 1993.

SCCNH = *Studies on the Civilization and Culture of Nuzi and the Hurrians*:
– M. A. Morrison et D. I. Owen (éds.), *In Honor of Ernest R. Lacheman on His Seventy-fifth Birthday, April 29, 1981*, *SCCNH* 1, Winona Lake, 1981.
– D. I. Owen et M. A. Morrison (éds.), *General Studies and Excavations at Nuzi 9/1*, *SCCNH* 2, Winona Lake, 1987.
– E. R. Lacheman et M. P. Maidman (éds.), *Joint Expedition with the Iraq Museum at Nuzi 7: Miscellaneous Texts*, *SCCNH* 3, Winona Lake, 1989.
– D. I. Owen et M. A. Morrison (éds.), *The Eastern Archives of Nuzi and Excavations at Nuzi 9/2*, *SCCNH* 4, Winona Lake, 1993.
– D. I. Owen (éd.), *General Studies and Excavations at Nuzi 9/3*, *SCCNH* 5, Winona Lake, 1995.
– M. P. Maidman, *Two Hundred Nuzi Texts from the Oriental Institute of the University of Chicago, Part I*, *SCCNH* 6, Bethesda, 1994.
– D. I. Owen et G. Wilhelm (éds.), *Edith Porada Memorial Volume*, *SCCNH* 7, Bethesda, 1995.
– D. I. Owen et G. Wilhelm (éds.), *Richard F. S. Starr Memorial Volume*, *SCCNH* 8, Bethesda, 1996.
– D. I. Owen et G. Wilhelm (éds.), *General Studies and Excavations at Nuzi 10/2*, *SCCNH* 9, Bethesda, 1998.
– D. I. Owen et G. Wilhelm (éds.), *Nuzi at Seventy-Five*, *SCCNH* 10, Bethesda, 1999.

SCL = F. N. H. Al-Rawi, *Studies in the Commercial Life of an Administrative Area of Eastern Assyria in the Fifteenth Century B.C., Based on Published and Unpublished Texts*, University of Wales, 1977, thèse inédite.

SCTN 2 = E. R. Lacheman, *Selected Cuneiform Texts from Nuzi in the Harvard Semitic Museum*, Cambridge, 1935, thèse inédite, vol. 2.

SMN = Semitic Museum, Nuzi: numéros des textes de Nuzi dans la collection du Harvard Semitic Museum.

STPPKA = A. Fadhil, *Studien zur Topographie und Prosopographie der Provinzstädte des Königreichs Arrapḫe*, Baghdader Forschungen 6, Mainz, 1983.

I. L'ARCHIVE DE PAŠŠI-TILLA FILS DE PULA-ḪALI

DÉFINITION DU CORPUS

Le site antique de Nuzi correspond au tell de Yorghan Tepe, en Irak; il se trouve à moins d'une vingtaine de kilomètres au sud-ouest de Kirkouk. Il a été fouillé entre 1925 et 1931, par l'American School of Oriental Research in Baghdad, puis par la Harvard-Baghdad School Expedition. Il a livré entre 5000 et 6000 tablettes, datant du XIVᵉ s. av. J.-C. Celles-ci éclairent la vie de cette petite ville de province; Arrapḫa, la capitale du royaume auquel appartenait Nuzi, se trouve localisée sous la ville actuelle de Kirkouk et n'a pu être fouillée.

La plupart des tablettes de Nuzi relève d'archives privées, exhumées dans des maisons. Publiés et commentés dans un premier temps selon des critères typologiques, ces textes font l'objet d'études par archives depuis quelques décennies seulement: en regroupant les documents trouvés en un même lieu, appartenant à un même individu ou à plusieurs générations d'une même famille, il devient possible de mettre en évidence les relations entre les divers membres de la famille ainsi que leurs activités, en particulier dans le domaine économique.

Deux archives énormes ont déjà été abordées en ce sens: celle de Teḫip-Tilla et de ses descendants, qui comprend plus d'un millier de textes, a été traitée par M. P. Maidman dans sa thèse et dans plusieurs articles; celle de Šilwa-Teššup, le fils du roi, riche de plusieurs centaines de tablettes, est actuellement en cours de republication complète par G. Wilhelm et D. Stein. Des lots d'archives plus modestes, comptant quelques dizaines de tablettes, ont pu être repérés. C'est ainsi que K. Grosz a consacré un ouvrage aux textes de la famille de Wullu, trouvés à Arrapḫa lors de fouilles clandestines, et contemporains des documents de Nuzi. M. A. Morrison s'est intéressée aux maisons des quartiers sud-ouest et est du tell de Nuzi[1].

Les archives du secteur est comprennent plus d'une dizaine de lots, parmi lesquels celui de Pula-ḫali et de ses descendants, trouvé dans une maison d'habitation dite par les fouilleurs «groupe 19.» En présentant l'ensemble des

[1] Pour ces problématiques archivistiques et la bibliographie correspondante, cf. O. Pedersén, *Archives and Libraries in the Ancient Near East, 1500–300 BC*, Bethesda, 1998, pp. 15–32 et B. Lion, «Les archives privées d'Arrapḫa et de Nuzi», *SCCNH* 10, pp. 35–62.

archives orientales, dans *SCCNH* 4, M. A. Morrison a publié une synthèse consacrée à cette famille[2]. Son étude prend en compte les textes déjà connus par des publications antérieures[3], ainsi que les nombreuses copies parues dans *SCCNH* 4, sous le sigle EN 9/2. Le travail proposé ici s'inspire directement de celui de M. A. Morrison, en y ajoutant les documents supplémentaires parus depuis.

Cinq autres copies se rattachant au même groupe ont en effet paru dans *SCCNH* 5: EN 9/3 230, 504 = 519 et 518 et dans *SCCNH* 9: EN 10/2 102 et 166. Il faut leur ajouter EN 10/3 202, 292 et 295[4]. Deux documents complétés par des joints ont également été republiés: EN 9/2 345 + fragment 2691 (NTF-P 51)[5] et HSS 19 97 + EN 10/2 167[6]. D'après le tableau donné par M. A. Morrison (*SCCNH* 4, p. 17), il reste en outre un inédit provenant du «groupe 19» dont le personnage central est Pašši-Tilla, fils de Pula-ḫali: SMN 2383[7].

Il faut aussi prendre en compte, dans le cas de cette famille, certains textes retrouvés à Tell al-Faḫḫār, le site de l'antique ville de Kurruḫanni, à une trentaine de kilomètres au sud-ouest de Nuzi. Deux campagnes de fouilles irakiennes, de 1967 à 1969, y ont mis au jour plusieurs centaines de tablettes, contemporaines de celles de Nuzi. Parmi elles, quelques-unes, qui ne concernent pas directement la famille de Pula-ḫali, mentionnent des individus appartenant à son cercle de relations. Et un texte inédit, TF 1 426 = IM 70985[8], rédigé non à Kurruḫanni mais à Tupšarriniwe, une autre ville du royaume d'Arrapḫa, fournit de précieux renseignements sur l'implantation de la famille de Pula-ḫali à Tupšarriniwe; il ne relève pas de l'archive des descendants de Pula-ḫali; c'est un texte à caractère officiel, qui devait être conservé par les autorités de cette ville.

---

2 «The Family of Pula-ḫali and the Merchants. Texts from Group 19 (Part 2)», *SCCNH* 4, Chapter 5, pp. 95–114.

3 La liste figure dans *SCCNH* 4, p. 97, n. 17 à 20. Il s'agit de AASOR 16 97, HSS 16 231, HSS 19 99 et 126. HSS 19 97 est désormais à compléter par EN 10/2 167, joint réalisé par J. Fincke, cf. ci-dessous n. 6. Ces cinq documents ont été transcrits et traduits par A. Fadhil, *RATK*, pp. 18–24. R. E. Hayden, *Court Procedure at Nuzi*, 1962, a transcrit et traduit un procès (SMN 2372 = EN 9/2 440) et W. W.-K. Chow, *Kings and Queens of Nuzi*, 1973, pp. 174–77, le même procès et une lettre (SMN 2380 = EN 9/2 102). D. I. Owen, *LDN*, a traité plusieurs textes de prêts, cf. ci-dessous, § 3.5 et n. 63.

4 Ces textes seront publiés par J. Fincke, qui m'a communiqué ses copies et je l'en remercie vivement.

5 Joint de G. Wilhelm, *SCCNH* 9, pp. 213–14.

6 Joint de J. Fincke, *SCCNH* 9, pp. 317–19.

7 Cf. aussi G. Wilhelm, *SCCNH* 1, p. 342. Je n'ai pas pu retrouver ce texte parmi les fragments conservés à Harvard.

8 Ce texte inédit est en partie cité et étudié par A. Fadhil, *RATK*, pp. 24–26. Il est mentionné par M. A. Morrison, *SCCNH* 4, p. 99 et p. 104.

L'archive de la famille de Pula-ḫali compte en tout cinquante deux documents, auxquels s'en ajoutent quatre qui, sans faire intervenir directement les membres de la famille, mentionnent plusieurs personnages bien connus par l'archive. Ces textes sont ici numérotés de 1 à 56. La plupart d'entre eux ont dû appartenir non à Pula-ḫali, le plus ancien membre actif connu de la famille, mais à l'un de ses fils, Pašši-Tilla (cf. ci-dessous § 9); la maison fouillée abritait en fait l'archive de Pašši-Tilla fils de Pula-ḫali.

L'arbre généalogique de cette famille a été reconstruit par M. A. Morrison (*SCCNH* 4, p. 96 et 116). Pula-ḫali, fils de Muš-apu, avait au moins trois fils, Šurki-Tilla, Pašši-Tilla et Kipal-enni. Pašši-Tilla avait au moins deux fils, Waḫḫurra et Iwiya. Les collations d'EN 9/2 207 (44) montrent que Kipal-enni avait lui aussi plusieurs fils, dont ni le nombre ni les noms ne sont cependant connus. D'autre part, une proposition de relecture de HSS 19 97 + EN 10/2 167 (10) due à J. Fincke[9] entraîne une importante modification: Akip-tura, considéré dans les reconstructions antérieures comme un frère de Šurki-Tilla, Pašši-Tilla et Kipal-enni, serait en fait leur grand-père ou leur arrière-grand-père, sans que l'on sache exactement de quelle façon il se relie à leurs ascendants. On aboutit désormais à la proposition suivante:

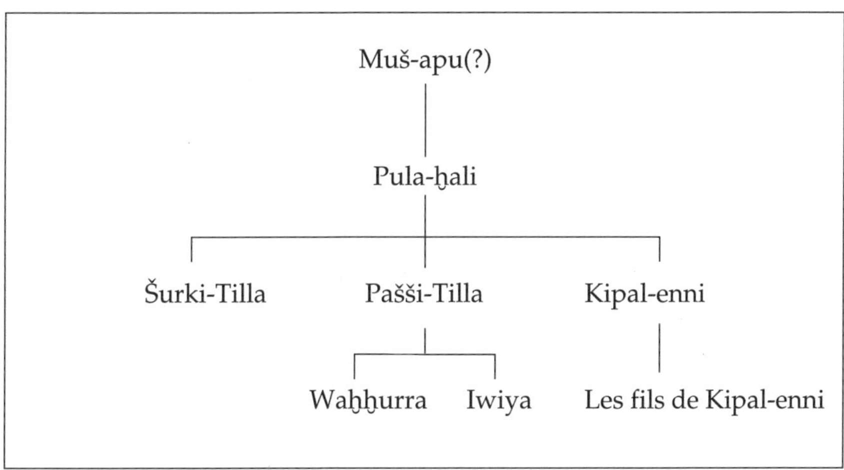

L'archive concerne trois générations actives, celles de Pula-ḫali, de ses enfants et de ses petits-enfants. Les textes de Nuzi n'étant presque jamais datés, leur chronologie est relative. Elle se fonde sur des comparaisons faites, d'une part, avec la famille la mieux documentée sur le site, celle de Teḫip-Tilla; d'autre part, avec la succession des générations de scribes, puisque les rédacteurs des tablettes y mentionnent toujours leur nom. La famille de Pula-ḫali ne semble pas avoir eu de contacts directs avec celle de Teḫip-Tilla. En revanche, les scribes qui rédigent des tablettes pour Pula-ḫali et ses descendants appartien-

9 Cf. infra, § 2.4.

nent à la quatrième et à la cinquième génération de scribes de Nuzi[10]. Cette cinquième génération scribale étant aussi la dernière attestée, cela place chonologiquement l'archive vers la fin de la vie du site.

C. Zaccagnini avait déjà remarqué que Pula-ḫali était impliqué dans des affaires commerciales, puisqu'il recevait, d'après EN 9/2 339 (2), du cuivre et de l'étain prêtés «à intérêt et pour faire un profit commercial» (*a-na* MÁŠ-*ti ù* DAM-GÀR-*ši*-MEŠ)[11]. EN 9/2 209 (1) confirme désormais que Pula-ḫali était bien un «marchand», lú dam-gàr. D'autres indices montrent que la principale activité de Pula-ḫali, mais aussi de ses descendants, était le commerce. Le fils de Pula-ḫali, Pašši-Tilla, semble s'être spécialisé dans le financement des entreprises commerciales et la composition de l'archive reflète cette activité, avec une prédominance de contrats de prêts, alors que les transactions sur la terre demeurent assez peu représentées.

Enfin cette archive possède un dernier trait caractéristique. De nombreux intervenants, contractants dans les transactions ou témoins, se retrouvent très souvent dans plusieurs textes, ce qui est normal dans la mesure où ils constituent le cercle habituel de relations de la famille: amis, voisins ou débiteurs. Mais ils sont par ailleurs fort peu attestés, hors de cette archive, dans les autres tablettes de Nuzi; en revanche, quelques-uns d'entre eux sont désormais connus par les textes de Tell al-Faḫḫār. Ce phénomène tient au fait que la plupart des transactions effectuées par la famille se déroulent à Tupšarriniwe et que les personnes mentionnées dans les différentes tablettes sont souvent implantées dans cette ville, sans doute proche de Kurruḫanni, et non à Nuzi. Cela donne à cette archive, du point de vue prosopographique, un caractère relativement fermé.

La présente étude reprend la publication systématique des textes concernant les descendants de Pula-ḫali. Elle se propose de déterminer les activités, principalement économiques, des différents membres de cette famille et de donner un aperçu des investissements du milieu marchand de Tupšarriniwe au XIVe s. av. J.-C.

---

10 Sur la chronologie des scribes de Nuzi, cf. P. M. Purves, «The Early Scribes of Nuzi», *AJSL* 57 (1940), pp. 162–87 et G. Wilhelm, *Untersuchungen zum Ḫurro-Akkadischen von Nuzi*, AOAT 9, Neukirchen-Vluyn, 1970, pp. 8–11.

11 C. Zaccagnini, «The Merchant at Nuzi», *Iraq* 39 (1977), pp. 186–87.

1. PULA-ḪALI

Pula-ḫali est un nom rare, peut-être d'origine cassite[12]. Presque toutes ses occurrences dans la documentation de Nuzi concernent le même personnage[13]. Il a au moins un homonyme, un berger au service d'Enna-mati fils de Teḫip-Tilla, qui n'est connu que par le litige JEN 350. Un Pula-ḫali apparaît dans une liste du palais, HSS 16 348: 20[14], texte pour lequel J. Fincke a trouvé un fragment de duplicata, EN 10/2 145[15]. Cette liste compte 61 hommes et se termine par la mention *an-nu-tu₄ ši-ba-a ša i-liq-qú-ú*, «ce sont eux qui ont reçu le *šiba'u*[16]» (ll. 35–36); certains sont des artisans, mais aucun nom de métier ne qualifie Pula-ḫali. Dans la mesure où le Pula-ḫali étudié ici est un marchand, et où l'un de ses fils, impliqué lui aussi dans les activités commerciales, a utilisé ses compétences pour les affaires du palais, il n'est pas exclu que le Pula-ḫali de HSS 16 348 et EN 10/2 145 soit la même personne, apparaissant dans la liste en raison de ses relations avec le palais.

La plupart des documents portant le nom de Pula-ḫali ne le concernent pas directement, mais relèvent des transactions de ses enfants; son nom n'apparaît alors que comme patronyme. Il intervient en tant que personnage actif deux fois seulement, dans EN 9/2 209 (1) et 339 (2), qui ont trait à ses entreprises commerciales.

EN 9/2 339 (2) pose le problème de sa filiation. Le nom de son père, qui figure l. 6, est très abîmé et a été lu en général M/Nuš-apu. Les collations de G. Wilhelm et les miennes ne permettent pas de résoudre cette difficulté. Je conserve la lecture Muš-apu, bien que douteuse. L'archive doit cependant être distinguée de celle de Muš-apu fils de Purna-zini, retrouvée dans la même maison (groupe 19)[17]. Dans son manuscrit *Personal Names from the Kingdom of Arrapḫa*, E. R. Lacheman donne une autre référence à Pula-ḫali fils de Muš-apu: SMN 2804, mais celle-ci n'apparaît pas à l'entrée inverse, Muš-apu père de Pula-ḫali. SMN 2804 est inédit. Dans *SCTN* 2, E. R. Lacheman ne l'a pas transcrit; il définit les numéros SMN 2740 à 2999 comme «fragments» (p. 258).

---

12 G. Dosch et K. Deller, «Die Familie Kizzuk. Sieben Kassitengenerationen in Temtena und Šuriniwe», *SCCNH* 1, pp. 112–13. Le nom de Pula-ḫali aurait une étymologie cassite: *NPN*, pp. 213 et 146 et K. Balkan, *Kassitenstudien I. Die Sprache der Kassiten*, *AOS* 37, 1954, p. 47. Deux *ḫabiru* de ce nom figurent dans le prisme de Tikunani: M. Salvini, *The Ḫabiru Prism of King Tunip-Teššup of Tikunani*, Rome, 1996, p. 25, iv 54 et p. 33, vii 51, et T. Richter, «Anmer-kungen zu den hurritischen Personennamen des *ḫapiru*-Prismas aus Tigunānu», *SCCNH* 9, p. 126. Voir cependant les réserves de G. G. W. Müller, «The Geography of the Nuzi Area», *SCCNH* 10, p. 86.

13 M. A. Morrison, *SCCNH* 4, pp. 98–99, a déjà rassemblé l'essentiel des informations concernant Pula-ḫali.

14 Il a été retrouvé en R 76 et est mentionné par W. Mayer, AOAT 205/1, p. 81.

15 Ce fragment est parallèle à HSS 16 348: 16–20.

16 Sur ce terme, cf. *AHw* p. 1226b et *CAD* Š/3 pp. 64b–65a.

17 M. A. Morrison, *SCCNH* 4, p. 99.

EN 9/2 209 (1) et 339 (2) sont très proches, tant par leur formulaire que par leur contenu. Ce sont des déclarations faites devant témoins par un bailleur de fonds, Ṣillī-Šamaš ou Nūr-Kūbi. Ces deux individus sont par ailleurs inconnus dans ce corpus, ce qui n'est guère surprenant puisque le reste de l'archive concerne surtout la deuxième génération de la famille. Ils reconnaissent avoir reçu de Pula-ḫali une somme de métal qu'ils lui avaient prêtée.

TEXTE	BAILLEUR	OBJET DU PRÊT	FORMULAIRE
EN 9/2 209 (1)	Ṣillī-Šamaš f. [...i]p-šarri	[x] mines d'étain	[EME-*š*]*u*
EN 9/2 339 (2)	Nūr-Kūbi f. M[a-x-š]u	cuivre et bronze	*umma...-ma*

Les sommes exactes empruntées par Pula-ḫali ne sont pas connues: dans EN 9/2 209 (1), le prêt d'étain se compte en mines mais le chiffre est perdu; dans EN 9/2 339 (2), le montant du cuivre et du bronze n'est pas précisé. Ces chiffres figuraient certainement dans les contrats établis au moment du prêt, dont l'existence est rappelée. Pula-ḫali avait contracté des dettes successives auprès de Ṣillī-Šamaš, puisque celui-ci détenait plusieurs «tablettes de dette de Pula-ḫali»[18]. De même, EN 9/2 339 (2), dans un contexte assez cassé, mentionne séparément les tablettes concernant les avances de cuivre et celles concernant les avances de bronze faites à Pula-ḫali, ce qui suppose l'existence de plusieurs contrats.

Une fois l'étain remboursé, Ṣillī-Šamaš rend ses créances à Pula-ḫali et Nūr-Kūbi doit faire de même avec les reconnaissances de dettes de cuivre et de bronze[19]. Mais aucune trace de ces tablettes n'a été retrouvée dans l'archive de la famille. Elles ont pu être détruites car, une fois le remboursement effectué, elles n'étaient plus véritablement utiles à Pula-ḫali: EN 9/2 209 (1) et 339 (2), qui tenaient lieu de reçus, annulaient et remplaçaient à la fois ces documents antérieurs. Les présentes tablettes, au contraire, ont dû être conservées avec soin par Pula-ḫali, puis par ses descendants, car elles pouvaient, le cas échéant, leur servir à prouver que la famille était quitte de toute dette envers Ṣillī-Šamaš et Nūr-Kūbi[20]; leur place dans l'archive familiale s'explique donc aisément.

EN 9/2 209 (1) définit Pula-ḫali comme «lú dam-gàr» (l. 6); cela indique que les prêts consentis par Ṣillī-Šamaš étaient de nature commerciale. EN 9/2 339 (2), qui ne donne pas la profession de Pula-ḫali, fournit en revanche plus de

---

18 EN 9/2 209 (1): 5–6 *ṭup-pí*-MEŠ *ḫu-ub-bu-li-šu* [*ša*] [I]*pu-la-ḫ*[*a-l*]*i* et 14–16, cf. ci-dessous n. 19 et 20.

19 EN 9/2 209 (1): 14–17 [*ma-n*]*a-am-ma ṭup-pa* [*ša ḫu-u*]*b-bu-li-šu* [*ša* [I]*p*]*u-la-ḫa-li* [*ú-te-e*]*l-li* et probablement EN 9/2 339 (2): 21–23 (texte abîmé).

20 Les deux documents insistent sur le fait que la totalité de la dette a été payée, cf. EN 9/2 209 (1): 5 [*mi*]-*nu-me-e* [AN-N]A-MEŠ *ša* pi_4 *ṭup-pí*-MEŠ *ḫu-ub-bu-li-šu* et 14–17, n. précédente; EN 9/2 339 (2): 2–3 *mi-nu-um-me-e* URUDU-MEŠ *ù mi-nu-um-me-e* ZABAR-MEŠ.

renseignements sur l'emploi des métaux prêtés: ils doivent en effet être rendus avec un intérêt et avec, en plus, une autre somme appelée *tamkaraššī*[21]. C. Zaccagnini, d'après ce contexte, a proposé de voir dans ce terme une partie du profit de l'entreprise commerciale qui revient au bailleur et qui se distingue évidemment de l'intérêt habituel[22]. Les prêts en métaux contractés par Pula-ḫali devaient servir à financer des entreprises commerciales dont la nature précise n'est pas connue. Néanmoins ces deux tablettes, qui montrent que le remboursement a bien eu lieu, témoignent du succès et de la rentabilité de ces entreprises.

Les témoins sont différents dans les deux textes, à l'exception du *hazannu* Akiya, dont le patronyme est perdu[23] et, peut-être, de Bēliya fils de Katiri, si l'on propose de restituer ce patronyme pour le témoin de EN 9/2 339 (2): 31. Deux témoins, Mušušše fils de Ṣillī-šemi présent dans EN 9/2 209 (1) et Bēliya fils d'Aḫ-ummeya présent dans EN 9/2 339 (2), figurent aussi dans d'autres documents concernant les fils de Pula-ḫali.

Pula-ḫali était propriétaire foncier à Tupšarriniwe, d'après TF 1 426 = IM 70985: 19, qui mentionne un champ voisin de ses domaines, l'ensemble étant situé dans le terroir de Tupšarriniwe: l'implantation de la famille dans cette région remonte donc au moins à sa génération.

2. Les fils de Pula-ḫali

2.1. *Identité des fils de Pula-ḫali*

Pula-ḫali a eu au moins trois fils.

Le mieux documenté est Pašši-Tilla, qui a laissé un gros ensemble de contrats de prêts ainsi que d'autres archives concernant diverses transactions (11 à 43).

Kipal-enni accorde lui aussi des prêts: EN 9/2 97+ (45) et 348 (46). Il sert de témoin dans des contrats concernant son frère Pašši-Tilla: HSS 19 99 (11) et EN 9/2 33 (36). La lettre EN 9/2 102 (47) le mentionne. Le texte commercial fragmentaire EN 9/2 207 (44) montre que son frère Pašši-Tilla s'intéresse de près à ses affaires.

Šurki-Tilla apparaît par deux fois comme témoin dans des contrats qui ne concernent pas directement les affaires de sa famille, EN 9/2 337 (48) et 441 (49).

Il existe huit documents mettant en cause plusieurs frères. Trois créances les désignent globalement comme «les fils de Pula-ḫali», sans donner leurs noms: AASOR 16 97 (5): 4 et 10, EN 9/2 352 (3): 6 et 10–11 et EN 9/2 353 (4): 7 et 13, ainsi qu'un contrat de *titennūtu* fragmentaire, EN 9/2 524 (7): 8′ et 11′. En revanche, les quatre autres textes font apparaître leurs noms, dans l'ordre suivant:

---

21 EN 9/2 339 (2): 9–10 *qà-du* MÁŠ-*ti-šu ù qà-du* DAM-GÀR-*ši*-[MEŠ].

22 «The Merchant at Nuzi», *Iraq* 39 (1977), pp. 186–88.

23 Ce personnage figure également dans HSS 15 125: 8.

EN 10/2 166 (6)	Šurki-Til[la]		Kipal-enni
EN 9/2 267 (8)	Šurki-Tilla	Pa[šši-Tilla]	Kipal-en[ni]
EN 9/3 230 (9)	[Šur]ki-Tilla	[Pa]ššiya	
HSS 19 97 + EN 10/167 (10)		Pašši-Tilla	Kipal-enni

Lorsque les noms de deux ou trois des fils de Pula-ḫali sont clairement donnés, l'ordre suivi par ces textes est fixe et pourrait refléter leur âge[24]: Šurki-Tilla serait le plus âgé, puis viendraient Pašši-Tilla et Kipal-enni.

Ce groupe de textes doit dater d'une période où les frères géraient leur héritage en indivision. Dans cette hypothèse, ils se situeraient chronologiquement après le décès de Pula-ḫali, donc après les textes EN 9/2 209 (1) et 339 (2), mais avant les autres textes de l'archive, où l'on voit chacun des frères agir pour son propre compte.

Dans les huit occurrences mentionnées ci-dessus, plusieurs fils de Pula-ḫali agissent ensemble; mais puisque dans quatre cas l'identité de ces fils n'est pas précisée, on ne peut savoir combien de fils, ni lesquels exactement, sont concernés.

2.2. *Les contrats de prêt passés par plusieurs fils de Pula-ḫali*

Les fils de Pula-ḫali consentent quatre prêts, dont le tableau suivant résume les données:

TEXTE	DÉBITEUR	OBJET DU PRÊT	FORMULAIRE
EN 9/2 352 (3)	Eḫliya [f. d'A]kkuya	35 m. 15 s. d'étain	[EM]E-*šu*
EN 9/2 353 (4)	Šurukka f. d'Arip-urikke	27 m. d'étain 1 m. 55 s. de bronze	EME-*šu*
AASOR 16 97 (5)	Šurukka f. d'Arip-urikke	une épée de bronze, poids 1 m. et 1 m. d'étain	
EN 10/2 166 (6)	Kelip-šarri f. [...]	20 m. de bronze	

24 P. M. Purves, «The Early Scribes of Nuzi», *AJSL* 57 (1940), p. 163, n. 2, suggère que les scribes de Nuzi, lorsqu'ils mentionnent plusieurs frères à la suite, les classent par ordre d'âge. M. P. Maidman a confirmé ce phénomène pour les textes de l'archive de Teḫip-Tilla, dans «The Teḫip-Tilla Family of Nuzi: A Genealogical Reconstruction», *JCS* 28 (1976), pp. 151 et 154. Cela correspond sans doute à une pratique générale, mais un exemple contraire peut se trouver dans l'archive de la famille de Pula-ḫali; en effet EN 9/2 352 (3): 31–32

Malgré des formulaires légèrement différents, tous quatre sont des prêts à intérêt. Dans EN 10/2 166 (6), 20 mines de bronze sont prêtées; le texte précise que 30 mines de bronze, représentant le capital accru de l'intérêt, doivent être rendues: l'intérêt de 50% est en effet habituel à Nuzi[25]. Dans trois cas, un intérêt supplémentaire doit s'ajouter si l'échéance fixée est dépassée (intérêt moratoire), ce qui est exprimé par une clause du type: *šum-ma ina* ITI *ša qa-bu-ú la i+na-an-din a+na pa-ni* MÁŠ-*sú* DU-*ak*, «S'il ne rend pas (la somme due) au mois fixé, (le prêt) produira son intérêt (supplémentaire) à (sa) charge»[26]; cette clause présente selon les documents de petites variantes.

TEXTE	DÉSIGNATION DU PRÊT	REMBOURSEMENT	INTÉRÊT MORATOIRE
EN 9/2 352 (3)	*a-na* UR_5-RA	*qa-dú* MÁŠ-*ti-šu*, «avec son intérêt»	oui
EN 9/2 353 (4)	*a-na* UR_5-RA *ù* *a-na* MÁŠ-*ti*	*qa-dú* MÁŠ-*ti-šu-nu*, «avec leur intérêt»	oui
AASOR 16 97 (5)	*a-na* MÁŠ-*ti*	*qa-du* MÁŠ-*šu*, «avec son intérêt»	non
EN 10/2 166 (6)	*a-na* U[R_5-RA]	*qa-du* MÁŠ-*ti-šu*, «avec son intérêt»	oui

Toutes les créances concernent de l'étain ou du bronze; l'habitude de prêter des métaux plutôt que des denrées agricoles est une caractéristique constante de l'activité de cette famille. Dans AASOR 16 97 (5), le bronze se présente, exceptionnellement, sous la forme d'un objet façonné: une épée (*katinnu*). Dans la mesure où il est précisé que ce bronze doit être rendu avec intérêt, on peut supposer que l'épée n'est pas prêtée pour son utilité pratique, mais pour le poids de bronze qu'elle représente, et qui est soigneusement précisé; l'emprunteur pourrait la faire refondre et en utiliser le bronze, à charge pour lui d'en rembourser un poids équivalent accru de l'intérêt.

Les sommes prêtées dans les trois autres contrats sont considérables; leur valeur peut s'expliquer par le fait qu'au moins deux, sinon trois frères, gèrent en indivision les biens de leur père et se trouvent ainsi à la tête de capitaux importants.

La date de remboursement est fixée aux mois:

énumère trois fils d'Eḫliya dans l'ordre suivant: Tarmi-Tilla, Akawatil et Ḫutip-apu, alors qu'EN 9/2 340 (28): 1–2 et 11–12 ne fait référence qu'à deux des frères, mais dans un ordre différent: Ḫutip-apu, puis Tarmi-Tilla.

25 D. I. Owen, *LDN*, pp. 38–42.

26 EN 9/2 352 (3): 12–15.

kurilli (= iii = mai-juin) de la ville de Zizza: EN 10/2 166 (6);

šeḫali de Teššup (= iv = juin-juillet): EN 9/2 352 (3) et AASOR 16 97 (5);

šeḫali (= iv = juin-juillet ou v = juillet-août): EN 9/2 353 (4).

Ces mois, consécutifs dans le calendrier, correspondent au printemps et au début de l'été[27]. L'année, comme il est de règle à Nuzi, n'est jamais indiquée, et il est probable que ces prêts sont à rembourser dans l'année en cours.

EN 10/2 166 (6) recourt à un formulaire inhabituel: il semble qu'une tierce personne, Šennaya fils de Papante, se porte garante du remboursement du prêt à Šurki-Tilla et Kipal-enni. Le débiteur, Kelip-šarri, n'est pas mentionné ailleurs dans cette archive.

En revanche, les débiteurs des prêts EN 9/2 352 (3), 353 (4) et AASOR 16 97 (5) sont connus par d'autres tablettes.

Šurukka fils d'Arip-urikke, qui est à deux reprises débiteur des fils de Pula-ḫali, emprunte une autre fois à Pašši-Tilla seul, EN 9/2 349 (29), cf. ci-dessous § 3.5. Un texte de Tell al-Faḫḫār, TF 1 436 = IM 70981[28], le montre encore une fois dans la position du débiteur, empruntant de l'étain (?) et de l'orge à Šarteya fils de Šamaḫul. Par le contrat EN 9/2 224 (34), il donne en *titennūtu* pour 2 ans à Pašši-Tilla fils de Pula-ḫali un champ situé à Tupšarriniwe, contre 5 *sūtu* d'orge et 2 mines d'étain (cf. ci-dessous § 3.7). Enfin c'est certainement le même personnage qui figure dans SIL 136: il se charge d'acheter de l'orge pour le compte de Ḫašiya, mais n'ayant pas versé à temps le grain demandé, il est accusé par Ḫašiya qui lui intente un procès à Nuzi (cf. ci-dessous § 3.3).

Dans EN 9/2 352 (3): 28–34, Eḫliya fils d'Akkuya, qui a emprunté de l'étain aux fils de Pula-ḫali, précise que, le cas échéant, ses fils Tarmi-Tilla, Akawatil et Ḫutip-apu rembourseront le prêt; ces indications permettent de dresser une partie de l'arbre généalogique de cette famille, dont on peut suivre les relations avec Pašši-Tilla (cf. ci-dessous, § 3.5).

2.3. *Les contrats de* titennūtu *passés par plusieurs fils de Pula-ḫali*

Les fils de Pula-ḫali passent trois contrats de *titennūtu* portant sur des champs.

EN 9/2 524 (7) est un contrat établi entre les fils de Pula-ḫali et Akiya pour une durée de trois ans. Akiya leur laisse son champ contre 6 mines d'étain.

EN 9/2 267 (8) est un contrat établi entre, d'une part, les fils de Pula-ḫali Šurki-Tilla, Pa[šši-Tilla] et Kipal-enni et d'autre part, Šurki-Tilla et MuWA[…], pour une durée de six ans. Šurki-Tilla et MuWA[…] laissent leur champ contre au moins dix ovins et du bronze.

EN 9/3 230 (9), texte très abîmé, porte sur un champ appartenant à […ḫ]i?-šenni, qu'il aliène à [Šur]ki-Tilla et [Pa]ššiya, en échange d'animaux et de cuivre, pour une durée de cinq ans.

---

27 C. H. Gordon et E. R. Lacheman, «The Nuzu Menology», *ArOr* 10 (1938), pp. 51–64.

28 A. Fadhil, *RATK*, n⁰ 13, pp. 85–86.

Les *titennūtu* peuvent être considérés comme des prêts à moyen terme, avec prise de gages antichrétiques. Tous comme les prêts, ces transactions permettent aux fils de Pula-ḫali de faire fructifier leurs biens. Le système est cependant différent car l'intérêt du prêt est représenté par le produit du champ, donc par des denrées agricoles. En outre, l'intérêt dans ce cas est en général bien supérieur à celui d'un prêt à intérêt classique[29]. Les contrats des fils de Pula-ḫali sont cependant trop endommagés pour qu'un calcul de l'intérêt attendu soit possible.

Les biens meubles fournis par les fils de Pula-ḫali, outre les ovins d'EN 9/2 267 (8) et EN 9/3 230 (9), sont du cuivre, du bronze et de l'étain, exactement comme pour les prêts examinés ci-dessus[30].

Les trois tablettes sont fragmentaires: les premières lignes manquent et les patronymes des contractants sont perdus. Akiya et Šurki-Tilla sont des noms trop courants pour qu'on puisse les attribuer à l'un des homonymes figurant dans l'archive de la famille de Pula-ḫali; quant au contractant d'EN 9/3 230 (9), son nom est tronqué et il n'en subsiste que la fin.

La description des champs n'a pas été conservée. Mais EN 9/3 230 (9) précise que le terrain en question se trouve dans le terroir de Tupšarriniwe, où est rédigé l'acte. Le fait qu'EN 9/2 267 (8) ait été écrit lui aussi à la porte de Tupšarriniwe laisse penser que le terrain engagé se trouvait de même dans le terroir de cette ville; la présence parmi les témoins de Tae fils de Bēliya, notable de Tupšarriniwe, confirme cette hypothèse. Dans EN 9/2 524 (7) en revanche, les noms des voisins et ceux des témoins ont disparu.

2.4. *Une acquisition de terrain par Pašši-Tilla et Kipal-enni*

HSS 19 97 + EN 10/2 167 (10) retrace l'histoire complexe d'un terrain de 5 *imēru*, soit environ 9 hectares, situé dans le terroir de Tupšarriniwe, le long de la route de Kurruḫanni. Il a d'abord appartenu à Kamputtu, fils d'Akip-tura, qui l'a cédé comme *terḫatu* à Nūr-Kūbi fils de Mār-Adad. La *terḫatu* est la somme versée, au moment d'un mariage, par le jeune époux ou sa famille au père de la mariée, ou à ses frères si le père est décédé. Il faut alors comprendre que ce Kamputtu, sur lequel il ne reste plus d'autre information, souhaitait épouser une fille ou une sœur de Nūr-Kūbi.

Le terrain demeure ensuite propriété de la famille de Nūr-Kūbi, et doit passer à son fils Akiya, puis à son petit-fils Ḫalutta. Le texte permet ainsi de reconstituer quatre générations de cette famille:

29 Sur ces aspects, cf. G. D. Jordan, «Usury, Slavery, and Land-Tenure: The Nuzi *tidennūtu* Transaction», *ZA* 80 (1990), pp. 76–92.

30 Ce fait a été signalé par M. A. Morrison, *SCCNH* 4, p. 101.

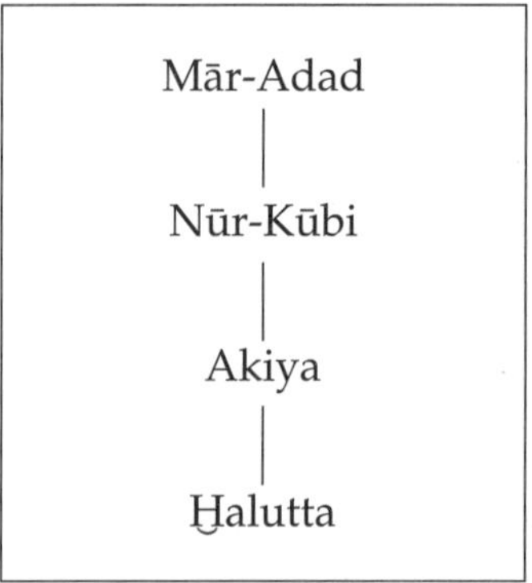

Cette généalogie est confirmée par d'autres documents provenant des archives de Pašši-Tilla: Akiya fils de Nūr-Kūbi est témoin dans EN 9/2 349 (29) et 250 (37); Ḫalutta fils d'Akiya figure dans plusieurs textes comme partie ou témoin.

HSS 19 97 + EN 10/2 167 (10) est une déclaration de Ḫalutta, selon laquelle il remet le terrain en question à Pašši-Tilla et Kipal-enni, fils de Pula-ḫali. En échange, ceux-ci remettent à Ḫalutta une vache, dix moutons, 26 mines d'étain et 8 mines de bronze. On peut donc considérer qu'il s'agit d'un achat de terrain.

L'un des problèmes soulevés par ce texte est celui du rapport existant entre Kamputtu, fils d'Akip-tura et premier détenteur du terrain, et les fils de Pašši-Tilla qui le reçoivent quelques années plus tard. Le passage crucial figure ll. 13–16. D'après la copie, Ḫalutta déclare qu'il a remis le champ *a-na* ŠEŠ-MEŠ *ša* ^{I}*a-ki-tù-ra a-na* ^{I}*pa-aš-ši-til-la ù a-na* ^{I}*ki-pá-le-en-ni* DUMU-MEŠ ^{I}*pu-la-ḫa-li*, soit «aux frères d'Aki(p)-tura, à Pašši-Tilla et à Kipal-enni, les fils de Pula-ḫali.» Dans cette hypothèse, Akip-tura, Pašši-Tilla et Kipal-enni seraient frères. E. Cassin a compris le texte de cette façon et a reconstruit en ce sens l'arbre généalogique de la famille[31], reconstitution suivie par M. A. Morrison.

Cette lecture pose cependant un problème assez important d'écart et de relations croisées entre les générations: un terrain aliéné par Kamputtu à Nūr-Kūbi serait remis, probablement plusieurs décennies plus tard, par un petit-fils de Nūr-Kūbi aux oncles de Kamputtu.

J. Fincke, qui a réalisé le joint de HSS 19 97 avec EN 10/2 167, m'a aimablement transmis sa transcription de l'ensemble de la tablette, qui donne, pour les ll. 13–16: *a-na* NUMUN-MEŠ *ša* ^{I}*a-ki-tù-ra a-na* ^{I}*pa-aš-ši-til-la ù a-na* ^{I}*ki-pá-le-en-ni* DUMU-MEŠ ^{I}*pu-la-ḫa-li*, «aux descendants d'Aki(p)-tura, à Pašši-Tilla et à Kipal-enni, les fils de Pula-ḫali.»

La copie porte bien šeš et non numun, même si les deux signes se ressemblent; la tablette, se trouvant en Irak, n'a pu être collationnée. Le sens de NUMUN = *zēru*, descendance, n'est pas attesté à Nuzi par les dictionnaires. Cette lecture serait cependant beaucoup plus satisfaisante: Kamputtu fils d'Akip-tura aliène une terre à Nūr-Kūbi; deux générations après, le petit-fils de Nūr-Kūbi rétrocède cette même terre aux descendants d'Akip-tura.

---

31 «Pouvoirs de la femme et structures familiales», *RA* 63 (1969), p. 130 et n. 3.

Pašši-Tilla et Kipal-enni seraient ainsi descendants, et non frères, d'Akip-tura. Puisqu'aucune précision n'est donnée à propos de ce personnage, il ne peut s'agir que d'Akip-tura père de Kamputtu, mentionné plus haut. Or Pašši-Tilla et Kipal-enni sont les fils de Pula-ḫali; et si celui-ci est bien le fils de Muš-apu(?), il devient difficile de placer Akip-tura et Kamputtu plus haut dans l'arbre généalogique de la famille. Il faut néanmoins remarquer deux choses:

— si les fils de Pula-ḫali descendent d'Akip-tura, ils ne semblent pas descendre de Kamputtu fils d'Akip-tura. Ils se rattachent donc probablement à Akip-tura par un autre de ses enfants, frère ou sœur de Kamputtu.

— Pašši-Tilla et Kipal-enni sont les descendants d'Akip-tura, mais il n'est dit nulle part que Pula-ḫali lui-même soit un descendant d'Akip-tura.

On peut donc envisager les hypothèses suivantes:

(a) Pašši-Tilla et Kipal-enni descendent d'Akip-tura non par leur père, mais par leur mère. Un arbre généalogique du type:

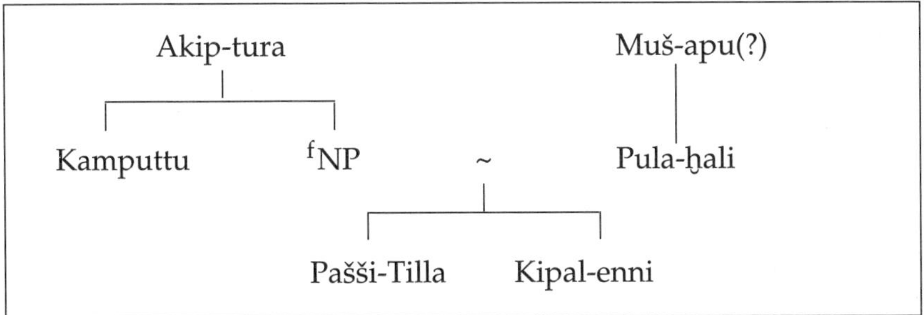

permet de concilier les diverses données en faisant de Kamputtu le beau-frère de Pula-ḫali et l'oncle de Pašši-Tilla et Kipal-enni.

(b) Pašši-Tilla et Kipal-enni descendraient d'Akip-tura par leur père; dans ce cas, Akip-tura serait le père de leur grand-père paternel:

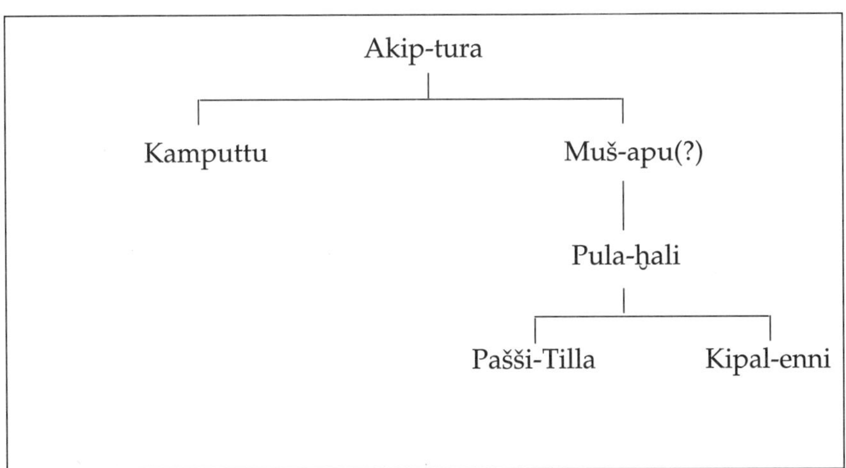

(c) ou le père de leur grand-mère maternelle:

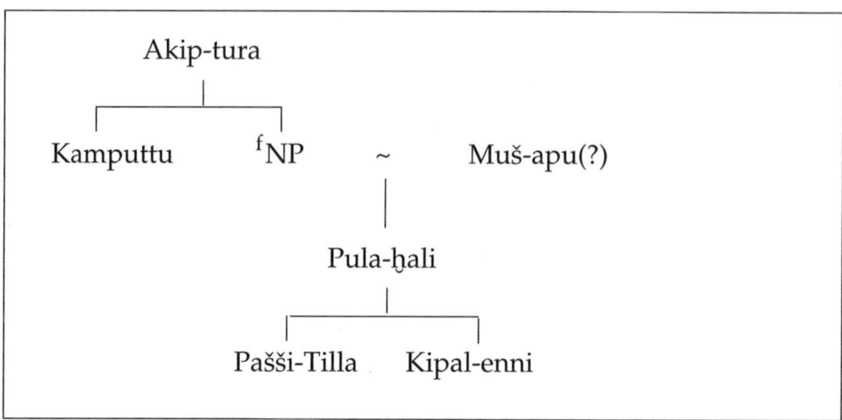

Dans ces diverses reconstructions, Kamputtu devient un oncle ou grand-oncle de Paššī-Tilla et Kipal-enni, ce qui convient beaucoup mieux pour la succession des générations.

Reste à expliquer l'absence totale de Šurki-Tilla parmi les fils de Pula-ḫali: on peut le supposer déjà mort quand ce document est rédigé, mais ce type d'hypothèse demeure pour l'instant absolument invérifiable.

Le terrain concerné, parti de la famille de Kipal-enni et Paššī-Tilla, y revient au bout d'une ou deux générations. Rien n'explique pourquoi Kamputtu avait donné ce champ à la famille de son épouse, alors que les *terḫatu* sont payées le plus souvent en biens meubles; l'aliénation du patrimoine immobilier est, si possible, évitée. Les fils de Pula-ḫali, en reprenant cette terre, s'inscrivent donc dans cette tendance générale: ils veulent récupérer un bien foncier patrimonial.

De son côté, Ḫalutta devait avoir besoin de liquidités pour rendre le terrain en question[32]; ce même personnage est par la suite débiteur de Waḫḫurra, fils de Paššī-Tilla, dans EN 9/2 347 (50) (cf. ci dessous, § 7).

L'implantation foncière des deux familles à Tupšarriniwe est confirmée par le texte de Kurruḫanni TF 1 426 = IM 70985: comme Paššī-Tilla, Ḫalutta fils d'Akiya est cité parmi les notables de l'endroit (ll. 6 et 54).

32 Dans EN 9/2 524 (7), un Akiya engage une terre en *titennūtu* auprès des fils de Pula-ḫali (cf. ci-dessus § 2.3). Il n'est pas certain qu'il s'agisse du père de Ḫalutta, Akiya étant un nom répandu. Le rapprochement est possible cependant dans la mesure où Akiya, dans EN 9/2 524 (7), et Ḫalutta fils d'Akiya, ont tous deux besoin de ressources en liquide et traitent avec les fils de Pula-ḫali en indivision; en outre, les deux opérations concernent des biens fonciers.

3. Pašši-Tilla / Paššiya fils de Pula-ḫali

Pašši-Tilla est le membre le mieux documenté de la famille de Pula-ḫali. Il est tantôt appelé par son nom complet, tantôt par la forme hypocoristique Paššiya[33]. Ce diminutif n'est pas le fait d'un seul scribe, mais de plusieurs[34]. D'autre part, un même scribe peut employer tantôt Paššiya, tantôt Pašši-Tilla dans des tablettes différentes[35], voire sur une même tablette[36]. Les deux formes comportent des variantes orthographiques, sept au total.

Pašši-Tilla / Paššiya porte, comme son père, un nom rare; on ne lui connaît qu'un seul homonyme, Paššiya père de Puḫi-šenni, attesté par HSS 14 619: 2.

3.1. *Un mariage avec Ḫaluli?*

HSS 19 99 (11) fournit peut-être des renseignements sur le mariage de Pašši-Tilla, ou d'un membre de sa famille. C'est une déclaration d'Illika fils d'Aḫiya, qui reconnaît avoir reçu 35 sicles d'argent pour *terḫatu* de sa fille Ḫaluli, de la part de Pašši-Tilla. Les sommes connues pour les *terḫatu* vont de 10 à 45 sicles d'argent, la valeur la plus répandue étant de 40 sicles[37]. Il pourrait s'agir ici en fait d'une partie seulement de la somme, car la suite de la tablette mentionne 14 sicles d'argent, ainsi que des comptes faits apparemment à l'occasion du mariage; le texte est fragmentaire et ne permet pas de suivre le détail des événements. L'acte est rédigé à Tupšarriniwe.

Il peut s'agir du mariage de Pašši-Tilla lui-même, qui verserait une *terḫatu* à son beau-père; dans ce cas, force est de constater que ni l'épouse, ni la famille par alliance de Pašši-Tilla n'apparaissent dans ses archives. Il est possible aussi que Pašši-Tilla verse la *terḫatu* pour qu'une personne de sa famille, l'un de ses fils par exemple, épouse Ḫaluli.

On pourrait enfin voir dans ce contrat une simple avance de la *terḫatu* à la famille d'une jeune fille pauvre, Pašši-Tilla se chargeant par la suite de lui trouver un époux et de tirer quelque profit de l'opération. Là encore, c'est la partie centrale du document, cassée, qui pourrait fournir des éclaircissements

---

33 *NPN*, p. 112a, donne pour Paššiya trois références: SMN 2383, 2384 et 2476. SMN 2383 (22) est inédit. SMN 2384 = EN 9/2 346 (25). SMN 2476 + SMN 2125 = EN 9/2 176; ce texte, qui ne mentionne pas Paššiya, a été retrouvé en S 136, d'où ne provient aucun document de la famille de Pula-ḫali: la référence de *NPN* est donc erronée. La forme Paššiya apparaît dans de nombreux autres documents, cf. l'index des noms propres.

34 Scribe Abī-ilu fils de ᵈAK.DINGIR.RA: EN 9/2 349 (29). Scribe Akkul-enni: HSS 19 126 (15). Scribe Šamaš-nāṣir fils d'Akiya: EN 9/3 230 (9), EN 9/2 250 (37), TF 1 426. Scribe Tarmi-Tilla: SMN 2383 (22), EN 9/2 343 (27). Scribe Urḫi-Teššup: EN 9/2 364 (31).

35 Le nom complet «Pašši-Tilla» est noté par Akkul-enni dans EN 9/2 440 (33); par Šamaš-nāṣir fils d'Akiya dans HSS 19 97 + EN 10/2 167 (10), EN 9/2 224 (34), 299 (39), 515 (42); par Tarmi-Tilla dans HSS 19 99 (11) et EN 9/2 342 (17). Pour l'emploi de la graphie Paššiya par ces mêmes scribes, cf. note précédente.

36 Šamaš-nāṣir fils d'Akiya, dans TF 1 426, écrit Pašši-Tilla l. 13 et Paššiya l. 55.

37 Cf. le tableau récapitulatif dressé par K. Grosz, «Dowry and Brideprice in Nuzi», *SCCNH* 1, pp. 176–77.

décisifs. Néanmoins, cette hypothèse paraît peu convaincante car par un autre document, EN 9/2 299 (39), Pašši-Tilla adopte une jeune fille en vue d'arranger à l'avenir son mariage, ce qui doit lui permettre de garder une partie de la *terḫatu;* ce contrat prend la forme d'une *ṭuppi mārtūti* et Pašši-Tilla aurait pu avoir recours à la même procédure s'il souhaitait faire épouser à Ḫaluli un étranger à sa propre famille.

Le seul témoin bien connu dans HSS 19 99 (11) est Kipal-enni, le frère de Pašši-Tilla: cela pourrait indiquer que le mariage de la jeune fille touche de près soit Pašši-Tilla lui-même, soit l'un de ses parents.

3.2. *Le commerce du palais*

Contrairement à son père, Pašši-Tilla n'est jamais clairement désigné comme *tamkāru*. Cependant ses activités sont en rapport avec le commerce, comme le montrent EN 9/2 292 (12) et 505 (13)[38], deux documents comparables à plusieurs points de vue. Ils ont été rédigés par le scribe Ḫut-Teššup et enregistrent des déclarations (*umma*), faites par Zunna dans EN 9/2 292 (12) et par Tupkin-a[tal] dans EN 9/2 505 (13), concernant la remise d'équidés destinés à des expéditions commerciales (kaskal) par Pašši-Tilla.

Dans EN 9/2 292 (12), Pašši-Tilla fournit un âne à Zunna contre 30 mines d'étain, que celui-ci s'engage à payer ultérieurement; il est précisé que cet animal participe à une expédition du palais. Puisque la somme n'a pas été complètement payée, cette tablette a dû être conservée par Pašši-Tilla comme une reconnaissance de dette. Selon G. Wilhelm, cette opération permettrait à un particulier, Zunna, de prendre part au commerce du palais, organisé par les *tamkāru;* grâce aux bénéfices tirés de l'expédition, Zunna pourrait verser à Pašši-Tilla le prix de l'âne une fois le voyage terminé. Les 30 mines demandées sont à comparer aux 24 mines d'étain relevées par D. Cross comme prix d'un âne dans HSS 5 79: 18[39].

Dans EN 9/2 505 (13), Pašši-Tilla a remis deux chevaux à Tupkin-atal par l'intermédiaire d'un certain Tupki-Tilla; l'expédition commerciale semble commanditée par Tupkin-atal. Le palais est partie prenante dans cette affaire, même si cela n'est pas indiqué explicitement, car les animaux sont enregistrés par ses services. Cette tablette peut avoir une fonction de quittance, Pašši-Tilla la conservant pour prouver, le cas échéant, qu'il a bien remis les chevaux.

Le lieu de rédaction de ces deux déclarations est précisé. EN 9/2 505 (13) a été écrit à Āl-ilāni (Arrapḫa) et EN 9/2 292 (12) à Ulamme, une ville importante du royaume d'Arrapḫa, située au sud de Nuzi; d'après A. Fadhil, elle aurait un rôle de centre commercial[40]. Pašši-Tilla était ainsi amené à se déplacer pour motifs professionnels.

---

[38] Traduits par M. A. Morrison, *SCCNH* 4, p. 100. EN 9/2 292 (12) a fait l'objet d'une nouvelle transcription et d'un commentaire par G. Wilhelm, *SCCNH* 8, pp. 361–64.

[39] D. Cross, *Movable Property in the Nuzi Documents,* AOS 10, 1937, p. 21.

[40] *STPPKA*, pp. 275–76; cette assertion se fonde en particulier sur la mention, dans AASOR 16 29, de Wantiya, *tamkāru* d'Ulamme.

Les personnages mentionnés dans ces tablettes ne sont pas connus par ailleurs dans l'archive de la famille de Pula-ḫali, mis à part deux témoins d'EN 9/2 505 (13): Nūr-Šamaš fils d'Akap-šenni est aussi présent dans HSS 16 231 (14) (cf. ci-dessous § 3.3) et Akkul-enni fils d'Akitte dans EN 9/3 230 (9), EN 9/2 374 (16) et 224 (34).

Pašši-Tilla participe donc, par la fourniture d'équidés, au commerce terrestre lointain relevant du palais. Son cas n'est pas isolé: parmi les textes du groupe 19 sans lien particulier avec la famille de Pula-ḫali, M. A. Morrison a noté la présence de plusieurs documents ayant trait au commerce ou au prêt de chevaux ou d'ânes; ces activités sont effectuées tantôt à titre privé, tantôt pour le compte du palais[41].

Les autres pièces de l'archive montrent que Pašši-Tilla disposait d'abondants fonds en métaux, ce qui est probablement une conséquence directe de ses activités marchandes, et qu'il savait les faire fructifier.

3.3. *Avances d'or pour acheter de l'orge*

Dans HSS 16 231 (14) et HSS 19 126 (15)[42], Pašši-Tilla avance à plusieurs personnes des sommes d'or, avec mission d'acheter (*ana šīmi*) du grain et de le lui remettre à une échéance fixée. Ce sont les deux seules pièces de l'archive où il est question d'or, en petites quantités. Ce métal apparaît assez rarement dans les textes Nuzi[43].

HSS 19 126 (15) enregistre deux remises d'or par Pašši-Tilla, pour une valeur d'un sicle à chaque fois. Un sicle est remis à Sîn-mušalli et Šennatati (dont les patronymes sont perdus) pour acheter 19 *imēru* d'orge qu'ils doivent donner à Pašši-Tilla au mois *ulūlu*. Un autre sicle est remis à Zime fils de Ṣiliya et à Aḫ-ummiša fils de Turaše, pour acheter la même quantité d'orge, à livrer à la même date. Zime et Aḫ-ummiša sont déjà connus dans l'archive des descendants de Pula-ḫali, car tous deux figurent comme témoins dans l'un des prêts consentis par les fils du marchand, AASOR 16 97 (5); Zime est en outre témoin d'un prêt de Pašši-Tilla, EN 9/2 343 (27), d'un contrat de *titennūtu*, EN 9/2 224 (34) et il est débiteur de Pašši-Tilla dans EN 9/2 345+ (18).

Le formulaire de ces documents ressemble beaucoup à celui des contrats de prêt. De plus, dans HSS 19 126 (15): 25–28, une clause précise, comme à la fin des créances, que «s'ils (= les hommes ayant reçu l'or) ne remettent pas l'orge au jour dit, (cet orge produira) un intérêt à leur charge.» Dans ce même texte, ll. 30–33, une autre clause est difficile à interpréter, mais semble faire référence à l'éventualité d'une abolition totale de la dette; à moins de cette mesure extrême, son remboursement au taux prévu est obligatoire.

---

41 *SCCNH* 4, p. 108.

42 Sur ces deux textes, cf. A. Fadhil, *RATK*, pp. 18–19 et 22–24 et M. A. Morrison, *SCCNH* 4, pp. 104–6.

43 G. Wilhelm, «Goldstandard in Nuzi», *Bagh. Mitt.* 7 (1974), pp. 205–8.

Le fait que des avances de métaux destinés à l'achat de biens soient enregistrées selon un formulaire de prêt n'est pas particulier à Nuzi et dérive d'une tradition plus ancienne. A. Skaist a montré qu'il en allait déjà ainsi à l'époque paléo-babylonienne et propose d'interpréter les «prêts» portant la mention *ana* šám comme des commandes de biens[44]. Dans HSS 16 231 (14) et HSS 19 126 (15), la formule *ana šīmi* est l'exact équivalent de *ana* šám dans les contrats paléo-babyloniens et la réalité de l'opération est certainement la même.

Dans HSS 16 231 (14) Pašši-Tilla avance une somme d'or dont le montant exact est perdu mais ne devait pas dépasser un sicle, par comparaison avec HSS 19 126 (15). Ce texte pose de grandes difficultés de compréhension, car la syntaxe des huit premières lignes n'est pas très claire.

Teḫip-zizza fils d'Aḫu-šeya reçoit [1] sicle d'or pour 5 *imēru* d'orge. Trois autres hommes, Bēliya fils de Katiri, Ilī-imittī fils de Katiri[45] et Nūr-Šamaš fils d'Akap-šenni apparaissent ensuite; chaque nom est suivi de la mention «2 *imēru* d'orge.» D. O. Edzard[46] avait envisagé la solution suivante: Teḫip-zizza pourrait recevoir de l'or pour acheter non pas 5 mais 6 *imēru* de grain (en corrigeant la l. 3), réparti entre les trois personnages mentionnés ensuite, qui prennent chacun la valeur de 2 *imēru*; mais fournir le prix de 6 *imēru* et en attendre 15 en retour (l. 19) correspondrait à un intérêt exorbitant. D. O. Edzard proposait aussi une autre possibilité: en corrigeant le 5 en 15, on pouvait avoir affaire à un prêt sans intérêt. Les collations montrent cependant qu'il faut bien lire 5 et excluent ces deux propositions de corrections.

A. Fadhil[47] comprend le texte différemment: Teḫip-zizza, Bēliya, Ilī-imittī et Nūr-Šamaš se trouveraient tous les quatre sur le même plan, recevant l'or pour acheter, le premier, 5 *imēru* d'orge (qu'A. Fadhil propose lui aussi de corriger en 6), les trois autres, chacun 2 *imēru*; il y aurait donc une avance d'argent pour une valeur de totale de 12 *imēru*. Puisque 15 *imēru* sont demandés, l'intérêt représenterait 25%.

Puisque la correction de 5 en 6 ne peut être acceptée, si l'on suit la proposition d'A. Fadhil, on obtient une avance correspondant à 11 *imēru* d'orge (5+2+2+2). Au mois *kurilli*, les personnes ayant reçu l'or devront rendre non pas 11, mais 15 *imēru*. L'opération ressemble là encore à un prêt à intérêt, même si l'«intérêt» attendu, dans ce cas, serait de 36,36%, ce qui ne correspond pas au taux de 50% escompté habituellement à Nuzi dans les prêts d'étain, de grain, de briques ou de toute autre denrée[48].

---

44 A. Skaist, *The Old Babylonian Loan Contract*, Ramat-Gan, 1994, pp. 63–67, avec bibliographie antérieure.

45 Bēliya fils de Katiri et Ilī-imittī fils de Katiri sont certainement deux frères. Ils apparaissent aussi ensemble, comme témoins, dans EN 9/2 441 (49): 14 et 21.

46 Compte rendu de HSS 16, *BiOr* 16 (1959), p. 135.

47 *RATK*, p. 20.

48 D. I. Owen, *LDN*, pp. 38–40.

Il ne s'agit pas ici véritablement d'un intérêt, puisque la logique est celle d'un achat différé ou d'une commande; la différence entre la somme avancée et sa valeur en grain peut s'expliquer par la date prévue pour la fourniture de l'orge: l'échéance est fixée au mois *kurilli* (= iii = mai-juin), qui correspond à la période de moisson ou suivant immédiatement la moisson[49], c'est-à-dire celle où le grain est abondant et où, par conséquent, son cours est assez bas. HSS 19 126 (15) fixe les deux remboursements «après la moisson, au mois *ulūlu*» (ll. 6 et 19–20); *ulūlu* (= vi = août-septembre) se place trois ou quatre mois après la moisson. Néanmoins, la récolte pouvait se révéler plus ou moins satisfaisante selon les aléas climatiques et le cours du grain devait s'en ressentir; en fixant à l'avance le montant d'orge à livrer, Paššši-Tilla échappait aux variations de prix et était sûr de la quantité sur laquelle il pourrait compter.

Dans HSS 16 231 (14), en cas de défaillance des fournisseurs de grain, la pénalité prévue est l'accomplissement d'un travail, sans doute une corvée agricole au profit de Paššši-Tilla, qui doit compenser la perte subie[50]. Ce texte est le seul de l'archive où apparaisse une pareille clause.

HSS 19 126 (15) a été rédigé à la porte de Tupšarriniwe. HSS 16 231 (14) ne comporte pas d'indication semblable, mais a dû être écrit au même endroit: Teḫip-zizza est connu comme notable de Tupšarriniwe[51].

M. Müller a rapproché ces deux textes du procès SIL 316[52]. D'après ce document, Ḫašiya a remis à Šurukka un sicle d'or comme prix d'achat de marchandises; à Tupšarriniwe, où a eu lieu la transaction, il a été établi que Šurukka devrait livrer de l'orge. Šurukka ayant omis de le faire, Ḫašiya lui intente un procès, qui se tient à Nuzi. Le désaccord semble porter sur le prix de l'orge et par conséquent sur la quantité que Šurukka doit livrer. Ce dernier se déclare prêt à donner soit 3 *imēru* 5 *sūtu* d'orge, soit 30 mines d'étain. Les juges demandent alors à Šurukka de tenir parole et de verser 30 mines d'étain.

La situation initiale est donc la même dans les trois cas: un personnage avance de l'or en vue d'un achat futur de céréales. Les trois remises d'or ont eu lieu à Tupšarriniwe. Šurukka est certainement le fils d'Arip-urikke qui figure dans les documents de l'archive des descendants de Pula-ḫali[53]. Pour Ḫašiya,

---

49 C. H. Gordon et E. R. Lacheman, «The Nuzu Menology», *ArOr* 10 (1938), pp. 54–55. Dans l'archive de la famille de Pula-ḫali, cf. EN 9/2 529 (23).

50 Sur cette clause, cf. G. Wilhelm, *AdŠ* 4, pp. 20–22. Dans le texte n⁰ 207 de l'archive de Šilwa-Teššup (pp. 57–58), prêt de grain sans intérêt, apparaît la mention: *u* KIN-MEŠ *ša* [I]*Šilwa-Teššup ipušanni*, «et il fera le travail de Šilwa-Teššup»; une mention similaire existe dans le n⁰ 206 (pp. 56–57) et peut-être dans le n⁰ 208 (pp. 58–60). Il s'agit dans ce cas d'un travail, probablement agricole, qui semble représenter l'équivalent d'un intérêt du prêt. La situation est un peu différente dans HSS 16 231 (14), puisque le travail doit compenser la quantité de grain attendue si celle-ci n'a pu être versée.

51 TF 1 426 = IM 70985: 10 et 59.

52 «Ein Prozess um einen Kreditkauf in Nuzi», *SCCNH* 1, pp. 443–54.

53 Šurukka, chargé d'acheter l'orge, est notamment connu comme débiteur de Paššši-Tilla seul ou avec ses frères, tout comme Zime qui joue le même rôle dans HSS 19 126 (15).

M. Müller hésite entre un habitant de Nuzi non identifiable, puisque le procès a lieu à Nuzi et Ḫašiya fils de Ward-aḫḫē, qui apparaît à trois reprises comme témoin dans les archives des fils de Pula-ḫali[54]: dans HSS 19 97 + EN 10/2 167 (10), dans EN 9/2 299 (39) où il est témoin aux côtés de Šurukka fils d'Aripurikke et dans EN 9/2 353 (4), prêt consenti par les fils de Pula-ḫali au même Šurukka. Il vend aussi des moutons à Paššiya, EN 9/2 250 (37). Enfin, d'après TF 1 426 = IM 70985, il est *sassukku* et notable de Tupšarriniwe. Les fils de Pula-ḫali, Šurukka et Ḫašiya fils de Ward-aḫḫē sont contemporains et les textes HSS 16 231 (14), HSS 19 126 (15) et SIL 316 pourraient dater approximativement de la même époque.

Dans SIL 316 interviennent les «notables de Tupšarriniwe» et cette appellation générique, si elle désigne les mêmes personnages que dans TF 1 426 = IM 70985, pourrait très bien englober Paššì-Tilla lui-même, voire Ḫašiya si celui-ci est bien le fils de Ward-aḫḫē[55]. Dans cette hypothèse, un autre point de comparaison avec HSS 16 231 (14) et HSS 19 126 (15) serait discernable: certains notables de Tupšarriniwe, Ḫašiya ou Paššiya, disposeraient de fonds assez importants pour faire ces avances d'or.

Enfin un autre texte doit être rapproché, par son contenu, des trois précédents: EN 9/2 297 note la remise d'un sicle d'or, par Ariḫ-ḫamanna fils de Ḫatarte, à Šekar-Tilla fils de Šelwiya, en vue de la fourniture de 10 *imēru* d'orge au moment de la moisson[56]. La tablette provient de S 130, dans la maison même où ont été trouvées les tablettes de Paššì-Tilla, mais semble sans rapport avec ses archives; le lieu où se déroulent les opérations n'est pas précisé.

On peut résumer les diverses situations attestées dans ces textes par le tableau suivant:

54 Même si le procès a lieu à Nuzi, il me paraît préférable de voir dans Ḫašiya un habitant de Tupšarriniwe, puisque les notables de Tupšarriniwe ont fixé les conditions d'achat du grain; on voit mal, si les fonds viennent de Nuzi, ce qui pourrait contraindre Ḫašiya à accepter les conditions des notables de Tupšarriniwe, ni ce qui autoriserait ceux-ci à donner leur avis sur la question. L'idée d'un procès entre gens de Tupšarriniwe, remonté en instance à Nuzi, paraît meilleure, cf. M. Müller, *SCCNH* 1, pp. 447–48.

55 Dans ce cas, d'après SIL 316, Ḫašiya aurait à la fois demandé à Šurukka de lui verser une certaine quantité d'orge et admis, en tant que notable de Tupšarriniwe, que cette quantité devait être soumise au prix fixé par les notables. C'est pourquoi Šurukka rappelle, pour sa défense, cette limitation fixée par les notables de Tupšarriniwe: cette allégation n'a en effet de sens que si les conditions qu'ils ont posées ont été acceptées par Ḫašiya.

56 Le garant de cette transaction est Ḫašip-Tilla fils de Kip-ukur, connu par ailleurs comme *tamkāru*. Dans les trois autres textes, en revanche, il n'est pas question de garant.

TEXTE	SOMME D'OR	PERSONNE REMETTANT L'OR	PERSONNE RECEVANT L'OR	QUANTITÉ D'ORGE
HSS 16 231 (14)	[1] sicle	Pašši-Tilla fils de Pula-ḫali	Teḫip-zizza fils d'Aḫu-šeya Bēliya fils de Katiri Ilī-imittī fils de Katiri Nūr-Šamaš fils d'Akap-šenni	15 *imēru*
HSS 19 126 (15) ll. 1–14	[1] sicle	Pašši-Tilla fils de Pula-ḫali	Sîn-mušalli Šennatati	19 *imēru*
HSS 19 126 (15) ll. 15–30	1 sicle	Pašši-Tilla fils de Pula-ḫali	Zime fils de Ṣilliya Aḫ-ummiša fils de Turaše	19 *imēru*
SIL 316	1 sicle	Ḫašiya	Šurukka	3 *imēru* 5 *sūtu*
EN 9/2 297	1 sicle	Ariḫ-ḫamanna fils de Ḫatarte	Šekar-Tilla fils de Šelwiya	10 *imēru*

Le prix du grain pose un problème délicat. D. Cross donne pour prix moyen d'un *imēru* de grain 1½ sicle d'argent, mais indique que ce prix est soumis à de très fortes variations selon la saison[57]. Si le rapport entre or et argent est de 1: 6, comme M. Müller le propose de façon convaincante[58], 1 sicle d'or permettrait d'acheter 4 *imēru* de grain. Ce rapport peut convenir pour SIL 316, où la somme d'un sicle d'or représente 3 *imēru* 5 *sūtu* de grain, ce qui place cette denrée un peu au-dessus de son cours habituel. En revanche, dans HSS 19 126 (15), 19 *imēru* de grain doivent être remis après avance initiale d'un sicle d'or; la somme d'un sicle ne correspond pas au prix d'achat, mais à un capital avancé, et les 19 *imēru* de grain sont remis au moment où le cours de l'orge est le plus bas; mais même dans ce cas, cela suppose de très fortes variations du prix du grain. EN 9/2 297 et probablement aussi HSS 16 231 (14) consitutent des cas intermédiaires. Il faudrait davantage de données chiffrées précises pour établir de façon fiable le cours du grain à Nuzi et ses variations saisonnières, qui devaient en outre connaître de grandes modifications suivant les années de bonnes ou mauvaises récoltes.

3.4. *Constitution d'un capital d'étain*

EN 9/2 374 (16) montre Pašši-Tilla et un autre personnage, Akkul-enni fils d'Akitte, opérant un investissement d'étain: Pašši-Tilla fournit [2] talents 22

57 *Movable Property in the Nuzi Documents*, AOS 10, 1937, p. 35.

58 *SCCNH* 1, pp. 452–54.

mines et Akkul-enni fils d'Akitte 1 talent 30 mines. Ces sommes sont énormes: Pašši-Tilla dispose à lui seul de plus de 68 kg, Akkul-enni de plus de 43 kg. Cet étain est déposé auprès de six personnages, qui semblent répartis en trois groupes.

Akkul-enni fils d'Akitte doit être une relation d'affaires de Pašši-Tilla, puisqu'il est témoin dans EN 9/2 505 (13) (cf. ci-dessus § 3.2) et dans le contrat de *titennūtu* EN 9/2 224 (34), par lequel Pašši-Tilla reçoit un champ. En revanche, des six hommes qui reçoivent l'étain dans EN 9/2 374 (16), quatre ne sont pas attestés ailleurs dans l'archive (Pusira, Šimi-Tilla, Wantiš-šenni, Paite); le cas des deux autres (Šurki-Tilla et Zike) est douteux, car leur patronyme n'est pas mentionné et il s'agit de noms très répandus: les personnes portant ces noms, présentes dans l'archive, peuvent fort bien être des homonymes; ainsi, il n'est pas sûr que le Šurki-Tilla mentionné ici soit le frère de Pula-ḫali.

La terminologie employée est extrêmement intéressante; il est en effet précisé, ll. 16–18: *an-nu-tu*$_4$ LÚ-MEŠ AN-NA-MEŠ *i+na ki-si it-ta-du-šu-nu-ti*, «Ces hommes ont placé l'étain dans un "sac".» Le terme *kīsu*, «sac», est attesté à Nuzi avec le sens de «trésor» d'une divinité ou de «caisse» du roi[59]. Ici, il faut lui donner son sens second de «capital» constitué par la mise en commun de fonds, dans un but commercial. Cette acception est fréquente à l'époque paléo-babylonienne, par exemple dans les textes relatifs au grand commerce maritime d'Ur avec Dilmun; le *kīsu* y désigne les fonds apportés par un ou plusieurs bailleurs et confiés aux marchands voyageurs, les *ālik Dilmun*[60]. La situation paraît ici similaire: Pašši-Tilla et Akkul-enni associent leurs capitaux, le *kīsu* étant formé par la somme de leurs apports. Le rôle des six autres personnages n'est pas précisé, mais ils n'apportent aucun capital et ne sont donc pas des bailleurs de fonds. Il faut peut-être y voir au contraire les agents recevant l'étain, à charge pour eux d'effectuer des achats dont la nature n'est pas précisée ici.

C. Zaccagnini, dans son étude consacrée au marchand à Nuzi, note: «I shall adopt here the fundamental distinction between investing and travelling party, i. e. between the phase of financing and that of executing financial enterprises. The Nuzi documents plainly show that the *tamkāru* never financed other peoples' business ventures, but was always a travelling agent acting on behalf of the palace, and sometimes of private individuals»[61]. Dans le texte EN 9/2 374 (16), Pašši-Tilla et Akkul-enni ont le rôle d'investisseurs. Dans les documents HSS 16 231 (14) et HSS 19 126 (15), Pašši-Tilla n'effectue pas lui-même des achats de grain, mais fournit de l'or pour acheter l'orge (cf. ci-dessus § 3.3), agissant ainsi comme bailleur de fonds. Pour reprendre la terminologie de C. Zaccag-

---

59 Le trésor de Teššup apparaît dans SMN 3094 = EN 9/1 2: 13, cf. *CAD* K, p. 432b et W. von Soden, *BiOr* 46 (1989), p. 389, qui signale également la mention de la «caisse royale» dans EN 9/1 439: 11 et 14.

60 Il y a plusieurs occurrences de ce terme dans les textes regroupés par W. F. Leemans, *Foreign Trade in the Old Babylonian Period*, Leiden, 1960. Le *kīsu(m)* paléo et médio-babylonien rappelle également le *naruqqum* des textes paléo-assyriens de Cappadoce.

61 «The Merchant at Nuzi», *Iraq* 39 (1977), p. 178.

nini, il est donc l'«investing party», dont les archives documentent la «phase of financing», et non la «travelling party.» Par ailleurs, il a déjà été noté que, si les activités de Pašši-Tilla se rapportent au commerce, il n'est jamais lui-même appelé *tamkāru*, contrairement à son père Pula-ḫali. Il y aurait donc eu changement d'activité à la deuxième génération de la famille, le père ayant, par ses activités de *tamkāru*, accumulé assez de fonds pour que son fils puisse se spécialiser dans les investissements.

La tablette a été rédigée par le scribe Ninkiya, à la porte de la ville de Tilla[62], dont la localisation est mal assurée. Si les gens qui reçoivent l'étain habitent cette ville, cela pourrait expliquer qu'on ne les retrouve pas parmi les relations habituelles de Pašši-Tilla, qui vivent plutôt à Tupšarriniwe.

3.5. *Les prêts*

Pašši-Tilla a laissé seize textes de prêts. D. I. Owen a déjà transcrit et traduit huit d'entre eux dans *LDN*[63] et a remarqué la spécialisation des membres de la famille dans ce type d'activité[64]. Ces tablettes enregistrent au total dix-sept opérations, puisque EN 9/2 513 (26) semble concerner deux prêts différents.

TEXTE	DÉBITEUR	OBJET DU PRÊT	FORMULAIRE
EN 9/2 342 (17)	Ḫupita f. d'Akitte	21 m. d'étain	EME-*šu*
EN 9/2 345+ (18)	Zime f. de Ṣiliya	10 m. d'étain	
EN 9/2 341 (19)	Kušuniya f. de Kankeya	7 m. 30 s. d'étain	EME-*šu*
EN 9/2 344 (20)	Taika f. d'Akap-še[nni]	2 m. d'étain	
EN 10/3 292 (21)	Waḫriya f. de [Zilip-apu] (?)	⌜2⌝ m. d'étain	
SMN 2383 (22)	Waḫriya f. de Zilip-apu	1 m. 30 s. d'étain	EME-*šu*
EN 9/2 529 (23)	[...]	[x] m. d'étain	[EME-*šu*]
EN 9/2 512 (24)	Tae f. [A]rn-apu	5 m. [x] s. de bronze	[EME-*š*]*u*
EN 9/2 346 (25)	Ṣil-Teššup f. de Šennaya	3 m. de bronze	EME-*šu*

62 Cette référence est à ajouter à P. Negri Scafa, «"*Ana pani abulli šaṭir*" : Gates in the Texts of the City of Nuzi», *SCCNH* 9, pp. 139–62.

63 EN 9/2 342 (17), EN 9/2 345+ (18), EN 9/2 341 (19), EN 9/2 344 (20), EN 9/2 346 (25), EN 9/2 343 (27), EN 9/2 340 (28) et EN 9/2 349 (29).

64 *LDN*, p. 44.

EN 9/2 513 (26)	(1) Itḫ-apiḫe f. d'Arip-erwi (2) [...]	1 m. de bronze [...]	[EME-*šu*] [EME-*šu*]
EN 9/2 343 (27)	Ḫellu[...]	3 m. [50] s. de cuivre	EME-*šu*
EN 9/2 340 (28)	Ḫutip-apu et Tarmi-Tilla f. d'Eḫliya	5 *imēru* 5 *sūtu* d'orge 1 *imēru* 4 *qû* de froment	EME-*šu*
EN 9/2 349 (29)	Šurukka f. d'Arip-urikke	2 *imēru* d'orge	EME-*šu*
EN 10/2 102 (30)	Ḫinnuya et Utḫap-Tae fils de Puḫiya	2 *imēru* [...]	
EN 9/2 364 (31)	[...]	[...]	[EME-*šu*]
EN 10/3 202 (32)	[...]	[...]	[EME-*šu*]

Certains textes étant abîmés, la somme prêtée n'est pas toujours lisible, ni même l'objet du prêt, mais les tendances générales sont assez claires.

La plupart des documents concerne des prêts de métaux ou de bronze. Il n'y a qu'un prêt de cuivre, EN 9/2 343 (27) et trois prêts de bronze: EN 9/2 512 (24), 346 (25) et 513 (26). Tous les autres sont des prêts d'étain. Les échéances prévues correspondent aux mois:

kurilli (= iii = mai-juin): EN 9/2 344 (20), EN 10/3 292 (21), EN 9/2 512 (24), EN 9/2 513 (26);

šeḫali de Teššup (= iv = juin-juillet): EN 9/2 342 (17), SMN 2383 (22), EN 9/2 346 (25), EN 9/2 343 (27);

šeḫali (iv = juin-juillet ou v = juillet-août): EN 9/2 345+ (18), EN 9/2 341 (19).

On retrouve les mêmes échéances que pour les prêts contractés par plusieurs fils de Pula-ḫali. Là encore, il s'agit probablement de prêts à court terme, remboursables après quelques mois. Dans EN 9/2 529 (23), l'échéance est fixée «après la moisson, au mois *kurilli* de la ville de Zizza»: la mention de la moisson au mois *kurilli* avait déjà été relevée par A. L. Oppenheim, C. H. Gordon et E. R. Lacheman dans leurs études respectives consacrées à la ménologie de Nuzi[65]. Un autre texte de l'archive, EN 9/2 325 (52) place la moisson en *ḫinzuru*, équivalent sémitique du mois hourrite *kurilli*. *Kurilli*, correspondant aux mois de mai-juin, convient bien pour l'époque de la moisson[66]. Néanmoins,

65 A. L. Oppenheim, «Die Nichtsemitischen Monatsnamen der Nuzi-Texte», *ArOr* 8 (1936), pp. 290–305, en particulier pp. 291 et 300; C. H. Gordon et E. R. Lacheman, «The Nuzu Menology», *ArOr* 10 (1938), pp. 54–55.

66 Cf. les études citées note précédente, ainsi que M. E. Cohen, *The Cultic Calendars of the Ancient Near East*, Bethesda, 1993, p. 368, et M. Zaccagnini, Compte rendu de G. Wilhelm, *AdŠ* 4, *BiOr* 54 (1997), pp. 403–4.

il s'agit ici de prêts d'étain, cuivre ou bronze; le calendrier des remboursements, même pour les métaux, s'alignait donc sur le cycle agricole, la période suivant la moisson étant la plus propice pour le débiteur.

Le contrat de prêt EN 9/2 364 (31) semble envisager deux échéances successives, le mois *ulūlu* (= vi = août-septembre), puis le mois *kurilli*, soit neuf mois plus tard. La nature des biens prêtés est perdue. Le mois *kurilli* se place pendant ou après la moisson, mais *ulūlu* bien plus tard; dans cette même archive, HSS 19 126 (15) prévoit des versements de grain «après la moisson, au mois *ulūlu*»: A. L. Oppenheim a cependant noté que l'expression «après la moisson» est assez vague et peut s'appliquer à divers mois d'été et même au début de l'automne[67].

Si l'on additionne les différents prêts de métaux, Pašši-Tilla a avancé 3 mines [50] sicles de cuivre, plus de 9 mines de bronze et plus de 44 mines d'étain. Dans plusieurs documents endommagés, les chiffres ont été perdus, ce qui invite à réviser à la hausse cette première estimation.

Les prêts de céréales sont peu nombreux: EN 9/2 340 (28), 349 (29) et EN 10/2 102 (30). Dans les trois cas, la date de remboursement est fixée après la moisson, sans que le mois soit précisé.

Qu'ils concernent le métal ou le grain, les prêts constituent une activité lucrative, car la plupart sont consentis avec intérêt (*qadu ṣibtišu*), comme l'indique ce tableau:

TEXTE	DÉSIGNATION DU PRÊT	REMBOURSEMENT	INTÉRÊT MORATOIRE
EN 9/2 342 (17)	*a-na* UR$_5$-RA	*ina* SAG-DU-*ma*, «le capital»	oui
EN 9/2 345+ (18)	*a-na* MÁŠ-*ti*	[*q*]*a-dú* MÁŠ-*ti-šu*, «avec son intérêt»	oui
EN 9/2 341 (19)	*a+na* MÁŠ-*ti*	⌈*qa-dú*⌉ [MÁŠ-*t*]*i-šu-nu*, «avec leur intérêt»	oui
EN 9/2 344 (20)	[*a+n*]*a* UR$_5$-RA	*qa-dú* MÁŠ-*ti-šu*, «avec son intérêt»	non
EN 10/3 292 (21)	⌈*a*⌉*+na* MÁŠ-*ti*	[*q*]*à-dú* MÁŠ-*ti-šu*, «avec son intérêt»	oui
SMN 2383 (22)	*a-na* MÁŠ-*ti*	*qa-du* MÁŠ-*šu*, «avec son intérêt»	[...]
EN 9/2 529 (23)	[...]	*qa-du* MÁŠ-[*šu*], «avec son intérêt»	non

67 «Die Nichtsemitischen Monatsnamen der Nuzi-Texte», *ArOr* 8 (1936), p. 300.

EN 9/2 512 (24)	[*a-na*] MÁ[Š-*ti*]	[*qa-dú* MÁŠ-*t*]*i*-[*šu*], «avec son intérêt»	oui
EN 9/2 346 (25)	*a+na* UR$_5$-RA	*i+na* SAG-DU-*šu-ma*, «son capital»	oui
EN 9/2 513 (26)	(1) *a-na* UR$_5$-[RA] (2) [*a*]-*na* MÁŠ-*ti*	[...] *qa-dú* MÁŠ-*ti-šu*, «avec son intérêt»	[...] oui
EN 9/2 343 (27)	⸢*a*⸣-*na* M[ÁŠ]-⸢*ti*⸣	*qa-du* [MÁ]Š-*šu*, «avec son intérêt»	oui
EN 9/2 340 (28)	*a+na* UR$_5$-RA	*qa-dú* MÁŠ-*t*[*i*]-*šu*, «avec son intérêt»	non
EN 9/2 349 (29)	*a-na* UR$_5$-[RA]	*qa-du* MÁŠ-*šu*, «avec son intérêt»	non
EN 10/2 102 (30)	[*a-n*]*a* UR$_5$-RA	*qa-du* [MÁŠ-*šu*], «avec son intérêt»	[...]
EN 9/2 364 (31)	[...]	[...]	oui
EN 10/3 202 (32)	*a+na* UR$_5$-R[A]	[*i+na*] SAG-[DU-*ma*], «le capital»	[...]

Sur dix-sept prêts, seulement trois sont certainement sans intérêt, puisque le débiteur ne doit rendre que le capital (sag-du): EN 9/2 342 (17), EN 9/2 346 (25) et EN 10/3 202 (32). EN 9/2 342 (17) précise bien que 21 mines d'étain sont prêtées, 21 mines d'étain doivent être rendues. Dans deux autres cas, les tablettes sont trop cassées pour que l'on puisse savoir s'il y avait ou non un intérêt: premier prêt de EN 9/2 513 (26) et EN 9/2 364 (31). Restent donc douze cas sûrs de prêt à intérêt. En outre, dans au moins neuf prêts, avec ou sans intérêt, un intérêt moratoire est prévu si le remboursement n'a pas été effectué à la date fixée.

Dans plusieurs contrats de prêts à intérêt, le montant de la somme à rendre est précisé. Lorsqu'il est lisible, il correspond toujours à un intérêt de 50%[68]:

TEXTE	SOMME PRÊTÉE	SOMME À RENDRE
EN 9/2 344 (20)	2 mines d'étain	3 mines d'étain
EN 10/3 292 (21)	⸢2⸣ mines d'étain	3 mines d'étain

68 D. I. Owen, *LDN*, pp. 38–42.

EN 9/2 343 (27)	3 mines [50] sicles de cuivre	⸢5⸣ mines ⸢45⸣ sicles de cuivre
EN 9/2 349 (29)	2 *imēru* d'orge	3 *imēru* d'orge

Parmi les débiteurs de Paššì-Tilla, on retrouve Šurukka fils d'Arip-urikke dans EN 9/2 349 (29), déjà connu pour avoir été par deux fois le débiteur des fils de Pula-ḫali dans AASOR 16 97 (5) et EN 9/2 353 (4) (cf. ci-dessus § 2.2 et 3.3). Sur Zime fils de Ṣiliya, débiteur dans EN 9/2 345+ (18), cf. ci-dessus § 3.3.

Ḫutip-apu et Tarmi-Tilla empruntent de l'orge et du froment à Paššì-Tilla, par EN 9/2 340 (28). Dans EN 9/2 352 (3), le père des deux débiteurs, Eḫliya fils d'Akkuya, avait déjà emprunté de l'étain aux fils de Pula-ḫali (cf. ci-dessus, § 2.2). Deux générations de la famille d'Eḫliya fils d'Akkuya se trouvent ainsi débitrices de la famille de Pula-ḫali.

Ḫupita fils d'Akitte, qui emprunte 21 mines d'étain à Paššì-Tilla, selon EN 9/2 342 (17), doit aussi, à la suite du procès EN 9/2 440 (33), contribuer à régler une dette considérable que son frère Tultukka avait contractée auprès du même Paššì-Tilla. Mais Tultukka peut aussi faire des avances: il a ainsi fourni 50 sicles d'argent à la place d'Eteš-šenni fils de Ḫapira, d'après EN 9/2 331 (53), et en obtient le remboursement.

Taika fils d'Akap-šenni emprunte de l'étain à Paššì-Tilla dans EN 9/2 344 (20); mais dans EN 9/2 337 (48), il est au contraire créancier: il avance de l'étain à Ḫutip-apu fils d'Eḫliya. D'après EN 9/2 283 (38), il vend une porte à Paššì-Tilla.

Enfin Waḫriya fils de Zilip-apu, débiteur dans EN 10/3 292 (21) et SMN 2383 (22), apparaît dans TF 1 426 = IM 70985: 12 et 57 comme un notable de Tupšarriniwe, siégeant auprès de Paššì-Tilla.

L'étude des créances montre donc que certains débiteurs ont contracté des prêts multiples, ou que plusieurs membres d'une même famille se sont endettés auprès de la famille de Pula-ḫali. Mais comment faut-il interpréter ce phénomène?

Il existe de nombreux indices d'un clivage social dans le royaume d'Arrapḫa, l'enrichissement de certaines familles se faisant au détriment d'autres individus ou groupes familiaux, obligés d'emprunter pour survivre; la paupérisation de ces familles démunies est parfois sensible sur plusieurs générations[69]. Šurukka fils d'Arip-urikke serait peut-être dans ce cas, puisqu'il emprunte à plusieurs reprises et engage un champ en *titennūtu* dans EN 9/2 224 (34).

Néanmoins, tous les prêts ne sont pas forcément contractés par nécessité économique. Certains des débiteurs de Paššì-Tilla semblent appartenir au

[69] Sur ce phénomène, cf. M. P. Maidman, «Nuzi: Portrait of an Ancient Mesopotamian Provincial Town», dans J. M. Sasson (éd.), *Civilizations of the Ancient Near East*, New York, 1995, vol. 2, pp. 943–46. Les archives assyriennes du XIVe s. montrent exactement la même tendance, cf. C. Saporetti, *Assur 14446: La Famiglia A*, Malibu, 1982.

groupe des notables (Waḫriya), ou se trouver parfois en situation d'avancer eux-mêmes de l'argent (Tultukka, Taika). En outre, il arrive à Paššši-Tilla de prêter d'importantes sommes d'étain: plus de 10 kg à Ḫupita, environ 5 kg à Zime, etc. Dans ce cas, il ne s'agit vraisemblablement pas de prêts de nécessité, mais plutôt de prêts commerciaux et il faut voir dans les débiteurs des relations d'affaires de Paššši-Tilla.

L'originalité de cette archive tient au fait que le type d'investissement privilégié est le prêt à court terme, et non l'adoption comme dans la famille de Teḫip-Tilla par exemple. Lorsque ces prêts portent un intérêt de 50%, ce qui semble être fréquemment le cas, il s'agit d'un moyen efficace et très rapide d'accroître sa fortune.

3.6. *Un procès concernant une* titennūtu *personnelle*

Le compte rendu de procès EN 9/2 440 (33) concerne très probablement une affaire de *titennūtu* personnelle.

Paššši-Tilla avait prêté 49 mines 30 sicles d'étain et 5 mines 15 sicles de bronze à Tultukka fils d'Akitte; on retrouve donc ici les mêmes caractéristiques que pour les prêts déjà rencontrés, prédominance du bronze et surtout de l'étain. Or Tultukka est mort sans avoir remboursé. Paššši-Tilla demande donc aux frères de Tultukka, Ḫupita et Alki-Tilla, de solder ses dettes et il leur reproche d'avoir emporté le corps du défunt, ce qu'ils reconnaissent volontiers.

Cette étrange histoire suppose que Tultukka se trouvait chez Paššši-Tilla lorsqu'il est mort, et que sa famille est venue reprendre son corps, probablement pour accomplir les rites funéraires traditionnels. Comme l'a noté K. Deller[70], cela s'explique si Tultukka travaillait chez Paššši-Tilla suite à un contrat de *titennūtu* personnelle. L'étain et le bronze prêtés à Tultukka devaient être remboursés par le travail que celui-ci fournirait chez Paššši-Tilla. Les sommes concernées, beaucoup plus importantes que dans les créances étudiées ci-dessus, sont voisines de certains montants d'étain, ou d'étain et de bronze, avancés dans le cadre de *titennūtu* personnelles connues par d'autres archives[71].

Paššši-Tilla tient donc à faire préciser en justice que, même une fois son débiteur mort et enterré, sa dette n'est pas éteinte et qu'il appartient aux membres vivants de la famille d'assumer ses obligations financières. C'est à cela que vise le procès, et Paššši-Tilla semble obtenir satisfaction; la fin de la face est très endommagée, mais Ḫupita et Alki-Tilla s'engagent probablement à rembourser la dette. Il ne reste pas d'autre trace de cette affaire dans les archives de la famille.

---

70 Dans son compte rendu de B. L. Eichler, *Indenture at Nuzi*, New Haven, 1973, *WO* 9 (1977–1978), pp. 300–1.

71 Cf. le tableau dressé par B. L. Eichler, *Indenture at Nuzi*, New Haven, 1973, pp. 16–17.

3.7. *Les contrats de* titennūtu

Pašši-Tilla seul a laissé deux contrats de *titennūtu*.

Par EN 9/2 224 (34), il prend en *titennūtu* un champ appartenant à Šurukka fils d'Arip-urikke, situé dans le terroir de Tupšarriniwe, pour une durée de deux ans; il verse en échange 5 *sūtu* de grain et 2 mines d'étain. Šurukka est connu comme débiteur de Pašši-Tilla seul, par EN 9/2 349 (29), et de plusieurs fils de Pula-ḫali, par AASOR 16 97 (5) et EN 9/2 353 (4); cette *titennūtu* confirmerait la paupérisation du personnage.

EN 9/2 268 (35) montre Šekari cédant en *titennūtu* à Paššiya un champ, un verger, un puits et une aire pendant trois ans; il reçoit 5 mines d'étain. La tablette étant endommagée, la localisation précise du champ a disparu, ainsi que le nom du père de Šekari; il n'y a pas d'autre Šekari connu par les documents de la famille de Pula-ḫali. Le seul voisin dont le nom est lisible, Ipšaya, n'est pas non plus connu dans ce corpus; les noms des autres voisins et des témoins ont disparu.

Les surfaces des terrains sont perdues, ce qui ne permet pas de calculer l'intérêt que Pašši-Tilla escomptait de ces transactions. Comme dans les contrats de prêt, Pašši-Tilla avance du grain, mais plus volontiers de l'étain.

3.8. *Une acquisition de bien immobilier* (ṭuppi mārūti)

Il ne subsiste dans toute l'archive qu'une seule *ṭuppi mārūti*, «tablette d'adoption», qui correspond en réalité à un transfert de bien immobilier. Par EN 9/2 33 (36), Tae, dont le patronyme est perdu, adopte Pašši-Tilla et lui lègue un verger. En échange, Pašši-Tilla lui remet 5 mines d'étain, 2 mines de bronze et du grain.

Le lieu de la transaction n'est pas précisé; le nom du terroir où est localisé ce terrain, qui figurait peut-être au début de la tablette, est perdu. Kipal-enni, le frère de Pašši-Tilla, fait partie des témoins. Les noms des voisins et des témoins constituent souvent des références uniques dans ce corpus, sauf Tae fils de Bēliya, et Pal-teya, s'il s'agit bien du fils de Ward-aḫḫē: tous deux sont connus dans d'autres textes provenant de l'archive familiale et rédigés à Tupšarriniwe; ils font partie des notables de la ville. Cette opération avait donc probablement pour but d'étendre les domaines que Pašši-Tilla possédait à Tupšarriniwe.

3.9. *Les acquisitions de biens meubles*

3.9.1. *Des ovins*

EN 9/2 250 (37) témoigne d'un achat d'au moins cinq, sinon huit ovins par Paššiya, effectué à Tupšarriniwe, auprès de Ḫašiya fils de Ward-aḫḫē. EN 9/2 267 (8) et EN 9/3 230 (9) montrent Pašši-Tilla et ses frères remettant des ovins, ainsi que de bronze ou du cuivre, en échange de terrains dans des contrats de *titennūtu*; dans HSS 19 97 + EN 10/2 167 (10), dix moutons font partie du prix versé par les fils de Pula-ḫali pour l'achat d'une terre. Ces tablettes indiquent ainsi l'usage qui pouvait être fait du petit bétail.

3.9.2. *Une porte*

Par EN 9/2 283 (38), Paššši-Tilla achète une porte ([*i*]*l-te-en-nu-tu*$_4$ GIŠ-IG) à Taika fils d'Akap-šenni, pour une somme de 6 mines d'étain. Taika précise que cette porte fait partie des biens qu'il a hérités de son père.

Sur les relations de Taika fils d'Akap-šenni avec Paššši-Tilla, cf. ci-dessus § 3.5.

3.10. *L'adoption d'une jeune fille* (ṭuppi mārtūti)

Par la *ṭuppi mārtūti*, «tablette d'adoption», EN 9/2 299 (39), Uante fils de Bēlaya donne sa sœur Elwini comme fille adoptive à Paššši-Tilla. L'éducation d'Elwini a été assumée par son frère, qui n'a remis sa sœur à Paššši-Tilla qu'une fois celle-ci élevée, c'est-à-dire probablement parvenue à l'âge du mariage. Paššši-Tilla doit alors lui trouver un époux parmi les hommes libres du pays d'Arrapḫa.

Ce type d'adoption de jeunes filles a été étudié par K. Grosz[72]. Il s'agit, pour une famille d'un niveau social peu élevé, de placer une fille sous la protection d'un personnage puissant qui saura lui trouver un époux, que l'on espère d'un statut social supérieur à celui de la jeune fille. La famille d'Uante doit faire partie de ces gens peu fortunés.

Pour l'adoptant, ici Paššši-Tilla, l'intérêt de l'opération est économique. Au moment du mariage, la famille de l'époux verse à la famille de la jeune fille, en règle générale à son père ou à son frère, une somme appelée *terḫatu;* il s'agit le plus souvent d'un versement d'argent. La somme prévue ici est de 40 sicles d'argent, ce qui correspond au cas le plus fréquent[73]. Or cette somme n'ira pas entièrement à Uante: Paššši-Tilla doit garder 15 sicles, tandis que le frère d'Elwini n'aura que le reste, soit 25 sicles. Il y a donc partage entre la famille d'origine et la famille d'adoption.

Ainsi, par cette adoption, Paššši-Tilla, espérait gagner rapidement 15 sicles d'argent, en se hâtant de marier une jeune fille dont l'éducation ne lui avait rien coûté. Elwini, devenue fille adoptive de Paššši-Tilla, pourrait épouser un homme aisé, alors que si son frère seul avait dû négocier son mariage, son époux aurait été choisi dans un milieu plus modeste. Quant à Uante, sa situation sociale ne lui permettait pas d'avoir de grandes exigences sur la richesse de son futur beau-frère et donc sur la *terḫatu* qu'il pouvait en attendre. Si la plupart des *terḫatu* documentées sont de 40 sicles, d'autres, beaucoup plus faibles, sont aussi attestées, allant de 5 à 20 sicles d'argent par exemple. L'adoption de sa sœur par Paššši-Tilla assurait à Uante 25 sicles d'argent, c'est-à-dire sans doute plus qu'il n'en pouvait espérer sans cet intermédiaire.

Le lieu de rédaction du texte n'est pas indiqué, mais il a été écrit à Tupšarriniwe[74]. Uante apparaît une autre fois dans les textes des descendants

---

72 «On Some Aspects of the Adoption of Women at Nuzi», *SCCNH* 2, pp. 131–52.

73 K. Grosz, «Dowry and Brideprice in Nuzi», *SCCNH* 1, pp. 175–78.

74 M. A. Morrison, *SCCNH* 4, p. 103, n. 39.

de Pula-ḫali, comme témoin d'un prêt d'étain consenti par Kipal-enni, EN 9/2 97+ (45): 15'. Parmi les témoins de EN 9/2 299 (39), trois sont témoins également dans d'autres transactions rédigées avec certitude à Tupšarriniwe:

Akiya fils de Šaš-tae: EN 9/2 224 (34): 30;

Ḫašiya fils de Ward-aḫḫē: HSS 19 97 + EN 10/2 167 (10): 47 et EN 10/3 295 (55): 8";

Zaziya fils d'Akkuya: EN 10/2 166 (6): 22 et TF 1 258 = IM 70882[75]: 25.

D'autre part, Ḫašiya fils de Ward-aḫḫē vend des ovins à Pašši-Tilla à Tupšarriniwe, EN 9/2 250 (37), cf. § 3.9.1; Šurukka fils d'Arip-urikke engage un terrain en *titennūtu* par un acte rédigé dans cette ville, EN 9/2 224 (34), cf. § 3.7. Ces deux derniers personnages sont propriétaires terriens à Tupšarriniwe d'après TF 1 426 = IM 70985[76]. Quant au scribe Šamaš-nāṣir fils d'Akiya, il a rédigé pour les descendants de Pula-ḫali cinq tablettes à Tupšarriniwe (cf. ci-dessous § 11.7) et il est aussi l'auteur de TF 1 426 = IM 70985.

3.11. *Deux contrats pour la fabrication de briques*

Deux documents de cette archive, EN 9/2 391 (40) et EN 9/3 518 (41), visent à fournir à Pašši-Tilla quelques milliers de briques.

EN 9/2 391 (40) est un contrat d'embauche: Pašši-Tilla engage Arnukka fils d'Elḫip-Tilla pour la fabrication de plus de 2000 briques, contre un salaire de deux mines d'étain et 3 *sūtu* d'orge pour sa nourriture. Les briques doivent être mises en tas et livrées à Pašši-Tilla au mois *kinūnu*.

Seuls deux noms de témoins sont lisibles: Akiya fils de Šaš-Tae et le portier Bēliya, connus aussi comme témoins dans des textes rédigés à Tupšarriniwe, respectivement EN 9/2 224 (34) et 441 (49). Le contrat a dû être passé dans la même ville.

Le début d'EN 9/3 518 (41) est cassé, si bien qu'il est impossible de voir si ce texte recourt lui aussi au formulaire d'un contrat d'embauche. Mais le but de la transaction est le même: Pašši-Tilla verse une quantité d'orge, dont le montant total est perdu, à Ḫutiya fils d'EN[...], qui doit faire 4000 briques et les remettre à Pašši-Tilla au mois *impurtanni*. La quantité de grain fournie par Pašši-Tilla représenterait à la fois le prix des briques et le salaire de Ḫutiya. L'un des témoins, Tukultī-ilu fils de Pui-Tae, apparaît dans plusieurs textes de l'archive, dont un écrit à Tupšarriniwe, EN 9/2 250 (37).

Dans ces deux tablettes, la personne qui doit faire les briques est contrainte, au cas où ces briques ne seraient pas livrées, de payer une amende. Dans EN 9/2 391 (40) le montant de cette amende est perdu. Dans EN 9/3 518 (41), il s'agit de six moutons mâles. Ce dernier document rappelle beaucoup, tant par sa structure que par cette pénalité, HSS 5 97 et 98[77], qui concernent aussi la

---

75 A. Fadhil, *RATK* n⁰ 18, p. 90.

76 A. Fadhil, *RATK*, p. 24 et 51.

77 W. Mayer, «Zur Ziegelherstellung in Nuzi und Arrapḫe», *UF* 9 (1977), pp. 196–97.

fabrication de briques. Un ou plusieurs individus reçoivent de la laine et des céréales d'Ilānu fils de Taiku; dans HSS 5 98, il est précisé que cette somme constitue le salaire de l'ouvrier (*ig-ra ù ma-la-ka*), cf. EN 9/2 391 (40). Ils doivent ensuite fournir des briques à Ilānu au mois *ulūlu*. En cas de manquement, l'amende prévue est constituée aussi par des moutons mâles, apparemment deux ovins par millier de briques. Dans EN 9/3 518 (41), elle est de six moutons pour 4000 briques, mais la fin de la ligne 11 est abîmée et pouvait comporter d'autres biens entrant dans la composition de cette amende. Au vu de ces parallèles, il est probable que la pénalité prévue dans EN 9/2 391 (40) était aussi constituée d'ovins.

W. Mayer, «Zur Ziegelherstellung in Nuzi und Arrapḫe», *UF* 9 (1977), pp. 191–204, a fait le point sur la fabrication des briques à Nuzi; il faut ajouter ces deux textes à son corpus. Il est remarquable que dans EN 9/2 391 (40), le salaire de l'ouvrier soit payé en étain et en grain, car dans les autres documents de ce type, les salaires sont habituellement versés en laine, ou en laine et en grain[78]; ce texte confirme une fois encore les ressources de Pašši-Tilla en métal. Les mois *impurtanni* (= i = mars-avril) et *kinūnu* (ix = novembre-décembre) ne sont pas attestés par ailleurs comme des mois habituels pour la livraison des briques, car il ne s'agit pas des mois suivant la moisson, ceux durant lesquels la paille est disponible en grandes quantités. Cela fait penser à un besoin ponctuel de Pašši-Tilla; dans ce cas, les deux textes pourraient être assez proches dans le temps.

3.12. *Fragment*

EN 9/2 515 (42) est très fragmentaire. Les parties en présence sont Ḫalutta et Pašši-Tilla, ce dernier remboursant de l'étain. Le texte mentionne également une porte. Il a été rédigé à Tupšarriniwe. Si Ḫalutta, dont le patronyme manque, est le fils d'Akiya bien connu par cette archive (cf. § 2.4), cela confirmerait les relations d'affaires entre les deux familles.

3.13. *Pašši-Tilla et ses fils Waḫḫurra et Iwiya*

EN 9/3 504 = 519 (43) est tout aussi fragmentaire que le document précédent. Il mentionne quatre noms de personnes: Akip-Tilla (l. 6′), Pašši-Tilla (ll. 2′, 7′, 3″, 6″), Waḫḫurra (ll. 5′, 8′, 1″) et Iwiya (l. 5″).

Akip-Tilla fils d'Irrike, qui apparaît comme un personnage actif dans l'archive, est attesté à trois reprises comme témoin de transactions où Pašši-Tilla est partie, seul, dans HSS 19 126 (15) et EN 9/2 515 (42), ou avec son frère Šurki-Tilla, dans EN 9/3 230 (9), mais il pourrait éventuellement s'agir d'un homonyme.

La mention, à trois reprises, du nom rare Waḫḫurra, ne peut renvoyer qu'au fils de Pašši-Tilla, seule personne de ce nom connue par les textes de Nuzi (cf. ci-dessous, § 7). De ce fait, Iwiya doit être l'autre fils de Pašši-Tilla, attesté par EN 9/2 97+ (45) et EN 9/2 325 (52). Ce texte est le seul document retrouvé

---

78 Cf. HSS 5 97, 98 et HSS 13 387, respectivement 11, 12 et 16 du corpus de W. Mayer.

mentionnant à la fois Pašši-Tilla et ses deux fils, mais il est beaucoup trop lacunaire pour que l'on puisse tenter d'établir qui est l'aîné des deux, et comprendre à quel titre ils interviennent.

La tablette évoque une histoire sinistre au cours de laquelle un personnage a reçu un coup de couteau (*ina* GÍR *maḫiṣ*, ll. 4′, 5′, 2″, 4″ et 5″). Les fils de Pašši-Tilla, Waḫḫurra et Iwiya, sont l'un comme l'autre susceptibles d'avoir donné ou reçu ce coup (ll. 5′ et 5″). L'agression a pu avoir lieu dans une maison, ou à la porte de la maison (l. 3′). La présence d'un témoin qui «a vu» (*a/itamar*, ll. 3′ et 2″) fait penser à un procès, avec déposition devant les juges. Néanmoins, le texte ne permet pas de reconstituer une histoire suivie. La ville de Tupšarriniwe figure l. 9′.

4. Pašši-Tilla et Kipal-enni

Le texte EN 9/2 207 (44) relève comme les précédents documents de l'archive de Pašši-Tilla, puisqu'il s'agit d'une déclaration faite par celui-ci, mais mérite une étude particulière car il montre l'intervention de Pašši-Tilla dans les affaires de son frère Kipal-enni.

Pašši-Tilla déclare en effet qu'une quantité de [x+] 5 mines [de métal ou de bronze], appartenant à son frère Kipal-enni, se trouve dans la maison de Ḫašip-Tilla fils de Kip-ukur. Il est précisé, à propos de cette somme: *ta-ar-wi-iš-šu ša-ak-na-at* (ll. 8–9). Ce *tarwiššu* est à rapprocher du terme *tarwišša*[79] qui figure dans plusieurs textes de Nuzi. A. Fadhil a repris la transcription de trois textes dans lesquels apparaît ce mot[80]:

HSS 13 79: 3;

EN 9/2 450 (= SMN 2127, cf. D. I. Owen, *LDN*, p. 127b, sous le n⁰ EN 9 375): 5;

EN 9/1 366 (= SMN 1071, cf. D. I. Owen, *LDN*, pp. 123–24): 5, où A. Fadhil propose de restaurer [*i+na*] *ta-*[*ar-wi-iš-šá*] dans la cassure.

Il faut ajouter à ces références *Sumer* 32, p. 126 et 141, n⁰ 6: 4; la copie p. 141 montre une forme *ta-ar-wi-iš*, mais E. R. Lacheman a transcrit p. 126 *ta-ar-wi-iš-ša*.

Cependant, dans tous ces textes, le terme est précédé par *ina* ou *ana*; il ne figure pas seul comme dans EN 9/2 207 (44).

Dans EN 9/2 207 (44): 8–9, l'expression *ta-ar-wi-iš-šu ša-ak-na-at* est particulièrement proche de celle qui figure dans *Sumer* 32, n⁰ 6: 4–6, *i-na ta-ar-wi-iš* (...) *ša-ak-nu.*

Par comparaison avec AASOR 16 91 où, dans un contexte semblable, cette expression est remplacée par *a-na ma-aš-ka-ni i-na* É*-ti-ia ša-ak-nu*, A. Fadhil a proposé de comprendre qu'il s'agissait d'un dépôt fait par un grossiste dans la maison d'un concessionnaire, qui entrepose chez lui la marchandise: c'est clairement ce que fait Ḫašip-Tilla dans EN 9/2 207 (44). Le concessionnaire se

---

79 *AHw*, p. 1336b.

80 *STPPKA*, pp. 119–21.

charge en général de faire fructifier ce dépôt pendant quelques années, entre deux et dix ans, car à l'issue prévue, le propriétaire du bien le reprend et attend de l'opération un bénéfice qui va jusqu'à 200%.

Il ne s'agit donc pas d'un prêt classique. Les prêts déjà rencontrés dans cette archive, consentis par Paššši-Tilla seul ou avec ses frères, sont apparemment des opérations à court terme ne dépassant pas la durée d'une année, dont le créancier attend un bénéfice rapide de 50%. Ici en revanche, le dépôt est à long terme, auprès d'un intermédiaire qui cherche lui aussi un profit dans l'opération; et l'intérêt escompté est beaucoup plus élevé.

Deux des textes étudiés par A. Fadhil se rapportent à un même personnage, Ḫašuar fils de Šimika-atal, qui possède de grandes quantités d'orge. Ici, le dépôt fait par Kipal-enni concerne du métal ou du bronze, puisqu'il se compte en mines. Une fois de plus, on trouve les fils de Pula-ḫali spécialisés dans les opérations sur les métaux.

Ce document est intéressant à un autre titre: il évoque les fils de Kipal-enni, pour le compte desquels Paššši-Tilla récupère le dépôt. Kipal-enni n'intervient pas lui-même, pour une raison inconnue. On peut supposer qu'il est mort et que Paššši-Tilla s'occupe de régler ses affaires pour le compte des fils du défunt, peut-être alors trop jeunes pour en assumer la charge; ou, de façon plus optimiste, imaginer que Kipal-enni est simplement en déplacement et ne peut lui-même régler ses affaires. La fin de la face est trop endommagée pour fournir une réponse. Le sceau de Kipal-enni est cependant apposé à la fin du document, et il est impossible de savoir exactement qui en a fait usage.

Ḫašip-Tilla fils de Kip-ukur est connu par une dizaine d'autres documents, qui ne relèvent pas de l'archive étudiée ici, mais qui confirment ses activités commerciales. HSS 16 233 le qualifie de lú dam-gàr[81].

5. Kipal-enni fils de Pula-ḫali

Kipal-enni est le mieux documenté des fils de Pula-ḫali après Paššši-Tilla. Il figure aux côtés de ses frères Šurki-Tilla et Pa[šši-Tilla] dans le contrat de *titennūtu* EN 9/2 267 (8), cf. ci-dessus § 2.3, et en compagnie de Paššši-Tilla seul dans HSS 19 97 + EN 10/2 167 (10), cf. ci-dessus § 2.4. Il est peut-être le cadet des trois frères. EN 9/2 207 (44) montre que Paššši-Tilla a pu intervenir dans la gestion de ses affaires auxquelles sont intéressés aussi les fils de Kipal-enni (§ 4).

Apparemment très lié à son frère Paššši-Tilla, il lui a servi de témoin pour le versement de la *terḫatu* de Ḫaluli, dans HSS 19 99 (11), cf. ci-dessus § 3.1, et pour l'adoption de Paššši-Tilla par Tae, dans EN 9/2 33 (36), cf. ci-dessus § 3.8.

5.1. *Les prêts*

Comme son frère Paššši-Tilla, Kipal-enni accroissait ses biens en consentant des prêts. Il en subsiste deux témoignages:

81 Sur ce personnage, cf. M. A. Morrison, *SCCNH* 4, pp. 107–8, et B. Lion, *SCCNH* 11, pp. 220–45.

TEXTE	DÉBITEUR	OBJET DU PRÊT	FORMULAIRE
EN 9/2 97+ (45)	[...]	[x m.] d'étain	[EME-*šu*]
EN 9/2 348 (46)	Zike f. d'Akiya	3 *imēru* d'orge	[EME-*šu*]

EN 9/2 97+ (45) est très cassé. Le formulaire doit prendre la forme d'une déclaration, car le débiteur s'exprime à la première personne (l. 5'). Ne subsistent ni le nom du débiteur, ni la somme d'étain prêtée qui semble se compter en mines. Ce prêt de métal est conforme aux traditions de la famille. Le remboursement est prévu pour le mois *šeḫali* de Teššup (= iv = juin-juillet). Le premier témoin est Pašši-Tilla, frère de Kipal-enni et le second, un fils de Pašši-Tilla, donc un neveu du prêteur: on retrouve une fois de plus la solidarité familiale en affaires. Un autre témoin, Tukultī-ilu fils de Pui-Tae, est attesté aussi dans plusieurs autres textes de l'archive, dont EN 9/2 250 (37) rédigé à Tupšarriniwe.

EN 9/2 348 (46) est lui aussi fragmentaire. Le prêt, consenti à Zike fils d'Akiya, est de 3 *imēru* d'orge, remboursables au mois *sa<bū>tu* (= vii = septembre-octobre), soit assez longtemps après la moisson.

TEXTE	DÉSIGNATION DU PRÊT	REMBOURSEMENT	INTÉRÊT MORATOIRE
EN 9/2 97+ (45)	*i+n*[*a*] U[G]U-⌜*ia*⌝ *a-aš-b*[*u*]	*a+na* SAG-DU-*m*[*a*], «le capital»	oui
EN 9/2 348 (46)	*i+na* [UGU-*ia aš*]-*bu*	[...]	oui

Le premier prêt est sans intérêt. Le cas du second demeure incertain du fait des cassures. Dans les deux tablettes, un intérêt moratoire est prévu s'il y a dépassement de l'échéance. La formule *i+na* UGU-*ia (a)-aš-bu* «(la somme prêtée) est à ma charge», proférée par le débiteur, est normale dans le cas d'un prêt, mais elle n'était pas employée dans les tablettes vues précédemment. Il peut s'agir dans EN 9/2 97+ (45) du choix du scribe Mannu-tārissu, qui n'a pas rédigé d'autres tablettes dans cette archive; le nom du scribe de EN 9/2 348 (46) est perdu.

5.2. *Une lettre du* sukkallu *Akip-tašenni*

La seule lettre figurant dans les archives de la famille de Pula-ḫali, EN 9/2 102 (47), concerne directement Kipal-enni. Le *sukkallu* Akip-tašenni envoie cette missive à un certain Teḫip-šarri, pour l'informer que Kipal-enni, impliqué dans un procès à Tašenniwe, n'est pas satisfait de l'attitude des juges. Il a donc fait appel au roi. Le *sukkallu*, «ministre» qui s'occupait des affaires judiciaires importantes[82], demande à son correspondant de siéger avec les juges dans ce procès.

Il n'existe aucune indication sur la nature de ce procès; la seule autre affaire tranchée en justice, EN 9/2 440 (33), avait trait à un contrat de *titennūtu* personnelle conclu entre Paššši-Tilla et Tultukka (cf. ci-dessus § 3.6). Il est impossible de savoir s'il s'agit ici d'une histoire semblable, ou plutôt d'une affaire commerciale.

Kipal-enni doit avoir suffisamment de poids pour intervenir directement auprès du roi[83]. Le *sukkallu* a l'air d'adopter une attitude favorable aux intérêts de Kipal-enni, puisqu'il demande à Teḫip-šarri de s'en mêler et semble escompter une issue positive pour Kipal-enni. Ces faits incitent à penser que le frère de Paššši-Tilla jouissait d'un rang social et d'un poids économique considérables.

6. Šurki-Tilla fils de Pula-Ḫali

Le nom de Šurki-Tilla est très courant dans les archives retrouvées à Nuzi et par conséquent le fils de Pula-ḫali a de nombreux homonymes. Il faut peut-être l'assimiler au ^{I}*šur-ki-til-la ša* URU DUB-SAR-*we* mentionné dans un inventaire de flèches provenant du palais, HSS 15 21 (= *RA* 36 p. 183): 34.

Šurki-Tilla pourrait être l'aîné des fils de Pula-ḫali. Mais mis à part les documents dans lesquels il apparaît aux côtés de ses frères, en particulier EN 10/2 166 (6), EN 9/2 267 (8) et EN 9/3 230 (9) qui le citent par son nom, Šurki-Tilla ne figure pas dans cette archive comme personnage actif. Il est seulement, à deux reprises, témoin d'affaires concernant des personnes étrangères à sa famille.

EN 9/2 337 (48) est une déclaration de Ḫutip-apu fils d'Eḫliya, qui reconnaît emprunter 17 mines d'étain à Taika fils d'Akap-šenni et doit les rembourser au mois *šeḫali*. Il s'agit d'un prêt sans intérêt. Le débiteur et sa famille sont bien documentés dans l'archive des fils de Pula-ḫali, puisque qu'Eḫliya est attesté également comme leur débiteur dans EN 9/2 352 (3), et ses fils Ḫutip-apu et Tarmi-Tilla sont débiteurs de Paššši-Tilla dans EN 9/2 340 (28). Ḫutip-apu apparaît en outre comme témoin dans un prêt de cuivre, EN 9/2 343 (27) et dans un achat d'orge, HSS 19 126 (15), écrit à Tupšarriniwe, deux opérations effectuées par Paššši-Tilla. Sur cette famille, cf. déjà ci-dessus, § 2.2 et § 3.5. Quant au prêteur, Taika, il a fait des affaires avec Paššši-Tilla, en lui vendant une porte, EN 9/2 283 (38), et il lui a aussi emprunté de l'étain, EN 9/2 344 (20).

EN 9/2 441 (49) règle un litige concernant une servante d'Urḫi-Teššup fils de Ianzi-mašḫu[84]. La tablette est rédigée à Tupšarriniwe et plusieurs témoins sont connus par d'autres pièces de l'archive familiale.

---

82 Sur le *sukkallu* et ses fonctions, cf. W. Mayer, AOAT 205/1, pp. 124–25.

83 Sur la procédure d'appel au roi, cf. H. Liebesny, «The Administration of Justice in Nuzi», *JAOS* 63 (1943), pp. 128–44, en particulier pp. 131–33.

84 Le prix de la servante, 40 sicles d'argent, est assez élevé. A. Saarisalo, *New Kirkuk*

7. WAḪḪURRA FILS DE PAŠŠI-TILLA

Le nom de Waḫḫurra apparaît dans l'affaire d'agression évoquée par EN 9/3 504 = 519 (43), cf. ci-dessus, § 3.13.

Waḫḫurra est aussi créancier dans un prêt à intérêt de 15 mines d'étain, EN 9/2 347 (50). Le débiteur, Ḫalutta fils d'Akiya, est connu comme notable de Tupšarriniwe. L'échéance est fixée en *ulūlu* (= vi = août-septembre). La somme d'étain, plus de 7 kg, ne correspond pas à un prêt de nécessité, mais évoque plutôt une affaire commerciale.

TEXTE	DÉBITEUR	OBJET DU PRÊT	FORMULAIRE
EN 9/2 347 (50)	Ḫalutta f. d'Akiya	15 m. d'étain	

TEXTE	DÉSIGNATION DU PRÊT	REMBOURSEMENT	INTÉRÊT MORATOIRE
EN 9/2 347 (50)	[*a-n*]*a* MÁŠ-*šu*	*qa-du* MÁŠ-*šu*, «avec son intérêt»	non

EN 9/2 452 (51) adopte un formulaire assez semblable à celui des prêts: Waḫḫurra remet une somme de 18 mines 55 sicles d'étain à six personnes, avec la mention [*i-na* UGU?] ^{I}*i-w*[*i*]-*iš-til-la-m*[*a*] *aš-bu* à propos du premier individu recevant de l'étain; le verbe *leqû* est employé pour les cinq autres. Néanmoins, il n'est pas fait mention d'intérêt, ni de remboursement, ni d'échéance. L'emploi de l'étain n'est pas précisé, il peut donc s'agir d'un dépôt, ou d'un investissement commercial.

La fin du texte le définit comme *ṭup-pu taḫ-sí-il-t*[*i*], «tablette de mémorandum.» Ce type de document est bien attesté à Nuzi: il s'agit de notes destinées à garder la trace d'une opération; ici, Waḫḫurra conserve les noms de chacune des six personnes auxquelles il a avancé de l'argent ainsi que le détail des sommes qu'il leur a remises. Il n'y a pas de témoins, ce qui est normal pour un mémorandum[85].

Documents Relating to Slaves, Helsinki, 1934, a regroupé plusieurs textes de ventes d'esclaves: une esclave peut être achetée pour 20 sicles (HSS 9 25), ou 40 sicles (JEN 179); un esclave est acheté 30 sicles dans JEN 115. G. Müller, *Londoner Nuzi-Texte*, Wiesbaden, 1998, a récemment publié un texte du British Museum dans lequel une esclave est vendue 30 sicles (n^{0} 1). L'édit royal cité dans JEN 195 fixe à 30 sicles d'argent le prix à verser pour libérer un homme libre d'Arrapḫa.

85 Sur les tablettes de ce type, cf. G. G. W. Müller, «Ein Massenprozess in Nuzi? Zur Bedeutung von *ṭuppi taḫsilti*», *ArOr* 67 (1999), pp. 221–30.

TEXTE	REMISE D'ÉTAIN À	SOMME REÇUE	FORMULAIRE
EN 9/2 452 (51)	Iwiš-Tilla Ḫal[utta] Ḫišm-apu Wurruku Ḫinnuya Tuppiya	4 m. d'étain 3 m. d'étain 4 m. d'étain 1 m. 30 s. d'étain 5 m. d'étain 1 m. 25 s. d'étain	*ṭuppu taḫsilti*

Ḫal[utta] est peut-être le fils d'Akiya, débiteur de Waḫḫurra dans EN 9/2 347 (50). Les autres hommes ne sont pas attestés dans l'archive de la famille de Pula-ḫali, ce qui peut s'expliquer par le fait que la génération des enfants de Pašši-Tilla y est peu représentée.

Waḫḫurra dispose, comme son père, de quantités considérables d'étain à placer; ces deux seules opérations mettent en jeu près de 17 kg d'étain. Waḫḫurra perpétue donc la tradition instaurée par Pašši-Tilla, avec le même type de richesse que son père et la même façon de gérer sa fortune.

8. Iwiya fils de Pašši-Tilla

EN 9/2 97+ (45) atteste l'existence d'un second fils de Pašši-Tilla, Iwiya. Il se trouve témoin, avec son père, d'un prêt d'étain à intérêt effectué par son oncle Kipal-enni.

On retrouve la fin de son nom, [I]wiya, dans EN 9/2 325 (52), un prêt d'étain qu'il accorde à Muš-Teššup fils d'Akip-tašenni; le prêt est remboursable «après [la moisson], au mois *ḫinzu*[*ru*]» (= iii = mai-juin). Il s'agit certainement ici du fils de Pašši-Tilla, qui porte un nom relativement rare. Le fait qu'il prête de l'étain est en conformité avec les habitudes des descendants de Pula-ḫali. L'un des témoins est Tarmi-Teššup, peut-être identique au fils d'Elḫip-šarri, témoin dans un prêt d'étain de Pašši-Tilla, EN 9/2 342 (17), et notable de Tup-šarriniwe[86]. Enfin ce document a été retrouvé en S 132, d'où proviennent la plupart des archives de la famille de Pula-ḫali.

Dans EN 9/3 504 = 519 (43), Iwiya figure aux côtés de son père Pašši-Tilla et de son frère Waḫḫurra (cf. ci-dessus § 3.13).

9. L'archive de Pašši-Tilla et de ses fils

La composition de ce groupe de textes montre qu'il ne s'agit pas de l'archive de Pula-ḫali. Les deux seuls documents le concernant, EN 9/2 209 (1) et 339 (2), relèvent d'un choix effectué dans ses archives par ses héritiers. Ces deux tablettes leur sont directement utiles; puisqu'elles enregistrent des remboursements, ces quittances peuvent éventuellement protéger la famille en cas de réclamations illicites des bailleurs ou de leurs descendants.

[86] TF 1 426 = IM 70985: 11, 56.

La grande majorité des tablettes concerne Paššі-Tilla; l'archive retrouvée est certainement la sienne et son contenu correspond bien aux critères définis par M. P. Maidman dans sa description des archives privées[87]. Il s'agit des prêts consentis par Paššі-Tilla, d'un procès gagné, de documents garantissant la prise de gages (*titennūtu*) ou enregistrant l'acquisition de biens immeubles (*ṭuppi mārūti*) ou meubles: tous témoignent des droits de Paššі-Tilla et le protègent en cas de contestation. Il faut y ajouter les documents commerciaux liés à ses affaires et à ses déplacements.

L'archive concerne aussi les fils de Paššі-Tilla. La tablette dite *ṭuppu taḫsilti*, EN 9/2 452 (51), qui récapitule différentes remises d'étain effectuées par Waḫḫurra, porte une indication précieuse: le scribe note la remise du mémorandum à Waḫḫurra lui-même. Celui-ci rangeait donc ses propres tablettes avec celle de son père. Les documents relatifs aux deux fils de Paššі-Tilla sont rares: peut-être venaient-ils à peine d'arriver à l'âge adulte et commençaient-ils à mener leurs affaires de façon autonome au moment où le site a été détruit.

Les deux prêts consentis par Kipal-enni, EN 9/2 97+ (45) et 348 (46), devraient logiquement avoir été conservés par le créancier, Kipal-enni lui-même; on peut en conclure qu'une petite partie au moins de ses archives se trouvait rangée avec celles de son frère. De fait, le texte commercial EN 9/2 207 (44), qui concerne les affaires de Kipal-enni, est une déclaration de Paššі-Tilla et montre que ce dernier était mêlé aux affaires de son frère[88]. En revanche, la présence de la lettre EN 9/2 102 (47), pose un problème: elle devrait figurer dans les tablettes du destinataire Teḫip-šarri, ou à la rigueur dans celles de l'expéditeur, le *sukkallu* Akip-tašenni, si celui-ci en a gardé un double ou a omis d'envoyer ce courrier, mais on ne s'attend guère à la retrouver chez Kipal-enni. Il faut alors supposer que celui-ci en avait reçu une copie pour information.

Šurki-Tilla n'est présent dans les transactions qu'aux côtés de ses frères et les documents du groupe 19 ne peuvent pas être considérés comme ses archives. Il est aussi témoin dans deux textes, EN 9/2 337 (48) et 441 (49), dont la présence en S 132 reste à expliquer puisqu'ils devaient logiquement relever des archives de l'une des parties contractantes: il n'est donc pas certain qu'il faille rattacher ces deux tablettes à l'archive familiale. EN 9/2 337 (48) enregistre ainsi une dette de Ḫutip-apu fils d'Eḫliya envers Taika fils d'Akap-šenni et aurait dû être gardé par ce créancier; celui-ci étant par ailleurs débiteur de Paššі-Tilla, en EN 9/2 344 (20), il aurait pu vendre une créance à Paššі-Tilla pour solder une

---

87 «A Nuzi Private Archive: Morphological Considerations», *Assur* 1 (1979), pp. 179–86.

88 Cette tablette enregistre une déclaration de Paššі-Tilla, indiquant qu'il a repris un dépôt effectué par son frère Kipal-enni chez Ḫašip-Tilla fils de Kip-ukur. Elle a pu être conservée par Paššі-Tilla, mais aussi par Kip-ukur, une fois le dépôt repris, pour le garantir contre d'éventuelles réclamations de Kipal-enni ou des membres de sa famille. M. A. Morrison, *SCCNH* 4, p. 108, indique qu'une petite archive de Ḫašip-Tilla fils de Kip-ukur se trouvait dans le groupe 19, en particulier en S 132, et EN 9/2 207 (44) pourrait aussi appartenir à ce lot. Cf. aussi B. Lion, «Ḫašip-Tilla fils de Kip-ukur. Activités et relations d'un *tamkāru*», *SCCNH* 11, pp. 220–45.

dette. Néanmoins, dans ce cas précis, les opérations enregistrés par ces deux textes ne peuvent pas être directement liées, car Taika n'emprunte que 2 mines d'étain à Pašši-Tilla, alors qu'il en prête 17 à Ḫutip-apu; en outre, il faut reconnaître qu'il ne subsiste pas de texte indiquant une transaction de ce genre.

Les tablettes concernant les transactions effectuées par plusieurs fils de Pula-ḫali n'ont été conservées que par l'un d'entre eux, en l'occurrence Pašši-Tilla. Peut-être a-t-il gardé toute l'archive relative à la gestion en indivision du patrimoine. Peut-être au contraire y a-t-il eu partage d'un corpus, à l'origine plus abondant, entre les frères, le jour où ils ont décidé d'agir chacun pour son propre compte; de même, les deux tablettes concernant les transactions de Pula-ḫali pourraient n'être qu'une petite partie des documents paternels échue à Pašši-Tilla, alors que ses frères héritaient de documents gardant le souvenir d'autres opérations.

10. La distribution des textes à Nuzi

Les textes de l'archive se répartissent ainsi par lieu de découverte:

10.1. *Textes de Nuzi sans indication de provenance*

EN 10/2 166	(6)
EN 9/2 524	(7)
EN 9/2 267	(8)
EN 9/3 230	(9)
EN 9/2 345+	(18)
EN 9/2 512	(24)
EN 9/2 343	(27)
EN 10/2 102	(30)
EN 10/3 202	(32)
EN 9/3 504 = 519	(43)

EN 9/2 515 (42) est de provenance inconnue d'après *SCCNH* 4, p. 148 et 150 et *SCCNH* 5, p. 144. E. R. Lacheman, *SCTN* 2, p. 72, indique qu'il viendrait de «Room 120»; c'est sans doute pour cette raison que *SCCNH* 5, p. 134, l'attribue à «S 120.» Or la «Room 120» d'E. R. Lacheman correspond en fait à N 120, une pièce du palais où auraient été retrouvés quelques autres documents de ce corpus (cf. § 10.4).

10.2. *Groupe 19*

Les maisons situées sur le tell principal, à l'est du palais, ont livré plusieurs lots d'archives familiales (Eastern Archives), étudiés par M. A. Morrison dans *SCCNH* 4.

Le groupe 19, correspondant à la «strate II» archéologique de R. F. S. Starr, a été décrit par celui-ci dans son rapport de fouilles[89]; le plan qui en a été dressé

---

[89] *Nuzi* 1, pp. 313–18.

est reproduit ici (planche n^0 1). Il a ensuite fait l'objet d'un nouvel examen par M. Novák dans son article consacré aux maisons de Nuzi[90]; cet auteur a proposé deux schémas indiquant les fonctions des différentes pièces et la structure de la maison (planche n^0 2). Les remarques qui suivent s'appuient sur ces publications.

Le groupe 19 comprend 18 pièces et sa surface au sol, 300 m^2, en fait l'une des plus vastes maisons fouillées à Nuzi; sa surface habitable (excluant les murs) est de 194 m^2 et sa structure est assez complexe[91]. Elle est située sur un terrain en pente et le passage d'une pièce à une autre se fait parfois par une ou plusieurs marches. La majorité des tablettes qui y ont été retrouvées se rapportait aux activités de deux familles principales, celle de Pula-ḫali et celle Muš-apu. Presque tous les textes impliquant la famille de Pula-ḫali et retrouvés à Nuzi proviennent de quatre pièces de cette maison:

— S 152 a livré une tablette relevant de cette archive, EN 9/2 33 (36). Cette pièce constitue l'entrée de la maison[92] et correspond donc à la pièce 1 de cet ensemble dans la typologie de M. Novák. Elle mesure 19,80 m^2.

— D'un côté, S 152 mène à une première série de pièces qui comprend S 132, que l'on atteint après avoir traversé S 139. En S 132 ont été retrouvés 26 textes:

EN 9/2 209	(1)
EN 9/2 339	(2)
EN 9/2 352	(3)
HSS 19 97 + EN 10/2 167	(10)
EN 9/2 292	(12)
EN 9/2 505	(13)
HSS 16 231	(14)
EN 9/2 374	(16)
EN 9/2 342	(17)
EN 9/2 344	(20)
EN 10/3 292	(21)
SMN 2383	(22)
EN 9/2 346	(25)
EN 9/2 513	(26)
EN 9/2 340	(28)
EN 9/2 364	(31)

---

90 M. Novák, «Eine Typologie der Wohnhäuser von Nuzi», *Bagh. Mitt.* 25 (1994), pp. 341–446. Pour le groupe 19, voir en particulier le tableau p. 376, qui donne la superficie de la maison et des diverses pièces, et le schéma p. 426.

91 M. Novák, qui distingue diverses catégories de maisons, classe le groupe 19 dans la «catégorie 6», dont elle est l'unique exemple, cf. p. 386.

92 «The main entry is from Street 12 into S 152, which in all probability was roofed over», R. F. S. Starr, *Nuzi* 1, p. 313, sans mention de tablettes.

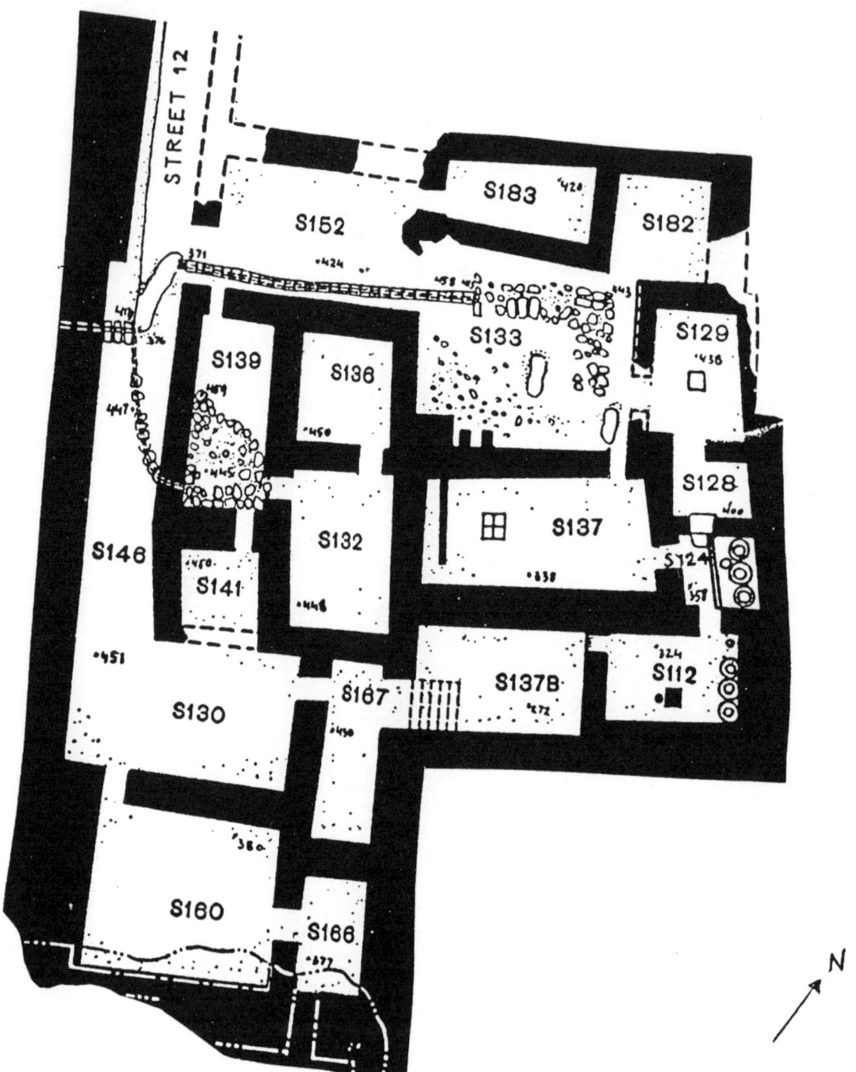

Planche n⁰ 1

Le groupe 19: R. F. S. Starr, *Nuzi* 2, plan n⁰ 13

(échelle 1 : 200)

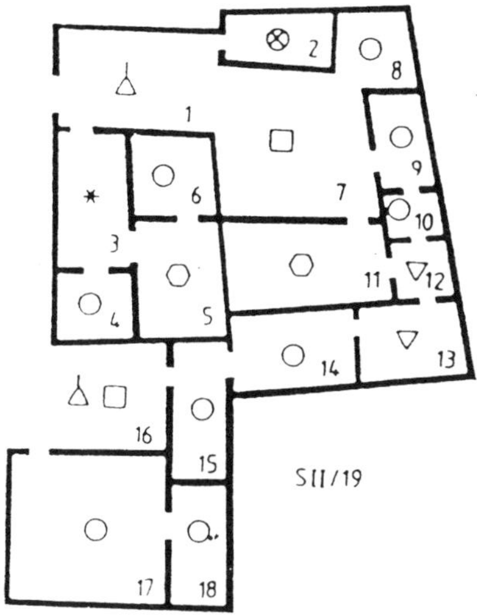

⧋	vestibule	⊗	*biwāba*
⬡	pièce de réception	□	cour
❁	bain	▽	magasin
◇	cuisine	○	pièce d'habitation

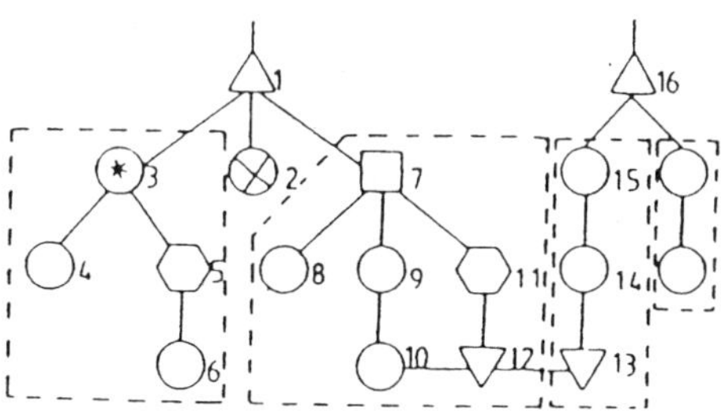

Planche n⁰ 2

Le groupe 19: M. Novák, «Eine Typologie der Wohnhäuser von Nuzi», *Bagh. Mitt.* 25 (1994), p. 426.

Fonction des pièces et organisation de la maison.

EN 9/2 440	(33)
EN 9/2 283	(38)
EN 9/3 518	(41)
EN 9/2 207	(44)
EN 9/2 102	(47)
EN 9/2 337	(48)
EN 9/2 441	(49)
EN 9/2 347	(50)
EN 9/2 452	(51)
EN 9/2 325	(52)

L'abondance des documents concernant les descendants de Pula-ḫali dans cette pièce a été remarquée par R. F. S. Starr : «First in importance were the large numbers of tablets on the pavement .... The pre-dominance of the personal name Pulahali, rather than Puhishenni, in the texts from S 132 shows that this was indeed a separate living unit, and one that was slightly less important than the main building of group 19 itself»[93]. Selon la typologie de M. Novák, il s'agit d'une pièce de réception, numérotée 5, de 10,80 m^2.

— D'un autre côté, l'entrée S 152 ouvre sur la cour S 133, numéro 7 de M. Novák, 26,68 m^2. R. F. S. Starr note à son sujet: «The large amount of terracotta vessels and household ustensils as well as tablets show that this courtyard was in active domestic use at the time of its destruction»[94]. Sept tablettes relèvent de l'archive des descendants de Pula-ḫali:

HSS 19 99	(11)
EN 9/2 529	(23)
EN 9/2 349	(29)
EN 9/2 224	(34)
EN 9/2 268	(35)
EN 9/2 97+	(45)
EN 9/2 348	(46)

— A partir de cette cour, il faut traverser deux pièces (S 137 et S 124) pour arriver dans S 112, soit la pièce 13 de M. Novák, une pièce de stockage couvrant 7,14 m^2 et contenant trois grandes jarres. Un matériel abondant y a été retrouvé, comprenant «a large number of inscribed clay texts»[95]. Une seule tablette concerne la famille de Pula-ḫali, EN 9/2 341 (19).

93 *Nuzi* 1, p. 318.

94 *Nuzi* 1, p. 314.

95 *Nuzi* 1, p. 316.

Ces quatre lieux de découverte, mis à part l'entrée S 152 et la cour S 133, ne communiquent pas directement.

Un seul texte, EN 9/2 299 (39), est réputé provenir de P 485, dans le secteur sud-ouest; cette attribution relèverait d'une erreur d'enregistrement[96] et la tablette viendrait en fait elle aussi de l'archive est. On peut donc l'ajouter aux textes ci-dessus.

10.3. *Groupe 18A?*

La maison 18A se situe au nord du groupe 19, mais ne lui est pas contiguë. HSS 19 126 (15) est le seul texte des archives orientales réputé issu du groupe 18A, en S 151. Son contenu, une avance d'or faite par Pašši-Tilla en vue d'achats de grain, est très proche de celui de HSS 16 231 (14) qui provient de S 132.

La prosopographie ne permet pas de rattacher ce texte à l'archive de la famille de Ḫuya retrouvée dans le groupe 18A[97]. En revanche, deux des personnages qui reçoivent de l'or, Zime fils de Ṣiliya et Aḫ-ummiša fils de Turaše, sont témoins dans AASOR 16 97 (5), exhumé en N 120(?). Les protagonistes et plusieurs témoins sont connus par les textes de S 132, S 133 ou de provenance inconnue[98].

M. A. Morrison signale la présence en S 151 de plusieurs textes ne relevant pas de l'archive de Ḫuya mais se rattachant clairement à d'autres lots[99]: HSS 19 126 est donc l'un de ces textes (=HSS 19 126 [15]). Ce phénomène semble dû à une erreur d'enregistrement dans la provenance des tablettes et il faut certainement considérer que HSS 19 126 (15) a été en fait exhumé, comme la plupart des autres documents de cette archive, dans le groupe 19.

10.4. *N 120?*

Cette pièce se trouve dans le palais, au nord-ouest des groupes 19 et 18A. Elle contenait des textes administratifs concernant l'armée et l'armement, ainsi que l'archive de Tulpun-naya[100]. Quatre textes en proviendraient: EN 9/2 353

---

96 *SCCNH* 4, p. 20 et n. 40.

97 Cette archive a été étudiée par M. A. Morrison, «The Family of Ḫuya: Texts from Group 18A», *SCCNH* 4, chapitre 2, pp. 21–46.

98 Ḫutip-apu fils d'Eḫliya apparaît dans EN 9/2 353 (4), EN 9/2 340 (28) et EN 9/2 337 (48), et le scribe Akkul-enni dans EN 9/2 440 (33), provenant tous de S 132; Zime fils de Ṣiliya, dans EN 9/2 224 (34), issu de S 133; Akip-Tilla fils d'Irikke, dans EN 9/2 515 (42), cf. § 10.1 et 10.4; Ḫutip-apu fils d'Eḫliya dans EN 9/2 343 (27), Zime fils de Ṣiliya dans EN 9/2 345+ (18) et EN 9/2 343 (27), textes de provenance inconnue.

99 *SCCNH* 4, p. 21 et n. 6.

100 R. F. S. Starr, *Nuzi* 1, p. 131: «The tablets include a large number of inventories of men in the army, along with lists of their armaments, horses and chariots. Intermixed with these was an equal number comprising the business records of a woman named Tulpunnaya.» E. R. Lacheman, HSS 16, p. vii: «N 120 had the archives of ᶠTulpunaya and of Utḫap-tae, son of Artura (the only family archives in the palace area) and the armament and military documents published in HSS XIV.» Sur les documents trouvés dans cette pièce, cf. W.

(4), AASOR 16 97 (5)[101], EN 9/2 250 (37) et EN 9/2 391 (40), auxquels il faut probablement ajouter EN 9/2 515 (42), cf. ci-dessus § 10.1.

EN 9/2 353 (4) et AASOR 16 97 (5) sont très semblables: il s'agit de prêts consentis par les fils de Pula-ḫali à Šurukka fils d'Arip-urikke.

EN 9/2 353 (4), EN 9/2 250 (37) et EN 9/2 515 (42) ont été rédigés par le même scribe, Šamaš-nāṣir. EN 9/2 250 (37) et EN 9/2 515 (42) ont été écrits à Tupšarriniwe. EN 9/2 353 (4) et EN 9/2 250 (37) ont en commun plusieurs protagonistes ou témoins. Pal-teya apparaît dans les trois textes.

EN 9/2 391 (40) est un contrat par lequel Paššī-Tilla engage Arnukka qui doit lui faire des briques.

Ces textes ne forment pas un groupe isolé. Tous peuvent être rapprochés, sur des critères prosopographiques, de textes provenant du groupe 19 et leur présence en N 120 reste difficile à expliquer[102].

Une erreur d'enregistrement, sans être certaine, est là encore envisageable. Plusieurs textes réputés venir de N 120 relèvent de l'archive d'Utḫap-tae, fils d'Ar-tura; c'est du moins ce que mentionnent la présentation des textes donnée par E. R. Lacheman dans HSS 16 et l'inventaire des textes de cette pièce par W. Mayer[103]. Or M. A. Morrison, dans son étude consacrée aux textes issus du groupe 17, attribue l'archive d'Utḫap-tae fils d'Ar-tura à ce groupe; elle localise en S 110 quatre textes réputés jusque là provenir de N 120[104]. On peut penser qu'une erreur similaire a fait attribuer à N 120 quatre ou cinq autres textes provenant, eux aussi, du quartier oriental de Nuzi, mais du groupe 19 cette fois. Ainsi ces tablettes pourraient être issues de la même maison que les autres documents concernant les descendants de Pula-ḫali.

10.5. *Archives de Paššī-Tilla et archives de Muš-apu*

Mis à part les quelques cas incertains évoqués ci-dessus, la majorité des tablettes est issue de quatre pièces du groupe 19, en particulier S 132 et S 133, ce qui donne à l'ensemble une remarquable cohérence archéologique.

Mayer, AOAT 205/1, pp. 40–61, qui ne mentionne cependant pas les textes qui nous intéressent ici: quatre d'entre eux étaient inédits au moment de la rédaction de cet ouvrage et AASOR 16 97 (5) était réputé provenir de C 120, cf. note suivante.

101 La provenance indiquée pour ce dernier texte, C 120, correspondrait à N 120: cf. *SCCNH* 4, p. 19. Les textes trouvés sur le tell principal avaient dans un premier temps reçu le sigle C; ensuite, la lettre attribuée à chacun des textes fut celle du carré de fouille dans lequel il avait été découvert.

102 M. A. Morrison, *SCCNH* 4, p. 100, n. 33, propose d'identifier la pièce N 120 au *bīt ṭuppi* du palais. Cela n'explique cependant pas la présence des textes en question ici, car ils relèvent clairement des activités privées de Paššī-Tilla et de ses frères.

103 Cf. ci-dessus, n. 100.

104 *SCCNH* 4, pp. 47–65. Le tableau montrant la répartition des textes par groupes et pièces figure p. 11; il s'agit d'EN 9/2 322, 352, 363 et 450, soit les n^0 227 à 230 de W. Mayer, AOAT 205/1, p. 51.

L'archive d'Urḫi-kušuḫ, dumu lugal, et celle de la famille de Muš-apu viennent du même groupe 19; mais elles étaient concentrées surtout dans les pièces S 112, S 124 et S 129, qui s'alignent en enfilade dans la partie orientale de la maison. Si un texte relevant de l'archive des fils de Pula-ḫali, EN 9/2 341 (19), a été retrouvé en S 112, inversement quelques textes de la famille de Muš-apu proviennent de S 132[105] où la majorité des documents appartenait pourtant à l'archive des descendants de Pula-ḫali. En dehors de ces quelques cas d'interférences, les lots étaient très clairement séparés et rangés dans des pièces distinctes.

La logique de la répartition des textes entre S 132 et S 133 n'apparaît cependant pas nettement. Dans S 133 ne se trouvaient que sept textes, dont certains peuvent faire figure de cas isolés:

— EN 9/2 97+ (45) et EN 9/2 348 (46) sont les deux seuls prêts connus consentis par Kipal-enni et peuvent correspondre à un classement particulier de ses archives.

— EN 9/2 224 (34) et EN 9/2 268 (35) sont les deux seuls contrats de *titennūtu* passés par Paššši-Tilla seul, et non par Paššši-Tilla et ses frères.

— HSS 19 99 (11) est une déclaration d'Illika fils d'Akiya, concernant les 35 sicles d'argent, *terḫatu* de sa fille Ḫaluli, qu'il a reçus de Paššši-Tilla fils de Pula-ḫali. C'est l'unique document de ce type dans l'archive.

— En revanche, EN 9/2 529 (23) et EN 9/2 349 (29) sont des contrats de prêts consentis par Paššši-Tilla seul, comparables à plusieurs documents retrouvés en S 132.

Il n'est pas sûr que les textes, à l'époque où cette maison était occupée, étaient rangés exactement là où ils ont été retrouvés. Le bâtiment a connu une destruction violente, par incendie: R. F. S. Starr en a repéré des traces dans les pièces S 112 et S 124[106]; un tel événement a pu entraîner le déplacement de divers objets. Le fouilleur a d'autre part noté un certain désordre, par exemple des restes d'un même objet répartis entre plusieurs pièces[107].

11. L'implantation de la famille à Tupšarriniwe

Paššši-Tilla est resté fidèle à l'implantation de sa famille à Tupšarriniwe, ville située au sud-ouest de Nuzi[108]. Le texte de Tell al-Faḫḫār TF 1 426 = IM 70985 le mentionne dans une liste de quatorze personnes définies comme «LÚ-MEŠ *an-ni-i* [*ša*] URU DUB-SAR-*ri-we*» (cf. ci-dessous 11.6). Il est possible qu'il ne faille pas

105 Par exemple EN 9/2 145, 157 ou 329.

106 *Nuzi* 1, p. 317.

107 Par exemple des morceaux de la table d'offrandes de S 124 ont été retrouvés dans la pièce voisine S 112, *Nuzi* 1, p. 316.

108 Cf. G. G. W. Müller, *Studien zur Siedlungsgeographie und Bevölkerung des Mittleren Osttigrisgebietes*, Heidelberg, 1994, p. 122 et carte.

entendre par lú-meš de simples «habitants» de Tupšarriniwe, mais les notables de la ville, puisque le groupe d'hommes ainsi désignés prend une décision en commun, comme le ferait une assemblée restreinte[109].

11.1. *Les textes rédigés à Tupšarriniwe*

Sur plusieurs tablettes de l'archive, le scribe a précisé le lieu de rédaction: «la porte de la ville de Tupšarriniwe»:

EN 10/2 166	(6)
EN 9/2 267	(8)
EN 9/3 230	(9)
HSS 19 97 + EN 10/2 167	(10)
HSS 19 99	(11)
HSS 19 126	(15)
EN 9/2 224	(34)
EN 9/2 250	(37)
EN 9/2 515	(42)
EN 9/2 441	(49)

Il faut leur ajouter le procès EN 9/2 440 (33), fait devant les juges de Tupšarriniwe. EN 9/3 504 = 519 (43), dans un contexte très fragmentaire, mentionne également Tupšarriniwe.

A partir de l'étude du texte TF 1 426, A. Fadhil a proposé que certains textes, qui ne portent pas de mention explicite d'une rédaction à Tupšarriniwe, y aient cependant été écrits, dans la mesure où y interviennent des personnes connues comme notables de Tupšarriniwe. C'est le cas pour[110]:

AASOR 16 97	(5)
HSS 16 231	(14)
EN 9/2 344	(20)
SMN 2383	(22)
EN 9/2 346	(25)

M. A. Morrison y ajoute EN 9/2 299 (39)[111].

Suivant les mêmes critères prosopographiques, cette liste peut être encore augmentée. G. G. W. Müller[112] y joint:

---

109 Cf. A. Fadhil, *RATK*, pp. 24–26. M. Müller, «Ein Prozess um einen Kreditkauf in Nuzi», *SCCNH* 1, pp. 445–54, retrouve le terme LÚ-<MEŠ> *ša* URU *tup-šar-r*[*i*(*-ni*)*-we*] dans SIL 316: 10′ et le traduit par "Ältesten" (?); le groupe intervient là aussi collectivement pour donner des directives concernant un achat de grain. Cf. le commentaire de M. Müller p. 448.

110 *RATK*, p. 17. A. Fadhil mentionne comme textes rédigés à Tupšarriniwe les documents alors inédits SMN 2379, SMN 2381 devenu depuis EN 9/2 344 (20), SMN 2381 (sic!) et SMN 2384 devenu depuis EN 9/2 346 (25). G. Wilhelm, citant ce travail dans *SCCNH* 1, p. 342, donne les mêmes numéros en corrigeant le second SMN 2381 en SMN 2383 (22). Quant à SMN 2379 = EN 9/2 374 (16), c'est la seule tablette de ce lot écrite à Tilla.

111 *SCCNH* 4, p. 103, n. 39.

112 *Studien zur Siedlungsgeographie und Bevölkerung des Mittleren Osttigrisgebietes*, Heidelberg, 1994, p. 123.

EN 9/2 339	(2)
EN 9/2 352	(3)
EN 9/2 353	(4)
EN 9/2 342	(17)
EN 9/2 345+	(18)
EN 9/2 341	(19)
EN 9/2 343	(27)
EN 9/2 340	(28)
EN 9/2 349	(29)
EN 9/2 348	(46)
EN 9/2 337	(48)
EN 9/2 452	(51)

L'examen des parties présentes, des voisins dans le cas des transactions sur la terre et des témoins permet aussi de rattacher à ce groupe:

EN 10/3 292	(21)
EN 9/2 364	(31)
EN 9/2 33	(36)
EN 9/2 391	(40)
EN 9/3 518	(41)
EN 9/2 97+	(45)
EN 9/2 347	(50)

En fait, il s'agit là de presque toute l'archive. Les textes qui n'entrent pas dans cette liste, lorsqu'ils ne contiennent pas de mention explicite d'un autre lieu de rédaction, sont souvent trop fragmentaires et contiennent trop peu de noms propres lisibles pour être soumis à une analyse efficace, mais rien n'interdit de penser que, s'ils avaient livré plus d'informations, ils se rattacheraient eux aussi au groupe des documents de Tupšarriniwe.

L'archive de Pašši-Tilla regroupe le plus grand nombre de références à Tupšarriniwe, sans en avoir cependant l'exclusivité: G. Wilhelm a montré que HSS 19 42 + NTF M 25 A, contrat rédigé lui aussi à Tupšarriniwe, relevait d'un lot complètement différent[113].

11.2. *Les opérations foncières à Tupšarriniwe*

Pula-ḫali possédait des terres à Tupšarriniwe et ses fils ont continué à se livrer à des transactions foncières dans la même région. Les contrats de *titennūtu* EN 9/2 267 (8) et EN 9/3 230 (9), passés par les fils de Pula-ḫali en indivision, ainsi qu'EN 9/2 224 (34) et 268 (35), passés par le seul Pašši-Tilla, concernent des terres de Tupšarriniwe. HSS 19 97 + EN 10/2 167 (10) mentionne également un terrain de Tupšarriniwe qui avait dans un premier temps appartenu à Kamputtu fils d'Akip-tura et qui échoit à Pašši-Tilla et Kipal-enni. La *ṭuppi mārūti* EN 9/2 33 (36) se réfère aussi probablement à des domaines de Tupšarriniwe.

113 *SCCNH* 1, pp. 341–43.

Le seul cas incertain est celui du terrain placé en *titennūtu* auprès des fils de Pula-ḫali dans EN 9/2 524 (7), texte trop cassé pour être précis.

Six des sept opérations sur la terre effectuées par Paššši-Tilla et ses frères concernent donc le terroir de Tupšarriniwe. L'archive ne documente aucune transaction immobilière dans une autre région.

11.3. *Les prêts consentis à des habitants de Tupšarriniwe*

TF 1 426 donne deux noms de notables de Tupšarriniwe qui se retrouvent parmi les débiteurs de la famille de Pašši-Tilla: Waḫriya fils de Zilip-apu emprunte à Pašši-Tilla dans EN 10/3 292 (21) et SMN 2383 (22), cf. § 3.5 et Ḫalutta fils d'Akiya emprunte à Waḫḫurra, fils de Paššiya dans EN 9/2 347 (50), cf. § 7. Il s'agit dans les deux cas de prêts d'étain. Il ne faut certainement pas y voir des prêts de nécessité: Pašši-Tilla et son fils pouvaient profiter de leur activité commerciale pour servir de «banquiers» aux membres de la bonne société de Tupšarriniwe.

En outre, le texte fragmentaire EN 9/2 515 (42), rédigé à Tupšarriniwe, documente peut-être un cas inverse, le remboursement d'un prêt contracté par Pašši-Tilla auprès de Ḫalutta (cf. ci-dessus § 3.12). S'il s'agit du Ḫalutta fils d'Akiya, cela confirme les liens commerciaux existant entre les deux familles.

11.4. *Les membres de la famille présents à Tupšarriniwe*

Pašši-Tilla se trouve à de multiples reprises à Tupšarriniwe. Il existe également des preuves de la présence à Tupšarriniwe de son frère Kipal-enni, dans EN 10/2 166 (6), EN 9/2 267 (8), HSS 19 97 + EN 10/2 167 (10) et HSS 19 99 (11) et de son frère Šurki-Tilla, dans EN 10/2 166 (6), EN 9/2 267 (8), EN 9/3 230 (9) et EN 9/2 441 (49). Enfin EN 9/3 504 = 519 (43), le seul texte qui mentionne à la fois les deux fils de Pašši-Tilla, Waḫḫurra et Iwiya, contient aussi le nom de Tupšarriniwe. Pašši-Tilla et ses frères, ainsi peut-être que les deux fils de Pašši-Tilla, ont donc vécu à Tup-šarriniwe.

Les membres de la famille de Pašši-Tilla devaient posséder une ou plusieurs demeures à Tupšarriniwe. Leur relation avec la maison de Nuzi où ont été retrouvées les archives n'est pas claire. M. A. Morrison a proposé plusieurs hypothèses: il pouvait s'agir d'une résidence temporaire utilisée par Pašši-Tilla ou ses fils, ainsi que par d'autres investisseurs ou marchands dont les archives voisinaient avec les leurs; ou encore d'un endroit où étaient entreposées les tablettes (*bīt ṭuppi*), sans que cela implique nécessairement la présence physique des propriétaires des archives, explication qui pourrait rendre compte de la petite taille des pièces de ce secteur et du peu de traces d'activités domestiques[114].

Enfin il n'est pas possible pour l'instant de savoir si toute l'archive de Pašši-Tilla était conservée à Nuzi dans cette maison, ou si d'autres documents étaient

114 *SCCNH* 4, pp. 128–29; cependant la cour était utilisée à des fins domestiques, cf. les remarques de R. F. S. Starr citées ci-dessus, § 10.2.

conservés à Tupšarriniweni, dans ce cas, quels critères présidaient à la répartition des tablettes entre les deux sites. M. A. Morrison n'exclut pas non plus que ces textes aient été apportés depuis Tupšarriniwe par Pašši-Tilla et les siens, fuyant des troubles dans cette région et espérant trouver plus de sécurité, pour eux-mêmes et pour leurs archives, à Nuzi[115]; dans ce cas, la totalité des documents aurait pu être emmenée.

11.5. *Les liens avec la documentation trouvée à Tell al-Faḫḫār*

Les fouilles de Tell al-Faḫḫār, l'antique Kurruḫanni, située à une trentaine de kilomètres au sud-ouest de Yorghan Tepe, ont livré plusieurs centaines de tablettes datant de la même époque que la documentation de Nuzi. Des liens prosopographiques peuvent être établis entre les textes des deux sites et seront certainement renforcés lorsque les tablettes de Kurruḫanni auront été plus amplement publiées.

Les textes de Tell al-Faḫḫār font souvent référence à la ville de Tupšarriniwe[116], qui ne devait pas en être très éloignée. HSS 19 97 + EN 10/2 167 (10): 3–4 situe un champ du territoire de cette ville le long de la route de Kurruḫanni. Outre TF 1 426 (cf. ci-dessous § 11.6), d'autres textes de Tell al-Faḫḫār mentionnent des personnages connus par l'archive de Pašši-Tilla. Il est impossible d'en dresser une liste exacte dans la mesure où une grande partie des documents demeure inédite[117], mais on peut noter les indications suivantes:

— TF 1 183 = IM 70825[118], écrit à Arrapḫa, est une déclaration de Ḫunduri qui se porte garante pour son frère Pal-teya et s'engage à payer ce qu'il doit à Alki-Tilla fils d'Akitte, connu aussi dans l'archive de Pašši-Tilla par EN 9/2 349 (29) et 440 (33). Ḫunduri et Pal-teya sont enfants de ^{I}*ar-ta-ar-ḫé*, inconnu par ailleurs; il faut sans doute y voir une graphie phonétique approximative pour Ward-aḫḫē, dont le nom est habituellement écrit par les sumérogrammes ìr-šeš, bien connu dans l'archive des descendants de Pula-ḫali comme père de Pal-teya.

— TF 1 192 = IM 70832[119] a été rédigé à Kurruḫanni par le scribe Kel-Teššup fils de Sîn-ibnī, témoin dans EN 9/2 364 (31).

---

115 *SCCNH* 4, pp. 129–30.

116 Cf. les références aux textes de Tell-al Faḫḫār données dans *RGTC* 10, «Tupšarri(we/niwe)», pp. 302–4 et l'étude menée par A. Fadhil, *RATK*, pp. 15–29. Cf. aussi G. Wilhelm, *SCCNH* 1, p. 342.

117 *RGTC* 10, pp. 302–3, donne par exemple pour Tupšarriniwe plusieurs références à des textes inédits de Tell al-Faḫḫār. La plupart d'entre eux présentent des liens prosopographiques avec l'archive de Pašši-Tilla: parties, témoins ou scribes appartenant à son cercle de relations.

118 B. K. Ismail et M. Müller, «Einige bemerkenswerte Urkunden aus Tell al-Faḫḫār zur altmesopotamische Rechts-, Sozial- und Wirtschaftsgeschichte», *WO* 9 (1977–78), pp. 14–34. TF 1 183 = IM 70825 est le n^{0} 3, pp. 26–28.

119 F. N. H. Al-Rawi, *SCL*, p. 454.

— TF 1 258 = IM 70882[120], rédigé à Tupšarriniwe, consigne la *titennūtu* d'un champ situé à Tupšarriniwe, reçu par Teḫiya fils de Ḫaip-šarri. Le même homme reçoit un autre champ, non localisé, en *titennūtu* dans TF 1 260 = IM 70884[121]. Un troisième texte, TF 1 263 = IM 70887[122], lui attribue encore une fois un champ de Tupšarriniwe en *titennūtu*. Les archéologues ont donc exhumé à Tell al-Faḫḫār une partie de ses archives. Or ce Teḫiya fils de Ḫaip-šarri est témoin dans EN 9/2 331 (53), cf. § 14. Dans TF 1 258 = IM 70882, on retrouve parmi les témoins Šurukka fils d'Arip-urikke, ainsi que Zaziya fils d'Akkuya. A. Fadhil propose en outre que l'un des voisins du champ, Pal-teya, soit à identifier avec Pal-teya fils de Ward-aḫḫē. Un autre voisin du champ, Ukuya, est sans doute le personnage témoin dans une déclaration devant les juges faite à Tupšarriniwe, EN 9/ 2 441 (49).

— TF 1 354 = IM 70956[123] est un contrat de *titennūtu* par lequel Mār-Ištar et son frère Aḫ-ummiša fils de Turašše aliènent un *imēru* de champ dans le terroir de Tupšarriniwe. La tablette est rédigée à Tupšarriniwe. Or Aḫ-ummiša fils de Turaše est témoin dans un prêt consenti par les fils de Puḷa-ḫali, AASOR 16 97 (5) et reçoit de Pašši-Tilla de l'or pour effectuer un achat de grain, HSS 19 126 (15). Parmi les témoins de TF 1 354 = IM 70956 figurẹnt Tuppiya fils de Zilip-apu, Šilaḫi fils d'Elḫip-šarri, Ḫutip-apu fils d'Eḫliya, Tae fils de Bēliya, tous quatre bien attestés dans l'archive de Pašši-Tilla.

— TF 1 436 = IM 70981[124] est une déclaration de Šurukka fils d'Arip-urikke qui le montre en position de débiteur, comme il l'est aussi souvent dans l'archive de Pašši-Tilla (cf. ci-dessus § 2.2 et § 3.5); il emprunte 4 mines d'étain.

Enfin quelques scribes auteurs d'une ou plusieurs tablettes appartenant à l'archive de Pašši-Tilla ont aussi rédigé des textes retrouvés à Tell al-Faḫḫār: Ariḫ-ḫammana[125], Šamaš-nāṣir[126], Šamaš-nāṣir fils d'Akiya[127].

Les textes provenant de Kurruḫanni (mais parfois rédigés à Tupšarriniwe ou ailleurs) permettent donc de compléter les informations fournies par les textes de Nuzi concernant les habitants de Tupšarriniwe en relation avec la famille de Pašši-Tilla.

---

120 A. Fadhil, *RATK* n⁰ 18, pp. 90–91 et F. N. H. Al-Rawi, «Two Tidennutu Documents From Tell al Fahar», *Sumer* 36 (1980), pp. 134–35 et 137.

121 F. N. H. Al-Rawi, «Two Tidennutu Documents From Tell al Fahar», *Sumer* 36 (1980), pp. 135–36 et 138.

122 F. N. H. Al-Rawi, *SCL*, p. 461.

123 F. N. H. Al-Rawi, *SCL*, p. 462.

124 A. Fadhil, *RATK* n⁰ 13, pp. 85–86.

125 Auteur de TF 1 79 = IM 70721, F. N. H. Al-Rawi, *SCL*, p. 439.

126 Auteur de TF 2 787 = IM 73424, A. Fadhil, *RATK* n⁰ 29, pp. 105–7, rédigé à Unapšewe.

127 Auteur de TF 1 426, rédigé à Tupšarriniwe.

11.6. *La société de Tupšarriniwe*

En joignant ces deux sources de documentation, on peut avoir quelques aperçus sur la société de la petite ville de Tupšarriniwe, ou du moins sur sa frange la plus aisée.

TF 1 426 et SIL 316 montrent les interventions des notables de Tupsarriniwe, agissant en corps, pour attribuer des terres (TF 1 426) ou comme arbitres de transactions commerciales dont les décisions peuvent être citées devant les juges de Nuzi (SIL 316)[128]. TF 1 426, déclaration faite par les notables de Tupšarriniwe, commence par donner les noms de quatorze d'entre eux[129]:

«[1-2]Ainsi (parle) Ḫašiya fils de Ward-aḫḫē, le *sassukku*;
[3]ainsi (parle) Šilaḫi fils d'Elḫip-šarri;
[4]ainsi (parle) Tarmi-Tilla fils d'Eteš-šenni;
[5]ainsi (parle) Attaya fils de Zaziya;
[6]ainsi (parle) Ḫalutta fils d'Akiya;
[7]ainsi (parle) Pal-teya fils de Ward-aḫḫē;
[8]ainsi (parle) Šekar-Tilla fils d'Anin-api;
[9]ainsi (parle) Kubiya fils de Bēliya;
[10]ainsi (parle) Teḫip-zizza fils d'Aḫušeya;
[11]ainsi (parle) Tarmi-Teššup fils d'Elḫip-šarri;
[12]ainsi (parle) Warḫiya fils de Zilip-apu;
[13]ainsi (parle) Pašši-Tilla fils de Pula-ḫali;
[14]et ainsi (parle) Tae fils de Bēliya;
[15]et ainsi (parle) Kurri fils de Kel-Teššup;
[16-17]ainsi (parlent) ces hommes de la ville de Tupšarri(ni)we.»

Pašši-Tilla lui-même apparaît l. 13. Tous les autres hommes de la liste, à l'exception de Šekar-Tilla fils d'Anin-api et de Kubiya fils de Bēliya (ll. 8–9), sont connus par l'archive des descendants de Pula-ḫali. De multiples liens existent entre ces personnes: relations de voisinage, les témoins d'une transaction étant souvent choisis dans ce groupe; mais aussi relations d'affaires, certains notables profitant des disponibilités en métaux de Pašši-Tilla pour contracter des prêts auprès de lui, ou auprès de son fils Waḫḫurra.

La plupart de ces notables devaient être propriétaires fonciers. Cela est avéré pour la famille de Pula-ḫali, ainsi que pour celle de Ḫalutta, dont le grand-père Nūr-Kūbi détenait déjà des terrains à Tupšarriniwe, d'après HSS 19 97 + EN 10/2 167 (10). Le même texte montre Ward-aḫḫē, propriétaire d'un terrain; ce personnage est sans doute à identifier au père de Ḫašiya qui y apparaît comme témoin et fait partie des notables de TF 1 426. Les informations précises restent cependant limitées, car les transactions immobilières de Paššiya et de ses frères demeurent peu nombreuses et les tablettes sont souvent trop mutilées

128 Même si, en l'occurrence, le rappel de cette décision ne suffit pas à fléchir les juges de Nuzi!

129 Les 17 premières lignes de ce texte sont citées et étudiées par A. Fadhil, *RATK*, p. 25. Pour la lecture *sassukku* l. 2, cf. *CAD* S, p. 196a.

pour que les noms des contractants ou des voisins soient lisibles. Les voisins sont cités sans patronyme. Quant aux contractants qui aliènent leur champ, comme Tae, EN 9/2 33 (36) ou l'engagent par *titennūtu* comme Šurki-Tilla, EN 9/2 267 (8), ou Šurukka fils d'Arip-urikke, EN 9/2 224 (34), ils font plutôt partie d'une frange de la population en difficulté, ce qui laisse peu de chances de les trouver parmi les notables locaux.

Les textes révèlent également les fonctions officielles de certains personnages. Ḫašiya fils de Ward-aḫḫē, témoin à trois reprises dans les transactions de la famille, est *sassukku* (TF 1 426). Bēliya fils d'Aḫ-ummeya, témoin à six reprises[130], est gardien de la porte: *abultannu*, EN 9/2 441 (49) et 331 (53) ou *maṣṣar abulli*, EN 9/2 391 (40). La porte en question est celle de la ville de Tupšarriniwe, où sont rédigés de nombreux actes officiels[131]. EN 9/2 384 (54) désigne ce même Bēliya comme héraut, *nāgiru*, ce qui précise l'étendue de ses fonctions[132].

Ces éléments sont cependant restreints au petit monde des fonctionnaires de Tupšarriniwe. Les professions des autres témoins n'apparaissent jamais, exception faite du charpentier (*naggāru*) Teḫip-zizza, EN 9/2 353 (4).

11.7. *Les scribes*

Une quinzaine de scribes sont connus comme auteurs des documents de cette archive. Deux d'entre eux, Ḫut-Teššup et Ninkiya, ont rédigé des tablettes ailleurs qu'à Tupšarriniwe (cf. ci-dessous § 12).

Les deux scribes qui ont rédigé des tablettes pour Pula-ḫali n'apparaissent pas ailleurs dans l'archive, peut-être parce qu'actifs en même temps que Pula-ḫali, ils ont cessé d'exercer à la génération suivante. Il s'agit de Maliya pour EN 9/2 209 (1) et de Muš-teya fils de Sîn-ibnī pour EN 9/2 339 (2), ce second document ayant été vraisemblablement écrit à Tupšarriniwe[133].

Les scribes ayant travaillé pour Paššši-Tilla et ses frères sont:

---

130 Dans EN 9/2 339 (2), 352 (3), 391 (40), 441 (49), 331 (53) et 384 (54).

131 Sur ce point, cf. P. Negri Scafa, «"*Ana pani abulli šaṭir*" : Gates in the Texts of the City of Nuzi», *SCCNH* 9, pp. 139–62. L'auteur étudie les scribes actifs aux portes de diverses villes, mais pas ceux de Tupšarriniwe. Sur les gardiens de la porte à Kurruḫanni, cf. A. Fadhil, *RATK*, pp. 58–59.

132 Cf. P. Negri Scafa, *SCCNH* 9, p. 162.

133 Sur ces deux scribes, cf. M. A. Morrison, *SCCNH* 4, p. 96.

Abī-ilu fils de ^{d}AK.DINGIR.RA	EN 9/2 349 (29)
Akkul-enni	HSS 19 126 (15); EN 9/2 440 (33)
Ariḫ-ḫamanna	EN 9/2 441 (49)
Enna-mati	EN 9/2 529 (23); EN 9/3 518 (41)
[Man]nu-t[ār]issu	EN 9/2 97+ (45)
Šamaš-nāṣir fils d'Akiya	EN 9/3 230 (9); HSS 19 97 + EN 10/2 167 (10); EN 9/2 224 (34); EN 9/2 250 (37); EN 9/2 299 (39); EN 9/2 515 (42)
Šamaš-nāṣir	EN 9/2 352 (3); EN 9/2 353 (4); EN 9/2 345+ (18); EN 9/2 341 (19); EN 9/2 344 (20); EN 9/2 513 (26); EN 9/2 340 (28); EN 9/2 283 (38); EN 9/2 207 (44); EN 9/2 337 (48); Clay Bullae Collection n^{0} 123 (56)
Tarmi-Tilla	AASOR 16 97 (5); EN 10/2 166 (6); HSS 19 99 (11); EN 9/2 342 (17); SMN 2383 (22); EN 9/2 343 (27)
Urḫi-Teššup	EN 9/2 364 (31)
Zu-^{d}IM	EN 9/2 33 (36)

Il faut ajouter à l'actif de Šamaš-nāṣir fils d'Akiya la rédaction du long texte TF 1 426 écrit à Tupšarriniwe, et à celui d'Ariḫ-ḫamanna EN 9/2 331 (53), qui implique plusieurs personnes en relations avec la famille de Pašši-Tilla (cf. ci-dessous, § 14).

Teḫip-Tilla, auteur de EN 9/2 384 (54), qui relève du cercle de relations de Pašši-Tilla (cf. ci-dessous, § 14), pourrait également avoir rédigé EN 9/2 347 (50) pour Waḫḫurra fils de Pašši-Tilla.

M. A. Morrison a montré que plusieurs de ces scribes avaient rédigé d'autres documents du corpus de Nuzi[134]. De plus, Šamaš-nāṣir a écrit TF 2 787 à Unapšewe, et Ariḫ-ḫamanna TF 1 79 en un lieu non précisé; ces deux textes proviennent de Tell al-Faḫḫār (cf. ci-dessus, § 11.5). Cela indique que ces scribes ne résidaient pas forcément à Tupšarriniwe, du moins pas de façon permanente. Cependant, les scribes les mieux représentés dans l'archive de Pašši-Tilla, à savoir Šamaš-nāṣir, Šamaš-nāṣir fils d'Akiya et Tarmi-Tilla, ont dû se trouver à Tupšarriniwe pendant une partie de leur carrière, ou alors y venir à de multiples reprises.

Les scribes ayant travaillé «à la porte de Tupšarriniwe» sont[135]:

134 *SCCNH* 4, pp. 96–97.

135 Cette liste est à ajouter à P. Negri Scafa, *SCCNH* 9, pp. 139–62.

Akkul-enni	HSS 19 126 (15)
Ariḫ-ḫamanna	EN 9/2 441 (49)
Šamaš-nāṣir fils d'Akiya	EN 9/3 230 (9); HSS 19 97 + EN 10/2 167 (10); EN 9/2 224 (34); EN 9/2 250 (37); EN 9/2 515 (42)
Tarmi-Tilla	EN 10/2 166 (6); HSS 19 99 (11)

Dans l'arbre des scribes issus de l'école d'Apil-Sîn, dressé par G. Wilhelm[136], figurent trois scribes ayant travaillé pour la famille de Pašši-Tilla: Abī-ilu fils de ^{d}AK.DINGIR.RA et Enna-mati appartiennent à la quatrième génération de cette école, Šamaš-nāṣir fils d'Akiya à la cinquième, ce qui place bien la carrière de Pašši-Tilla vers la fin de la période d'activité de la ville de Nuzi.

Le scribe Akkul-enni est fils d'Ariḫ-ḫamanna, d'après JEN 386; il est donc tentant d'assimiler cet Ariḫ-ḫamanna père d'Akkul-enni au scribe Ariḫ-ḫamanna, et de considérer que le père et le fils ont travaillé pour la famille de Pašši-Tilla[137].

Il n'est pas absolument certain que Šamaš-nāṣir et Šamaš-nāṣir fils d'Akiya soient une seule et même personne. Cependant, leur présence fréquente dans ce corpus constitue un argument dans ce sens. Un autre élément à prendre en compte est l'utilisation des sceaux: Šamaš-nāṣir et Šamaš-nāṣir fils d'Akiya ont utilisé plusieurs sceaux différents au cours de leur carrière, mais un même sceau est apposé par Šamaš-nāṣir sur la tablette EN 9/2 337 (48): 15 et par Šamaš-nāṣir fils d'Akiya sur EN 9/2 250 (37): 23; les usages de Nuzi permettent bien à une personne de sceller avec un sceau emprunté à une autre, cependant la coïncidence est troublante.

Certains scribes possèdent des sceaux inscrits. Les légendes des sceaux ne sont pas lisibles car, sur les empreintes, seuls quelques signes sont visibles. Dans ce corpus, témoignent de ce phénomène:

— le sceau d'Ariḫ-ḫamanna, EN 9/2 441 (49): 29 et 331 (53): 29, avec quatre lignes d'écriture.

— le sceau de Zu-^{d}IM, EN 9/2 33 (36): 15", dont l'inscription est très effacée.

— le sceau d'un scribe dont le nom est perdu, EN 9/2 346 (25): 22; trois lignes d'écriture sont visibles.

---

136 *Untersuchungen zum Ḫurro-Akkadischen von Nuzi,* AOAT 9, Neukirchen-Vluyn, 1970, p. 10.

137 Cf. A. Fadhil, *RATK*, p. 47, qui émet cependant une réserve, en indiquant qu'il n'y a pas de preuve qu'Ariḫ-ḫamanna père d'Akkul-enni ait été lui aussi un scribe.

Les sceaux inscrits sont assez rares dans le royaume d'Arrapḫa. D. Stein a montré que dans l'archive de Šilwa-Teššup, les personnes qui possèdent des sceaux inscrits appartiennnent aux catégories socio-professionnelles les plus élevées: juges, fonctionnaires et scribes[138]. Dans l'archive de Pašši-Tilla, le phénomène semble limité aux scribes.

11.8. *Les domaines du palais à Tupšarriniwe*

Les domaines royaux sont évidemment peu documentés par cette archive privée, sans rapports avec l'économie palatiale pour la gestion de la terre. On apprend cependant par EN 9/3 230 (9) qu'il y avait à Tupšarriniwe des terres royales, puisque les fils de Pula-ḫali reçoivent en *titennūtu* un champ situé [*i-na su*]-*ta-a-an mi-iṣ-ri ša é-kál-lì*, «au sud de la limite (des domaines) du palais» (l. 7'). Quant au verger cédé par Tae à Pašši-Tilla, qui se trouve peut-être à Tupšarriniwe, il est mitoyen d'une aire de battage du palais: *i+na il-ta-na-an ma-ag-ra-ti ša é-kál-lì*, EN 9/2 33 (36): 6'.

12. Les autres lieux d'activités

Les membres de cette famille ont aussi mené des affaires ailleurs qu'à Tupšarriniwe. Les tablettes rendant compte de ces transactions font intervenir des personnages qui, le plus souvent, n'apparaissent qu'une seule fois dans l'archive, puisqu'ils ne font pas partie du cercle de relations de Pašši-Tilla à Tupšarriniwe.

Les deux textes qui concernent les activités de Pašši-Tilla pour le commerce du palais ont été établis l'un à Ulamme, EN 9/2 292 (12), l'autre à la porte d'Āl-ilāni, c'est-à-dire Arrapḫa, au sanctuaire EN 9/2 505 (13)[139]. Ils sont liés à ses déplacements pour motifs professionnels. Tous deux ont pour rédacteur le scribe Ḫut-Teššup, qui n'a écrit aucune autre tablette de cette archive. Les témoins de EN 9/2 292 (12), sans doute habitants d'Ulamme, ne sont attestés nulle part ailleurs dans l'archive. Il en va de même des deux derniers témoins présents à Āl-ilāni dans EN 9/2 505 (13); en revanche le premier témoin, Nūr-Šamaš fils d'Akap-šenni, est une relation d'affaires de Pašši-Tilla, qui traite avec lui pour acheter de l'orge en HSS 16 231 (14), dans un lieu non précisé; le second, Akkul-enni fils d'Akitte, est témoin dans deux contrats de *titennūtu* passés à Tupšarriniwe EN 9/2 230 (9) et 224 (34), mais est aussi associé à Pašši-Tilla dans ses affaires à Tilla.

---

138 *AdŠ* 8, pp. 129–30. Le phénomène a encore été peu étudié, car la publication des textes de Nuzi n'a en général pas inclus les empreintes de sceaux. Dans G. Müller, *Londoner Nuzi-Texte*, Wiesbaden, 1998, qui édite les textes du British Museum provenant des fouilles clandestines, une dizaine de sceaux portent des inscriptions; deux au moins, ceux de Ḫutiya et de ^{d}AK.DINGIR.RA, sont des sceaux de scribes.

139 Sur les portes d'Āl-ilāni et les scribes qui y travaillent, cf. P. Negri Scafa, *SCCNH* 9, pp. 143–46; il faut ajouter EN 9/2 505 (13) et son scribe Ḫut-Teššup aux références données par l'auteur.

En effet, EN 9/2 374 (16) concerne des investissements considérables d'étain faits par Paššši-Tilla et Akkul-enni dans la ville de Tilla. Les hommes avec qui ils traitent ne semblent pas connus dans l'archive (cf. ci-dessus, § 3.4). Le scribe, Ninkiya, n'a écrit dans l'archive que cette seule tablette.

Kipal-enni s'est lui aussi déplacé, puisqu'il est impliqué dans le procès EN 9/2 102 (47), mené par les juges de Tašenniwe.

13. Les investissements d'une famille marchande

Pula-ḫali est clairement désigné comme *tamkāru*, mais son fils Paššši-Tilla est plutôt impliqué dans les transactions commerciales comme bailleur de fonds. Il en va de même de Kipal-enni. Les activités marchandes de cette famille se seraient donc modifiées entre la première génération documentée et la deuxième, Paššši-Tilla se spécialisant dans les investissements (cf. ci-dessus § 3.4).

Les membres de la famille disposaient de métaux ou de bronze en abondance[140]. Cela est patent dans presque toutes les transactions: au total, plusieurs dizaines de kg d'étain, ainsi que des poids plus faibles de cuivre ou de bronze, sont prêtés par Paššši-Tilla, ses fils et son frère Kipal-enni. A deux reprises, des achats de grain sont financés en or, métal rare à Nuzi. Les céréales, moyen d'échange pourtant largement utilisé d'après la documentation de Nuzi, apparaissent très peu. A titre de comparaison, le plus gros corpus de prêts retrouvé à Nuzi, celui du prince Šilwa-Teššup, montre, à l'inverse, une grande majorité de prêts de céréales et assez peu de prêts de métaux[141].

Ce phénomène exceptionnel découle évidemment de la principale activité de la famille, le commerce[142], qui devait lui permettre de se procurer des métaux, en particulier de l'étain, avec facilité. On ignore tout néanmoins des sources d'approvisionnement en métaux auprès desquelles se fournissaient les marchands et financiers d'Arrapḫa.

Les métaux et le bronze sont investis principalement dans des prêts à intérêt qui semblent le moyen d'enrichissement typique de cette famille. Pour cette raison, D. I. Owen la plaçait parmi les «Banking Houses» de Nuzi, après Šilwa-Teššup: «The second most prominent family is that of Paššši-tilla the son of Pula-ḫali, grandson of Nuš-apu, and great-grandson of Tarmi-tilla. Paššši-tilla, also known by the hypochoristic Pašṣiya, specialized in metal loans a skill handed down from father to son. His family accounts for at least a dozen texts, far less than the royal Šilwa-tešub»[143].

---

140 Sur les métaux, et en particulier les prêts de métaux, à Nuzi, cf. C. Zaccagnini, «Transfers of Movable Property in Nuzi Private Transactions», dans A. Archi (éd.), *Circulation of Goods in Non-Palatial Context in the Ancient Near East*, Rome, 1984, pp. 146–48.

141 Cf. G. Wilhelm, *AdŠ* 4.

142 Cf. *SCCNH* 4, p. 104.

143 *LDN*, p. 44. Si M/Nuš-apu est probablement le père de Pula-ḫali, d'après EN 9/2 339 (2), rien n'indique qu'il soit le fils de Tarmi-Tilla.

L'existence de ces multiples contrats de prêt pose le problème de leur utilité dans l'archive. Les tablettes d'adoption, ou toutes celles établissant des cessions immobilières, devaient être conservées précieusement comme titres de propriété. Mais le cas des créances est différent: une fois le prêt remboursé, le prêteur aurait dû logiquement faire disparaître la tablette de dette, soit en la détruisant, soit en la donnant au débiteur libéré de ses obligations. Les deux documents impliquant Pula-ḫali, EN 9/2 209 (1) et 339 (2) le montrent, précisément, reprenant ses tablettes de dettes auprès de son bailleur de fonds, auquel il vient de rembourser ses emprunts.

A ce compte, les seuls documents retrouvés dans les archives des créanciers concerneraient leurs prêts non remboursés. Mais cette solution n'est pas satisfaisante: comment expliquer l'existence de trois prêts au seul Šurukka, qui engage aussi ses biens par un contrat de *titennūtu*? Pašši-Tilla et ses frères n'auraient eu aucun intérêt à multiplier les avances à un débiteur insolvable. Ou alors, il faut considérer ces prêts non remboursés comme un moyen de pression dont les fils de Pula-ḫali espéraient se servir pour obtenir du débiteur un remboursement sous une autre forme, par exemple une cession de bien immobilier.

D'autre part, imaginer que tous ces textes datent des derniers mois de vie du site, que la ruine de la ville a définitivement interdit tout remboursement et, du même coup, figé la composition de l'archive dans la forme que nous lui connaissons, cadre assez mal avec le fait que deux générations au moins sont représentées, à la fois du côté des créanciers et de celui des débiteurs, comme dans la famille d'Eḫliya; en outre, Šurukka emprunte aux fils de Pula-ḫali avant de s'adresser au seul Pašši-Tilla, ce qui correspond à deux phases différentes de la gestion de l'héritage de Pula-ḫali par ses fils, en indivision dans un premier temps, après partage dans un second temps.

Il semble donc que ces contrats étaient conservés même après remboursement. Un indice de cette pratique a été relevé par G. Wilhelm dans l'archive du prince Šilwa-Teššup[144]: un document, qui récapitule plusieurs prêts de grain, après avoir envisagé leur remboursement, porte la mention: *ṭup-pa-tu*$_4$-MEŠ *ša* ŠE-MEŠ *an-ni-*[*ti l*]*a i-ḫé-pè-šu-nu-ti*, «les tablettes concernant ce grain, il ne les brisera pas.» Cela indique que l'usage normal était bien de faire disparaître les documents caducs, mais également que cette règle souffrait des exceptions, et qu'une tablette enregistrant un prêt pouvait être gardée par le créancier après remboursement. Les raisons pour lesquelles certaines tablettes échappaient à la destruction ne sont cependant pas claires.

Les *titennūtu* constituent le second type de placement, probablement encore plus fructueux. Elles témoignent d'un certain intérêt de Pašši-Tilla et de ses frères pour la terre. Ce type de contrat leur permettait de compléter, fût-ce de façon momentanée, leur assise immobilière. L'existence des *titennūtu* pose le problème de leur validité au moment où l'archive s'arrête. Il pouvait s'agir de contrats en cours, mais cela est peu vraisemblable pour le groupe le plus ancien, celui des *titennūtu* conclues par l'ensemble des frères. Il est possible aussi qu'en

---

144 *AdŠ* 4, n^0 254, pp. 122–24; il s'agit des ll. 37–38, commentées par l'auteur p. 124.

cas de non remboursement du capital prêté, ces tablettes aient servi à établir la prolongation des droits du bailleur sur la terre engagée. Le rapport à la terre de cette famille est donc particulier: il se manifeste surtout par des contrats temporaires, permettant de jouir des terrains pendant une durée déterminée, éventuellement prolongée en cas de difficultés du propriétaire.

En revanche, les acquisitions de terres sont très rares. Si Pula-ḫali possédait des terres à Tupšarriniwe (cf. § 1), ses fils n'ont pas beaucoup agrandi ses domaines: seules deux tablettes concernent leurs achats immobiliers. HSS 19 97 + EN 10/2 167 (10) enregistre l'achat, ou le rachat, par Paššši-Tilla et Kipal-enni, de 5 *imēru* de champ à Tupšarriniwe. EN 9/2 33 (36) est la seule *ṭuppi mārūti* retrouvée dans les archives de Paššši-Tilla: elle note l'acquisition d'un verger.

Quelques points de comparaison permettent de souligner l'originalité des pratiques de cette famille. La plus grosse archive de Nuzi, celle de Teḫip-Tilla, montre une prédominance des contrats d'adoption du type dit «adoption-vente», moyen le plus courant d'acquérir des terrains. Dans les documents de la famille de Wullu[145], les adoptions-ventes et les *titennūtu* de terres sont beaucoup plus fréquentes que les contrats de prêt. Dans les archives des autres familles du groupe 19, les transactions sur les terres sont aussi nombreuses[146]. L'attitude de Paššši-Tilla, de ses fils et de son frère Kipal-enni, qui privilégient les investissements en métaux et négligent les biens immobiliers, s'écarte donc de la norme. Leurs choix sont caractéristiques d'une mentalité marchande, particulière à un groupe socioprofessionnel. Ce point a déjà été noté par C. Zaccagnini: «It seems nevertheless that people engaged in "money"-lending (loans and real estate *tidennūtu*) hardly resorted to the *mārūtu* mechanisms in order to purchase land. It should then be surmised that two strategies were employed for acquiring real estates»[147]; cette remarque convient parfaitement au cas des descendants de Pula-ḫali. Un autre exemple a été étudié par M. P. Maidman[148], celui d'Urḫi-Teššup fils de Tarmiya, qui dispose d'abondantes quantités de métaux, les investit dans des expéditions commerciales et dans des prêts, et dont l'intérêt pour une richesse foncière n'est que secondaire.

En ce sens, les choix des marchands de Nuzi diffèrent de ceux des marchands paléo-assyriens ou paléo-babyloniens, faisant eux aussi commerce de métaux, qui investissent une partie de leur fortune dans des biens immobiliers. Ils se font volontiers construire de vastes maisons, signe visible de leur réussite sociale[149]. Pareille ostentation n'apparaît pas dans l'archive de Paššši-Tilla.

---

145 K. Grosz, *The Archive of the Wullu Family*, Copenhagen, 1988.

146 *SCCNH* 4, pp. 117–20.

147 C. Zaccagnini, «Transfers of Movable Property in Nuzi Private Transactions», dans A. Archi (éd.), *Circulation of Goods in Non-Palatial Context in the Ancient Near East*, Rome, 1984, p. 157.

148 «Some Late Bronze Age Legal Tablets from the British Museum: Problems of Context and Meaning», dans B. Halpern et D. W. Hobson (éds.), *Laws, Politics and Society in the Ancient Mediterranean World*, Sheffield, 1993, pp. 42–89, en particulier pp. 51–54.

149 Cf. C. Michel, «Propriétés immobilières dans les tablettes paléo-assyriennes», dans K.

14. Les textes liés à l'archive de Pašši-Tilla

Deux autres textes issus de S 132, EN 9/2 331 (53) et 384 (54), ainsi que EN 10/3 295 (55), qui ne mentionnent aucun membre de la famille de Pašši-Tilla, entretiennent pourtant des liens prosopographiques très clairs avec divers documents de son archive.

EN 9/2 331 (53) est une déclaration de Tultukka fils d'Akitte, reconnaissant qu'il a été remboursé par Eteš-šenni fils de Ḫapira. Tultukka est connu par EN 9/2 440 (33): il avait emprunté du bronze et de l'étain à Pašši-Tilla, dans le cadre d'un contrat de *titennūtu* personnelle, et est mort avant d'avoir pu rembourser sa dette. EN 9/2 331 (53) est donc antérieur à EN 9/2 440 (33), rédigé après le décès de Tultukka. Eteš-šenni fils de Ḫapira est attesté aussi dans EN 9/2 441 (49): 10. Par ailleurs, il est tentant de l'identifier à Eteš-šenni, témoin dans EN 9/2 440 (33): 3', dont le patronyme est perdu; les liens prosopographiques existant entre EN 9/2 440 (33), 441 (49) et 331 (53) rendent possible cette conjecture. Quant aux témoins de EN 9/2 331 (53), plusieurs figurent dans d'autres documents de Pašši-Tilla: Ariḫ-ḫamanna fils de Nūr-Kūbi, Ḫutip-apu fils d'Eḫliya, Bēliya le portier; le scribe, Ariḫ-ḫamanna, a aussi rédigé EN 9/2 441 (49).

EN 9/2 331 (53) devait être conservé comme quittance par Eteš-šenni, qui a laissé en S 132 une petite archive comportant deux autres tablettes. Dans EN 9/2 477, Eteš-šenni fils de Ḫapira cède un cheval à Puya fils de Ḫašiya; Tultukka fils d'Akitte est le premier des témoins. Le fait qu'Eteš-šenni ait conservé le document peut s'expliquer s'il s'agit d'une vente à crédit. D'autre part, d'après le fragment SMN 2389[150], provenant également de S 132, il intente un procès à Tarmiya fils de Tupkiya à propos d'un cheval qu'il lui a vendu. Le personnage semble donc spécialisé dans le commerce de chevaux.

Les principaux protagonistes du prêt d'une vache EN 9/2 384 (54) ne sont pas connus par ailleurs. Mais il en va différemment des témoins. Elḫip-šarri fils d'Iriliya est aussi témoin dans EN 9/2 440 (33). Mu(šu)šše fils de Ṣillī-šenni, Eḫliya fils d'Akkuya et Bēliya fils d'Aḫ-ummeya appartiennent au cercle de relations de Pašši-Tilla[151]. Bēliya est ici qualifié de *nāgiru*, alors que dans les autres textes où sa fonction est précisée, il est habituellement défini comme portier (cf. ci-dessus § 11.6).

Le fragment EN 10/3 295 (55), de provenance inconnue, enregistre une transaction immobilière. Tous les noms des contractants et des voisins sont perdus, de même que la nature exacte de l'affaire. Seules subsistent de vagues indications géographiques, et une liste de témoins. Tous ces témoins sont connus par les documents de Pašši-Tilla. De plus, la tablette a été rédigée à

R. Veenhof (éd.), *Houses and Households in Ancient Mesopotamia, 40ᵉ RAI* (Leiden, 1993), Istanbul, 1996, pp. 285–300; D. Charpin, «La politique immobilère des marchands de Larsa», à paraître dans le *Rapport de Larsa, 1987–1989.*

150 Texte inédit, transcrit par E. R. Lacheman, *SCTN* 2, p. 112.

151 Cela a bien été noté par M. A. Morrison, *SCCNH* 4, p. 107, n. 59.

Tupšarriniwe. Il très possible que Pašši-Tilla ait été partie prenante dans cette opération, car le début de la l. 9′, sur la face, montre les signes ^{I}*pa-a*[*š*$^{?}$-...], qui évoquent évidemment le début de son nom. Néanmoins, le contenu du document ne peut être précisé.

Enfin le petit fragment de la Clay Bullae Collection, n^{0} 123 (56), ne conserve que quelques signes appartenant au recto d'une tablette, et quelques sceaux sur la tranche inférieure et le haut du revers. Parmi ces sceaux figure celui du scribe Šamaš-nāṣir, rédacteur de nombreux textes de l'archive des fils de Pula-ḫali; c'est pourquoi j'ai ajouté cette pièce au dossier. Néanmoins, il ne me semble pas pouvoir faire joint avec une autre tablette de l'archive.

CONCLUSION

La petite archive de Pašši-Tilla et de ses fils s'avère donc originale et riche d'enseignements sur le milieu financier du royaume d'Arrapḫa. Elle éclaire moins les activités de la capitale ou de Nuzi que celles de Tupšarriniwe; de ce fait, on peut penser que de nombreux petits sites, non fouillés, qui ne sont pour nous que des noms dans les tablettes de Nuzi, jouissaient d'une belle vitalité, dont le hasard des archives ne nous donne qu'une mince idée.

Parmi les problèmes qui demeurent en suspens, reste celui de l'origine des métaux et de leur destination ultime. L'archive, qui est pourtant celle d'un investisseur, reste muette sur la provenance des impressionnantes quantités d'étain prêtées, de même que sur celle du cuivre et de l'or, et sur la fabrication du bronze. Et, une fois ces métaux prêtés ou investis, quelle était leur destination? Nous ne voyons ici qu'un moment très bref de leur circulation.

Les liens éventuels de la famille avec les activités commerciales du palais sont fort peu documentés. Rien n'indique que le *tamkāru* Pula-ḫali travaille pour ou avec le palais. Pašši-Tilla lui-même fournit à deux reprises des ânes ou chevaux pour des expéditions commerciales du palais, mais là s'arrête sa collaboration certaine avec cette institution. Toutes les autres transactions semblent conclues à titre privé, avec des particuliers. Dans ce cas, le commerce et la circulation des métaux, loin d'être initiés ou contrôlés par le palais, relèveraient de la libre entreprise.

D'autres tablettes de Nuzi fournissent des indications sur les activités des marchands et des investisseurs du royaume d'Arrapḫa; plusieurs d'entre elles ont déjà été signalées par C. Zaccagnini[152] et M. A. Morrison[153]. Leur examen ou réexamen devrait permettre de nuancer les conclusions auxquelles aboutit l'étude de l'archive de Pašši-Tilla.

---

152 «The Merchant at Nuzi», *Iraq* 39 (1977), pp. 171–89.

153 *SCCNH* 4, pp. 107–8.

II. LISTE DES TEXTES

I. PULA-ḪALI

1 Pula-ḫali le *tamkāru* a remboursé l'étain qu'il avait emprunté à Ṣillī-Šamaš fils de [...i]p-šarri (EN 9/2 209).

2 Pula-ḫali fils de Muš-ap[u]$^?$ a remboursé le cuivre et le bronze qu'il avait empruntés à Nūr-Kūbi fils de M[a...]šu (EN 9/2 339).

II. LES FILS DE PULA-ḪALI EN INDIVISION

3 Les fils de Pula-ḫali prêtent à intérêt 35 mines 15 sicles d'étain à Eḫliya [fils d'A]kkuya (EN 9/2 352).

4 Les fils de Pula-ḫali prêtent à intérêt 27 mines d'étain et 1 mine 55 sicles de bronze à Šurukka fils d'Arip-urikke (EN 9/2 353).

5 Les fils de Pula-ḫali prêtent à intérêt une épée de bronze et une mine d'étain à Šurukka fils d'Arip-urikke (AASOR 16 97).

6 Šurki-Ti[lla] et Kipal-enni prêtent à intérêt 20 mines de bronze à Kelip-šarri (EN 10/2 166).

7 Les fils de Pula-ḫali reçoivent d'Akiya un champ en *titennūtu*, pour 3 ans, contre 6 mines d'étain (EN 9/2 524).

8 Šurki-Tilla, Pa[šši-Tilla] et Kipal-enni reçoivent de Šurki-Tilla et MUWA-[...] un champ en *titennūtu*, pour 6 ans, contre des ovins et du bronze (EN 9/2 267).

9 [Šur]ki-Tilla [et Pa]ššiya reçoivent de [...ḫ]i$^?$-šenni un champ en *titennūtu*, pour 5 ans, contre du cuivre et des ovins (EN 9/3 230).

10 Pašši-Tilla et Kipal-enni reçoivent un champ de Ḫalutta fils d'Akiya, contre une vache, dix moutons, 26 mines d'étain et 8 mines de bronze (HSS 19 97 + EN 10/2 167).

III. PAŠŠI-TILLA/PAŠŠIYA FILS DE PULA-ḪALI

11 Pašši-Tilla verse la *terḫatu* de ^{f}Ḫaluli, soit 35 sicles d'argent, à Illika fils d'Aḫiya (HSS 19 99).

12 Pašši-Tilla vend un âne à Zunna, pour une expédition commerciale du palais (EN 9/2 292).

13 Pašši-Tilla fournit deux chevaux à Tupkin-atal fils de Ḫapi-ašu (EN 9/2 505).

14 Pašši-Tilla remet [1] sicle d'or à Teḫip-zizza fils d'Aḫu-šeya, Bēliya fils de Katiri, Ilī-imittī fils de Katiri et Nūr-Šamaš fils d'Akap-šenni pour acheter de l'orge (HSS 16 231).

15 Paššiya remet [1] sicle d'or à Sîn-mušalli et Šennatati pour acheter 19 *imēru* d'orge, et 1 sicle d'or à Zime fils de Ṣiliya et Aḫ-ummiša fils de Turaše pour acheter 19 *imēru* d'orge (HSS 19 126).

16 Pašši-Tilla et Akkul-enni fils d'Akitte font l'apport d'un capital total de 3 talents 52 mines d'étain auprès de six personnes (EN 9/2 374).

17 Pašši-Tilla prête sans intérêt 21 mines d'étain à Ḫupita fils d'Akitte (EN 9/2 342).

18 Pašši-Tilla prête à intérêt 10 mines d'étain à Zime fils de Ṣiliya (EN 9/2 345+).

19 Pašši-Tilla prête à intérêt 7 mines 30 sicles d'étain à Kušuniya fils de Ka[nk]eya (EN 9/2 341).

20 Pašši-Tilla prête à intérêt 2 mines d'étain à Taika fils d'Akap-šenni (EN 9/2 344).

21 Pašši-Tilla prête à intérêt 2 mines d'étain à Waḫriya fils de [Zilip-apu] (EN 10/3 292).

22 Paššiya prête à intérêt 1 mine 30 sicles d'étain à Waḫriya fils de Zilip-apu (SMN 2383).

23 [P]ašši-Tilla prête à intérêt [x] mine(s) d'étain à [...] (EN 9/2 529).

24 Pašši-Tilla prête à intérêt 5 mines [x] sicles de bronze à Tae [fils d'A]rn-apu (EN 9/2 512).

25 Paššiya prête sans intérêt 3 mines de bronze à Ṣil-Teššup fils de Šennaya (EN 9/2 346).

26 Pašši-Tilla prête 1 mine de bronze à Itḫ-apiḫe fils d'[Ar]ip-erwi et prête [...] à [...] (EN 9/2 513).

27 Paššiya prête à intérêt 3 mines [50] sicles de cuivre à Ḫellu[...] gendre de Ḫupita (EN 9/2 343).

28 Pašši-Tilla prête à intérêt 5 *imēru* 5 *sūtu* d'orge et 1 *imēru* 4 *qû* de froment à Ḫutip-apu et Tarmi-Tilla fils d'Eḫliya (EN 9/2 340).

29 Paššiya prête à intérêt 2 *imēru* d'orge à Šurukka fils d'Arip-urikke (EN 9/2 349).

30 Paššiya prête à intérêt 2 *imēru* [de grain] à Ḫinnuya et Utḫap-Tae fils de Puḫiya (EN 10/2 102).

31 Paššiya prête [...] à [...] (EN 9/2 364).

32 Pašši-Tilla prête sans intérêt [...] à [...] (EN 10/3 202).

33 Procès entre, d'une part, Pašši-Tilla, et d'autre part, Ḫupita et Alki-Tilla fils d'Akitte, concernant une dette de 49 mines 30 sicles d'étain et 5 mines 15 sicles de bronze que Tultukka fils d'Akitte avait contractée auprès de Pašši-Tilla (EN 9/2 440).

34 Pašši-Tilla reçoit de Šurruka fils d'Arip-urikke un champ en *titennūtu*, pour 2 ans, contre 5 *sūtu* d'orge et 2 mines d'étain (EN 9/2 224).

35 Paššiya reçoit de Šekari un champ, un verger, un puits et une aire en *titennūtu*, pour 3 ans, contre 5 mines d'étain (EN 9/2 268).

36 [*Ṭuppi mārūti*]: Tae adopte Pašši-Tilla et lui donne un verger, en échange de 5 mines d'étain, 2 mines de bronze, 1 *pi* d'orge et 2 *sūtu* de froment (EN 9/2 33).

37 Pašši-Tilla achète des ovins à Ḫašiya fils de Ward[!]-aḫḫē (EN 9/2 250).

38 Pašši-Tilla achète une porte à Taika fils d'Akap-šenni, pour 6 mines d'étain (EN 9/2 283).

39 *Ṭuppi mā*[*rtūti*]: Pašši-Tilla adopte [f]Elwini fille de Bēl[aya] auprès du frère de celle-ci, Uante (EN 9/2 299).

40 Pašši-Tilla embauche Arnuka fils d'Elḫip-Tilla pour faire des briques, contre un salaire de 2 mines d'étain et 3 *sūtu* d'orge pour sa nourriture (EN 9/2 391).

41 Pašši-Tilla embauche Ḫutiya fils d'EN[...] pour faire des briques, contre de l'orge (EN 9/3 518).

42 Texte fragmentaire. Pašši-Tilla rembourse de l'étain (EN 9/2 515).

43 Texte fragmentaire mentionnant la ville de Tupšarri[niwe] et les noms de personnes Akip-Tilla, Pašši-Tilla, Waḫḫurra et Iwiya (EN 9/3 504 = EN 9/3 519).

iv. Pašši-Tilla et Kipal-enni

44 Pa[šši-Tilla] reçoit du métal précédemment déposé par son frère Kipal-enni chez Ḫašip-Tilla fils de Kip-ukur (EN 9/2 207).

v. Kipal-enni fils de Pula-Ḫali

45 [Kipal]-enni prête sans intérêt de l'étain à [...] (EN 9/2 97+).

46 Kipal-enni prête 3 *imēru* d'orge à Zike [fils] d'Akiya (EN 9/2 348).

47 Lettre du *sukkallu* Akip-tašenni à Teḫip-šarri, au sujet d'un procès de Kipal-enni (EN 9/2 102).

vi. Šurki-Tilla fils de Pula-Ḫali

48 Taika fils d'Ak[ap-šenni] prête sans intérêt 17 mines d'étain à Ḫutip-apu [fils d'E]lḫliya. Šurki-Tilla est témoin (EN 9/2 337).

49 Déclaration d'Ur[ḫi-T]ešup fils de Ianzi-mašḫu concernant une servante. Šurki-Tilla est témoin (EN 9/2 441).

vii. Waḫḫurra fils de Pašši-Tilla

50 Waḫḫurra prête à intérêt 15 mines d'étain à Ḫalutta fils d'Akiya (EN 9/2 347).

51 Mémorandum (*ṭuppu taḫsilti*): Waḫḫurra remet de l'étain à six personnes (EN 9/2 452).

VIII. IWIYA FILS DE PAŠŠI-TILLA

52 [I]wiya fils de [Pašši-Tilla] prête à intérêt [8] mines d'étain à Muš-Teššup fils d'Akip-tašenni (EN 9/2 325).

IX. DOCUMENTS COMPLÉMENTAIRES

53 Tultukka fils d'Akitte a reçu 50 sicles d'argent d'Eteš-šenni fils de Ḫapira (EN 9/2 331).

54 Awilauki fils de Šenna-tati doit une vache à Irašu fils d'Akitte (EN 9/2 384).

55 Transaction immobilière (EN 10/3 295).

56 Fragment portant le sceau du scribe Šamaš-nāṣir.

III. Édition des textes

Note: dans les transcriptions présentées ci-dessous, les collations, effectuées par J. Fincke, G. Wilhelm et moi-même, sont signalées par *.

I. PULA-ḪALI

1 = EN 9/2 209

= SMN 2368.
Provenance: S 132.
Transcriptions: E. R. Lacheman, *SCTN* 2, p. 100; M. A. Morrison, *SCCNH* 4, pp. 98–99.
Traduction: M. A. Morrison, *SCCNH* 4, p. 99.
Collations: G. Wilhelm, B. Lion.

Déclaration de Ṣillī-Šamaš fils de [...i]p-šarri: Pula-ḫali le *tamkāru* lui a remboursé l'étain qu'il lui avait emprunté.

Scribe: Maliya.

[EME-*š*]*u ša* ^{I}*ṣíl-lí-*^{d}UTU
2 [DUMU ...*i*]*p*-LUGAL *a-na pa-ni*
[LÚ-MEŠ *ši-bu*]*-ti an-nu-ti*
4 [*ki-a-am iq-t*]*a-bi*
[*mi*]*-nu-me-e* [AN-N]A-MEŠ *ša* pi_4 *ṭup-pí*-MEŠ *ḫu-ub-bu-li-šu*
6 [*ša*] ^{I}*pu-la-ḫ*[*a-l*]*i* LÚ DAM-GÀR
[X MA]-NA AN-N[A-MEŠ *a*]*-šar* ^{I}*pu-la-ḫa-li*
8 [*el*]*-te-qè-mi ù ap-la-ku-mi*
[*ù*] *qa-an-na-šu ša* ^{I}*pu-la-ḫa-li*
10 [*a-na*] *pa-ni* LÚ-MEŠ *ši-bu-ti*
[*im*]*-ta-šar ù i+na* u_4*-mi*
12 *an-ni-i* ^{I}*pu-la-ḫa-li* [*a-n*]*a mi-im-ma*
[*a-na*] *ia-ši la ḫu-ub-*<*bu*>*-ul-mi*
14 [*ma-n*]*a-am-ma ṭup-pa*
T [*ša ḫu-u*]*b-bu-li-šu*
16 [*ša* ^{I}*p*]*u-la-ḫa-li*
R [*ú-te-e*]*l-li ù aš-šum*
18 [*mi-i*]*m-ma i+na* EGIR-*ki*
$^{[I]}$*pu-la-ḫa-li*
20 [*a-š*]*a-as-sí*
[X] MA-NA KÙ-SIG_{17} DIRI-*la*
22 IGI EN-*ia* DUMU ka_4*-ti-ri*
IGI *ṣí-li-ia* DUMU
24 : *en-na-ma-ti*
IGI *a-ki-ia* LÚ *ḫa-za-an-nu*
26 IGI *mu-šu-uš-še*
DUMU *ṣíl-lí-še-mi*
28 IGI *te-ḫi-ia* DUMU *pa-ḫu*

IGI *ma-li-ia* DUB-SAR

(Sceau)*	(Sceau)*
T [NA$_4$ ^{I}...]*	NA$_4$ ^{I}*mu-uš-*[*še*]
[...]	(Sceau)
[NA$_4$ ^{I}...]	NA$_4$ ^{I}EN-[*ia*]

TRADUCTION

[1-2][Déclaration] de Ṣillī-Šamaš [fils de ...i]p-šarri. [2-4]Devant ces [témoi]ns, il a di[t ceci]:

[5-8]«[J'ai] reçu [au]près de Pula-ḫali [to]ut [l'ét]ain figurant sur les tablettes de dette [de] Pula-ḫ[al]i le *tamkāru*, (soit) [x mi]nes d'éta[in], et je suis remboursé. [9-11][Et] Pula-ḫali a brossé sa frange (de vêtement) [de]vant les témoins. [11-13]Et à ce jour, Pula-ḫali ne me doit plus rien. [14-17][To]utes les tablettes [de de]tte [de P]ula-ḫali, [il les a empor]tées. [17-21]Et (si) pour quelque affaire que ce soit je fais un procès à Pula-ḫali, je verserai [x] mine(s) d'or.»

[22]Par devant Bēliya fils de Katiri.

[23-24]Par devant Ṣiliya fils d'Enna-mati.

[25]Par devant Akiya le *ḫazannu*.

[26-27]Par devant Mušušše fils de Ṣillī-šemi.

[28]Par devant Teḫiya fils de Paḫu.

[29]Par devant Maliya le scribe.

[30][Sceau de...]. Sceau de Muš[še].

[31][Sceau de...]. Sceau de Bēl[iya].

COMMENTAIRE

l. 5: les signes *ṭup-pí*-MEŠ *ḫu-ub-bu-li-šu* sont écrits sur le revers de la tablette.

l. 7: les signes *-ḫa-li* sont écrits sur le revers.

ll. 9–11: pour cette traduction de l'expression *qanna mašāru*, cf. M. Malul, *Studies in Mesopotamian Legal Symbolism*, AOAT 221, Neukirchen-Vluyn, 1988, pp. 322–37. Ce geste symbolique est toujours accompli, devant témoins, par la personne libérée d'une obligation, en particulier en cas de remboursement complet d'une dette; il signifie que le débiteur est désormais quitte envers son créancier. Le vêtement est un symbole habituel de la personne; le geste accompli pour le brosser, le nettoyer, en ôter la poussière, renvoie à l'idée que l'individu est dégagé de la contrainte, ici le remboursement, qui pesait sur lui. La traduction «imprimer sa frange (de vêtement)» est à abandonner; cette tablette ne porte d'ailleurs pas d'empreinte de frange ni de pan de vêtement, pas plus que EN 9/2 339 (2) ou EN 9/2 331 (53), qui recourent à la même expression.

l. 12: les signes *-n*]*a mi-im-ma* sont écrits sur le revers.

l. 13: le signe *-mi* est écrit sur le revers.

l. 30: E. R. Lacheman propose, pour la lecture du premier sceau, na$_4$ dub-sar, mais d'après les collations de G. Wilhelm et les miennes, la partie gauche de la tranche supérieure n'est plus lisible, comme indiqué sur la copie. Le sceau de Muš[še] est celui du témoin Mušušše l. 26; son nom est aussi orthographié *Mu-uš-še* dans EN 9/2 384 (54): 15 et 22.

l. 31: E. R. Lacheman propose, pour la lecture du premier sceau, NA$_4$ *te-ḫi-ya;* même remarque que pour la l. 30.

2 = EN 9/2 339

= SMN 2359	(Le numéro SMN 2369 donné à ce texte dans *LDN*, p. 92 est une erreur typographique, cf. *SCCNH* 5, p. 120).
Provenance:	S 132.
Transcriptions:	E. R. Lacheman, *SCTN* 2, p. 96; D. I. Owen, *LDN*, pp. 112–13 et p. 140.
Traductions:	D. I. Owen, *LDN*, p. 22; C. Zaccagnini, «The Merchant at Nuzi», *Iraq* 39 (1977), p. 186 (ll. 1–15 et 24–27).
Collations:	G. Wilhelm, B. Lion.

Déclaration de Nūr-Kūbi fils de M[a…š]u: Pula-ḫali fils de Muš-ap[u](?) lui a remboursé le cuivre et le bronze qu'il lui avait empruntés à intérêt, pour faire un profit commercial.

Scribe: Muš-teya fils de Sîn-ibnī.

um-ma ^{I}I[Z]I-*ku-bi* DUMU *m*[*a*-X*-*š*]*u**
2 *mi-nu-um-me-e* URUDU-MEŠ
ù mi-nu-um-me-e ZABAR-MEŠ
4 *a-na* MÁŠ-*ti ù* DAM-[G]ÀR-*ši*-MEŠ
a-na ^{I}*pu-la-ḫa-li*
6 DUMU-*šu** *ša*$^{!?}$* *nu-ša-p*[*u*$^{!}$]
⸢*ù i-na-an-na*⸣ URUDU-[MEŠ]
8 *ša-a-šu ù* ZABA[R]-⸢MEŠ *ša*⸣-[*a-šu*]
qà-du MÁŠ-*ti-šu*
10 *ù qà-du* DAM-GÀR-*ši*-[MEŠ]
a-šar ^{I}*pu-la-ḫa-li*
12 *el-te-qè-mi*
ù ap-la-ku-mi
14 *ù* ^{I}[*pu*]-*la-ḫa-li*
qa-an-na-šu im-ta-šar
16 *um*$^{!}$(ŠUM)-*ma* ^{I}IZI-*ku-bi*
i-na u$_4$-*mi an-ni-*⸢*i*⸣
T 18 [^{I}*p*]*u-la-ḫ*[*a*]-*li*

[*l*]*a i-na-d*[*in*]*
R 20 *l*[*a*] *ḫu-u*[*b-b*]*u-ul*
[*ṭup-pu*] ⸢*ša*⸣* URUDU-[MEŠ]
22 [... *ù ṭu*]*p-pu ša* ZA[BAR-MEŠ]
[... *l*]*i l*[*a*...]
24 [*ma-an-n*]*u-um-me-e*
[*i-na* DA]L-BA-NA K[I*-BAL-*t*]*u*$_4$*
26 1 MA-NA KÙ-BABBAR [1 MA-NA K]Ù*-SIG$_{17}$*
DIRI-*la*
28 (Sceau) [NA$_4$ ^{I}IZI-*k*]*u*$^{?}$*-*bi**
[IG]I *en-na-ma-t*[*i* DUMU
30 [IG]I *a-ki-it-t*[*e* DUMU
[IG]I EN*-⸢*li*⸣*-*i*[*a* DUMU
32 [I]GI EN-*li-i*[*a*]
DUMU *a-ḫu-mi-*[*e*]
34 [IG]I *še-en-na-a-a* DUMU *ib-nu-šá*
[IG]I *a-ki-ia* LÚ *ḫa-za-an-nu* DUMU [...]-X-X
36 IGI *mu-uš-te-ia ṭup-šar-rù*
DUMU 30-*ni-ib-*[*ni*]
38 (Sceau) NA$_4$ [^{I}*še-en-n*]*a-a-a*
[N]A$_4$ ^{I}*a-ki-ia*
Tr (Sceau)
CG 40 [NA$_4$] ^{I}⸢X⸣ X ⸢X⸣ [NA$_4$ ^{I}EN-*l*]*i**-*ia*
(Sceau) (Sceau) (Sceau)
NA$_4$ ^{I}*a-ki-it-te* NA$_4$ *ṭup-šar-rù*

TRADUCTION

[1]Ainsi (parle) Nūr-Kūbi fils de M[a…š]u:

[2-6]«Tout le cuivre et tout le bronze (que j'avais prêtés) à intérêt et pour faire un profit commercial à Pula-ḫali fils de Muš-apu (?), [7-12]maintenant, j'ai reçu ce cuivre et ce bronze, avec leur intérêt et avec leur profit issu du commerce, auprès de Pula-ḫali [13]et je suis remboursé.»

[14-15]Et [Pu]la-ḫali a brossé sa frange (de vêtement). [16-20]Nūr-Kūbi (a dit): «A ce jour, Pula-ḫali ne doit plus (rien me) donner, il ne (me) doit plus (rien).» [21-23][Les tablettes] concernant le cuivre [... et les tab]lettes concernant le bro[nze ...]

[24-27][Qui]conque [par]mi (eux) co[nteste]ra devra verser une mine d'argent [et une mine d']or.

[28][Sceau de Nūr-K]ūbi (?).

[29][Par dev]ant Enna-mat[i fils de ...].

[30][Par dev]ant Akitt[e fils de ...].

[31][Par dev]ant Bēliy[a fils de …].

[32-33][Par] devant Bēliy[a] fils d'Aḫ-umme(ya).

[34][Par dev]ant Šennaya fils d'Ibnuša.
[35][Par dev]ant Akiya le *ḫazannu* fils de [...].
[36-37]Par devant Muš-teya le scribe fils de Sîn-ib[nī].
[38]Sceau de [Šenn]aya.
[39][Sc]eau d'Akiya.
[40][Sceau de ... Sceau de Bēl]iya.
[41]Sceau d'Akitte. Sceau du scribe.

Commentaire

l. 6: le nom du père de Pula-ḫali est perdu dans une cassure. Les diverses lectures proposées sont les suivantes: E. R. Lacheman, *SCTN* 2, p. 96: *mār mu-ša-[pu id-din]*; D. I. Owen, *LDN*, p. 22: DUMU-*šu* «*šu*» *nu-ša-*⌜*pu*⌝; C. Zaccagnini, *Iraq* 39, p. 186, traduit: «Pula-ḫali son of Muš-apu.» M. A. Morrison, *SCCNH* 4, p. 99: «The evidence concerning Pula-ḫali's patronymic is not clear.» Le signe qui suit immédiatement DUMU est un *šu*, d'après les collations de G. Wilhelm et les miennes. En revanche, le troisième signe ne ressemble pas beaucoup à un *ša* et est difficilement identifiable. Une formulation NP_1 DUMU-*šu ša* NP_2 est rare à Nuzi, on trouve bien plus souvent NP_1 DUMU NP_2. La solution retenue, quoique douteuse, permet de retrouver un nom bien attesté à Nuzi, Muš-apu, orthographié ici Nuš-apu, ce qui est assez fréquent; en revanche, une lecture DUMU *šu-x-nu-ša-pu*? ne renvoie à aucun nom connu, ni parmi les noms propres attestés à Nuzi, ni parmi les noms cassites répertoriés par K. Balkan, *Kassitenstudien I. Die Sprache der Kassiten, AOS* 37, 1954, p. 47.

ll. 14–15: cf. ci-dessus, EN 2/209 (1): 9–11.

l. 16: le premier signe n'est pas *um*, mais clairement *šum*. D. I. Owen, *LDN*, pp. 112–13, transcrit: [16]*šum-ma* [I]*Nūr-ku-bi* [17]*i-na* u_4*-mi an-ni-i* [*a-na*] [18][[I]*p*]*u-la-*⌜*ḫa*⌝*-li* [19][*la*] *i-na-*[*an-din-mi*] [21(sic!)][...*ḫu*...*be*...*ti*...], et traduit, p. 22: «If Nūr-Kūbi, in the future, shall not give back to Pula-ḫali [...].» Cependant, ce que doit donner Nūr-Kubi à Pula-ḫali n'apparaît pas, et le sens n'est pas clair du tout. On attend plutôt aux ll. 17–20 une formule comparable à celle qui figure en EN 9/2 209 (1): 11–13, *i+na* u_4*-mi an-ni-i* [I]*pu-la-ḫa-li* [*a-n*]*a mi-im-ma* [*a-na*] *ia-ši la ḫu-ub-*<*bu*>*-ul-mi*. Je propose donc de voir aux ll. 16–20 la suite du discours de Nūr-Kubi.

l. 23: on attend une formule comparable à celle qui figure en EN 9/2 209 (1): 14–17, [*ma-n*]*a-am-ma ṭup-pa* [*ša ḫu-u*]*b-bu-li-šu* [*ša* [I]*p*]*u-la-ḫa-li* [*ú-te-e*]*l-li*. Le signe *l*]*i* peut être compris comme la fin de [[I]*pu-la-ḫa-l*]*i* ou de [*ú-te-el-l*]*i*, mais le signe suivant reste difficilement explicable.

l. 25: il faut corriger la lecture de D. I. Owen [*i-na* R]I-BA-NA-*šú-*[*nu* KI-BAL-tu_4].

l. 28: sous les signes K]Ù-SIG_{17} de la l. 26, figurent une fin de signe et un bi. Leur présence à côté du sceau incite à y voir le mention du propriétaire de ce sceau; or aucun des témoins ne porte un nom se terminant par -bi. Il est possible que Nūr-Kūbi, l'auteur de la déclaration, ait scellé le document à cet endroit; il n'apparaît pas ailleurs dans l'archive, ce qui ne permet pas de comparer l'empreinte du sceau à une autre du même personnage.

l. 31: E. R. Lacheman lit [*maḫar*] *šúk-ri-ia* et D. I. Owen IGI *šúk-ri-i*[*a* DUMU ...]. M. A. Morrison, dans son index des noms propres, *SCCNH* 4, p. 113, indique qu'il s'agit de «Šukriya son of Kutukka», personnage qui apparaît comme témoin dans EN 9/2 352 (3): 16, un prêt consenti par les fils de Pula-ḫali; néanmoins il existe aussi dans l'archive d'autres Šukriya. G. Wilhelm, ayant collationné la tablette, a lu *b*]*e*?*-⌜*li*⌝*-*i*[*a*, le début de la ligne étant abîmé. Je lis pour ma part E]N*-⌜*li*⌝*-*i*[*a**, les traces du E]N ressemblant fort au signe en qui figure exactement en dessous, l. 32. Dans ce cas, les témoins des lignes 31 et 32 seraient deux homonymes, distingués par les noms de leurs pères. Si le second est Bēliya fils d'Aḫ-ummeya, bien connu dans cette archive, le patronyme du premier est perdu. On peut penser à Bēliya fils de Katiri, témoin dans EN 9/2 209 (1), le seul autre texte dans lequel intervient activement Pula-ḫali.

ll. 32–37: E. R. Lacheman transcrit: [31]*maḫar bêl-li-*[*ki*] [32]*mâr a-ḫu-mi maḫar ta-a-a mâr ib-nu* x x [33]*maḫar še-en-na-a-a* (*amêl*) *ḫa-za-an-nu* [34]*maḫar a-ki-ia dup-šar-rum* [35]*maḫar mu-uš-še-*[*ia*] [36]*mâr sin-ni-ib-*x. Cela correspond en fait à un léger décalage dans le placement du joint.

l. 40: le second sceau doit être celui de l'un des deux [Bēl]iya.

II. LES FILS DE PULA-ḪALI EN INDIVISION

3 = EN 9/2 352

= SMN 2349.
Provenance: S 132.
Transcriptions: E. R. Lacheman, *SCTN* 2, pp. 91–92; D. I. Owen, *LDN* p. 118.
Collations: G. Wilhelm, B. Lion.

[Déclara]tion d'Eḫliya [fils d'A]kkuya: les fils de Pula-ḫali lui prêtent à intérêt 35 mines 15 sicles d'étain.

Scribe: Šamaš-nāṣir.

[EM]E-*šu ša* ^{I}*eḫ-li-ia*
2 [DUMU *a*]*k-ku-ú-ia*
⸢*a*⸣-[*na pa*]-*ni* LÚ *ši-bu-tu*$_4$
4 *an-nu-*[*tu*$_4$] *ki-na-an-na*
iq-⸢*ta-bi*⸣ 35 MA-NA 15 SU AN-NA-MEŠ
6 DUMU-MEŠ ^{I}*pu-la-ḫa-li*
a-na UR$_5$-RA *el-te-qè-mi*
8 *ù i+na* ITI *še-ḫa-*⸢*li ša* ^{d}IM⸣
qa-dú MÁŠ-*ti-šu*
10 ^{I}*eḫ-li-ia a+na* DUMU-MEŠ
^{I}*pu-la-ḫa-li*
12 *i+na-an-din šum-ma ina*
ITI *ša qa-bu-ú*
14 [*l*]*a i+na-an-din a+na*
[*p*]*a-ni* MÁŠ-*sú* DU-*ak*
16 IGI ^{I}*šúk-ri-ia* DUMU *ku-tùk-ka*$_4$
T IGI ^{I}*ké-ez-zi* DUMU *pu-i-ta-e*
18 IGI ^{I}*be-li-ia*
R DUMU *a-ḫu-mi-e*
20 IGI ^{I}*ta-e* DUMU *be-li-ia*
IGI ^{I}*aš-tar-til-la* DUMU *be-li-ia*
22 ŠU ^{Id}UTU-PAP DUB-SAR
NA$_4$ ^{I}*aš-tar-til-la*
(Sceau)
24 NA$_4$ ^{I}*be-li-ia*
(Sceau)
NA$_4$ ^{I}*ké-ez-zi*
(Sceau)
26 NA$_4$ [^{I}*š*]*úk-ri-ia*
(Sceau)

T [N]A$_4$ ^{I}*ta-e*
(Sceau)*
CG 28 [*um*]-*ma* ^{I}*eḫ-li-ia-ma*
[*šum-m*]*a a+na-ku i+na lìb-bi* URU *tup-ša*[*r*]-*ri-ni-we*
30 [*l*]*a aš-bu-mi ù* AN-NA-MEŠ
[^{I}*tar*]-*mi-til-la* [^{I}*a*]-*ka*$_4$-*wa-til*
32 [*ù*] ^{I}*ḫu-ti-p*[*a-p*]*u* 3 DUM[U-MEŠ-*i*]*a*
ù [AN-N]A-MEŠ *a+na* DUMU-MEŠ {^{I}*p*[*u*]}
34 ^{I}*pu-l*[*a**-*ḫa*]-*li ú-ma-al-la*

TRADUCTION

$^{1-2}$[Déclara]tion d'Eḫliya [fils d'A]kkuya. $^{3-5}$Devant ces témoins, il a dit ceci: $^{5-7}$«J'ai reçu en prêt 35 mines 15 sicles d'étain des fils de Pula-ḫali.»

$^{8-12}$Et Au mois *šeḫali* de Teššup, Eḫliya donnera (le prêt) avec son intérêt aux fils de Pula-ḫali. $^{12-15}$S'il ne (le) donne pas au mois fixé, (le prêt) produira son intérêt à (sa) charge.

^{16}Par devant Šukriya fils de Kutukka.

^{17}Par devant Kezzi fils de Pui-tae.

$^{18-19}$Par devant Bēliya fils d'Aḫ-umme(ya).

^{20}Par devant Tae fils de Bēliya.

^{21}Par devant Aštar-Tilla fils de Bēliya.

^{22}Ecrit par Šamaš-nāṣir le scribe.

^{23}Sceau d'Aštar-Tilla.

^{24}Sceau de Bēliya.

^{25}Sceau de Kezzi.

^{26}Sceau de [Š]ukriya.

^{27}[S]ceau de Tae.

$^{28-34}$Eḫliya (a dit) ceci: «[S]i moi, je ne me trouve pas à Tupša[r]riniwe, alors (en ce qui concerne) l'étain, [Tar]mi-Tilla, [A]kawatil [et] Ḫutip-[Ap]u, mes trois fil[s], verseront [l'ét]ain aux fils de Pul[a-ḫa]li.»

COMMENTAIRE

ll. 29–34: la syntaxe de la phrase est un peu tortueuse, avec une répétition inutile de AN-NA-MEŠ (ll. 30 et 33). L. 30 la forme *aš-bu-mi* est incorrecte; on attendrait une première personne du singulier (permansif *aš-ba-ku-mi*); à moins qu'il ne faille y voir l'adjectif *ašbu*.

4 = EN 9/2 353

= SMN 2116 (Le numéro SMN 2216 attribué à ce texte dans *LDN*, p. 92, est une erreur typographique, cf. *SCCNH* 5, p. 121).
Provenance: N 120 (?).
Transcription: D. I. Owen, *LDN* pp. 118–19.
Collations: G. Wilhelm, B. Lion.

Déclaration de Šurukka fils d'Arip-urikke: les fils de Pula-ḫali lui prêtent à intérêt 27 mines d'étain et 1 mine 55 sicles de bronze.

Scribe: Šamaš-nāṣir.

EME-*šu ša* ^{I}[*šu*]-*ru-uk-ka*$_4$
2 DUMU *a-ri-ip-ú-ri-ik-*⌜*ké*⌝
a-na pa-ni LÚ *ši-bu-tu*$_4$
4 *an-nu-tu*$_4$ *ki-na-an-na*
iq-ta-bi 27 MA-NA AN-NA-MEŠ
6 1 MA-NA 55* SU ZAB[AR]
a-šar DUMU-MEŠ ^{I}*pu-la-ḫa-li*
8 *a-na* UR$_5$-RA *ù a-na* MÁŠ-*ti*
el-te-qè-m[*i*] *ù*
10 *i+na* ITI *še-ḫa-li*
qa-dú MÁŠ-*ti-šu-nu*
12 ^{I}*šu-ru-uk-ka*$_4$
a-na DUMU-MEŠ ^{I}*pu-la-ḫa-li*
14 *i+na-an-din šum-ma*
i+na ITI *ša qa-bu-ú*
16 *la i*+na*-an-din a+na pa-ni*
MÁŠ *i*-<la>-ak**
R 18 IGI ^{I}*ḫa-lu-ut-ta* DUMU *a-ki-ia*
IGI ^{I}*pal-te-e-a* DUMU ÌR-ŠEŠ
20 IGI ^{I}*ḫa-ši-ia* DUMU ÌR-ŠEŠ
IGI ^{I}*nu-ur-še-e* DUMU *a-kap-še-en-ni*
22 IGI ^{I}*te-ḫi-ip-zi-iz-za* LÚ *na-ga*$_5$*-ru*
IGI ^{I}*ka*$_4$*-<an>-ka*$_4$*-pa* DUMU *ḫa-na-a-a*
24 ŠU ^{Id}UTU-PAP DUB-SAR
NA$_4$ ^{I}*ḫa-ši-ia*
(Sceau)
26 NA$_4$ ^{I}*pal-te-e*
(Sceau)
NA$_4$ ^{I}*t*[*e-ḫi*]*-ip-zi-iz-za*
Tr (Sceau)
CG 28 NA$_4$ ^{I}*ḫa-lu-ut-ta*

(Sceau) (Sceau)
NA$_4$ ^{I}*šu-ru-uk-ka$_4$*

TRADUCTION

1-2Déclaration de [Šu]rukka fils d'Arip-urikke. 3-5Devant ces témoins, il a dit ceci:

5-9«J'ai reçu en prêt à intérêt 27 mines d'étain (et) 1 mine 55 sicles de bron[ze] auprès des fils de Pula-ḫali.»

9-14Et au mois *šeḫali*, Šurukka donnera (les prêts) avec leur intérêt aux fils de Pula-ḫali. 14-17S'il ne (le) donne pas au mois fixé, (le prêt) produira un intérêt à (sa) charge.

18Par devant Ḫalutta fils d'Akiya.
19Par devant Pal-teya fils de Ward-aḫḫē.
20Par devant Ḫašiya fils de Ward-aḫḫē.
21Par devant Nūrše fils d'Akap-šenni.
22Par devant Teḫip-zizza le charpentier.
23Par devant Ka<n>kapa fils de Ḫanaya.
24Ecrit par Šamaš-nāṣir le scribe.
25Sceau de Ḫašiya.
26Sceau de Palte(ya).
27Sceau de T[eḫ]ip-zizza.
28Sceau de Ḫalutta.
29Sceau de Šurukka.

COMMENTAIRE

l. 6: D. I. Owen a lu: 1 MA-NA 45 SU, mais la tablette porte 55, comme indiqué sur la copie.

l. 21: Nūrše pourrait être un hypocoristique de Nūr-Šamaš; il existe en effet un Nūr-Šamaš fils d'Akap-šenni connu par EN 9/2 505 (13): 9 et 20 et HSS 16 231 (14): 7.

5 = AASOR 16 97

= SMN 2094.
Provenance: N 120 (?).
Pas de copie.
Transcription: AASOR 16 p. 53; A. Fadhil, *RATK*, p. 18.
Traduction: AASOR 16 p. 129; A. Fadhil, *RATK*, p. 18.
Collations: G. Wilhelm, B. Lion.

Les fils de Pula-ḫali prêtent à intérêt une épée (*katinnu*) de bronze et une mine d'étain à Šurukka fils d'Arip-urikke.

Scribe: Tarmi-Tilla.

1 *ka-ti-in-ni ša* ZABAR
2 *ša* 1 MA-NA *šu-qú-ul-ta-šu*
ù 1 MA-NA {AN-NA} AN-NA-MEŠ
4 *ša* DUMU-MEŠ *pu-la-ḫa-li*
^{I}*šu-ru-uk-ka*$_4$ DUMU *a-ri-pu-ri-ik-ké*
6 *a-na* MÁŠ-*ti il-te-qè*
ù i+na ITI-*ḫi še-ḫa-*[*li ša*] ^{d}IM
8 *qa-du* MÁŠ-*šu* [AN-NA]
ù ZABAR ^{I}*š*[*u-ru-uk-ka*$_4$]
10 *a-na* DUMU-MEŠ *pu-*[*la-ḫa-li*]
ú-ta-a[*r*]
12 NA$_4$ ^{I}*a-ḫu-u*[*m*]*-mi-šá*
T (Sceau)*
R IGI *at-*[*ta-a*]-⸢*a*⸣* DUMU *za**-*zi-ia*
14 IGI *zi-*[*me*] DUMU *ṣí-li-ia*
IGI *el-*[*la-t*]*ù* DUMU *ši-mi-ka*$_4$*-tal*
16 IGI *a-ḫu-*[*um-mi-šá* DUM]U* ⸢*tù**-*ra*⸣*-*še**
IGI *tar-mi-til-l*[*a*] DUB-SAR
18 NA$_4$ ^{I}*zi-me*
(Sceau)*
NA$_4$ ^{I}*at-ta-a-a*
(Sceau)*
20 NA$_4$ ^{I}*el-la-tù*
T (Sceau)*
CG NA$_4$ ^{I*}DUB-SAR
(Sceau)*

Traduction

[1-6]Šurukka fils d'Arip-urikke a reçu (en prêt) à intérêt une épée de bronze, pesant une mine, et une mine d'étain appartenant aux fils de Pula-ḫali. [7-11]Et au mois *šeḫa*[*li* de] Teššup Š[urukka] rendra [l'étain] et le bronze avec leur intérêt aux fils de Pu[la-ḫali].

[12]Sceau d'Aḫ-u[m]miša.

[13]Par devant At[tay]a fils de Zaziya.

[14]Par devant Zi[me] fils de Ṣiliya.

[15]Par devant El[lat]u fils de Šimika-atal.

[16]Par devant Aḫ-u[mmiša fil]s de Turaše.

[17]Par devant Tarmi-Till[a] le scribe.

[18]Sceau de Zime.

[19]Sceau d'Attaya.

[20]Sceau d'Ellatu.

[21]Sceau du scribe.

COMMENTAIRE

l. 1: le *katinnu*, attesté aussi dans les lettres d'El-Amarna EA 24 et 25, dans un texte d'Alalah IV et dans plusieurs textes d'Emar, est défini par le *AHw* comme «ein Ggst.» (*kattinnu*, p. 466a) et par le *CAD* comme «an object or decoration of metal with some inlay» (*katinnu*, vol. K, p. 307a). Sur l'emploi de ce terme à Emar, cf. J.-M. Durand, *NABU*, 1989/55; à Ugarit, cf. J.-P. Vita, «La herramienta *katinnu* en el texto de Ugarit RS 19.23», *Sefard* 56 (1996), pp. 439–43: l'auteur étudie les occurrences de ce terme à Ugarit et à Emar et y voit un outil, éventuellement une arme. M. Heltzer, «Akkadian *katinnu* and Hebrew *kīdon*, "Sword"», *JCS* 41 (1989), pp. 65–68, par comparaison avec les textes bibliques et les rouleaux de Qumran, propose qu'il s'agisse d'une épée. Le poids indiqué ici, une mine, correspond vraisemblablement à celui de la lame.

l. 8: *qa-du* MÁŠ-*šu*, littéralement: «avec son intérêt.»

l. 19: le sceau du témoin Attaya (fils de Zaziya) est le même que celui qu'il utilise pour sceller le texte EN 9/2 344 (20): 12–13.

l. 21: le sceau du scribe Tarmi-Tilla est le même que celui qu'il utilise pour sceller le texte HSS 19 99 (11): 8′.

6 = EN 10/2 166

= SMN 2203 + 2912 + 2940 + NTF P 51 (= 1090).
Provenance: inconnue.
Un résumé du fragment NTF P 51 figure dans G. Wilhelm, *SCCNH* 1, p. 342.
Collations: J. Fincke, B. Lion.

Šurki-Ti[lla] et Kipal-enni [fils de Pula-ḫali] prêtent à intérêt 20 mines de bronze à Kelip-šarri f[ils de …], de la ville d'Eteru.

Ecrit à la porte de Tupšarriniwe.

Scribe: Tarmi-Tilla.

20 MA-NA ZABAR *š*[*a** ^{I}*šur-ki-til-la*]
2 *ù ša* ^{I}*ki-pa-l*[*e-en-ni* DUMU-MEŠ *pu-la-ḫa-li*]
^{I}*ké-li-ip*-LUGAL D[UMU
4 *ša* URU *e-te-ru a-na* U[R$_5$*-RA]
il-te-qè ⸢*ù*⸣ *i+na na-pa-*⸢*aḫ*⸣
6 ITI-*ḫi ku-ri-il-li ša* URU *zi-iz-*[*za*]
qa-du MÁŠ-*ti-šu* 30 MA-NA ZAB[AR]
8 ⸢^{I}⸣*ké-li-ip-*[L]UGAL *a-na* ^{I}*šur-ki-ti*[*l-la*]
ù ⸢*a*⸣*-na* ^{I}*ki-pá-le-en-ni*
10 *ú-ta-ar ù šum-ma* ZAB[AR]
ina u$_4$-mi ⸢*ša*⸣ [*q*]*á-bu-ú la i+n*[*a-an-din*]
12 *a-na* MÁŠ-*ti i-bal-la-ak-ka$_4$*-[*at*]

ù a-na pa-ni-šu i-il-la-a[k]
14 *um-ma* ^{I}*še-*⸢*en*⸣*-na-a-a-ma*
DUMU *pa-pa-an-te ša* URU IR-W[I$^{?}$-
16 *šu[m-m]a* ⸢^{I}*ké*-li*-ip**-LUGAL⸣*
[*mi*$^{?}$]*-i-im-ma* ⸢ŠUB*-*uš*⸣*
18 [*ù*] *a-na-ku a-na* ^{I}*šur-ki-til-*[*la*]
[*ù*] *a-na* ^{I}*ki-pa-le-en-ni*
T 20 [*a-ḫ*]*áb-bá-aš-šu-ma*
⸢*ù*⸣ *i-ṣa-ba-tù-uš*
R 22 [IGI] *za-zi-ia* DUMU *ak-ku-ia*
[I]G[I *š*]*i*-la-ḫi* DUMU *el-ḫi-ip*-LU[GAL]
24 [I]GI *ḫu-pí-ta* DUMU ⸢*a-ki-it*⸣-[*te*]
[I]GI *a-ri-ip-til-la* DUMU ^{d}⸢UTU⸣-[
26 [I]GI *šur*$^{!}$*-*⸢*kip*⸣-LUGAL ⸢DUMU⸣ DINGIR-KAM-*t*[*ù*]*
[I]GI *a-kap-še-en-ni* DUMU *kar-ra-t*[*e*]
28 ⸢IGI⸣ *tar-mi-til-la ṭup-šar-ru*
ṭup-pu i-⸢*na*⸣ E[GI]R-*ki šu-d*[*u-ti*]
30 *ina ba-ab* K[Á]-G[AL] *ša*
URU *tup-*⸢*šar*⸣*-*[*ri*]*-ni-we ša*$_{10}$*-ṭì-i*[*r*]

(Sceau) (Sceau)
32 NA$_4$ ^{I}*za-zi-ia* NA$_4$ ^{I}*ḫ*[*u-pí-ta*]
(Sceau) NA$_4$ ^{I}*k*[*é*-li-ip*-LUGAL]$^{?}$
34 NA$_4$ ^{I}[
T N[A$_4$ ^{I}] (Sceau)
CG 36 [NA$_4$ ^{I}]⸢*šur-kip*⸣-LUGAL NA$_4$ ⸢^{I}*a-kap*⸣*-še-ni*
(Sceau) (Sceau)

TRADUCTION

1-5 Kelip-šarri f[ils de …], de la ville d'Eteru, a reçu en p[rêt] 20 mines de bronze d[e Šurki-Tilla] et de Kipal-[enni fils de Pula-ḫali].

5-10 Et au début du mois *kurilli* de la ville de Ziz[za], Kelip-[š]arri rendra (le prêt) avec son intérêt, (soit) 30 mines de bron[ze], à Šurki-Ti[lla] et à Kipal-enni. 10-13 Et s'il ne do[nne] pas le bron[ze] au jour [f]ixé (ou) s'il contes[te] à propos de l'intérêt, alors (le prêt) produira (un intérêt) à sa charge.

14-15 Šennaya fils de Papante, de la ville d'IrW[I…], a dit: 16-21 «S[i] Kelip-šarri *est défaillant*, [alors] moi, [je] devrai pour lui (le bronze) à Šurki-Til[la et] à Kipal-enni, et on le saisira.»

22 [Par devant] Zaziya fils d'Akkuya.

23 [Par] dev[ant Š]ilaḫi fils d'Elḫip-ša[rri].

24 [Par] devant Ḫupita fils d'Akit[te].

25 [Par] devant Arip-Tilla fils de Šamaš-[…].

[26][Par] devant Šurkip-šarri fils d'Ilu-erišt[u].

[27][Par] devant Akap-šenni fils de Karrat[e].

[28]Par devant Tarmi-Tilla le scribe.

[29-31]La tablette a été écrite a[pr]ès procla[mation] à la porte de Tupšar-[ri]niwe.

[32]Sceau de Zaziya. Sceau de Ḫ[upita].

[33]Sceau de K[elip-šarri][?].

[34]Sceau de [...].

[35]Sc[eau de ...].

[36][Sceau de] Šurkip-šarri. Sceau d'Akap-šenni.

Commentaire

l. 4: ce toponyme est inconnu.

l. 12: *iballakat* pour *ibbalakkat* est possible à Nuzi, cf. les variantes graphiques dans *CAD* N/1, p. 13. La clause est inhabituelle. Je comprends: s'il ne rend pas le capital (ll. 10–11), ou s'il rend le capital mais pas l'intérêt (l. 12).

l. 14–20: Šennaya fils de Papante est témoin dans le procès EN 9/2 440 (33). Il semble jouer ici un rôle de garant, mais la clause est inhabituelle.

l. 15: le toponyme est inconnu, Ir-WI-[...] ne pouvant évoquer aucun des toponymes commençant par Er/Ir répertoriés dans *RGTC* 10.

l. 17: ŠUB correspond au verbe akkadien *nadû*, dont l'un des sens est «to repudiate an obligation» (*CAD* N/1, pp. 78b–79a), «vernachlässigen, nicht beachten» (*AHw*, p. 706b, 13) qui conviendrait ici parfaitement. L'acception la plus souvent attestée à Nuzi pour ce verbe est «condamner (quelqu'un à une peine)», «to sentence a person» (*CAD* N/1 88), «verurteilen zu» (*AHw* p. 707b 26), sous la forme *ittaduš*, mais elle n'a pas de sens ici.

ll. 18–21: on peut comprendre que si le débiteur, Kelip-šarri, se montre défaillant, Šennaya s'engage à rembourser à Kipal-enni et Pašši-Tilla la somme qu'ils ont avancée; Šennaya se chargera ensuite de faire saisir Kelip-šarri pour rentrer dans ses frais.

l. 27: le nom de personne Karrate est attesté mais uniquement avec le signe KÀR. *a-kap-še-en-ni* DUMU *kar-ra-t*[*e*] pourrait être rapproché du témoin ^{I}x-x-x-*ni* DUMU *kàr-ra-t*[*e*] de TF 1 431: 30, A. Fadhil, *RATK*, p. 63.

7 = EN 9/2 524

= SMN 1448.

Provenance: inconnue.
Traduction: M. A. Morrison, *SCCNH* 4, p. 102.
Collations: G. Wilhelm, B. Lion.

Akiya donne en *titennūtu* pour 3 ans un champ aux fils de Pula-ḫali, contre 6 mines d'étain.

(*Début de la face perdu*)

[...] ⸢X⸣ *ù* DUMU-⸢MEŠ *pu*⸣-[*la-ḫa-li*]

2′ ⸢6*⸣ MA-NA AN-NA-MEŠ *a-na*

ti-te-en-nu-ti-ma

4′ *ki-ma* A-ŠÀ-*šu a+na* ^{I}*a-ki-*[*ia*]

it-ta-ad-nu šum-ma A-ŠÀ

6′ *pí-ir-qa ir-*⸢*ta*⸣*-ši*

^{I}*a-ki-ia ú-za-ak-ka*$_4$*-ma*

8′ *a-na* DUMU-MEŠ *pu-la-ḫa**-*li i-na-an-din*

e-nu-ma 3 MU-MEŠ ⸢*im*⸣*-[*ta-lu-ú*]

10′ 6 MA-NA AN-NA-MEŠ ^{I}*a-*[*ki-ia*]

T *a-na* DUMU-MEŠ *pu-la-ḫ*[*a-li*]

R 12′ *ú-ta-ar-ma*

A-ŠÀ-*šu* ⸢*i**-*leq*⸣*-*q*[*è**

14′ *šum-ma* A-[ŠÀ] X X X

i-na u$_4$*-m*[*i*] *an-ni-im-ma** [

16′ AN-NA-MEŠ [^{I}*a-k*]*i**-*ia** GUR-*ma* [

šum-ma A-ŠÀ [*ma*]-⸢*a*⸣*-*a-ru la* ⸢*i*⸣*-*leq**-*q*[*è**

18′ [*ma*]-*an-nu-u*[*m*$^{!}$-*mi-e*] ŠE-MEŠ ⸢EGIR$^{?}$*-*ki*⸣*

[...] X X [...] *ú-ma-al-la*

20′ [...] *an* [X* X*] X* X* X* X* X*

[...] X [...]

(*Fin du revers perdue*)

CG NA$_4$ ^{I}*ut*-x-[...]

Traduction

$^{1'-5'}$[...] et les fils de Pu[la-ḫali] ont donné 6 mines d'étain à Aki[ya] pour la *titennūtu* correspondant à son champ. $^{5'-8'}$Si le champ est l'objet d'une revendication, Akiya (le) libérera et le donnera aux fils de Pula-ḫali. $^{9'-13'}$Lorsque 3 ans se seront éc[oulés], A[kiya] rendra 6 mines d'étain aux fils de Pula-ḫ[ali] et il reprendra son champ. $^{14'}$Si le cha[mp ...] $^{15'-16'}$ce jour-là [...Ak]iya rendra l'étain [...]. $^{17'}$Si le champ [est la]bouré, il ne (le) prendra pas. $^{18'-19'}$Quico[nque] l'orge [...] devra verser [...].

[...]

$^{1''}$Sceau d'Ut[...]

Commentaire

l. 2′: les deux derniers clous du 6 sont visibles, on lit donc [4+]2*.

l. 18: ou [*ma*]-*an-nu-u*[*m*$^{!}$-*me-e*].

8 = EN 9/2 267

= SMN 2773.
Provenance: inconnue.
Traduction: M. A. Morrison, *SCCNH* 4, pp. 101–2.
Collations: J. Fincke, B. Lion.

Šurki-Tilla et MuWA[...] donnent en *titennūtu* pour 6 ans un champ à Šurki-Tilla, Pa[šši-Tilla] et Kipal-enni, fils de Pula-ḫali, contre des ovins et du bronze.

Ecrit à la porte de Tupšarriniwe.

(*Début de la face perdu*)
[...] *šu pa*[?] [...]
2′ X [...] *ta* [...]
a-na ti$_4$*-te-*⸢*en*⸣-[*nu-ti a-na* 6 MU-MEŠ]
4′ ^{I}*šur-ki-ti*[*l*]*-la* ⸢*ù* ^{I}**mu*⸣-[WA-
a-na ^{I}*šur-ki-til-la a-na* ^{I}**pa**-[*aš-ši-til-la*]
6′ *ù a-na* ^{I}*ki-pá-le-en-*[*ni* DUMU-MEŠ *pu-la-ḫa-li*]
SÌ-*din-nu ù* DUMU-MEŠ *p*[*u**-*la*]-⸢*ḫa*⸣*-*li*
8′ 1 UDU-MÍ 5 ŠU *bá-aq-*[*nu* X UDU] 2 ŠU *bá-*⸢*aq*⸣-*nu**
3 UDU-NITA *ša* 1 Š[U$^{!*}$ *bá-aq-n*]*u** ⸢SIG$_5^{!?*}$⸣
10′ 1 UDU-MÍ *š*[*a*$^{!}$ X ŠU *bá-aq-n*]*u**
2 UDU-⸢NITA *ša*⸣ 2 [ŠU] *bá-aq-nu*
12′ 2 UDU-MÍ *ša* [X ŠU *bá*]-*aq-nu*
[X+]4 MA-NA ⸢*ù*⸣ [X GÍN Z]ABAR
14′ [*an-nu*]-*tu*$_4$ KÙ-BABBAR-⸢MEŠ*⸣ [*ti-te-en-nu-t*]*i**
[*ša* ^{I}]*šur-ki-til-l*[*a ù ša* ^{I}*m*]*u**-WA*-[
16′ [*im*]-*ma-ti-mi* 6 [MU-MEŠ *i*]*m*-⸢*ta*⸣-*lu-ú**
[KÙ-BABBAR-(MEŠ) *ša pí*]-⸢*i**⸣ *ṭup-p*[*í*] *an-ni-i*
T 18′ [*a-na* DUMU-MEŠ *pu-la*]-*ḫa**-*li*
⸢*ú*⸣-*t*[*a-ru-m*]*a** ⸢A-ŠÀ⸣-*šu-nu i-le-e*[*q-qú*]
20′ [*šum-m*]*a** A-ŠÀ [*p*]*í-ir-*⸢*qa*⸣ *i*[*r-t*]*a-ši*
R LÚ *an-ni-i ú-za-ak-ka*$_4$*-šu-nu-ti*
22′ ⸢*a-na*⸣ DUMU-MEŠ *pu-la-ḫa-li*
i+na-an-din šum-ma A-ŠÀ *ma-a-a-ru*
24′ *la* ⸢*i*⸣-[*l*]*e-qè šum-ma* A-ŠÀ GAL
la ⸢*i*⸣-[*l*]*e-qè šum-ma* ⸢A-ŠÀ⸣ *mi-iṣ*
26′ *la* ⸢*ú*⸣-[*r*]*a*-⸢*ad-da*⸣ *i*[*š*]-*tu* A-ŠÀ *ni-ik-*[*sà*]
la i+na-ak-ki-is ma-an-nu-um-mi-e
28′ [*i+n*]*a lìb-bi-šu-nu aš-bu-ú* KÙ-BABBAR *i+na-an-din*
⸢*ù*⸣ A-⸢ŠÀ⸣ *ú-za-ak-ku-ú*
30′ [*m*]*a*-[*an*]-*nu-um-mi-e i*-[*n*]*a bi*$_4$*-ri-šu-nu*
KI-BAL-*tu*$_4$ 2 GU$_4$-MEŠ DIRI-*la*

32′ [*ṭ*]*up-*⸢*pu an*⸣*-ni-i i+na* EGIR-*ki šu-du-ti*
[*a*]*-š*[*ar ba*]*-a*[*b a*]*-bu-ul-li ša* URU DUB-SA[R]
34′ *ša-ṭì-ir*

[IGI] *pu-*⸢*ur*⸣**-ni-ia* DUMU *ta-e*
36′ [IG]I* *tar-mi-til-la* DUMU *e-téš-še-en-ni*
[IGI] *ar-te-šup* DUMU *pa-i-*⸢*ik*⸣*-k*[*é*-er-ḫé*]
38′ ⸢3⸣* LÚ *mu-še-el-wu š*[*a* A-ŠÀ]
[IG]I *ta-e* DUMU EN-*l*[*i-ia*]
40′ [IGI] *a-kip-*[...]
(*Fin du revers perdu*)

TRADUCTION

[1′-7′][...] Šurki-Ti[l]la et Mu[WA...] ont donné [*un champ*] en *titen*[*nūtu* pour 6 ans] à Šurki-Tilla, à Pa[šši-Tilla] et à Kipal-en[ni, les fils de Pula-ḫali]. [7′]Et les fils de P[ula]-ḫali [14′-15′][*ont donné* ce]t argent (comme) [*titennūt*]*u* [de] Šurki-Till[a et de M]uWA[...]: [8′-13′]1 brebis tondue 5 fois, [x ovin(s)] tondu(s) 2 fois, 3 moutons de bonne qualité [tond]us 1 fo[is], 1 brebis [tond]ue [x fois], 2 moutons tondus 2 [fois], 2 brebis [to]ndues [x fois], [x+]4 mines et [x sicles de b]ronze.

[16′-19′]Lorsque 6 [ans se] seront écoulés, ils re[ndront l'argent selon la tene]ur de cette tablet[te aux fils de Pula]-ḫali [e]t ils reprend[ront] leur champ. [20′-23′][S]i le champ est l'[ob]jet d'une [re]vendication, cet homme (le) libérera pour eux (et) il (le) donnera aux fils de Pula-ḫali.

[23′-24′]Si le champ est labouré, il ne le prendra pas. [24′-25′]Si le champ est (plus) grand, il ne le prendra pas. [25′-26′]Si le champ est (plus) petit, il ne l'agrandira pas. [26′-27′]Il ne coupera pas un morceau du champ.

[27′-29′]Quiconque [par]mi eux sera présent donnera l'argent et ils libéreront le champ.

[30′-31′]Quiconque parmi eux contestera devra verser 2 bœufs.

[32′-34′]Cette [t]ablette a été écrite, après proclamation, [à la po]rte de Tupšarriniwe.

[35′][Par devant] Purniya fils de Tae,

[36′][par dev]ant Tarmi-Tilla fils d'Eteš-šenni,

[37′][par devant] Ar-Teššup fils de Paik-k[erḫe]:

[38′]3 hommes qui ont arpenté [le champ].

[39′][Par dev]ant Tae fils de Bēl[iya].

[40′][Par devant] Akip-[...].

COMMENTAIRE

ll. 1′–2′: les premières lignes de la tablette devaient contenir la description cadastrale du champ; pour la l. 1′ on peut imaginer *šu-pa-*[*al...*] (ouest) ou éventuellement *šu-t*[*a-an*] (sud) et pour la l. 2′, dont le premier signe n'est pas clair, [*il*]-*ta*-[*an*] (nord) ou [*šu*]-*ta*-[*an*] (sud). Les traces sont cependant trop ténues pour proposer une restitution convaincante.

l. 14′: KÙ-BABBAR ne désigne évidemment pas ici de l'argent, mais la valeur des denrées fournies par les fils de Pula-ḫali.

l. 15′: on attend à la fin de cette ligne une forme verbale du type SÌ-*din-nu*, cf. l. 7′.

ll. 21′–23′: M. A. Morrison traduit «these two(?) men will clear it and will give it to the sons of Pula-ḫali», ce qui suppose de restituer [2] lú au début de la l. 21′. Cependant, l. 21′, *an-ni-i* est au singulier, de même que le verbe *ú-za-ak-ka*$_4$-*šu-nu-ti*, «il les libérera», ou plutôt «il libérera pour eux» (en donnant à *šunūti* une valeur de datif), et que *i+na-an-din* l. 23′; les quatre verbes des ll. 24′–27′ sont également au singulier. Je ne restitue donc rien au début de la l. 21′. Le scribe a pu revenir à une formulation au singulier, plus courante, sans tenir compte du fait que le champ est remis conjointement par deux personnes.

l. 35′: M. A. Morrison, *SCCNH* 4, p. 112 (index des noms propres) lit «Pu-[ ]-paniya son of Tae», ce qui correspond bien aux traces, mais n'évoque aucun nom de personne connu. Les collations permettent de lire Purniya.

l. 37′: E. R. Lacheman, dans son répertoire de noms propres, a proposé Ar-Teššup fils de Paik-kerḫe, dont ce serait ici la seule attestation. Cette lecture est confirmée par les collations.

l. 38′: le dernier clou du 3 est visible (soit [2+]1*).

9 = EN 9/3 230

= SMN 2719.
Provenance: inconnue.
Transcription: E. R. Lacheman, *SCTN* 2, pp. 242–43.
Commentaire: M. A. Morrison, *SCCNH* 4, p. 96 et p. 102.
Collations: G. Wilhelm, B. Lion.

[…ḫ]i$^?$-šenni donne en *titennūtu* pour 5 ans [un champ situé à Tupšarriniwe] à [Šur]ki-Tilla [et à Pa]ššiya [fils de] Pula-ḫali contre [x+]1 mine(s) de cuivre et [des ovins].
Ecrit à la porte de Tupšarriniwe.

Scribe: Šamaš-[nāṣir] fils d'Akiya.

[… A]NŠ[E$^?$ …]
2′ [*i-n*]*a* KASKAL-*n*[*i ša* …]
[*i-na*] *il-t*[*a-an* …]
4′ [*i-na s*]*u-ta-*⸢*an*⸣ A-ŠÀ […] x […]
[*ù ša*]-*nu-ú* 2* ANŠE [x] GIŠ-APIN ⸢A⸣-[ŠÀ]

6′ [*i-na i*]*l-ta-an* KASKAL-*ni ša*$^{?}$ *ti**-X
[*i-na su*]*-ta-a-an mi-iṣ-ri ša é-kál-lì*
8′ [*i-na e*]*-le-en* A-ŠÀ *ša* ^{I}*a-ri-ia*
[X AN]ŠE A-ŠÀ *i-na* A-GÀR
10′ [*ša* URU *t*]*up-ša*[*r*]*-ri-ni-we*
[*an-nu-t*]*u*$_{4}$ [X$^{?}$] *a-na ti*$_{4}$*-te-en-*[*nu*]*-ti*
12′ [*a-na* 5 MU-MEŠ] *a-na* ^{I}[*šur*]*-ki-til-la*
[*ù a-na* ^{I}*pa*]*-ši-ia* D[UMU*-MEŠ *pu-la-ḫ*]*a***-li* SÌ-*din*
14′ [*ù* DUMU-MEŠ *pu-l*]*a-ḫa-li* 1 [...]
[...]-X-*tù* SIG$_{5}$-*qú*
16′ [... x+]1 MA-NA URU[DU-MEŠ]
[X UDU *ša* X-ŠU] *bá-aq-nu it-ti* [SÍG-*šu-*(*nu*)]
18′ [*a-na* ^{I}...*-ḫ*]*i*$^{?}$**-še-en-ni* SÌ-*din*
[*im-ma-t*]*i-mi-e* 5 MU-MEŠ *im-*[*ta-lu-ú*]
20′ [KÙ-BABBAR *ša p*]*í-i ṭup-pí an-ni-i*
[*a-na* DUMU-MEŠ] *pu-la-ḫa-li* ⸢*ú*⸣*-ta-a*[*r-ma*]
22′ [A-ŠÀ-*šu i*]*-le-qè šum-ma* A-ŠÀ *ma-*[*a-a-ru*]
[*la i-le*]*-*⸢*qè šum-ma* A-ŠÀ *pí***-ir**⸣*-*[*qa ir-ta-ši*]
(*Fin de la face, tranche et début du revers perdus*)
R [...] ⸢X X⸣ [...]
2″ [*ma-a*]*n-nu-um-mi-e* ⸢*uš*$^{!}$*-tu*⸣
[5] MU-MEŠ KI-BAL-*tu*$_{4}$ 1 GU$_{4}$ DI[RI-*la*]
4″ [*ṭup-p*]*í an-ni-i a-*[*šar*] *a-bu-ul-*[*li*]
[*ša* UR]U *tup-šar-*⸢*ri-ni*⸣*-we ša-ṭ*[*ì-ir*]

6″ [IGI ^{I}*ak-ku-le*]*-*⸢*en-ni*⸣ DUMU$^{!}$ *a-ki*$^{!}$*-it*$^{!}$*-*[*te*]
[IGI ^{I}*a-kip-til-la*] DUMU *i-ir-ri-ké*
8″ [IGI ^{I}*ku-ur-ri*] DUMU *ké-el-te-š*[*up*]
[IGI ^{I}*a*]*-*⸢*ri*⸣**-*[*i*]*l-lu* DUMU *te-ḫi-pa-p*[*u*]
10″ [IGI ^{I}*ḫa*]*-bu-ur-*[*š*]*i* DUMU *za-zi-i*[*a*]
[IGI ^{I}*ku-u*]*n-nu-tù* DUMU *zi-li-pa-*[*pu*]
12″ [6 LÚ-MEŠ] *mu-še-*[*e*]*l-wu ša* A-š[À]
[*ù* ...] ⸢X⸣ [*š*]*a* ŠE-MEŠ *na-*[*di*]*-na-nu-ú*$^{?}$*
14″ [ŠU] ^{d}UTU-[PAP] DUB-SAR DUMU *a-ki-*[*i*]*a*
(Sceau)*(Sceau)*
NA$_{4}$ ^{I}[*k*]*u-*[*u*]*n-nu-tù*
16″ [NA$_{4}$ ^{I}]*a-ri-i*[*l-lu*] ⸢NA$_{4}$* ^{I}**ku**⸣*-ur-ri*
(Sceau)* [(Sceau)]
[NA$_{4}$ ^{I}]*a-kip-til-l*[*a*]
[(Sceau)]

TRADUCTION

1′[... *i*]*mē*[*ru* de ... 2′su]r la rout[e de ..., 3′au] no[rd de ..., 4′au s]ud du champ [de ...].

5′[Et en se]cond lieu, 2 *imēru* [x] *awiḫaru* de c[hamp, 6′au n]ord de la route de Ti-x, 7′[au s]ud de la limite (des domaines) du palais, 8′à l'est du champ d'Ariya.

9′-10′[(En tout) x *im*]*ēru* de champ dans le terroir [de T]upšarriniwe, 11′-13′il a donné c[ela] en *titen*[*nū*]*tu* [pour 5 ans] à [Šur]ki-Tilla [et à Pa]ššiya f[ils de Pula-ḫ]ali.

14′[Et les fils de Pul]a-ḫali 18′ont donné [à ...h]i?-šenni 14′1 [...], 15′[...] de bonne qualité, 16′[... x+] 1 mine(s) de cui[vre], 17′[x ovin(s)] tondu(s) [x fois] avec [sa (/ leur) laine].

19′-22′[Lors]que 5 ans se seront éco[ulés], il rendra [l'argent, selon la tene]ur de cette tablette, [aux fils de] Pula-ḫali [et il re]prendra [son champ]. 22′-23′Si le champ est la[bouré, il ne le pren]dra pas. Si le champ [est l'objet] d'une revendica[tion...].

[...]

2″-3″Quiconque pendant [les 5] ans contestera (cet accord) devra ver[ser] 1 bœuf.

4″-5″Cette [table]tte a été écr[ite] à la port[e de] Tupšarriniwe.

6″[Par devant A*kkul*]*-enni fils d'Akit*[*te*],

7″[par devant Akip-Tilla] fils d'Irrike,

8″[par devant Kurri] fils de Kel-Teš[šup],

9″[par devant A]rillu fils de Teḫip-ap[u],

10″[par devant Ḫa]bbūr-[S]în fils de Zaziy[a],

11″[par devant Ku]nnutu fils de Zilip-a[pu]:

12″-13″[6 hommes qui] ont arpenté le cha[mp et … q]ui ont donné le grain.

14″[Ecrit par] Šamaš-[nāṣir] le scribe fils d'Akiya.

15″Sceau de [K]unnutu.

16″[Sceau d']Ari[llu]. Sceau de Kurri.

17″[Sceau d']Akip-Till[a].

COMMENTAIRE

Note: le petit fragment qui figure sur la copie sur la face, au début des ll. 11′–14′, a été mal placé; il appartient en fait au revers et forme le début des ll. 9″–12″. Sur la tablette, il est bien collé au revers et E. R. Lacheman le place à cet endroit dans sa transcription. Cf. G. Wilhelm, *SCCNH* 9, p. 215 (e).

l. 6′: on attend à la fin de cette ligne KASKAL-*ni ša* URU NG; mais le signe URU manque et si *ti*-x est bien un toponyme, il n'évoque aucune ville connue. Il ne s'agit pas d'un début de nom car aucun signe ne figure après *ti*-x.

l. 15′: Dans le contrat de *titennūtu* EN 9/2 267 (8), les biens fournis par les fils de Pula-ḫali sont (1) des ovins, (2) du bronze. Dans HSS 19 97 + EN 10/2 167 (10), le prix équivalent à une terre est payé par les denrées suivantes: (1) une vache, (2) des ovins, (3) de l'étain et du bronze. Ici, la contrepartie comporte (1) [...], (2) du cuivre, (3) des ovins; la rubrique (1) pourrait correspondre à un bovin, par comparaison avec HSS 19 97 + EN 10/2 167 (10): 20, 1 GU$_4$-ÁB SIG$_5$-*qú ru-bu-i-tù*. On pourrait attendre l. 15′ une expression semblable, avec inversion des deux adjectifs ([1 GU$_4$-ÁB *ru-bu*]-⸢*i*⸣-*tù* SIG$_5$-*qú*).

l. 18′: M. A. Morrison, *SCCNH* 4, p. 102 et D. I. Owen, *SCCNH* 5, p. 111, lisent le nom de ce personnage Puḫi-šenni. Les traces (un clou oblique) permettent effectivement de lire [^{I}*pu-ḫ*]*i-še-en-ni*, mais on pourrait aussi bien imaginer [^{I}*e-te-e*]*š-še-en-ni*, [^{I}*tù-ul-p*]*í-še-en-ni*, etc.

l. 6″: cette proposition, très hypothétique, se fonde sur la présence de ce personnage dans d'autres textes de l'archive des fils de Pula-ḫali

l. 13″: si une partie de la somme versée est constituée de grain (ŠE-MEŠ), cela n'apparaît plus dans ce qui subsiste des ll. 14′–17′.

l. 14″: il faut restituer soit [ŠU] ^{d}UTU-[PAP], soit [NA$_4$] ^{d}UTU-[PAP].

Ce texte comporte de grandes lacunes et est, de ce fait, difficile à comprendre. Les résumés qui en ont été donnés par M. A. Morrison et D. I. Owen sont contradictoires.

M. A. Morrison, *SCCNH* 4, p. 102: «SMN 2719 is known at present only in a transliteration that indicates that it is poorly preserved. However, it describes a *titennūtu* agreement between a Puḫi-šenni(?) and at least Paššiya and Šurki-Tilla sons of Pula-ḫali. The property is located in the *ugāru* of the city of Tupšarriniwe south of the border of the palace, and the contract runs for six years.» La n. 36 précise que la translittération est celle d'E. R. Lacheman, *SCTN* 2, pp. 242–43. La copie a été publiée dans *SCCNH* 5 postérieurement à l'étude de M. A. Morrison.

D. I. Owen, *SCCNH* 5, p. 111: «[Statement (*umma*)] wherein Puḫi-šenni and Pula-ḫali provide a field in the *ugāru* of Tupšarriniwe for 6 years to Tupki-Tilla and Ḫašiya sons of [....] *ana titennūti* in exchange for some fine, young animals, and n+2 MA.NA of copper for five years.»

Il ne fait aucun doute qu'il s'agit d'un contrat de *titennūtu*, mais les parties en présence posent problème. D'après ce qui est lisible, le champ est remis *a-na* ^{I}[*x*]-*ki-til-la* [*ù a-na* ^{I}*x*]-*ši-ia* (ll. 12′–13′). M. A. Morrison comprend qu'il s'agit de [Šur]ki-Tilla et de [Pa]ššiya, les fils de Pula-ḫali; D. I. Owen y voit plutôt [Tup]ki-Tilla et de [Ḫa]šiya. Je suis ici l'interprétation de M. Morrisson qui permet de rattacher ce texte au dossier des descendants de Pula-ḫali, dans la mesure où le champ concerné se trouve à Tupšarriniwe et où plusieurs témoins sont connus par d'autres textes de la même archive.

[...ḫ]i$^{?}$-šenni est bien le personnage qui aliène son champ, puisqu'il reçoit diverses denrées en échange (l. 18′) et les deux auteurs sont d'accord sur ce point. D. I. Owen estime que Pula-ḫali lui est associé, car il comprend sans doute la fin de la l. 21′, *pu-la-ḫa-li* ⸢*ú*⸣-*ta-a*[*r*], comme l'indication que Pula-ḫali devra remettre les denrées prêtées; la restauration que je propose pour le début de cette ligne va au contraire dans le sens de l'interprétation de M. A. Morrison: il s'agit des fils de Pula-ḫali plutôt que de Pula-ḫali lui-même et ces personnes doivent recevoir le remboursement, non l'effectuer. En outre, ce texte se rattache à la génération de Paššši-Tilla et non à celle de son père, car plusieurs témoins figurent dans HSS 19 97 + EN 10/2 167 (10), qui concerne les fils de Pula-ḫali et dans HSS 19 126 (15) et EN 9/2 515 (42), qui concernent Paššši-Tilla.

La durée du contrat de *titennūtu* serait de 6 ans, d'après la transcription d'E. R. Lacheman (et le résumé de M. A. Morrison). D. I. Owen propose que le champ soit engagé pour 6 ans et la contrepartie avancée pour 5 ans seulement, ce qui constituerait un cas assez original. Je ne parviens cependant à lire le chiffre 6 nulle part sur la tablette; en revanche, la durée de 5 ans apparaît bien l. 19'.

10 = HSS 19 97 + EN 10/2 167

= SMN 2369 + SMN 3679.
Provenance: S 132.
Transcriptions de HSS 19 97: E. R. Lacheman, *SCTN* 2, pp. 101–2; A. Fadhil, *RATK*, p. 20.
Traduction de HSS 19 97: A. Fadhil, *RATK*, pp. 20–21.
Commentaire de HSS 19 97: E. Cassin, *RA* 63 (1969), p. 130 et n. 3.
Joint et transcription de l'ensemble du document: J. Fincke, *SCCNH* 9, pp. 377–79.

Déclaration de Ḫalutta fils d'Akiya: son grand-père Nūr-Kūbi fils de Mār-Adad avait reçu en *terḫatu* de Kamputtu fils d'Aki(p)-tura un champ dans le terroir de Tupšarriniwe. Il rend ce champ aux descendants d'Aki(p)-tura, Paššši-Tilla et Kipal-enni, fils de Pula-ḫali, contre une vache, dix moutons, 26 mines d'étain et 8 mines de bronze.

Ecrit à la porte de Tupšarriniwe.

Scribe: Šamaš-nāṣir fils d'Akiya.

⸢*um*⸣-[*ma* ^{I}*ḫa-l*]*u-ut-ta-ma*
2 DUMU *a-ki-*[*ia*] 5 ANŠE A-ŠÀ
i+na A-GÀR ⸢*ša*⸣ URU *tup-šar-ri-we*
4 *i+*[*n*]*a e-le-*[*en*] KASKAL-*ni ša* URU *kùr-ru-ḫa-an-ni*
i+na šu-pa-al A-ŠÀ *ša* ^{I}ÌR-ŠEŠ
6 *i+na il-ta-an* A-ŠÀ *ša* ^{I}ÌR-ŠEŠ-*ma*
i+na su-ta-a-an A-ŠÀ *ša* ^{I}ÌR-ŠEŠ-*ma*
8 *i+na pa-na-nu* ^{I}*ka*$_{4}$*-am-pu-ut-tù*
DUMU *a-ki-tù-ra a-na te-er-ḫa-ti*
10 *a-na a-bá-bi-ia a-na* ^{I}IZI-*ku-bi*
DUMU *ma-ra-ta-*^{d}IM *it-ta-din*
12 *ù i+na-an-na* 5 ANŠE A-ŠÀ *ša-a-šu*
te-er-ḫa-tù a-na NUMUN$^{!}$-MEŠ *ša*
14 ^{I}*a-ki-tù-ra a-na* ^{I}*pa-aš-ši-til-la*
ù a-na ^{I}*ki-pá-le-en-ni*

16 DUMU-MEŠ ^{I}*pu-la-ḫa-li a-na* SAG-DU-*šu-ma*
un-te-eš-ši-ir a-na 2 LÚ
18 *an-nu-tu*$_4$ *at-ta-din-šu-nu-ti*
ù a-na-ku a-šar DUMU-MEŠ ^{I}*pu-la-*⸢*ḫa*⸣*-li*
20 1 GU$_4$-ÁB SIG$_5$-*qú ru-bu-i-tù*
10 UDU-MEŠ SIG$_5$-*qú* 26 MA-NA *a-na-ku*
22 8 MA-NA ZABAR *an-nu-tu*$_4$
KÙ-BABBAR *a-šar* ^{I}*pá-aš-ši-til-la*
24 *ù a-šar* ^{I}*ki-pá-le-en-ni*
il-te-qè-mi ù ap-la-[*ku-mi*]
26 *šum-ma* 5 A[N]ŠE ⸢A-ŠÀ⸣ *a*[*n-nu-tu*$_4$]
[*p*]*í-ir-*⸢*qa*⸣ *ir-ta-ši*
28 [A-ŠÀ] *ša-a-šu-ma* ^{I}*ḫ*[*a-lu-ut-ta*]
T ⸢*ù*⸣-[*z*]*a-ak-ka*$_4$*-ma a-na* [DUMU-MEŠ]
30 ^{I}*pu-la-ḫa-li i+na-an-din*
šum-ma A-ŠÀ GAL *la i+na-ak-ki-i*[*s*]
32 *šum-ma* A-ŠÀ *mi-iṣ la ú-ra-a*[*d-da*]
R *ù*$^{!}$ *ṭe*$_4$*-ḫu-mi šu-ma ú-*⸢*ki*$^{!}$⸣*-i*[*l*]
34 *ma-an-nu-um-mi-e i+na* ⸢*bi*$_4$⸣*-r*[*i-šu-nu*]
KI-BAL-*tù* 2 MA-NA KÙ-BABB[AR]
36 ⸢2⸣ [MA]-⸢NA KÙ-SIG$_{17}$ *ú-ma-al*⸣-[*la*]
⸢EME⸣-*šu* [*ša* ^{I}*ḫ*]*a-*⸢*lu*⸣-[*ut-t*]*a a-na* [*pa-ni*]
38 LÚ *ši-bu-*⸢*ti*$^{!}$⸣ *an-nu-tu*$_4$ *ki-na-an-na*
iq-ta-bi KÙ-BABBAR *ša pí-i ṭup-pí*
40 *an-nu-ti a-šar* DUMU-MEŠ ^{I}*pu-la-ḫa-li*
il-te-qè-mi ù ap-la-ku-mi

---

42 *ṭup-pu an-ni-i i-na* EGIR-*ki šu-du-ti eš-ši*
a-šar a-bu-ul-li ša URU *tup-šar-ri-we*
44 *ša-ṭì-ir*

IGI ^{I}*at-ta-a* DUMU *za-zi-ia*
46 IGI ^{I}*a-ri-pu-pí* DUMU *te-ḫi-ip-zi-iz-za*
IGI ^{I}*ḫa-ši-ia* DUMU ÌR-ŠEŠ
48 IGI ^{I}*ku-ur-ri*$^{!}$ DUMU *ké-el-te-šup*
IGI ^{I}*ku-un-nu-tù* DUMU *zi-li-pa-pu*
50 IGI ^{I}*ḫa-na-ka*$_4$ DUMU ⸢*a*⸣*-ki-ia* IGI ^{I}*ú-na-a-a* DUMU *a-kip-til-la*
IGI ^{I}*ta-e* DUMU EN-*li-ia*
52 IGI ^{I}*šur-ki-til-la* DUMU *a-ka*$_4$*-we*
IGI ^{I}*tù-ul-pí-še-en-ni* DUMU ⸢X⸣*-a-a*
54 ŠU ^{Id}UTU-PAP DUB-SAR DUMU *a-ki-ia*

NA$_4$ ^{I}*ḫa-lu-ut-ta*
56 NA$_4$ ^{Id}UTU-PAP DUB-SAR
NA$_4$ ^{I}⸢*ú*⸣*-na-a-a* NA$_4$ ^{I}*ḫa-ši-ia*
T 58 [N]A$_4$ ^{I}*šur-ki-til-la*
[NA$_4$ ^{I}]⸢*tù*⸣-[*ul-p*]*í*-⸢*še*⸣*-en-ni*
CG 60 [NA$_4$ ^{I}*a*]*t-ta-a-a*
[DUMU] *za-zi-ia*
62 DUMU *te-ḫi-ip-zi-iz-za*
NA$_4$ ^{I}*a-ri-pu-pí*
64 NA$_4$ ^{I}*ku-un-tù-tù*
NA$_4$ ^{I}*ḫa-na-ka*$_4$

TRADUCTION

$^{1-2}$Ain[si (parle) Ḫal]utta fils d'Aki[ya]:

$^{2-11}$«Autrefois, Kamputtu fils d'Aki(p)-tura a donné comme *terḫatu* à mon grand-père, Nūr-Kūbi fils de Mār-Adad, 5 *imēru* de champ dans le terroir de Tupšarri(ni)we, à l'est de la route de Kurruḫanni, à l'ouest du champ de Ward-aḫḫē, au nord du champ de Ward-aḫḫē également, au sud du champ de Ward-aḫḫē également.

$^{12-18}$Et à présent, ces 5 *imēru* de champ, la *terḫatu,* pour les descendants d'Aki(p)-tura, (c'est-à-dire) pour Pašši-Tilla et pour Kipal-enni, les fils de Pula-ḫali, je les ai libérés comme étant leur capital (et) je les ai donnés à ces deux hommes. $^{19-25}$Et moi, j'ai reçu cet argent auprès des fils de Pula-ḫali, auprès de Pašši-Tilla et auprès Kipal-enni: une bonne vache de quatre ans, 10 bons moutons, 26 mines d'étain, 8 mines de bronze et je suis complètement pa[yé].»

$^{26-30}$Si c[es] 5 *imēru* de champ sont l'objet d'une revendication, Ḫ[alutta] libérera ce [champ] et le donnera aux [fils] de Pula-ḫali. ^{31}Si le champ est (trop) grand, il ne le coupera pas; ^{32}si le champ est (trop) petit, il ne l'agran[dira] pas; ^{33}*et c'est lui qui détenait (le terrain) voisin.* $^{34-36}$Quiconque parmi [eux] contestera devra vers[er] 2 mines d'arge[nt] (et) 2 [mi]nes d'or.

$^{37-39}$Déclaration [de Ḫ]alu[tt]a. Dev[ant] ces témoins, il a dit ceci:

$^{39-41}$«J'ai reçu l'argent, selon la teneur de cette tablette, auprès des fils de Pula-ḫali et je suis complètement payé.»

$^{42-44}$Cette tablette, après la nouvelle proclamation, a été écrite à la porte de Tupšarri(ni)we.

^{45}Par devant Attaya fils de Zaziya.

^{46}Par devant Arip-uppi fils de Teḫip-zizza.

^{47}Par devant Ḫašiya fils de Ward-aḫḫē.

^{48}Par devant Kurri fils de Kel-Teššup.

^{49}Par devant Kunnutu fils de Zilip-apu.

^{50}Par devant Ḫanakka fils d'Akiya.

Par devant Unaya fils d'Akip-Tilla.

^{51}Par devant Tae fils de Bēliya.

[52]Par devant Šurki-Tilla fils d'Akawe.
[53]Par devant Tulpi-šenni fils de ⸢x⸣aya.
[54]Ecrit par Šamaš-nāṣir le scribe fils d'Akiya.
[55]Sceau de Ḫalutta.
[56]Sceau de Šamaš-nāṣir le scribe.
[57]Sceau d'Unaya. Sceau de Ḫašiya.
[58][Sc]eau de Šurki-Tilla.
[59][Sceau de] Tu[lp]i-šenni.
[60-61][Sceau d'A]ttaya [fils de] Zaziya.
[62-63]Sceau d'Arip-uppi fils de Teḫip-zizza.
[64]Sceau de Kuntutu.
[65]Sceau de Ḫanakka.

COMMENTAIRE

ll. 5–7: Ward-aḫḫē, propriétaire terrien à Tupšarriniwe, est sans doute le même personnage que le père du témoin Ḫašiya (l. 47).

l. 11: si ce nom propre se lit Mārat-Adad, il doit être féminin; or les textes de Nuzi désignent les personnages par leur patronyme même après le décès de leur père. E. Cassin lit Marata-^{d}IM, sans commentaire. *AAN*, p. 91b, répertorie Mārat-Adad comme «père de Nūr-Kūbi.» D'après A. Fadhil, *RATK*, p. 21, qui s'appuie sur les remarques phonétiques de H. Lewy, *JAOS* 88 (1968), p. 154, n. 32, *ma-ra-ta-*^{d}IM devrait se lire Mār-Adad: cette solution paraît plus satisfaisante dans la mesure où elle permet de retrouver un nom masculin.

l. 16: on attendrait *a-na* SAG-DU-*šu-nu*; SAG-DU désigne en général à Nuzi un capital prêté dont on escompte le remboursement. Ici, il faudrait comprendre que le terrain, autrefois propriété de la famille de Paššì-Tilla et Kipal-enni, leur revient, après avoir été donné en *terḫatu* quelques générations plus tôt. Il est peu probable que SAG-DU désigne ici les personnes et qu'il faille comprendre «je les ai libérés pour eux», ce sens de sag-du n'étant pas attesté à Nuzi; pour renvoyer aux personnes, le scribe utiliserait plutôt LÚ, cf. l. 17.

ll. 20 et 21: le scribe emploie de façon automatique SIG$_5$-*qú*, alors que la forme correcte serait *damiqtu* l. 20 et *damqūtu* l. 21.

l. 20: sur l'assyrianisme *rubuitu*, sans contraction vocalique, cf. P. Negri Scafa, «Die "assyrischen" Schreiber des Königtums Arrapḫe», dans H. Waetzoldt et H. Hauptman (éds.), *Assyrien im Wandel der Zeiten, CRRAI 39 (Heidelberg, 1992)*, Heidelberg, 1997, pp. 123–32, en particulier pp. 128 et 130.

l. 33: cette ligne est très difficile, cf. le commentaire de J. Fincke. Il pourrait s'agir de régler le problème des limites du champ, voisin d'une terre détenue par Ḫalutta. Ḫalutta fils d'Akiya est en effet propriétaire foncier à Tupšarriniwe d'après TF 1 426: 6. *tēḫu*, attesté à Nuzi, a le sens de «proximité, voisinage»; mais la syllabe finale *-mi* ne s'explique pas, puisqu'il n'y a pas là de discours rapporté. En outre, d'après les ll. 4–7, le champ est bordé, d'un côté, par la route, et des trois autres côtés par les terrains de Ward-aḫḫē.

l. 47: Ḫašiya fils de Ward-aḫḫē est connu comme «homme de Tupšarriniwe» par TF 1 426 = IM 70985. Il apparaît plusieurs fois dans l'archive des descendants de Pula-ḫali.

l. 48: le texte porte en fait *ku-ur-ḫu*; la correction *ku-ur-ri*! vient de de TF 1 426 = IM 70985: 15, *um-ma* [I]*ku-ur-ri-ma* dumu *ké-el-te-šup*. On le retrouve comme témoin dans EN 9/3 230 (9): 8″, son sceau figure l. 16″.

l. 59: [NA$_4$ [I]] ⸢*tù*⸣-[*ul-p*]*í*-⸢*še*⸣-*en-ni*, en supposant que le nom est écrit comme à la l. 53; ou ⸢NA$_4$ [I]⸣[*túl*]-⸢*pí-še*⸣-*en-ni*, comme le propose J. Fincke. Les traces permettent les deux lectures.

ll. 62–63: inversion pour NA$_4$ [I]*a-ri-pu-pí* DUMU *te-ḫi-ip-zi-iz-za*.

l. 64: variante *ku-un-tù-tù* par rapport à la l. 49 *ku-un-nu-tù*. Ce personnage apparaît aussi comme témoin dans EN 9/3 230 (9): 11″, son sceau figure l. 15″.

III. PAŠŠI-TILLA / PAŠŠIYA FILS DE PULA-ḪALI

11 = HSS 19 99

= SMN 2435.
Provenance: S 133.
Transcriptions: E. R. Lacheman, *SCTN* 2, p. 124; A. Fadhil, *RATK*, pp. 21–22.
Traduction: A. Fadhil, *RATK*, p. 21.
Collations: G. Wilhelm, B. Lion.

Déclaration d'Illika fils d'Aḫiya. Illika a reçu de Pašši-Tilla fils de Pula-ḫali 35 sicles d'argent, *terḫatu* de sa fille Ḫaluli.
[Ecrit] à [la porte de] Tupšar[riniwe].
Scribe: Tarmi-Tilla.

⸢EME⸣-*šu ša* ^{I}*il-li-ka*$_{4}$
2 DUMU *a-ḫi-ia a-na pa-ni* LÚ-MEŠ
IGI-MEŠ-*ti ki-am iq-ta-bi*
4 35 SU KÙ-BABBAR-MEŠ *te-er-ḫa-ti*
ša ^{f}*ḫa-lu-li* DUMU-MÍ-*ia*
6 *a-šar* ^{I}*pa-aš-ši-til-la* DU[MU] *pu-la-ḫa-li*
el-te-qè-mi 1/^{I} *ši*$^{?*}$-[...] X-*ti*
8 *ki-mu-ú* 14 SU KÙ-B[ABBAR-MEŠ
^{I}*il-li-ka*$_{4}$ *i*[*l-qè* ...] X [...] X
10 *i-na ni-ik-ka*$_{4}$*-sí* [
an-nu-ú ša ki X [
12 *ṭup-pí an-nu-*⸢*ú*⸣ [*i-na* EGIR-*ki*]
šu-du-ti i-[*na* KÁ-GAL *ša*]
14 URU *tup-šar-*[*ri-(ni)-we ša-ṭì-ir*]
IGI *še-*⸢*en-na*⸣*-a-*[*a* DUMU
(*Fin de la face et tranche perdues*)
R [IGI ... DUMU] ^{d}3[0-*mu-šal*]-*li*
2′ [I]GI *ḫu-i-til-la* DUMU ⸢*a*⸣-[*ki*]*p-til-la*
[IG]I *tar-mi-til-la ṭup-šar-ri*
4′ IGI *ki-pa-le-en-ni* D[UMU] *pu-la-ḫa-li*
(Sceau)*
[NA$_{4}$ ^{I}*ki-p*]*a-le-*[*en*]*-ni*
(Sceau)*
6′ [NA$_{4}$] ^{I}*še-*⸢*en-na*⸣*-a-a*
(Sceau)*
[NA$_{4}$ ^{I}*ku*$^{?}$]-⸢*la*$^{?}$*-ḫu*$^{?}$⸣*-pí*
(*Tourné à 90*^{0})
(Sceau)*
8′ NA$_{4}$ *ṭup-šar-ri*

Traduction

[1-2]Déclaration d'Illika fils d'Aḫiya. [2-3]Devant les témoins, il a dit ceci:

[4-7]«J'ai reçu auprès de Paššši-Tilla fi[ls] de Pula-ḫali 35 sicles d'argent, *terḫatu* de Ḫaluli, ma fille.»

[7-9]Illika a r[eçu...] l'équivalent de 14 sicles d'arg[ent...].

(*ll. 9–11 cassées*)

[12-14]Cette tablette [a été écrite, après] proclamation, à [la porte de] Tupšar-[ri(ni)we].

[15]Par devant Šennay[a fils de ...]

[...]

[1']\[Par devant ... fils de] Sî[n-mušal]li.

[2']\[Par] devant Ḫui-Tilla fils d'A[ki]p-Tilla.

[3']\[Par dev]ant Tarmi-Tilla le scribe.

[4']Par devant Kipal-enni f[ils] de Pula-ḫali.

[5']\[Sceau de Kip]al-e[n]ni.

[6']\[Sceau] de Šennaya.

[7']\[Sceau de Ku]la-ḫupi (?).

[8']Sceau du scribe.

Commentaire

l. 7: le signe suivant 1 ou [I] ressemble à un *ši*, ou à un début de *ar*, d'après les collations.

ll. 7–9: E. R. Lacheman propose la transcription suivante, qui n'est pas lisible sur la copie et ne l'est plus sur la tablette: [7I]*ip*-[*ša-ḫa*]-⌜*lu*⌝ *mu-ti* [8]*ki-mu-ú* 14 *šiqlê kaspa* [*marti-šu a-šar*] [9I]*il-li-tim il*-[*gi*]... Comme il a été signalé ci-dessus, l. 7, le premier signe du nom propre ne ressemble pas à un *ip*. L'avant dernier signe de la l. 7, sur la copie, ne ressemble pas à une fin de *mu*, mais une lecture *mu* est possible sur la tablette. Le nom du père de Ḫaluli est *il-li-ka*$_4$ et non *il-li-tim*. Si l'on retient malgré tout cette transcription, le sens est le suivant: «NP le mari a re[çu] l'équivalent de 14 sicles d'argent [(de) sa fille (= la fille d'Illika) auprès] d'Illika.» Dans ce cas, Paššši-Tilla verse une *terḫatu* au père de la jeune fille, non pour qu'elle épouse un membre de sa famille, mais une personne inconnue par ailleurs (Ipšaḫalu dans la transcription d'E. R. Lacheman); le mari reçevrait de son beau-père une somme équivalente à 14 sicles d'argent, à dissocier cependant de la *terḫatu*, puisque celle-ci va de la famille de l'époux vers celle de l'épouse.

l. 10: cette ligne est citée par le *CAD* N/2, p. 227b, sans proposition d'interprétation; le terme *nikkassu* apparaît peu à Nuzi, on trouve plutôt le syntagme *nikkassamumma epēšu*, «faire les comptes.» Ici, il pourrait s'agir d'établir un compte des échanges de biens à l'occasion du mariage.

l. 7': cf. index de M. A. Morrison, *SCCNH* 4, p. 112; cette suggestion vient d'A. Fadhil, *RATK*, p. 22.

l. 8': le scribe Tarmi-Tilla a utilisé le même sceau que sur la tablette AASOR 16 97 (5): 21.

12 = EN 9/2 292

= SMN 2365.
Provenance: S 132.
Transcriptions: E. R. Lacheman, *SCTN* 2, pp. 98–99; G. Wilhelm, *SCCNH* 8, pp. 361–62.
Traduction: M. A. Morrison, *SCCNH* 4, p. 100.
Commentaire: G. Wilhelm, *SCCNH* 8, pp. 362–64.
Collations: G. Wilhelm, B. Lion.

Déclaration de Zunna fils d'Urḫiya, qui achète à crédit un âne de Pašši-Tilla fils de Pula-ḫali, pour l'expédition commerciale du palais.
Ecrit à Ulamme.

Scribe: Ḫut-Teššup.

um-ma ^{I}*zu-un-na*
2 DUMU *ur-ḫi-ia*
1 ANŠE *ša* ^{I}*pa-aš-ši-til-la*
4 DUMU *pu-la-ḫa-li*
ša[!] *i+na* 30 MA-NA *a-na-ku*-MEŠ
6 *a-la-du-um-ma e-pu-uš*
a-na KASKAL-MEŠ *ša e-kál-lì*
8 *šu-pu-ur ù*
^{I}*zu-un-na* 30 MA-NA [*a-na-ku*-MEŠ]
10 *i+na* ITI *ar-ka*$_4$*-p*[*í*]*-i*[*n-ni* X] X *ša* UD/GIŠ-TUR
(*Fin de la face et début du revers détruits*)
R ⸢*ú*?⸣*-ma-*⸢*al*?⸣*-l*[*a*?]
2′ [IG]I *ta-e* DUMU *el-ḫi-i*[*p-til*]*-la*
IGI *a-ni-na-pí* DUMU *šúk-*⸢*ra*?*-*pu*?⸣*
4′ IGI *ḫa-ši-ip-til-la*
DUMU *šá-ar-te-e-a*
6′ IGI *ar-te-šup* DUMU *šum-mu-ku*
ŠU ^{I}*ḫu-ut-te-šup* DUB-SAR
8′ *ṭup-pí i-na* URU *ú-lam-me*
ša$_{10}$*-ṭì-ir*
T (Sceau) (Sceau)
10′ NA$_4$ ^{I}*ta-e* NA$_4$ ^{I}*ḫa-ši-ip-til-la*
(Sceau) (Sceau)
NA$_4$ ^{I}*a-ni-na-pí* NA$_4$ DUB-SAR
CG 12′ NA$_4$ ^{I}*zu-un-na*
(Sceau) (Sceau)
[NA$_4$ ^{I}*ar*]*-te-šup*

Traduction

$^{1-2}$Ainsi (parle) Zunna fils d'Urḫiya:

$^{3-8}$«Envoie pour l'expédition commerciale du palais un âne de Pašši-Tilla fils de Pula-ḫali, que j'ai acheté pour 30 mines d'étain.»

$^{8-10}$Et Zunna 30 mines [d'étain] au mois *arkapi*[*nni* …]

[...]

$^{1'}$il versera$^{?}$

$^{2'}$[Par dev]ant Tae fils d'Elḫi[p-Til]la.

$^{3'}$Par devant Anin-api fils de Šukr-apu (?).

$^{4'-5'}$Par devant Ḫašip-Tilla fils de Šar-teya.

$^{6'}$Par devant Ar-Teššup fils de Šummuku.

$^{7'}$Ecrit par Ḫut-Teššup le scribe.

$^{8'-9'}$La tablette a été écrite à Ulamme.

$^{10'}$Sceau de Tae. Sceau de Ḫašip-Tilla.

$^{11'}$Sceau d'Anin-api. Sceau du scribe.

$^{12'}$Sceau de Zunna.

$^{13'}$[Sceau d'Ar]-Teššup.

Commentaire

ll. 5–6: Pour le sens d'*aladumma epēšu*, cf. *SCCNH* 8, pp. 363–64.

l. 10: les derniers signes x *ša* UD/GIŠ-TUR sont écrits sur le revers de la tablette, entre les ll. 1′ et 2′; ils sont très effacés et leur lien avec la l. 10 n'est pas clair.

13 = EN 9/2 505

= SMN 2373.

Provenance:	S 132.
Transcripton:	E. R. Lacheman, *SCTN* 2, p. 103.
Traduction:	M. A. Morrison, *SCCNH* 4, p. 100.
Collations:	G. Wilhelm, B. Lion.

Déclaration de Tupkin-a[tal] fils de Ḫapi-ašu, qui a reçu deux chevaux de Pašši-Tilla fils de Pula-ḫali par l'intermédiaire de Tupki-Tilla.

Ecrit à la porte d'Āl-ilāni, au sanctuaire.

Scribe: Ḫut Teš[šup].

um-ma ^{I}*tup-kí-na-*[*ta-al*]
DUMU *ḫa-pí-a-šu*
2 ANŠE-KUR-RA-ME *ša* KASKAL-[*i*]*a** <*i-na*>$^{?}$ ŠU ^{I}*tup-ki-til-la*
a-šar ^{I}*pa-aš-ši-til-la*
DUMU *pu-la-ḫa-li*
el-te-qè ù ap-la-ku-mi

ANŠE-KUR-RA-ME *i+na ṭup*-⸢*pí* É$^{!?}$⸣* *ṭup-pí*
8 *ša é-kál-lì*
IGI *nu-ur*-^{d}[UTU DU]MU *a-kap-še-en-ni*
10 IGI *a*[*k*]*-ku-le-en-ni*
DUMU [*a*]*-ki-it-te*
T 12 IGI *p*[*u*]*-i-ta-e*
DUMU *ḫa-ma-an-na*
R 14 IGI *a-ka*$_4$*-wa-*[*til*]
DUMU *el-ḫi-ip-til-la*
16 ŠU ^{I}*ḫu-*[*ut-t*]*e**-*š*[*up*]*
DUB-S[AR]
18 ⸢*ši*⸣*-*i*$^{?}$*-[*m*]*u** *an-nu-ú*
⸢*a**-*na*⸣ *an-na-ti* MU-⸢*ti*⸣*
(Sceau)
20 NA$_4$ ^{I}*nu-ur*-^{d}UTU
(Sceau)
[NA$_4$ ^{I}*a*]*k-ku-le-ni*
(Sceau)
T 22 NA$_4$ ^{I}*a-ka*$_4$*-w*[*a-til*]
CG NA$_4$ ^{I}*ḫu-ut-t*[*e-šup*] ⸢DUB-SAR⸣
24 *ṭup-pí i+na* KÁ-GAL *ša* ⸢URU⸣-DINGIR-MEŠ
a-šar e-qi ša$_{10}$*-ṭì-ir*
CD 26 NA$_4$ $^{[I]}$⸢*pu-i*⸣*-ta*$^{!}$*-e*
(Sceau)

TRADUCTION

[1-2]Ainsi (parle) Tupkin-a[tal] fils de Ḫapi-ašu:

[3-6]«J'ai reçu deux chevaux de mon expédition commerciale <de> la main de Tupki-Tilla auprès de Pašši-Tilla fils de Pula-ḫali, et je suis remboursé.»

[7-8]Les chevaux sont (inscrits) sur une tablette de la maison (?) des tablettes du palais.

[9]Par devant Nūr-[Šamaš fi]ls d'Akap-šenni.

[10-11]Par devant A[k]kul-enni fils d'[A]kitte.

[12-13]Par devant P[u]i-tae fils de Ḫamanna.

[14-15]Par devant Akawa[til] fils d'Elḫip-Tilla.

[16-17]Ecrit par Ḫu[t-T]eš[up] le scri[be].

[18-19]Ce prix d'achat (est) pour ces années.

[20]Sceau de Nūr-Šamaš.

[21][Sceau d'A]kkul-enni.

[22]Sceau d'Akaw[atil].

[23]Sceau de Ḫut-T[ešup] le scribe.

[24-25]La tablette a été écrite à la porte d'Āl-ilāni, au sanctuaire.

[26]Sceau de Pui-tae.

COMMENTAIRE

l. 3: à la fin de cette ligne, les signes -[*i*]*a** <*i-na*>$^{?}$ ŠU ^{I}*tup-ki-til-la* sont écrits au revers de la tablette, entre la l. 21 et l'impression du sceau.

l. 6: il est difficile de savoir jusqu'où va la déclaration de Tupkin-atal; mais l'espace non inscrit qui figure entre les ll. 6 et 7 invite à arrêter le discours à cet endroit.

ll. 7–8: M. A. Morrison, *SCCNH*, p. 100, traduit: «The horses are in the *bīt ṭuppi* of the palace», mais remarque, n. 30: «Surely the horses were not kept in the *bīt ṭuppi* of the palace. Perhaps they were accounted for in the records stored there.» Le texte est difficile; la partie supérieure du signe que je propose de lire É$^{!?}$ est cassée.

l. 19: la forme *annāti* existe à Nuzi comme pluriel masculin ou féminin du démonstratif *annū*, cf. C. H. Gordon, «The Pronoun in the Nuzi Tablets», *AJSL* 51 (1934), pp. 13–15. Le sens de cette phrase demeure obscur. Si *šīmu*, l. 18, peut représenter la valeur des chevaux, la l. 19 s'explique cependant assez mal.

l. 25: l'une des portes d'Āl-ilāni est appelée KÁ-GAL *ēqi*, cf. J. Fincke, *RGTC* 10, pp. 16 et 437. Il s'agit certainement du même endroit. Elle est répertoriée par P. Negri Scafa, «"*ana pani abulli šaṭir*": Gates in the Texts of the City of Nuzi», *SCCNH* 9, pp. 139–62, en particulier p. 144.

14 = HSS 16 231

= SMN 2403.	
Provenance:	S 132.
Pas de copie.	
Transcriptions:	E. R. Lacheman, *SCTN* 2, p. 118; HSS 16 231.
Traductions:	D. O. Edzard, *BiOr* 16 (1959), p. 135; A. Fadhil, *RATK*, p. 20.
Commentaires:	D. O. Edzard, *BiOr* 16 (1959), p. 135; A. Fadhil, *RATK*, p. 20; M. A. Morrison, *SCCNH* 4, p. 97 et n. 19, pp. 104–5.
Collations:	G. Wilhelm, B. Lion.

Paššī-Tilla fils de Pula-ḫali remet [1] sicle d'or à Teḫip-zizza fils d'Aḫu-šeya, Bēliya fils de Katiri, Ilī-imittī fils de Katiri et Nūr-Šamaš fils d'Akap-šenni pour effectuer des achats d'orge.

[1] SU KÙ-SIG$_{17}$ *ša* ^{I}*pá-aš-ši-til-*[*la*]
2 [DUMU] *pu-la-ḫa-li a-na ši-mi*
a-na 5* ANŠE ŠE-MEŠ
4 ^{I}*te-ḫi-ip-zi-iz-za* DUMU ŠEŠ*-*še*-⸢*e*⸣-[*a*]
^{I}EN-*li-ia* DUMU *ka*$_{4}$-*ti-ri* 2 ANŠE ŠE-MEŠ
6 ^{I}DINGIR-ZAG DUMU *ka*$_{4}$-*ti-ri* 2 ANŠE ŠE-MEŠ
^{I}IZI*-^{d}UTU DUMU *a-kap-še-en-ni* 2 ANŠE ŠE-MEŠ

8 *il-qú i+na* ITI *ku-r*[*i-i*]*l-li*
15 ANŠE ŠE-MEŠ $^{\mathrm{I}*}$ ⸢X⸣*-[
10 *i-na-an-din šum-ma*
la ⸢*i*⸣*-[*na-an-din*]
12 LÚ-MEŠ *an-nu-tu*$_4$
KIN *i-pu-šu* $^{\mathrm{I}*}$⸢X* X⸣* [...] ⸢X⸣*

14 [IGI *š*]*i-mi-ka*$_4$*-tal* [DUMU IZI-*ku-bi*(?)]
[IGI *ni*]*-iḫ-r*[*i-ia* DUMU ...]
(*Reste de la face et tranche perdus. Début du revers vierge.*)
R NA$_4$ ^{I}*eḫ-li-ia*
(Sceau)*
2′ NA$_4$ ^{I}*ni-iḫ-ri-ia*
(Sceau)*
NA$_4$ ^{I}*ši-mi-ka*$_4$*-tal*
(Sceau)*
CG 4′ [NA$_4$...]-X*-⸢E$^?$⸣*
(Sceau)*

TRADUCTION

$^{1-2}$[1] sicle d'or appartenant à Pašši-Til[la fils de] Pula-ḫali, ^{8}ils ont reçu:
^{2}pour l'achat $^{3-4}$de 5 *imēru* d'orge: Teḫip-zizza fils d'Aḫu-šeya,
^{5}Bēliya fils de Katiri: 2 *imēru* d'orge,
^{6}Ilī-imittī fils de Katiri: 2 *imēru* d'orge,
^{7}Nūr-Šamaš fils d'Akap-šenni: 2 *imēru* d'orge.

$^{8-10}$Au mois *kur*[*i*]*lli*, [NP] donnera 15 *imēru* d'orge. $^{10-13}$S'il ne [(les) donne] pas, ces hommes accompliront le travail [...].

^{14}[Par devant Š]imika-atal [fils de *Nūr-Kūbi* (?)].
^{15}[Par devant N]iḫr[iya fils de ...].
[...]
$^{1'}$Sceau d'Eḫliya.
$^{2'}$Sceau de Niḫriya.
$^{3'}$Sceau de Šimika-atal.
$^{4'}$[Sceau de...] x x.

COMMENTAIRE

l. 1: D'après les collations, il est possible de restituer [1] ou [2]. Je préfère restituer [1], par comparaison avec HSS 19 126 (15) où l'avance d'un sicle d'or doit rapporter une livraison de 19 *imēru* d'orge, soit une quantité supérieure à celle attendue ici. On peut également rapprocher ce texte de SIL 316, publié par M. Müller, «Ein Prozess um einen Kreditkauf in Nuzi», *SCCNH* 1, pp. 443–54, dans lequel une somme de 1 sicle d'or semble correspondre au prix d'achat de 3 *imēru* 5 *sūtu* d'orge; cf. en particulier *SCCNH* 1, p. 451, n. 12.

l. 4: il faut corriger la transcription *a-ḫu-še-*⸢*e*⸣-[*a*] de HSS 16 231 en ŠEŠ-*še-*⸢*e*⸣-[*a*].

l. 7: Nūr-Šamaš fils d'Akap-šenni apparaît aussi dans EN 9/2 505 (13): 9.

l. 9: le nom du personnage qui fournit le grain est difficile à restituer car les traces du premier signe (le haut d'un clou vertical) n'évoquent aucun des noms propres figurant aux ll. 4–7, il doit s'agir d'une autre personne.

l. 14: restitution du patronyme Nūr-Kūbi par comparaison avec EN 9/2 441 (49): 7, texte dans lequel apparaissent aussi les frères Bēliya et Ilī-imittī, tous deux fils de Katiri, ainsi que Šurki-Tilla, le frère de Paššì-Tilla, en qualité de témoins.

l. 1′: Eḫliya, qui appose son sceau, doit faire partie des témoins dont le nom est perdu à la fin de la face, après la l. 14, de même que le personnage qui appose son sceau l. 4′.

15 = HSS 19 126

= SMN 2503.

Provenance:	le lieu de provenance attribué à ce texte, S 151, est douteux et probablement dû à une erreur d'enregistrement.
Transcriptions:	E. R. Lacheman, *SCTN* 2, pp. 145–46; A. Fadhil, *RATK*, p. 22; M. A. Morrison, *SCCNH* 4, p. 105, n. 48: ll. 1–10 et 15–25.
Traduction:	A. Fadhil, *RATK*, p. 23.
Commentaires:	A. Fadhil, *RATK*, pp. 23–24; M. A. Morrison, *SCCNH* 4, pp. 104–5 et n. 48.
Collations:	G. Wilhelm, B. Lion.

Paššiya fils de Pula-ḫali remet [1] sicle d'or à Sîn-mušalli et à Šennatati pour acheter 19 *imēru* d'orge, et 1 sicle d'or à Zime fils de Ṣiliya et à Aḫ-ummiša fils de Turaše pour acheter 19 *imēru* d'orge.
Ecrit à la porte de Tupšarriniwe.

Scribe: Akkul-enni.

[1] SU KÙ-SIG$_{17}$ *ša* [^{I}*pá-aš-ši-ia*]
2 [DU]MU *pu-la-ḫa-li*
^{Id}30-*mu-šal-li* D[UMU ...]
4 ^{I}*še-en-na-ta-ti* D[UMU ...]
a-na ši-mi a-na 19 ⸢ANŠE ŠE⸣-[M]EŠ
6 *il-qú-ú ù i+na* EGIR BURU$_{14}$ *i+na* ITI *ú-*[*l*]*u-li*
19 ANŠE ŠE-MEŠ *ši-mi ša* KÙ-SIG$_{17}$
8 [^{Id}]30-*mu-šal-li ù*
[^{I}*š*]*e-en-na-ta-ti a-na*
10 ^{I}*pá-aš-ši-ia i+na-an-din*

šum-ma i+na u$_4$*-mi qa-bu-ú*
12 ŠE-MEŠ *la i+na-an-din-nu*
ù i+na UGU-*šu-nu* MÁŠ *ma-an-nu-um-me-e*
14 *i+na lìb-bi-šu-nu a-ši-ib* ŠE-MEŠ DIRI
1 SU KÙ-SIG$_{17}$ KI-MIN
16 ^{I}*zi-me* DUMU *ṣí-li-ia*
^{I}*a-ḫu-um-mi-ša* DUMU *tu-ra-še*
18 *a-na ši-mi il-q*[*ú*]-⸢*ú*⸣
ù i+na EGIR BU[RU$_{14}$]
20 *i+na* ITI *ú-lu-li*
19 ANŠE ŠE-MEŠ *ši-mu*
T 22 *ša* KÙ-SIG$_{17}$ ^{I}*zi-me*
ù ^{I}*a-ḫu-um-mi-šá*
24 *a-na* ^{I}*pá-aš-ši-ia*
R *i+na-an-din-nu šum-ma*
26 *i+na u*$_4$*-mi qa-bu-ú*
ŠE-MEŠ *la i+na-an-din-nu*
28 *ù i+na* UGU-*šu-nu* MÁŠ
ma-an-nu-um-me-e i+na lìb-bi-šu-nu a-ši-ib
30 ŠE-MEŠ [DIRI] *šum-ma ḫar-mu ra-ki-is*
[*ù* KÙ-SIG$_{17}$ *a-na*] ^{I}*pá-aš-ši-ia la* GUR-⸢*ru*⸣
32 ⸢*ù*⸣ [ŠE-MEŠ *l*]*a i+na-an-din-nu šum-ma la ḫar-*[*mu*] ⸢*ra-ki-is*⸣ *ù* KÙ-SIG$_{17}$
GUR-*ru*
[...] *ù* GUR-*ru*
34 IGI *ḫa-na-ka*$_4$ DUMU *ur-ḫi-ia*
IGI *ši-la-ḫi* DUMU *el-ḫi-ip*-LUGAL
36 IGI ⸢*a*⸣*-ki-ia* DUMU *tar-mi-ia*
IGI *ur-ḫi-ia* ŠEŠ-*šu-ma*
38 IGI ⸢*a*⸣*-kip-til-la* DUMU *ir-ri-ké*
IGI *ši-la-ḫi* DUMU *zi-li-pa-pu*
40 IGI *ḫu-ti-pá-pu* DUMU *eḫ-li-ia*
IGI *ak-ku-le-en-ni* DUB-SAR
42 [*ṭup*]*-pu an-nu-ú ina* URU DUB-SAR
[*i-n*]*a* KÁ-GAL-*lì šá-ṭì-ir*
(Sceau)*
44 (Sceau)* NA$_4$ ^{I}*a-ḫu-um-mi-š*[*á*]
NA$_4$ ^{I}*š*[*i*-la-ḫi*] (Sceau)*
46 [NA$_4$ ^{Id}3]0-*mu-š*[*al-li*]
CG (Sceau)* (Sceau)* (Sceau)*
NA$_4$ ^{I}*še-en-na-ta-ti* NA$_4$ ^{I}⸢X⸣-[NA$_4$ ^{I}⸢*ši*-la*⸣**-*[*ḫi*]
NA$_4$ ^{I}DUB-[SAR] DUMU* *zi*-l*[*i*-pa-pu*]

TRADUCTION

[1-6]Sîn-mušalli f[ils de ...] (et) Šenna-tati f[ils de ...] ont reçu [1] sicle d'or appartenant à [Paššiya fi]ls de Pula-ḫali, pour l'achat de 19 *imēru* d'orge. [6-10]Et après la moisson, au mois *ulūlu*, Sîn-mušalli et Šenna-tati donneront à Paššiya 19 *imēru* d'orge achetés avec l'or. [11-14]S'ils ne donnent pas l'orge au jour fixé, (l'orge produira) un intérêt à leur charge. Quiconque parmi eux sera présent versera l'orge.

[15-18]Zime fils de Ṣiliya et Aḫ-ummiša fils de Turaše ont reçu de même 1 sicle d'or pour l'achat (de 19 *imēru* d'orge). [19-25]Et après la mois[son], au mois *ulūlu*, Zime et Aḫ-ummiša donneront à Paššiya 19 *imēru* d'orge achetés avec l'or. [25-30]S'ils ne donnent pas l'orge au jour fixé, (l'orge produira) un intérêt à leur charge. Quiconque parmi eux sera présent [versera] l'orge.

[30-33]*S'il y a une tablette qui contraigne,* ils ne rendront pas [l'or à] Paššiya et ils [ne] donneront pas [l'orge]. *S'il n'y a pas de tabl*[*ette*] *qui contraigne,* ils rendront l'or, ou bien ils rendront (?) [*l'orge* (?)].

[34]Par devant Ḫanakka fils d'Urḫiya.

[35]Par devant Šilaḫi fils d'Elḫip-šarri.

[36]Par devant Akiya fils de Tarmiya.

[37]Par devant Urḫiya son frère.

[38]Par devant Akip-Tilla fils d'Irikke.

[39]Par devant Šilaḫi fils de Zilip-apu.

[40]Par devant Ḫutip-apu fils d'Eḫliya.

[41]Par devant Akkul-enni le scribe.

[42-43]Cette [table]tte a été écrite à Tupšarriniwe, à la porte.

[44]Sceau d'Aḫ-ummiš[a].

[45]Sceau de Š[ilaḫi].

[46][Sceau de S]în-muš[alli].

[47]Sceau de Šenna-tati.

[48]Sceau de [...].

[49-50]Sceau de Šila[ḫi] fils de Zil[ip-apu].

[51]Sceau du scr[ibe].

COMMENTAIRE

l. 2: à l'extrême fin de cette ligne apparaît sur la copie un signe qui ressemble à GAR ou 4. Cependant les collations montrent que ce signe est éloigné du *-li*, et il n'appartient pas forcément à la l. 2. G. Wilhelm fait à propos de ce signe la remarque suivante: «Zuordnung unklar, möglicherweise um 90^0 zu drehen und zu Siegelbeschreibung gehörig» (communication personnelle).

l. 6: les signes *i+na* ITI *ú-*[*l*]*u-li* sont écrits sur le revers de la tablette.

ll. 8–9: aucun signe ne figure au début de ces lignes avant les noms propres, contrairement à ce qui est indiqué sur le copie.

l. 10: le verbe est au singulier.

l. 13: les signes *-um-me-e* sont écrits sur le revers.

l. 32: les signes ⸢*ra-ki-is*⸣ *ù* KÙ-SIG$_{17}$ GUR-*ru* sont écrits sur la face de la tablette.

l. 33: cette ligne est écrite sur la face de la tablette, en dessous de ⸢*ra-ki-is*⸣ *ù*, en tout petits caractères.

ll. 30–33: pour le commentaire de cette clause, cf. A. Fadhil, *RATK*, pp. 23–24. Il semble que dans la première éventualité (*šum-ma ḫar-mu ra-ki-is*, l. 30), les hommes qui ont reçu l'or seraient dispensés à la fois de fournir du grain et de rembourser l'or, ce qui apparenterait cette remise des dettes à l'*andurārum* bien documenté pour l'époque paléo-babylonienne, et attesté aussi à Nuzi; néanmoins l'*andurārum* ne s'applique pas habituellement aux transactions commerciales. Dans le second cas (*šum-ma la ḫar-*[*mu*] ⸢*ra-ki-is*⸣, l. 32), soit l'or, soit les 19 *imēru* d'orge, doivent être rendus.

Dans la mesure où il s'agit ici d'une opération commerciale, il faudrait peut-être rapprocher le terme *ḫarmu* du sens qu'il prend dans les textes commerciaux paléo-assyriens, où il est employé comme adjectif: *ṭuppum ḫarmum* est une tablette mise sous enveloppe, cf. *CAD* A/2, pp. 229b–230, *arāmu* 3. *ḫarāmu* «to place a tablet in a clay case» et *AHw*, p. 323a, *ḫarāmum* G 1) a) «Tafel in Hülle schliessen»; *CAD* A/2, pp. 292–93a, *armu* «enclosed in a case (said of a tablet)» et *AHw*, p. 326a, *ḫarmu(m)* «in Hülle geschlossen»; l'enveloppe porte les sceaux des témoins. Le verbe *ḫarāmu* est également attesté en paléo-babylonien, cf. D. Charpin, «"Lies natürlich" ... A propos des erreurs de scribes dans les lettres de Mari», dans M. Dietrich et O. Loretz (éds.), *Festschrift für Wolfram Freiherrn von Soden zum 85. Geburtstag am 19. juni 1993*, AOAT 240, Neukirchen Vluyn, 1995, p. 46. Selon M. T. Larsen, il serait plus juste de traduire *ḫarmu* par «tablette certifiée», ce qui correspondrait à la présence de témoins, cf. «Seal Use in the Old Assyrian Period», dans McGuire Gibson et R. D. Biggs (éds.), *Seals and Sealing in the Ancient Near East*, Malibu, 1977, p. 96. A Nuzi, la présence des témoins ne peut pas être retenue comme un élément déterminant, car des témoins sont présents pour presque toutes les transactions et apposent leurs sceaux directement sur les tablettes, sans que le terme *ḫarmu* soit employé. Mais il pourrait s'agir d'un type de document particulièrement important. Dans cette hypothèse, *ḫarmu* ne désignerait pas forcément la tablette HSS 19 126 (15) mais, en suivant A. Fadhil, une tablette émanant d'une autorité supérieure qui aurait le pouvoir de contraindre (*rakāsum*) la personne ayant avancé l'argent à renoncer au remboursement; à moins qu'il ne faille comprendre que la tablette bloque (*rakāsum*) le remboursement?

l. 45: il s'agit de Šilaḫi fils d'Elḫip-šarri (cf. l. 35), puisque son homonyme Šilaḫi fils de Zilip-apu a apposé son sceau sur le côté gauche.

l. 50: la mention dumu *zi-l*[*i-pa-pu*] a été oubliée sur la copie. Le patronyme s'explique par la présence de deux homonymes Šilaḫi parmi les témoins.

16 = EN 9/2 374

= SMN 2379.
Provenance: S 132.
Transcriptions: E. R. Lacheman, *SCTN* 2, pp. 106–7; D. I. Owen, *LDN*, pp. 126–27.
Collations: G. Wilhelm, B. Lion.

Pašši-Tilla fils de Pula-ḫali et Akkul-enni fils d'Akitte font l'apport d'un capital total de 3 talents 52 mines d'étain, auprès de six autres personnes.
Ecrit à la porte de Tilla.

Scribe: Ninkiya.

[2] ⸢GUN⸣* 22* MA-NA AN-NA-MEŠ
2 ⸢*ša pa-aš*⸣-[*š*]*i-til-la*
DUMU *pu-la-ḫa-li*
4 1 GUN 30 MA-NA AN-NA-MEŠ
ša ak-ku-le-en-ni
6 DUMU *a-ki-it-te*
ŠU-NIGIN$_2$ 3 GUN 52 MA-NA ⸢AN-NA⸣-MEŠ
8 *an-nu-tu*$_4$ ^{I}*pa-aš-ši-til-la*
ù ^{I}*ak-ku-le-en-ni*
10 *it-ti* ^{I}*pu-si-ra*
it-ti ^{I}*šur-ki-til-la*
12 *ù it-ti* ^{I}*zi-ké*
i[*t*]-*ti* ^{I}*ši-mi-til-la*
14 ⸢*ù*⸣ [*i*]*t-ti* ^{I}*wa-an-ti-iš-še-en-ni*
[*it-t*]*i* ^{I}*pa-i-te*
T 16 *an-nu-tu*$_4$ LÚ-MEŠ
AN-NA-MEŠ *i+na ki-si**
R 18 *it-ta-du-šu-nu-ti*

ŠU *ni-in-ki-ia* DUB-SAR
(Sceau)
20 ⸢NA$_4$ ^{I}⸣*zi-ké* (Sceau)
NA$_4$ ^{I}*ši-mi-til-la*
(Sceau)
22 [N]A$_4$ *pu-si-*[*r*]*a*
(Sceau)
(Sceau) NA$_4$ ^{I}*ak-ku-le-en-ni*
24 NA$_4$ *pa-aš-ši-til-la*
(Sceau)
T [N]A$_4$ *pa-i-te*

26 [NA$_4$ *šu*]*r-ki-til-la*
CG *ṭup-pu an-nu-tu*$_4$
28 *a-šar a-bu-ul-li*
ša URU *til-la ša*$_{10}$-*ṭì-ir*
(Sceau)*
30 NA$_4$ ^{I}DUB-S[AR]

TRADUCTION

[1-3][2] talents 22 mines d'étain appartenant à Paš[š]i-Tilla fils de Pula-ḫali.

[4-6]1 talent 30 mines d'étain appartenant à Akkul-enni fils d'Akitte.

[7-9]Total: ces 3 talents 52 mines d'étain (appartiennent à) Pašši-Tilla et Akkul-enni; [10-15]avec Pusira, avec Šurki-Tilla et avec Zike, a[v]ec Šimi-Tilla et [a]vec Wantiš-šenni, [ave]c Paite, [16-18]ces hommes ont placé l'étain dans un «sac.»

[19]Ecrit par Ninkiya, le scribe.

[20]Sceau de Zike.

[21]Sceau de Šimi-Tilla.

[22][Sc]eau de Pusi[r]a.

[23]Sceau d'Akkul-enni.

[24]Sceau de Pašši-Tilla.

[25][Sc]eau de Paite.

[26][Sceau de Šu]rki-Tilla.

[27-29]Cette tablette a été écrite à la porte de Tilla.

[30]Sceau du scri[be].

COMMENTAIRE

l. 1: la restitution est possible grâce au total de la l. 7.

l. 16: *an-nu-tu*$_4$ LÚ-MEŠ désignerait Pašši-Tilla et Akkul-enni.

l. 18: *nadû* a ici le sens répertorié par le *CAD* N/1, pp. 84–85: «to deposit in an account» et par le *AHw* p. 707a «deponieren, hinterlegen»; *šu-nu-ti* renverrait à l'étain, AN-NA-MEŠ («ils l'ont placé»).

l. 30: le sceau du scribe (non mentionné sur la copie) et la mention NA$_4$ ^{I}DUB-S[AR] figurent juste au-dessus de *ša*$_{10}$-*ṭì-ir*.

17 = EN 9/2 342

= SMN 2081.
Provenance: S 132.
Transcription: D. I. Owen, *LDN*, p. 114.
Collations: G. Wilhelm, B. Lion.

Déclaration de Ḫupita fils d'Akitte: Pašši-Tilla fils de Pula-ḫali lui prête sans intérêt 21 mines d'étain.

Scribe: Tarmi-Tilla.

EME-*šu ša*
2 ^{I}*ḫ[u-p]í-ta* DUMU *a-ki-it-te*
a-[na] pa-ni LÚ-MEŠ IGI-MEŠ-*ti*
4 *[k]i-a-am iq-ta-bi*
21 MA-NA AN-NA-MEŠ
6 *a-šar* ^{I}*pa-aš-ši-til-la*
DUMU *pu-la-ḫa-li*
8 *a-na* UR$_5$-RA *il-te-qè*
ù i+na ITI-*ḫi še-ḫa-li*
10 *ša* ^{d}IM 21 MA-NA AN-NA-MEŠ *ina* SAG-DU-*ma*
^{I}*ḫu-pí-ta a+na*
12 ^{I}*pa-aš-ši-til-la*
ú-ta-ar-ma
14 *šum-ma ina* ITI-*ḫi ša qa-bu-ú*
T *la i+na-an-din*
16 *a-na* MÁŠ-*ti a-na*
pa-ni-šu i-il-la-ak
R 18 IGI *ta-e* DUMU EN-*ia*
IGI *ka$_4$-an-ka$_4$-pa* DUMU *ḫa-na-a-a*
20 IGI *tar-mi-te-šup* IGI *ši-la-ḫi*
DUMU-MEŠ *el-ḫi-ip*-LUGAL
22 IGI *tar-mi-til-la* DUMU *eḫ-li-ia*
IGI *tar-mi-til-la* DUB-SAR

(Sceau) (Sceau)
24 NA$_4$ ^{I}*ta-e* NA$_4$ *ka$_4$-an-ka$_4$-pa*
T (Sceau)
NA$_4$ ^{I}*tar-mi-til-la*
CG (Sceau) (Sceau)
26 NA$_4$ ^{I}*ḫu-ta**: *pí** NA$_4$ ⌜DUB-SAR⌝

TRADUCTION

[1-2]Déclaration de Ḫ[up]ita fils d'Akitte. [3-4]Devant les témoins, il a dit ceci: [5-8]«J'ai reçu en prêt 21 mines d'étain, auprès de Pašši-Tilla fils de Pula-ḫali.» [9-13]Et au mois *šeḫali* de Teššup, Ḫupita rendra 21 mines d'étain, le capital, à Pašši-Tilla. [14-17]S'il ne (le) donne pas au mois fixé, (le prêt) produira un intérêt à sa charge.

[18]Par devant Tae fils de Bēliya.

[19]Par devant Kankapa fils de Ḫanaya.

[20-21]Par devant Tarmi-Teššup, par devant Šilaḫi, les fils d'Elḫip-šarri.

[22]Par devant Tarmi-Tilla fils d'Eḫliya.

[23]Par devant Tarmi-Tilla le scribe.

[24]Sceau de Tae. Sceau de Kankapa.
[25]Sceau de Tarmi-Tilla.
[26]Sceau de Ḫupita(!). Sceau du scribe.

COMMENTAIRE

l. 8: *il-te-qè*, littéralement: «il a reçu.»

l. 10: les signes -MEŠ *ina* SAG-DU-*ma* sont écrits sur le revers de la tablette.

l. 26: le scribe a inversé les deux dernières syllabes du nom de Ḫupita, cf. EN 9/2 343 (27):21 et remarque.

18 = EN 9/2 345+

= SMN 2690 + NTF P 51 (fragment 1091).
Provenance: inconnue.
Transcriptions: E. R. Lacheman, *SCTN* 2, p. 225; D. I. Owen, *LDN*, pp. 115 et 142.
Traduction: D. I. Owen, *LDN*, p. 18.
Joint et transcription de l'ensemble de la tablette: G. Wilhelm, *SCCNH* 9, pp. 213–14.

Pašši-Tilla fils de Pula-ḫali prête à intérêt 10 mines d'étain à Zime fils de Ṣiliya.
Scribe: Šamaš-nāṣir.

10 MA-NA AN-NA-MEŠ
2 *ša* ^{I}*pa-aš-ši-til-la*
DUMU *pu-la-ḫa-li*
4 ^{I}*Zi-me* DUMU *ṣí-li-ia*
a-na MÁŠ-*ti il-qè*
6 *i+na* ITI *še-ḫa-li*
[*q*]*a-dú* MÁŠ-*ti-šu*
8 [*a-n*]*a pa-aš-ši-til-la*
[*i+n*]*a-an-din šum-ma* ˹*i*˺+*na*
10 [ITI *š*]*a qa-bu-ú*
[*la i+n*]*a-an-din*
12 [*a-na*] *pa-ni* MÁŠ-*sú* DU-*ak*
T [ŠU] ^{Id}UTU-PAP
14 [D]UB-SAR
R [N]A$_4$ ^{I}*ta-i-ka*$_4$ DUMU *a-ka*[*p*]-*š*[*e-ni*]
(Sceau)
16 NA$_4$ ^{I}*ta-*˹*e*˺ [DUM]U E[N-(*li*)-*ia*]
(Sceau)
N[A$_4$ ^{I}]X X [X] X

(Sceau)
18 [N]A$_4$ *ṣí-li-ia*

TRADUCTION

[1-5]Zime fils de Ṣiliya a reçu (en prêt) à intérêt 10 mines d'étain de Pašši-Tilla fils de Pula-ḫali. [6-9]Au mois *šeḫali,* [il d]onnera (cet étain) [a]vec son intérêt à Pašši-Tilla. [9-12]S'il [ne (le) do]nne [pas] au [mois] fixé, (le prêt) produira son intérêt [à] (sa) charge.

[13-14][Ecrit par] Šamaš-nāṣir le [s]cribe.

[15][Sce]au de Taika fils d'Aka[p]-š[enni].

[16]Sceau de Tae [fil]s de B[ēliya].

[17]Sce[au de …].

[18][Sce]au de Ṣiliya.

COMMENTAIRE

l. 18: le sceau de Ṣiliya est soit celui d'un témoin de ce nom, soit celui du père du débiteur.

19 = EN 9/2 341

= SMN 2180.
Provenance: S 112.
Transcriptions: E. R. Lacheman, *SCTN* 2, p. 15; D. I. Owen, *LDN*, pp. 113–14.
Traduction: D. I. Owen, *LDN*, p. 17.
Collations: G. Wilhelm, B. Lion (dans l'état actuel de la tablette, il manque un fragment, correspondant aux ll. 12–17, qui n'a pu être collationné).

Déclaration de Kušuniya fils de Ka[nk]eya: Pašši-Tilla fils de Pula-ḫali lui prête à intérêt 7 mines 30 sicles d'étain.

Scribe: [Šamaš]-nāṣir.

E[M]E-[*šu ša*] [I]*ku-šu-ni-i-ia*
2 DU[MU] *k*[*a*]-*a*[*n-ké*]-*e-a a-na pa-ni*
L[Ú]-MEŠ *š*[*i-bu-t*]*u*$_4$ *an-nu-tu*$_4$
4 *ki-*[*a*]-*am iq-*[*t*]*a-bi*
7 MA-[N]A 30 SU AN-NA-MEŠ
6 *a-šar* [I]*pa-*[*aš-ši*]-*til-la*
DUMU *pu-l*[*a-ḫa*]-*li*
8 *a+na* MÁŠ-*ti* [*el*]-*te-qè-mi*
i+na ITI [*še*]-*ḫa-li*
10 ⸢*qa-dú*⸣ [MÁŠ-*t*]*i-šu-nu*

[^{I}*ku-šu-ni-i-i*]*a*$^{?}$ *a+na*
12 [^{I}*pa-aš-ši*]-*til*-[*l*]*a* GUR
[*šum-ma i+na* ITI *š*]*a qa-bu-ú*
14 [*la i+na-a*]*n-din a+na p*[*a*]-*ni*
[MÁŠ D]U-*ku*
T 16 [NA$_4$ ^{Id}UTU]-PAP DUB-SAR
R [NA$_4$ ^{I}*a*]-*ki-ia*
(Sceau)
18 DUMU *ša-aš-ta-e*
NA$_4$ ^{I}*at-ta-a-a*
(Sceau)
20 DUMU ⸢*za**-*zi*⸣-*ia*
NA$_4$ ^{I}*a-kip-ta-še-en-ni*
(Sceau)
22 DUMU *a*-[*ri*]-*ḫa-ma*-{*ni**}-*na*
CG NA$_4$ ^{I}*ké-en-nu*
(Sceau)

TRADUCTION

1-2 Déclara[tion de] Kušuniya, fi[ls] de Ka[nk]eya. 2-4 Devant ces t[émoi]ns, il a dit ceci:

5-8 «[J'ai] reçu (en prêt) à intérêt 7 mi[n]es 30 sicles d'étain, auprès de Pa[šši]-Tilla fils de Pul[a-ḫa]li.»

9-12 Au mois [*še*]*ḫali*, [Kušuniy]a$^{?}$ (les) rendra à [Pašši]-Til[l]a avec leur [intérêt]. 13-15 [S'il ne (les) don]ne [pas au mois] fixé, (le prêt) [pr]oduira [un intérêt] à la charge (de Kušuniya).

16 [Sceau de Šamaš]-nāṣir le scribe.

17-18 [Sceau d'A]kiya fils de Šaš-tae.

19-20 Sceau d'Attaya fils de Zaziya.

21-22 Sceau d'Akip-tašenni fils d'A[ri]ḫ-ḫamanna.

23 Sceau de Kennu.

COMMENTAIRE

l. 2: E. R. Lacheman: [DUMU] ⸢*at*⸣-*ta-a-a*.

l. 11: D. I. Owen a omis cette ligne dans sa transcription. On attend à cet endroit le nom du débiteur, mais sur la tablette les traces ne correspondent pas très bien à la fin d'un signe *i*]*a* (pour [Kušuniy]a). Elles ne conviennent pas du tout pour la mention d'une quantité d'étain, qui devrait se terminer par AN-NA-M]EŠ.

l. 12: D. I. Owen restitue [*a-na* ^{I}*pu-la-ḫa-li*]. Le remboursement doit pourtant s'effectuer auprès du prêteur, Pašši-Tilla, et non auprès de son père Pula-ḫali; le signe *-til-* est visible sur la copie.

l. 13: D. I. Owen restitue [*šum-ma i-na* EGIR] *ša qa-bu-ú* et traduit «[if after] the specified (date)», mais les parallèles invitent plutôt à restituer [*šum-ma i-na* ITI] *ša qa-bu-ú*, «[si au mois] fixé....»

l. 17: D. I. Owen propose [NA$_4$ ^{I}*tup*]-*ki-ya*, suivi par M. A. Morrison, *SCCNH* 4, p. 113. Il vaut mieux cependant retrouver le nom d'[A]kiya fils de Šaš-Tae, bien connu dans l'archive de la famille de Pula-ḫali.

l. 20: le signe ⸢*za*⸣ est en partie effacé sur la tablette. La copie porte *a-zi-ya*, mais *za-zi-ya* est beaucoup plus probable, en raison des multiples attestations de Zaziya père d'Attaya dans l'archive de Pula-ḫali. D. I. Owen avait déjà proposé la correction *za*$^{!}$-*zi-ya* et M. A. Morrison, *SCCNH* 4, p. 110, donne elle aussi cette référence dans son index à l'entrée «Attaya son of Zaziya» .

ll. 21–22: D. I. Owen lit *a-ri-ḫa-ma-an-na*, mais la tablette montre *a-ri-ḫa-ma-ni**-*na*. M. A. Morrison, *SCCNH* 4, p. 110, répertorie ce personnage dans son index sous «Akip-tašenni son of Ariḫ-ḫamanna», car cet individu est attesté par HSS 15 34: 19; cela fait supposer une erreur du scribe qui aurait écrit un signe *ni* à la place d'un signe *an*.

20 = EN 9/2 344

= SMN 2381.
Provenance: S 132.
Transcriptions: E. R. Lacheman, *SCTN* 2, p. 107; D. I. Owen, *LDN*, p. 115.
Traduction: D. I. Owen, *LDN*, pp. 17–18.
Collations: B. Lion.

Remarque: cette tablette, d'un format presque carré, est utilisée dans le sens de la largeur.
Pašši-Tilla fils de Pula-ḫali prête à intérêt 2 mines d'étain à Taika fils d'Akapše[nni].
Scribe: Šamaš-nāṣir.

2 MA-NA AN-NA-MEŠ
2 *ša pa-aš-ši-til-la*
DUMU *pu-la-ḫa-li*
4 $^{[I]}$*ta-i-ka*$_4$ DUMU *a-kap-še-e*[*n-ni*]
[*a+n*]*a* UR$_5$-RA *il-qè*
6 *i+na* ITI *ku-ri-il-l*[*i*]
qa-dú MÁŠ-*ti-šu* 3 [MA]-NA AN-NA-MEŠ
8 *ú-ta-ar*
(Sceau)
[NA$_4$ ^{I}]*ta-i-ka*$_4$
R 10 [NA$_4$ ^{I}*pal*]-*te-a*

(Sceau)
DUMU ÌR-ŠEŠ
12 NA$_4$ ^{I}*at-ta-a-a*
(Sceau)
DUMU *za-[zi]-ia*
CG 14 [N]A$_4$ ^{Id}UTU-PAP DUB-SAR
(Sceau)

TRADUCTION

$^{1-5}$Taika fils d'Akap-še[nni] a reçu [e]n prêt 2 mines d'étain de Pašši-Tilla fils de Pula-ḫali. $^{6-8}$Au mois *kurill*[*i*], il rendra (le prêt) avec son intérêt, (soit) 3 [mi]nes d'étain.

^{9}[Sceau de] Taika.

$^{10-11}$[Sceau de Pal]teya fils de Ward-aḫḫē.

$^{12-13}$Sceau d'Attaya fils de Za[zi]ya.

^{14}[Sce]au de Šamaš-nāṣir le scribe.

COMMENTAIRE

l. 7: les signes -NA AN-NA-MEŠ sont écrits sur le revers de la tablette.

ll. 12–13: le sceau d'Attaya est le même que celui qu'il utilise dans AASOR 16 97 (5): 19.

21 = EN 10/3 292

= SMN 2396.
La copie de ce texte m'a été aimablement transmise par J. Fincke.

Provenance:	S 132.
Transcription:	E. R. Lacheman, *SCTN* 2, p. 115. Transcrit également dans les archives d'E. R. Lacheman, ERL 84.
Collations:	B. Lion.

Pašši-Tilla fils de Pula-ḫali prête à intérêt ⸢2⸣ mines d'étain à Waḫriya fils de [Zilip-apu].

⸢2⸣* MA-NA AN-NA [*ša*]
2 ^{I}*pá-aš-ši-til-la*
DUMU *pu-la-ḫa-l*[*i*]
4 ^{I}*wa-aḫ-ri*-ia* ⸢DUMU⸣ [*zi-li-pa-pu*]
⸢*a*⸣+*na* MÁŠ-*ti il-qè*
6 ⸢*i*⸣+*na* ITI *ku-ri-il-li*
[*q*]*à-dú* MÁŠ-*ti-šu* 3 MA-N[A AN-NA]
8 $^{[I]}$*wa-aḫ-ri-ia a+na*

[^{I}*p*]*a-aš-ši-til-la i+na-an-*[*din*]
10 [*šum-m*]*a i+na* ITI *ša qa-b*[*u-ú*]
[AN-N]A-MEŠ *la i+na-an-din*
12 [*a-na*] ⸢*pa**-*ni*⸣* MÁŠ-*ti* DU-*ak*
(*Fin de la face perdue*)

Traduction

[1-5]Waḫriya fils de [Zilip-apu] a reçu (en prêt) à intérêt 2 mines d'étain [de] Pašši-Tilla fils de Pula-ḫal[i].

[6-9]Au mois *kurilli*, Waḫriya donne[ra] (le prêt) [a]vec son intérêt, (soit) 3 min[es d'étain], à [P]ašši-Tilla. [10-12][S]'il ne donne pas [l'éta]in au mois fix[é], (le prêt) produira un intérêt [à] (sa) charge.

Commentaire

l. 1: E. R. Lacheman proposait [3] MA-NA, probablement d'après la l. 7. La tablette porte ⸢2⸣, ce qui est normal: les 3 mines de la l. 7 correspondent à la somme prêtée (2 mines, l. 1) accrue de l'intérêt au taux habituel de 50% (soit 1 mine).

ll. 4 et 8: E. R. Lacheman avait lu *wa-aḫ-li-ia*, mais la tablette montre *wa-aḫ-ri-ia*; Waḫriya fils de Zilip-apu est connu également par SMN 2383 (22), un emprunt contracté auprès de Pašši-Tilla; TF 1 426 le mentionne parmi les notables de Tupšarriniwe.

l. 11: E. R. Lacheman proposait [3 MA-NA] AN-NA, mais cela ne correspond pas à la tablette.

l. 12: E. R. Lacheman restituait [*a-na*] MÁŠ-*ti*, ce qui ne correspond pas aux traces sur la tablette.

22

= SMN 2383.
Provenance: S 132.
Transcription: E. R. Lacheman, *SCTN* 2, p. 108.

Ce texte n'est connu que par la transcription d'E. R. Lacheman. Il n'a pas été copié. Ni G. Wilhelm ni moi-même n'avons pu retrouver à Harvard de tablette portant ce numéro. Je reproduis ici la transcription de *SCTN* 2, avant d'indiquer mes propositions de corrections.

Paššiya fils de Pula-ḫali prête à intérêt 1 mine et 30 sicles d'étain à Waḫriya fils de Zilip-apu.

Scribe: Tarmi-Tilla.

EME-*šu ša* ^{I}*wa-aḫ-*[*ri-ia*]
2 DUMU *zi-líp-pa-a-pu*
a-na pa-ni LÚ-MEŠ IGI-MEŠ-*ti*
4 *ki-a-am iq-ta-bi*
1 MA-NA *ù* 30 GÍN AN-NA-MEŠ
6 *a-šar* ^{I}*pa-aš-ši-ia* DUMU *pu-la-ḫa-li*
a-na MÁŠ-*ti el-te*$_{10}$*-qè-mi*
8 *ù i-na* ITI-*ḫi še-ḫa-li ša* ^{d}IM
qa-du MÁŠ-*šu* AN-NA-MEŠ
10 [*a-na*] ^{I}*pa-aš-ši-ia*
[*ú*]*-ta-ar-ra*
(*Reste de la face perdu*)
R NA$_4$ ^{I}GIŠ-TUKUL-DINGIR *ši-bu*
2′ DUMU *pu-i-ta-e*
NA$_4$ ^{I}*at-ta-a-a*
4′ DUMU *a-kí-ia*
NA$_4$ ^{I}*šu-ru* DUMU *a-ri*-X X X
CG 6′ NA$_4$ ^{I}*wa-aḫ-ri-ia*
NA$_4$ ^{I}*tar-mi-til-la* DUB-SAR

TRADUCTION

Je propose d'apporter aux ll. 4′–5′ du revers les corrections suivantes, qui permettraient de retrouver des témoins bien connus dans l'archive de Pašši-Tilla:

3′ NA$_4$ ^{I}*at-ta-a-a*
4′ DUMU *za-zi-ia*
5′ NA$_4$ ^{I}*šu-ru-*<*uk-ka*$_4$> DUMU *a-ri-ip-ú-ri-ik-ké* (ou *a-ri-pu-ri-ik-ké*)

$^{1-2}$Déclaration de Waḫ[riya] fils de Zilip-apu. $^{3-4}$Devant les témoins, il a dit ceci:

$^{5-7}$«J'ai reçu (en prêt) à intérêt 1 mine et 30 sicles d'étain auprès de Paššiya fils de Pula-ḫali.»

$^{8-11}$Et au mois *šeḫali* de Teššup, [il r]endra l'étain avec son intérêt [à] Paššiya.

[...]

$^{1'-2'}$Sceau de Tukultī-ilu, témoin, fils de Pui-tae.

$^{3'-4'}$Sceau d'Attaya fils de Zaziya.

$^{5'}$Sceau de Šuru<kka> fils d'Arip-urikke.

$^{6'}$Sceau de Waḫriya.

$^{7'}$Sceau de Tarmi-Tilla le scribe.

COMMENTAIRE

l. 5: le sicle est en général noté par le signe su, plutôt que par le signe GÍN.

l. 11: on attend plutôt [*ú*]*-ta-ar* ou [*ú*]*-ta-ar-ma.*

23 = EN 9/2 529

= SMN 3620.
Provenance: S 133 (à ajouter à *SCCNH* 5, p. 148).
Transcription: E. R. Lacheman, *SCTN* 2, p. 127, sous le n^{0} SMN 2446: ll. 5–10. (cf. *SCCNH* 5, p. 135).
Tabette non collationnée.

[Déclaration de NP$_1$ fils de NP$_2$: P]ašši-Tilla fils de Pula-[ḫali] lui prête à intérêt [x] mine(s) d'étain.

Scribe: [Enna]-mati.

[EME-*šu ša* ^{I}NP$_1$]
2 [DUMU NP$_2$]
[*a-na pa-ni ši-bu-ti*] *an-*[*nu-ti*]
4 [*ki-na*]*-an-*[*na i*]*q-ta-b*[*i*]
[X] MA-NA *an-na-ku ša*
6 [^{I}*p*]*a-aš-ši-til-la* DUMU *pu-la-*[*ḫa-li*
[*el-t*]*e-qè-mi i+na* E[GIR]
8 *e-bu-ri qa-du* MÁŠ-[*šu*]
i-na ITI*-ḫi ku-ri-il-l*[*i*]
10 [*š*]*a* URU *zi-iz-za* [...]
T [X MA-NA *a*]*n-na-ku*-MEŠ [...]
R 12 [^{I}...] *ib ri*
[*a-na* ^{I}*pa-aš-ši*]*-til-la x-*[...]
14 IG[I ...]X DUMU *wa-ar-*[...]
ŠU ^{I}[*en-na*]*-ma-ti* [DU]B-[S]AR
16 NA$_4$ ^{I}*ši*$^{?}$-[...]
[NA$_4$ ^{I}...]*-ip-til-la*
18 [...] x x [...]

Traduction

1-4[Déclaration de NP$_1$ fils de NP$_2$. Devant] ce[s témoins, i]l a di[t c]ec[i]:

5-7«[J'ai r]eçu [en prêt x] mine(s) d'étain de [P]ašši-Tilla fils de Pula-[ḫali].»

7-13A[près] la moisson, au mois *kurill*[*i* d]e la ville de Zizza, [NP$_1$ *rendra / donnera* à Pašši]-Tilla [x mines d']étain [...] avec [son] intérêt.

14Par dev[ant...] fils de War[...].

15Ecrit par [Enna]-mati [le sc]ribe.

16Sceau de Ši$^{?}$[...].

17[Sceau de ...]ip-Tilla.

18[...].

Commentaire

l. 6: à la fin de la ligne, il doit y avoir soit *a-na* MÁŠ-*ti*, soit *a-na* UR$_5$-RA.

24 = EN 9/2 512

= SMN 3538.
Provenance: inconnue.
Résumé: M. A. Morrison, *SCCNH* 4, p. 100, n. 28.
Collations: J. Fincke, B. Lion.

[Déclarati]on d[e Ta]e [fils d'A]rn-apu: Pašši-Tilla fils de Pula-ḫali lui prête à intérêt 5 mines [x] sicles de bronze.

[EME-š]*u** *š*[*a** ^{I}*ta*]-⸢*e*⸣
2 [DUMU *a*]*r-na-pu* ⸢*a-na pa*⸣-[*ni*]
[LÚ]-MEŠ IGI-MEŠ-⸢*tu*$_4$⸣* *an-nu-t*[*u*$_4$]
4 [*ki-<am>-m*]*a* ⸢*iq*⸣*-*ta-bi* 5 MA-[NA X] ⸢SU* ZABAR⸣*-MEŠ*
[*a-š*]*ar* ^{I}*pa-aš-ši-til-l*[*a*]
6 [DUMU *p*]*u-la-ḫa-li*
[*a-na*] MÁ[Š-*t*]*i el-t*[*e-qè*]
8 [*i+na* IT]I *ku-ri-i*[*l**-*li*]
[*qa-dú* MÁŠ-*t*]*i*-[*šu* X M]A*-[N]A* [X SU]
10 [ZABAR-(MEŠ) *a*]-⸢*na*⸣* ^{I}*p*[*a**-*aš-š*]*i**-[*til-la*]
[*i-n*]*a**-[*an-d*]*in šum-ma* ⸢*i+na*⸣ IT[I]
12 [*š*]*a qa-bu*-⸢*ú*⸣* *la* ⸢*i*⸣*-[*n*]*a*-⸢*an*⸣*-[*din*]
[*a-n*]*a pa-ni* MÁŠ-*ti* DU-[*a*]*k**
14 ⸢*ù*⸣* ^{I}*ta-e la* ⸢X⸣*-[...]
[...] ⸢X* X* X* X⸣* [
(*Tranche: 2 l., perdues; début du revers perdu*)
R [...] X *pí ku* [...]
2′ [N]A$_4$* ⸢KIŠIB⸣* ^{I}*ta-e* ⸢DUMU⸣ *te*-⸢*ḫi*⸣-[*ia*]
(Sceau)*
[...Š]E$^{?}$*-MEŠ *ša* ^{I}*pa-aš-ši-til-l*[*a*]
(Sceau)*
T 4′ [NA$_4$ KIŠIB ^{I}...]-⸢*ta*⸣*-[

Traduction

1-2[Déclarati]on d[e Ta]e [fils d'A]rn-apu. 2-4Deva[nt] ce[s t]émoins, il a dit [cec]i:

4-7«J'ai re[çu (en prêt) à] intérêt 5 mi[nes (et) x] sicles de bronze [aup]rès de Pašši-Till[a fils de P]ula-ḫali.»

$^{8-11}$[Au moi]s *kuri*[*lli*, il] donnera (le prêt) [avec son intér]êt, (soit) [x mi]nes [(et) x sicles de bronze], à P[ašš]i-[Tilla]. $^{11-13}$S'il ne (le) don[ne] pas au moi[s] fixé, (le prêt) produira un intérêt à (sa) charge.

^{14}Et Tae ne [...].

[...].

$^{2'}$[S]ceau de Tae fils de Teḫi[ya].

$^{3'}$[...] de Pašši-Till[a].

$^{4'}$[Sceau de…]ta[…].

25 = EN 9/2 346

= SMN 2384.

Provenance: S 132.

Transcriptions: E. R. Lacheman, *SCTN* 2, pp. 108–9; D. I. Owen, *LDN*, pp. 115–16.

Traduction: D. I. Owen, *LDN*, pp. 22–23.

Collations: G. Wilhelm, B. Lion.

Déclaration de Ṣil-Teššup fils de Šennaya: Paššiya fils de Pula-ḫali lui prête sans intérêt 3 mines de bronze.

EME-*šu ša* ^{I}*ṣí-il-te-šup*
2 DUMU *še-en-na-a-a a+na pa-ni*
IGI-MEŠ-*ti ki-am iq-ta-bi*
4 3 MA-NA ZABAR *a+na* UR$_5$-RA
a-šar ^{I}*pa-aš-ši-ia* DUMU *pu-la-ḫa-li*
6 *el-te-qè-mi ù i+na*
ITI-*ḫi še-ḫa-li ša* ^{d}[I]M
8 *i+na* SAG-DU-*šu-ma* ZABAR
a-na ^{I}*pa-aš-ši-i*[*a ú*]-*ta-ar ra**-*ak**-X*
10 *šum-ma i+na* ITI-*ḫi* [*š*]*a qa-bu-ú*
ZABAR ^{I}*ṣí-il-te-šup*
12 *a+na* ^{I}*pa-aš-ši-ia la* GUR-*m*[*a*]
[*a+n*]*a* MÁŠ-*ti a+na pa-ni-šu*
14 ⸢*i*⸣-*il*-⸢*la*⸣-*ak*
R IGI GIŠ-TUKUL-DINGIR DUMU *pu-i-t*[*a-e*]
16 IGI *ik-ki-ia* DUMU *ar-ti-*[
IGI *zil*$_x$(MI)$^{*[i]!*}$-[*te-a* DUMU …-*m*]*a*$^{?*}$
18 IGI *t*[*up-pí-ia* DUMU *zi-li*]-⸢*pa**-*pu*$^{!*}$⸣
IGI [
(Sceau)
20 NA$_4$ ^{I}GI[Š-TUKUL-DINGIR]
(Sceau)

NA_4 ^{I}*ik-ki-ia*
(Sceau)
22 NA_4 DUB-SAR
T (Sceau)*
NA_4 *tup-pí-ia*
CG 24 NA_4 ^{I}*zi-il-te-a*
(Sceau)

TRADUCTION

$^{1-2}$Déclaration de Ṣil-Teššup fils de Šennaya. $^{2-3}$Devant les témoins, il a dit ceci: $^{4-6}$«J'ai reçu en prêt 3 mines de bronze auprès de Paššiya fils de Pula-ḫali.» $^{6-9}$Et au mois *šeḫali* de [Te]šup, il rendra à Paššiya son capital de bronze [...]. $^{10-14}$Si au mois fixé Ṣil-Teššup ne rend pas le bronze à Paššiya, (le prêt) produira un intérêt à sa charge.

^{15}Par devant Tukultī-ilu fils de Pui-t[ae].
^{16}Par devant Ikkiya fils d'Ar-ti[...].
^{17}Par devant Zil[teya fils de ...-m]a$^{?}$.
^{18}Par devant T[uppiya fils de Zili]p-apu.
^{19}Par devant [...].
^{20}Sceau de T[ukultī-ilu].
^{21}Sceau d'Ikkiya.
^{22}Sceau du scribe.
^{23}Sceau de Tuppiya.
^{24}Sceau de Zilteya.

COMMENTAIRE

l. 8: E. R. Lacheman et D. I. Owen transcrivent *i-na* SAG.DU-*šu-ma ša* ZABAR mais il n'y a pas de place sur la tablette pour un signe *ša*.

l. 17: le nom du témoin est probablement Zilteya, d'après le sceau apposé l. 24.

l. 19: le dernier témoin doit être le scribe, dont le sceau est apposé l. 22.

l. 22: le sceau du scribe porte une inscription de trois lignes, reproduite sur la copie; je ne parviens pas à la lire.

26 = EN 9/2 513

= SMN 2405.
Provenance: S 132.
Transcription: E. R. Lacheman, *SCTN* 2, p. 119.
Résumé: M. A. Morrison, *SCCNH* 4, p. 100, n. 28.
Tabette non collationnée.

[Déclaration] d'Itḫ-apiḫe fils d'[Ar]ip-erwi: [P]ašši-Tilla lui prête une mine de bronze. [Déclaration de NP_1 fils de NP_2: P]ašši-[Til]l[a] fils de P[ula-ḫali] lui prête à intérêt [...].

Scribe: Šamaš-nāṣir.

[EME-*šu*] *ša* ^{I}*it-ḫa-pí-ḫé*
2 [DUMU *a-ri*]-*ip-er-wi*
a-[*na pa-ni*] LÚ *ši-bu-ti*
4 *an*-[*nu-ti*] *ki-am iq-ta*-[*bi*]
1 MA-N[A] ZABAR *a-šar*
6 [^{I}*pá*]-*aš-ši-til-la a-na* UR_5-[RA]
[*el*]-*te-qè-mi i-na* IT[I]
8 [*ku-ri-i*]*l-li it*-[*ḫa-pí-ḫé*
[*a-na pá-aš-ši-til-la i-na-an-din*]
(*Fin de la face et début du revers perdus*)
R [EME-*šu ša* $^{I}NP_1$ DUMU NP_2]
2′ [*a-na pa-ni* LÚ *ši-bu-ti*]
[*an-nu-ti ki-a*]*m iq-t*[*a-bi*]
4′ [...]-UD *a*-[*šar*]
[^{I}*p*]*á-aš-ši*-[*til*]-*l*[*a*] DUMU *p*[*u-la-ḫa-li*]
6′ [*a*]-*na* MÁŠ-*ti el-te-q*[*è-mi*]
⌜*i*⌝+*na* ITI *ku-ri*-[*il-li*]
8′ *qa-dú* MÁŠ-*ti-šu*
[*a-n*]*a* ^{I}*pá-aš-š*[*i*]-*til-la* [*i-na-an-din*]
10′ [*šum-ma*] *la i*+*na-an-din a-n*[*a pa-ni* MÁŠ-*ti*]
DU-*ku*
12′ NA_4 ^{Id}UTU-PAP

TRADUCTION

$^{1-2}$[Déclaration] d'Itḫ-apiḫe [fils d'Ar]ip-erwi. $^{3-4}$De[vant] c[es] témoins, il a di[t] ceci:

$^{4-7}$«[J'ai] reçu en pr[êt] 1 min[e] de bronze auprès de [P]ašši-Tilla.»

$^{7-9}$Au moi[s *kuri*]*lli*, It[ḫ-apiḫe donnera ... à Pašši-Tilla].

[...]

$^{1'}$[Déclaration de NP_1 fils de NP_2. $^{2'-3'}$Devant ces témoins], il a d[it ceci]:

$^{4'-6'}$«J'ai reç[u] (en prêt) à intérêt [...] au[près de P]ašši-T[il]l[a] fils de P[ula-ḫali].»

$^{7'-9'}$Au mois *kuri*[*lli*, il donnera] (le prêt) avec son intérêt à Pašš[i]-Tilla.

$^{10'-11'}$[S]'il ne (le) donne pas, (le prêt) produira [un intérêt] à [(sa) charge].

$^{12'}$Sceau de Šamaš-nāṣir.

Commentaire

l. 2: *SCCNH* 4, p. 100, n. 28, ainsi que p. 111 (index des noms propres) fait d'Itḫ-apiḫe le fils d'Arip-urikke, alors que le catalogue de *SCCNH* 4, p. 148, fait d'Itḫ-apiḫe le fils de [...]-ip-erwi, ce qui correspond mieux à la copie. Pour Itḫ-apiḫe fils d'Arip-urikke, *SCCNH* 4, p. 111 indique une autre attestation, EN 9/2 343 (27): 17–18 où faut en fait lire *it-ḫa-pí-ḫ*[*é*] DUMU *a-ri-ip-*[*e*]*r**-*w*[*i*]*. *SCCNH* 5, p. 134, fait du débiteur «Itḫ-apiḫe son of [Zil]ip-erwi», mais sans donner de justification à cette restitution.

ll. 8–9: la clause de remboursement, perdue, devait préciser si le débiteur rendait le capital seul seul (*a-na* SAG-DU-*ma*), ou le capital accru de l'intérêt (*qa-du* MÁŠ-*ti-šu*), et éventuellement la somme attendue par le créancier.

l. 4′: le signe UD fait penser à un prêt d'argent ([KÙ]-BABBAR), mais ce serait le seul cas dans l'archive de la famille de Pula-ḫali; on peut imaginer aussi un prêt de bronze, comme à la l. 5, en lisant BAR! le signe UD, soit [ZABA]R!.

Remarque: les résumés de ce texte figurant dans *SCCNH* 4, p. 148 et *SCCNH* 5, p. 134 considèrent qu'il s'agit d'un seul prêt de bronze consenti par Paššі-Tilla à Itḫ-apiḫe. D'après le formulaire, il y aurait plutôt deux prêts différents, l'un sur la face et l'autre sur le revers de la tablette. Le prêteur est Paššі-Tilla dans les deux cas.

La rédaction de deux contrats sur une même tablette peut s'expliquer par le fait que la nature des deux prêts est différente: le premier prêt est consenti *a-na* UR_5-[RA] (l. 6) et peut être sans intérêt, le second est un prêt [*a*]-*na* MÁŠ-*ti* (l. 6′), donc à intérêt. Une autre explication possible est de supposer deux débiteurs différents; dans le premier prêt, il s'agit d'Itḫ-apiḫe; le nom du débiteur du second prêt est perdu. Le cas où un seul débiteur reçoit deux sommes différentes est connu dans cette archive par AASOR 16 97 (5) et EN 9/2 353 (4), dont le formulaire se distingue nettement de EN 9/2 513 (26). En revanche, HSS 19 126 (15), qui enregistre sur une même tablette deux avances d'or faites par Paššiya à deux groupes de personnes différents pour acheter du grain, se rapproche plus, par sa structure, du présent texte.

27 = EN 9/2 343

= SMN 2142.
Provenance: inconnue.
Transcription et traduction: D. I. Owen, *LDN*, pp. 114–15 et pp. 20–21.
Collations: G. Wilhelm, B. Lion.

Déclaration de Ḫellu[…] gendre de Ḫupita: Paššiya fils de Pula-ḫali lui prête à intérêt 3 mines [50] sicles de cuivre.

Scribe: Tarmi-Tilla.

EME-*šu* *š[a* ^{I}*ḫ]é-[el-lu-*

2 *ḫa-ta-nu* [*ša*] ^{I}*⸢*ḫu⸣*-*pí*-[*ta*]

a-na pa-ni [LÚ-M]EŠ IGI-MEŠ-*t*[*i*]

4 *ki-a-am i*[*q-t*]*a-bi*

3* MA-NA [50] SU URUDU-M[EŠ *ḫa*]-*mu-ṣi* SIG$_5$-GA

6 *ša* ^{I}*pa-*[*aš-ši-i*]*a** DUMU [*p*]*u-l*[*a**-*ḫa-li*]

⸢*a*⸣-*na* M[ÁŠ]-⸢*ti el*⸣*-*te-q*[*è*]

8 *ù ina* [IT]I-*ḫi še-*⸢*ḫa*⸣-*li š*[*a* ^{d}IM]

qa-du [MÁ]Š-*šu* ⸢5⸣* MA-NA

10 *ù* ⸢45⸣ SU ⸢URUDU⸣*-MEŠ

^{I}*ḫé-*[*e*]*l-lu-*[...]-⸢X⸣

12 *a-na* ^{I}*pa-aš-š*[*i*]-⸢*ia*⸣

ú-ta-⸢*ar*⸣-*ma*

14 *šum-ma* [*la*] *ú-ta-a*[*r*]-*m*[*a*]

T [*a*]-⸢*na*⸣ [MÁŠ-*t*]*i a-na*

16 ⸢*pa*⸣-*ni-š*[*u i-i*]*l-la-*[*ak*]

R IGI *it-ḫa-pí-ḫ*[*é*]

18 DUMU *a-ri-ip-*[*e*]*r**-*w*[*i*]*

IGI *zi-me* ⸢DUMU *ṣí*⸣-*li-*[*ia*]

20 IGI *ḫu-ti-*[*p*]*a-p*[*u* DU]MU *eḫ-li-*[*ia*]

IGI *mi: ši-*⸢*ka*$_4$*-*tal*⸣* DUMU *kàr-ti-*[

22 ŠU ^{I}*tar-mi-til-l*[*a*] DUB-SAR

(Sceau)

NA$_4$ ^{I}*ḫu-t*[*i-p*]*a-pu*

(Sceau) (Sceau)*

24 NA$_4$ ^{I}*it-ḫa-p*[*í-ḫé*] ⸢NA$_4$⸣ [^{I}*zi-me*]

(*Tranche supérieure perdue*)

CG (Sceau) (Sceau)*

NA$_4$ ^{I}*ši-mi-ka*$_4$-<*tal*> N[A$_4$] DUB-SAR

TRADUCTION

1-2Déclaration d[e Ḫ]e[llu…], gendre [de] Ḫupi[ta]. 3-4Devant les [té]moins, il a d[it] ceci:

5-8«J'ai reçu (en prêt) à in[té]rêt 3 mines [50] sicles de cuivr[e ép]uré de bonne qualité de Pa[ššiy]a fils de [P]ul[a-ḫali].»

9-13Et au [mo]is *šeḫali* d[e Teššup], Ḫellu[...] rendra à Pašš[i]ya (le prêt) avec son [inté]rêt, (soit) 5 mines et 45 sicles de cuivre. 14-16S'il [ne] (le) rend [pas, (le prêt) p]roduir[a un intér]êt à s[a] charge.

17-18Par devant Itḫ-apiḫ[e] fils d'Arip-[e]rw[i].

19Par devant Zime fils de Ṣili[ya].

20Par devant Ḫuti[p]-ap[u f]ils d'Eḫli[ya].

21Par devant Šimika(!)-atal fils de Karti-[...].

[22]Ecrit par Tarmi-Till[a] le scribe.
[23]Sceau de Ḫut[ip]-apu.
[24]Sceau d'Itḫ-ap[iḫe]. Sceau [de Zime].
[25]Sceau de Šimika-a<tal>. Sce[au] du scribe.

COMMENTAIRE

l. 1 et 11: le nom propre Ḫellu[...] est probablement incomplet.

l. 5: les signes [*ḫa*]-*mu-ṣi* SIG$_5$-GA sont écrits sur le revers de la tablette.

ll. 5 et 9–10: D. I. Owen propose de lire deux fois la même somme, 5 mines 45 sicles. Or lorsque deux sommes sont indiquées dans un contrat de prêt à intérêt, la première représente le capital prêté, et la seconde ce capital auquel s'ajoute l'intérêt (cf. l. 9) qui s'élève en général à 50%. On en a plusieurs exemples dans l'archive des descendants de Pula-ḫali, avec les tablettes EN 10/2 166 (6), rédigée comme la présente par le scribe Tarmi-Tilla, EN 9/2 344 (20), EN 10/3 292 (21), EN 9/2 349 (29), ainsi que, probablement, EN 9/2 512 (24) et EN 9/3 325 (52). La ligne 5 montre 3* MA-NA [x] SU, les ll. 9–10: ⸢3⸣* ou ⸢5⸣* MA-NA *ù* 45 SU. La seule possibilité est donc de lire, l. 5: 3* MA-NA [50] SU, et ll. 9–10 le montant de ce capital accru de 50% soit ⸢5⸣* MA-NA *ù* 45 SU.

l. 21: Mišik-atal est un nom inconnu; il est préférable de corriger en Šimika-atal, en pensant que le scribe a inversé les deux premières syllabes. Le scribe Tarmi-Tilla, rédacteur de ce document, a fait une faute comparable dans EN 9/2 342 (17): 26, en écrivant *ḫu-ta: pí* le nom de Ḫupita. Parmi les Šimika-atal relevés par *NPN* et *AAN*, aucun n'est fils de Karti-[...] (vraisemblablement Kartiya ou Kartip-erwi).

l. 25: le nom de Šimika existe (*NPN* p. 134b et *AAN* p. 128b), mais on peut penser qu'il s'agit ici du témoin de la l. 21, dont le nom aurait pour la seconde fois posé des problèmes au scribe: la dernière syllabe aurait été oubliée.

28 = EN 9/2 340

= SMN 2079.
Provenance: S 132.
Transcription: D. I. Owen, *LDN*, p. 113.
Collations: G. Wilhelm, B. Lion.

Déclaration de Ḫutip-apu et Tarmi-Tilla fils d'Eḫliya: Pašši-Tilla fils de Pula-ḫali leur prête à intérêt 5 *imēru* 5 *sūtu* d'orge et 1 *imēru* 4 *qû* de froment.

Scribe: Šamaš-nāṣir.

EME-*šu ša* ^{I}*ḫu-ti-pa-pu*
2 *ù ša* ^{I}*tar-mi-til-la*
DUMU-MEŠ *eḫ-li-ia a+na*

4 *pa-ni* LÚ *ši-bu-tu*$_{4}$ *an-nu-tu*$_{4}$
ki-na-an-na iq-ta-bi
6 5 ANŠE 5 (BÁN) ŠE-MEŠ 1 ANŠE 4 SILA$_{3}$ GIG
a-šar ^{I}⸢*pa*⸣*-aš-ši-til-la*
8 DUMU *pu-la-ḫa-li*
a+na UR$_{5}$-RA *el-te-qè-mi*
10 *ù* [*i+n*]*a* EGIR BURU$_{14}$ *qa-dú*
MÁŠ-*t*[*i*]-*šu* $^{[I]}$*ḫu-ti-pa-pu*
12 *ù* ^{I}*tar-*⸢*mi*⸣*-til-la*
⸢*a*⸣*+na* ^{I}*pá-aš-ši-til-la*
14 *ú-ta-ar*

IGI ^{I}*ta-e* DUMU *be-li-ia*
16 IGI ^{I}*ḫa-mi-ia* DU[M]U *a-zi-ia*
T IGI ^{I}*at-ta-ki*
18 IGI ^{I}*du-ug-li-lu*
DUMU *pu-i-ta-e*
R 20 ŠU* ^{Id}UTU-PAP DUB-SAR
NA$_{4}$ ^{I}*ḫa-mi-ia*
(Sceau)
22 NA$_{4}$ ^{I}*du-ug-li-lu*
(Sceau)
NA$_{4}$ ^{I}*ta-e*
24 NA$_{4}$ ^{I}*tar-mi-til-la*
T (Sceau)
CG NA$_{4}$ ^{I}*ḫu-ti-pa-pu*
(Sceau)
CD 26 NA$_{4}$ ^{Id}UTU-PAP DUB-SAR
(Sceau)

TRADUCTION

1-3 Déclaration de Ḫutip-apu et de Tarmi-Tilla, les fils d'Eḫliya. 3-5 Devant ces témoins, ils ont dit ceci:

6-9 «J'ai reçu en prêt 5 *imēru* 5 *sūtu* d'orge (et) 1 *imēru* 4 *qû* de froment, auprès de Pašši-Tilla fils de Pula-ḫali.»

10-14 Et [a]près la moisson, Ḫutip-apu et Tarmi-Tilla rendront (ce prêt) avec son intérêt à Pašši-Tilla.

15 Par devant Tae fils de Bēliya.

16 Par devant Ḫamiya fi[l]s d'Aziya.

17 Par devant Attaki.

18-19 Par devant Tukultī-ilu fils de Pui-tae.

20 Ecrit par Šamaš-nāṣir le scribe.

^{21}Sceau de Ḫamiya.
^{22}Sceau de Tukultī-ilu.
^{23}Sceau de Tae.
^{24}Sceau de Tarmi-Tilla.
^{25}Sceau de Ḫutip-apu.
^{26}Sceau de Šamaš-nāṣir le scribe.

COMMENTAIRE

l. 5: *iq-ta-bi* est au singulier; de même l. 9 *el-te-qè* et l. 14 *ú-ta-ar*.

l. 16: M. A. Morrison, *SCCNH* 4, p. 111, répertorie «Ḫaniya son of Zaziya», à corriger en Ḫamiya (cf. aussi l. 21).

l. 17: M. A. Morrison, *SCCNH* 4, p. 110: «Attaya son of Zaziya»; il existe en effet un Attaya fils de Zaziya connu par plusieurs documents de l'archive des descendants de Pula-ḫali. Mais la copie, confirmée par les collations, porte *at-ta-ki* sans patronyme.

l. 20: le premier signe est très clairement ŠU, et non IGI comme indiqué sur la copie.

29 = EN 9/2 349

= SMN 2445.
Provenance: S 133.
Transcriptions: E. R. Lacheman, *SCTN* 2, p. 127; D. I. Owen, *LDN* pp. 116–17, sous le numéro EN 9 348 [= EN 9 349].
Traduction: E. R. Lacheman, *SCTN* 1, p. 159: ll. 1–10.
Collations: B. Lion.

Déclaration de Šurukka fils d'Arip-urikke: Paššiya fils de P[ula-ḫali] lui prête à intérêt 2 *imēru* d'orge.

Scribe: Abī-ilu fils de ^{d}A[K.DINGIR.RA]

EME-*šu ša* ^{I}*šu-ru-uk-[k]a*$_4^!$
2 DUMU *a-ri-pu-ri-ik-ké*
a+n[a] pa-ni LÚ-MEŠ *ši-bu-[t]i*
4 *an-[n]u-ti ki-am iq-t[a-bi]*
2 ANŠE ŠE-MEŠ *a-na* UR$_5$-[RA]
6 *a-šar* ^{I}*pa-aš-ši-ia* DUMU *p[u-la-ḫa-li]*
el-te-qè ina EGIR-*ki*
8 BURU$_{14}$-*ri qa-du* MÁŠ-*šu*
3 ANŠE ŠE ^{I}*šu-ru-u[k-ka*$_4$*]*
10 *a-na* ^{I}*pa-aš-ši-ia ú-[ta-ar]*

IGI *ta-e* DUMU EN-*li-i*[*a*]

12 IGI *a-ki-ia* DUMU IZI-*ku-b*[*i*]

T IGI *a-ki-*[*ia* DUMU *ša*]-*aš*-ta-*[*e*]

R 14 IGI *al-k*[*i-til-l*]*a*

DUMU *a-ki-*⸢*it*⸣**-te*

16 IGI *a-bi-*DINGIR DUB-SAR DUMU ^{d}A[K.DINGIR.RA]

(Sceau)

NA$_4$ ^{I}*ta-e*

(Sceau)

18 NA$_4$ ^{I}*al-ki-til-l*[*a*]

(Sceau)

T NA$_4$ ^{I}*a-ki-ia*

20 NA$_4$ ^{I}*a-bi-*DINGIR DUB-SAR

(Sceau)

CG NA$_4$ ^{I}*a-ki-ia*

(Sceau)

Traduction

[1-2]Déclaration de Šuruk[k]a fils d'Arip-urikke. [3-4]Devant ces témoins, il a d[it] ceci:

[5-7]«J'ai reçu en pr[êt] 2 *imēru* d'orge auprès de Paššiya fils de P[ula-ḫali].»

[7-10]Après la moisson, Šuru[kka] r[endra] (le prêt) avec son intérêt, (soit) 3 *imēru* d'orge, à Paššiya.

[11]Par devant Tae fils de Bēliy[a].

[12]Par devant Akiya fils de Nūr-Kūb[i].

[13]Par devant Aki[ya fils de Š]aš-ta[e].

[14-15]Par devant Alk[i-Till]a fils d'Akitte.

[16]Par devant Abī-ilu, le scribe, fils de ^{d}A[K.DINGIR.RA].

[17]Sceau de Tae.

[18]Sceau d'Akil-Till[a].

[19]Sceau d'Akiya.

[20]Sceau d'Abī-ilu le scribe.

[21]Sceau d'Akiya.

Commentaire

ll. 12–13, 19 et 21: deux homonymes, Akiya fils de Nūr-Kūbi et Akiya fils de Šaš-tae, sont témoins. Le scribe les distingue par leur patronyme dans la liste des témoins (ll. 12–13) mais non lorsqu'ils apposent leurs sceaux (ll. 19 et 21). Les empreintes étant claires sur la tablette, on voit que le sceau apposé l. 19 est le même que celui utilisé en EN 9/2 250 (37): 24 par Akiya, témoin et fils de Nūr-Kūbi d'après la l. 17 du même document. Ici, il faut donc attribuer le premier sceau (l. 19) à Akiya fils de Nūr-Kūbi et le second (l. 21) à Akiya fils de Šaš-tae.

30 = EN 10/2 102

= SMN 1712.
Provenance: inconnue.
Collations: B. Lion.

Paššiya fils de Pula-ḫali prête à intérêt 2 *imēru* [de grain] à Ḫinnuya et Utḫap-Tae fils de Puḫiya.

		2 ANŠE [
	2	*ša* ^{I}[*pa*]-*aš-ši*-[*ia*]
		DUMU *pu-la-ḫa-l*[*i*]
	4	^{I}[*ḫ*]*i-in-nu-ú**-⸢*a*⸣-[*a*]
		ù ^{I}*ut-ḫap-ta*-⸢*e*⸣
	6	DUMU-MEŠ *pu-ḫi-ia*
		[*a-n*]*a* UR$_5$-RA *il*-[*qú i-na*]
	8	[EGI]R BURU$_{14}$ *qa-du* [MÁŠ-*šu*]
		[^{I}*ut-ḫa*]*p-ta-e* [*ù*]
	10	[^{I}*ḫi-in-n*]*u-ú*-[*a-a*]
		[*a-na* ^{I}*pa-aš*]-⸢*ši*⸣$^{?}$-[*ia ú-ta-ru*]
		(*Fin de la face, tranche et début du revers perdus*)
R		(Sceau)
		[N]A$_4$ ^{I}X X X X X [
		(Sceau)
	2′	[N]A$_4$ ^{I}[
		ma-a [
CG		(Sceau)

Traduction

4-7[Ḫ]innuy[a] et Utḫap-Tae, les fils de Puḫiya, ont re[çu e]n prêt 1-32 *imēru* [de…] de [P]ašši[ya] fils de Pula-ḫal[i]. 7-11[Aprè]s la moisson, [Utḫa]p-Tae [et Ḫinn]u[ya rendront] (le prêt) avec [son intérêt à Paš]ši[ya].

[…]

1′[Sc]eau de […].

2′[Sc]eau de […].

3′[…].

Commentaire

l. 2: ^{I}[*pa*]-*aš-ši*-[*ia*] ou ^{I}[*pa*]-*aš-ši*-[*til-la*].

ll. 4–6: dans EN 9/2 452 (51): 11, Ḫinnuya emprunte de l'étain à Waḫḫurra fils de Pašši-Tilla; en revanche, Utḫap-Tae et Puḫiya ne sont pas connus dans le dossier des fils de Pula-ḫali.

l. 11: [*a-na pa-aš*]-*ši*$^{?}$-[*ia* ou [*a-na pa-aš*]-*ši*$^{?}$-[*til-la*.

31 = EN 9/2 364

= SMN 2393.
Provenance: S 132.
Transcription: E. R. Lacheman, *SCTN* 2, p. 114.
Collations: G. Wilhelm, B. Lion.

Prêt consenti par Paššiya.

Scribe: Urḫi-Teššup.

[...] ⸢*qi*$^{?}$⸣ *ia* X [...]
2′ *ù i+na* ITI-*ḫi* ⸢*ú*⸣*-[*lu-li*]
a+na ^{I}*pa-aš-ši-i*[*a ú-ta-ar*]
4′ *šum-ma ina* ITI-*ḫi* ⸢*ú*⸣*-[*lu-li*]
*la a-na-an-din** ⸢*ù*⸣* [*i-na* ITI-*ḫi k*]*u-ri-il-li* [*i*]*t**-*ti**
6′ MÁŠ-*šu a-na-an**-[*din*
IGI EN-*ri*-X-[
T 8′ LÚ *ḫa-b*[*i-ru*$^{?}$]
IGI *du-ug*-[*li-lu*]
10′ DUMU *pu-i-ta*-⸢*e*⸣
R IGI *pè-ti-ia* DUMU [
12′ IGI *ké-el-te-šup*
DUMU 30-*ib-ni*
14′ IGI *ur-ḫi-te-šup* DUB-[SAR]
(*Tourné à 90^{0}*)
NA$_4$ ^{I}[
(Sceau)
16′ NA$_4$ ^{I}*d*[*u-ug-li-lu*]
(Sceau)
(*Fin du revers perdue*)
CG (Sceau)
NA$_4$ ^{I}EN-*r*[*i*-

Traduction

1′-3′«[...] et au mois *u*[*lūlu* je rendrai] à Paššiy[a]. 4′-6′Si je ne (le) donne pas au mois *u*[*lūlu*], alors je (le) donne[rai au mois *k*]*urilli* [a]vec son intérêt.»

7′-8′Par devant Bēl$^{?}$-ri[...], le *ḫab*[*iru*$^{?}$].

9′-10′Par devant Tukultī-[ilu] fils de Pui-tae.

11′Par devant Petiya fils de [...].

12′-13′Par devant Kel-Teššup fils de Sîn-ibnī.

14′Par devant Urḫi-Teššup le scr[ibe].

15′Sceau de [...].

16′Sceau de T[ukultī-ilu].

17′Sceau de Bēl$^{?}$-r[i...].

COMMENTAIRE

ll. 2'–6': le formulaire est inhabituel; il semble s'agir d'un prêt sans intérêt, qui se transformerait en prêt à intérêt s'il n'est pas remboursé à la date prévue. La seconde date se place neuf mois après la première.

l. 5': les signes *k*]*u-ri-il-li* [*i*]*t*-ti** sont écrits sur le revers de la tablette.

ll. 7'–8': d'après la proposition de M. A. Morrison dans son index des noms propres, *SCCNH* 4, p. 111: EN-*ri*-[ ] ^{lú}*ḫa*-[*bi-ru*?].

Remarque: *SCCNH* 5, p. 122, définit ainsi ce texte: «Loan of [...] who borrows [grain] from Paššiya [son of Pula-ḫali].» La mention du grain n'apparaît cependant pas. Les deux échéances fixées, les mois *ulūlu* et *kurilli*, correspondent bien à des mois pendant lesquels on peut effectuer des livraisons d'orge, cf. HSS 16 231 (14) pour *kurilli* et HSS 19 126 (15) pour *ulūlu*; mais ce sont aussi des mois auxquels des remboursement de métaux peuvent être exigés, cf. EN 10/2 166 (6), EN 9/2 344 (20), EN 10/3 292 (21), EN 9/2 512 (24), EN 9/2 513 (26) pour *kurilli* et EN 9/2 347 (50) pour *ulūlu*.

32 = EN 10/3 202

= SMN 2261*.3 = NTF P 58 (1).
Provenance: inconnue.
Copie aimablement transmise par J. Fincke.
Collations: B. Lion.

Prêt sans intérêt consenti par Pašši-Tilla.

(*Début de la face perdu*)
[…] ⸢x⸣ [
2' [*a-na pa-n*]*i* LÚ-[MEŠ *ši-bu-ti*]
[*ki-na-a*]*n-na iq-t*[*a-bi*]
4' […]-MEŠ *a+na* UR$_5$-R[A *a-šar*]
[^{I}*pa-aš-š*]*i-til-la* [DUMU *pu-la-ḫa-li*]
6' [*el-te-qè-m*]*i*$^{?}$ *ina* EG[IR BURU$_{14}$]
[… *i+na*] SAG-[DU-*ma*
(*Fin de la face perdue*)

TRADUCTION

[*Déclaration de NP*$_1$ *fils de NP*$_2$. $^{2'-3'}$Deva]nt les té[moins], il a d[it ce]ci:
$^{4'-6'}$«[J'ai reçu] en prê[t… auprès de Pašš]i-Tilla [fils de Pula-ḫali].»
$^{6'-7'}$Apr[ès la moisson, …], le capital, [*NP*$_1$ *rendra à Pašši-Tilla*].
[…].

COMMENTAIRE

l. 7′: au début de la ligne doit figurer le rappel du capital prêté.

33 = EN 9/2 440

= SMN 2372.

Provenance:	S 132.
Transcriptions:	E. R. Lacheman, *SCTN* 2, p. 103; R. E. Hayden, *Court Procedure at Nuzu,* Ann Arbor, 1962, pp. 148–49; K. Deller, *WO* 9 (1977–78), p. 301 (ll. 10–25).
Traduction:	R. E. Hayden, *Court Procedure at Nuzu,* Ann Arbor, 1962, p. 149. W. W.-K. Chow, *Kings and Queens of Nuzi,* Ann Arbor, 1973, pp. 174–76, reprend la transcription et la traduction de R. E. Hayden.
Résumés:	D. I. Owen, *LDN*, p. 42; W. W.-K. Chow, *Kings and Queens of Nuzi,* Ann Arbor, 1973, p. 196.
Commentaire:	K. Deller, *WO* 9 (1977–78), pp. 300–1.
Collations:	G. Wilhelm, B. Lion.

Procès entre, d'une part, Pašši-Tilla fils de Pula-ḫali et, d'autre part, Ḫupita et Alki-Tilla fils d'Akitte, concernant une dette de 49 m[ines] 30 sicles d'étain et 5 mines 15 sicles de bronze de Tultukka fils d'Akitte.

Procès fait à Tupšarriniwe.

Scribe: Akkul-enni.

[^{I}*pa-aš-ši-til-l*]*a* DUMU *pu-*[*la*]*-ḫa-li*
2 [*it-ti* ^{I}*ḫu*]-⸢*pí*⸣-[*t*]*a ù it-ti*
[^{I}*al-ki*]*-til-la* DU[MU]-MEŠ *a-ki-i*[*t-te*$_{9}$]
4 [*i-n*]*a di-ni a-na pa-*[*ni*] DI-KU$_{5}$-[MEŠ]
[*š*]*a* URU *tup-šar-ri-*[*we*] *i-te-lu-ú-ma*
6 *um-ma* ^{I}*pa-aš-ši-*[*til-l*]*a-ma*
^{I}*tu-ul-tùk-k*[*a*$_{4}$ DUMU] *a-ki-it-te*$_{9}$
8 *a-na* 49 M[A-NA] *ù* 30 S[U] AN-NA-MEŠ
a-⸢*na* 5⸣ MA-NA 15 SU Z[AB]AR
10 ⸢*a*⸣-[*na i*]*a-ši ḫu-ub-bu-ul-mi* ⸢*ù*⸣
^{I}*tu-ul-tùk-ka*$_{4}$ *mi-i-it*
12 *ù a-na-ku i-na* EGI[R]* ^{I}*t*[*u*$^{!}$*-ul-t*]*ùk**-*ka*$_{4}$*
al-ta-sí ù n[*i*]*-iš* LUGAL [*aq*]*-ta**-*bi**
14 ^{I}*ḫu-pí-ta ù* ^{I}[*a*]*l-ki-til-la*
a-⸢*na*$^{!}$⸣ *ia-ši šá-*⸢*la*⸣*-am-*⸢*ta*⸣*-šu*
16 *ša* [^{I}*t*]*u-ul-tùk-ka*$_{4}$ *ú-ki-im-*[*mu*]
⸢*ù*⸣ [*um-m*]*a šu-nu-ma ni-n*[*u*] *ḫu-ub-bu-l*[*i*]*-*š*[*u*]*

18 *ša ^{I}tu-ul-tùk-ka$_{4}$ nu-⸢ma⸣*-al-la-m[i]**
ù DI-KU$_{5}$-MEŠ *^{I}ḫu-pí-ta ù*
20 *^{I}al-ki-til-la ⸢uš⸣*-ta-lu-šu-nu-[ti]*
um-ma ^{I}ḫu-pí-ta [ù u]m-ma
22 *^{I}al-ki-til-la-ma ⸢a⸣-an-ni-mi*
šá-la-am-ta-šu [ša ^{I}tu-ul-tùk-ka$_{4}$ nu-ki-im]
24 *[ki-m]a ḫu-u[b-bu-li-šu]*
T *[ša ^{I}]pá-aš-š[i-til-la nu-ma-al-la-mi]*
26 *[a-ša]r ^{I}p[á-aš-ši-til-la ...]*
[...] ⸢x⸣ ni [...]
(Revers en grande partie perdu)
R *a-na ^{I}pá-aš-[ši-til-la ...] x du-uš*
2′ [Š]U *^{I}ak-ku-le-en-ni* D[UB]-SAR
[NA$_{4}$ *^{I}e-téš-še-en-n]i*
4′ [NA$_{4}$] *^{I}*el-ḫ[i-ip]*-LUGAL
DUMU *⸢i$^{?}$⸣*-[ri-li]-ia*
T 6′ [NA$_{4}$ *^{I}a-ri-ḫa-ma-an-na* DUMU] IZ[I-*k*]*u-bi*
CG (Sceau)*
NA$_{4}$ *^{I}zi-li-pa-p[u]* DUMU *ak-ku-ia*
8′ (Sceau)*
N[A$_{4}$ ^{I}]*še-en-na-⸢a⸣-[a]*
DUMU *pá-pá-an-te*

TRADUCTION

1-5[Pašši-Till]a fils de Pu[la]-ḫali s'est rendu [po]ur un procès [avec Ḫu]pi[t]a et avec [Alki]-Tilla, les fil[s] d'Aki[tte], dev[ant] les juges de Tupšarri(ni)[we].

6Pašši-[Till]a (a dit) ceci: 7-10«Tultukk[a fils d']Akitte me devait 49 m[ines] et 30 sic[les] d'étain (et) 5 mines 15 sicles de br[on]ze. 10-11Or, Tultukka est mort. 12-13Et moi, j'ai élevé une plainte contre T[ult]ukka et [j'ai pr]ononcé le serment du roi: 14-16Ḫupita et [A]lki-Tilla m'ont pris le corps de [T]ultukka!»

17Et ils (ont dit) ceci: 17-18«Nous payerons complètement la dette de Tultukka.»

19-20Alors les juges ont questionné Ḫupita et Alki-Tilla. 21-22Ḫupita [et] Alki-Tilla (ont dit) ceci: 22-23«Oui, [nous avons bien pris] le corps [de Tultukka. 24-25Nous payerons complètement l'équiva]lent de [sa] det[te envers] Pašš[i-Tilla. 26Aup]rès de P[ašši-Tilla ...].»

[...]

1′[...] à Paš[ši-Tilla...].

2′[Ec]rit par Akkul-enni le s[cr]ibe.

3′[Sceau d'Eteš-šenn]i.

4′-5′[Sceau] d'Elḫ[ip]-šarri fils d'I[rili]ya.

6′[Sceau d'Ariḫ-ḫamanna fils de] Nū[r-K]ūbi.

7′Sceau de Zilip-ap[u] fils d'Akkuya.

8′-9′Sce[au de] Šennaya fils de Papante.

COMMENTAIRE

ll. 1–4: E. R. Lacheman et R. E. Hayden donnent la transcription du début de ces lignes sans signaler de cassure, mais les débuts de lignes manquent sur la tablette (et sur la copie).

ll. 15–16: R. E. Hayden traduit *šá-la-am-ta-šu* par «payment», à la l. 15 et à la l. 23, sans commenter cette traduction. Il dérive probablement *šalamtu* de *šalāmu*, dans le sens attesté par *CAD* Š/1, p. 218a-b, 6.a), «to obtain financial satisfaction, to receive full payment» et par *AHw* p. 1144, «ganz vollständig bekommen, erhalten.» *šalmu* est un adjectif signifiant «complete, full (in quantity), correct, proper» (*CAD* Š/1, pp. 257–58), «wirtschaftlich gesund, erfolgreich» (*AHw* p. 1149), qui peut s'appliquer à des biens et à des sommes de métaux. R. E. Hayden traduit d'autre part *ú-ki-im-*[*mu*] par «should give back», sans commentaire. Il faudrait y voir une forme *ukimmū* pour *ukinnū*(?) mais on attendrait plutôt un inaccompli. Dans ce cas, on aboutit à la traduction suivante:

> [13]et [j'ai prononcé] le serment du roi: [14-16](disant que) Ḫupita et Alki-Tilla doivent m'assurer le payement complet (de la dette) de Tultukka.»

K. Deller en revanche garde pour *šalamtu* le sens de «corps, cadavre», qui convient bien ici puisque le litige porte sur la dette d'une personne décédée. La forme *ú-ki-im-*[*mu*] est peu claire; *ekēmu*, «prendre de force», est bien attesté à Nuzi, mais au système I; on attendrait donc *ikimū*. Pour le système II, qui existe mais n'est pas, à ma connaissance, attesté à Nuzi, on attend plutôt *ukkimū*. Cf. aussi les difficultés grammaticales du scribe l. 20.

ll. 17 et 24: K. Deller propose de voir dans *ḫubbulu* la désignation du «gage», c'est-à-dire de Tultukka lui-même, et de supposer une erreur du scribe l. 18, celui-ci ayant écrit le nom de Tultukka à la place de celui de Pašši-Tilla, cf. le passage parallèle ll. 24–45. Néanmoins ce sens de *ḫubullu*, s'il pourrait ici convenir, serait plus difficile à expliquer dans un autre texte de la même archive, EN 9/2 209 (1), où rien n'indique qu'il soit question de *titennūtu*. Il est possible que dans ces deux textes *ḫubbulu* soit un infinitif substantivé désignant «ce qui est dû», c'est-à-dire la dette.

l. 18: E. R. Lacheman: *nu-ma-al-la-n*[*u*]; R. E. Hayden: *nu-ma-al-la-mi*, ce qui correspond mieux à la collation.

l. 20: *uš-ta-lu* pour *ištālū*, cf. C. H. Gordon, «The Dialect of the Nuzu Tablets», *Or* NS 7 (1938), p. 221.

l. 23: cf. ci-dessus, ll. 15–16.

ll. 25–26: E. R. Lacheman et R. E. Hayden lisent [25]*ša* [I]*ba-aš-ši-ia* [...]; R. E. Hayden lit aussi [26]*a-šar* [I]*ba-*[*aš-ši-ia*...]; ces lignes, qui figurent sur la tranche inférieure, sont désormais peu lisibles sur la tablette.

Revers: R. E. Hayden a rangé sous l'indication Le. E. (left edge) les noms qui figurent en fait à la fin du revers, sur la tranche supérieure et sur le côté gauche. Il a lu: NA_4 [I]*e-téš-še-en-ni*, [NA_4 [I]]*el-ḫi-ip*-LUGAL DUMU [...]-*ia*, NA_4 [I]*a-ri-ḫa-ma-a*[*n-*

na D]UMU IZI-*ku-bi*, NA$_4$ ^{I}*zi-li-pa-pu* DUMU *ak-ku-ia*, NA$_4$ ^{I}*še-en-na-a* DUMU *ba-ba-an-ti*. Ces noms sont beaucoup moins visibles sur la tablette.

l. 5′: restitution proposée d'après EN 9/2 384 (54): 11–12: IGI *el-ḫi-ip*-LUGAL DUMU *i-ri-l*[*i*]*-ia*. Pour le premier signe ⸢*i*?⸣*, seul un départ de clou horizontal est visible.

l. 8′–9′: Sennaya fils de Papante est connu par EN 10/2 166 (6): 14, où il semble jouer un rôle de garant. Il est aussi l'auteur d'une déclaration concernant un champ: Nu 2, publiée par V. Donbaz et M. Kalaç, «Two Tablets from Nuzi Housed in Istanbul», *ZA* 61 (1981), pp. 206–11.

34 = EN 9/2 224

= SMN 2443.
Provenance: S 133.
Transcription: E. R. Lacheman, *SCTN* 2, p. 126.
Traduction: M. A. Morrison, *SCCNH* 4, p. 101.
Collations: G. Wilhelm, B. Lion.

Šurukka fils d'Arip-urikke donne en *titennūtu* pour 2 ans un champ situé à Tupšarriniwe à Pašši-Tilla fils de Pula-ḫali, contre 5 *sūtu* d'orge et 2 mines d'étain.

Ecrit à la porte de Tupšarriniwe.

Scribe: Šamaš-nāṣir fils d'Akiya.

[*ṭup-pi ti-t*]*e-en-nu-ti*
2 [*ša* ^{I}*šu-ru*]*-uk-ka*$_4$
[DUMU *a-ri-i*]*p-ú-ri-ik-ké*
4 [X ANŠE A-ŠÀ *i-n*]*a* ⸢A⸣-GÀR
[*š*]*a* UR[U *tup-šar-ri-(ni)*]*-we*
6 *i+na* KASKAL-⸢*ni*⸣ *š*[*a*
2-*ni*-⸢*šu*⸣ *ik-ki*-⸢*sú*!⸣ [...] X *ú-ka*$_4$*-al-lu*
8 *i+na e-le-en* [A-Š]À ^{I}[...]*-a**-*na**-⸢X⸣* KI-MIN
[*i*]*-na šu-pá-a*[*l*] A-ŠÀ ^{I}[...]-X-*še*
10 *i+na il-ta-an* A-ŠÀ [...]-X
i+na su-ta-an A-ŠÀ *ša* [
12 *a+na ti*$_4$*-te*$_9$*-en-nu-t*[*i a-na* 2 MU-MEŠ]
a+na ^{I}*pa-aš-ši-*[*ti*]*l-la* D[UMU *pu-la-ḫa-li*]
14 *at-ta-din ù* $^{[I]}$*pa-aš-ši-til-la*
5 (BÁN) ŠE-MEŠ 2 M[A-NA AN-N]A-MEŠ
16 *a-na* ^{I}*šu-ru-u*[*k-k*]*a*$_4$ [*it-t*]*a-din*
im-ma-ti-mi-e 2 M[U-MEŠ *im-ta-l*]*u*
18 5 (BÁN) ŠE-MEŠ 2 MA-N[A AN-NA-MEŠ ^{I}*šu-ru-uk-ka*$_4$]

a+na ^{I}*pa-aš-ši-til-*[*la*]
20 *ú-ta-ar* A-ŠÀ-*šu*
*i-le**-*qè šum-ma* [A-š]À
22 *pí-ir-qa ir-ta-ši*
T [...] *ù ša-ru-ka*$_4$ *ú-*[*za-ak*]-*ka*$_4$-*šu-*[*ma*]
24 [*a*]+*na* ^{I}*pa-aš-ši-til-*⸢*la*⸣
i-na-an-din
R 26 [*ṭ*]*up-pu an-nu-tu*$_4$
i+[*n*]*a* EGIR-*ki šu-du-ti*
28 *i+na* KÁ-GAL *ša* URU
tup-šar-ri-ni

30 IGI ^{I}*a-ki-ia* DUMU *ša-aš-ta-e*
IGI ^{I}*zi-me* DUMU *ṣí-li-ia*
32 IGI ^{I}*ak-ku-le-en-ni* DUMU *a-ki-it-te*
[IGI] ^{I}*at-ta-a-a* DUMU *za-zi-ia*
34 [ŠU ^{I}]^{d}UTU-PAP DUB-SAR DUMU *a-ki-ia*
[*an-nu*]-*tu*$_4$ LÚ *mu-še-el-wu*

36 N[A$_4$ ^{I}]*a-ki-ia*
(Sceau)
NA$_4$ ^{I}[*a*]*k-ku-le-en-*[*ni*]
(Sceau)
38 [NA$_4$ ^{I}*šu-ru-u*]*k*$^{?}$-*k*[*a*$_4$$^{?}$]
T [(Sceau)]
CG NA$_4$ ^{I}*zi-me* [NA$_4$ ^{I}...]-X
(Sceau)
40 *šum-ma* A-ŠÀ [*r*]*a**-*b*[*u**

TRADUCTION

1-7[Tablette de *tit*]*ennūtu*, [par laquelle Šur]ukka [fils d'Ari]p-urikke détient [x *imēru* de champ da]ns le terroir de [Tupšarrini]we sur la route de [... *qui le*] coupe en deux [...] 8-11(Ce champ est) à l'est du [ch]amp de [NP$_1$] de même, à l'ouest du champ de [NP$_2$], au nord du champ [...], au sud du champ de [...]. 12-14Je l'ai donné en *titennūt*[*u* pour 2 ans] à Pašši-[Ti]lla f[ils de Pula-ḫali]. 14-16Et Pašši-Tilla [a do]nné 5 *sūtu* d'orge (et) 2 m[ines d'étai]n à Šuru[kk]a.

17-21Lorsque 2 an[s se seront écoul]és, [Šurukka] rendra 5 *sūtu* d'orge (et) 2 mine[s d'étain] à Pašši-Til[la] (et) il reprendra son champ. 21-25Si le [cha]mp est l'objet d'une revendication, [...] alors Šurukka le l[ibé]rera [et] le donnera à Pašši-Tilla. 26-29Cette [t]ablette (a été écrite) après proclamation à la porte de Tupšarrini(we).

30Par devant Akiya fils de Šaš-tae.

[31]Par devant Zime fils de Ṣiliya.
[32]Par devant Akkul-enni fils d'Akitte.
[33][Par devant] Attaya fils de Zaziya.
[34][Ecrit par] Šamaš-nāṣir le scribe fils d'Akiya.
[35][Ce]s hommes sont les arpenteurs.
[36]Sce[au] d'Akiya.
[37]Sceau d'[A]kkul-en[ni].
[38][Sceau de Šuru]kk[a(?)].
[39]Sceau de Zime. [Sceau de ...].
[40]Si le champ est (trop) gra[nd ...].

COMMENTAIRE

ll. 6–7: M. A. Morrison traduit: «on the road of... does not cut in two... he holds», ce qui suppose une lecture du début de la l. 7: 2-*ni*-⸢*šu*⸣ *la ik-ki*-⸢*sú*?⸣. E. R. Lacheman a lu *x x-ni la ik-ki-x*. Sur la tablette, le signe qui se trouve entre 2-*ni* et *ik-ki*-⸢*sú*?⸣ n'est pas clair, mais il n'y a pas place pour deux signes. Une lecture 2-*ni-šu* paraît s'imposer pour *šinīšu*. D'autre part, si plusieurs descriptions de terrains dans les textes de Nuzi précisent qu'une parcelle est «coupée en deux» par une route ou un canal (cf. *CAD* N/2, *nakāsu*, 1c), on voit mal pourquoi on prendrait la peine de signaler ici qu'une route ne coupe pas le champ, car cela doit correspondre au cas le plus courant.

l. 7: les signes x *ú-ka*$_4$*-al-lu* sont écrits sur le revers de la tablette.

l. 8: les signes -*a**-*na**-⸢x⸣* KI-MIN sont écrits sur le revers.

l. 14: *at-ta-din* indique un discours à la première personne, mais on ne voit pas où commence cette déclaration de Šurukka.

ll. 17–20: M. A. Morrison traduit: «as soon as [Šurukka] returns the five BÁN of grain and two min[as of tin] to Pašši-Til[la].» Il me semble pourtant qu'on peut lire à la fin de la l. 17 la durée prévue, comme c'est souvent le cas à cet endroit dans les formulaires de *titennūtu*; cela permet de proposer la restitution de la l. 12.

l. 21: *i-le**-*qè* et non *i-te-qè* comme indiqué sur la copie.

l. 23: le nom propre Šurukka est écrit *ša-ru-ka*$_4$, graphie qui n'est répertoriée ni dans *NPN* ni dans *AAN*.

ll. 36–40: M. A. Morrison indique: «six seals.» Il semble cependant qu'il n'y ait que cinq sceaux; la l. 40 introduit une nouvelle clause, ajoutée au dernier moment par le scribe.

l. 39: la mention NA$_4$ ^{I}*zi-me* figure au dessus de l'empreinte du sceau et non au dessous comme indiqué sur la copie.

35 = EN 9/2 268

= SMN 2428.
Provenance: S 133.
Transcription: E. R. Lacheman, *SCTN* 2, p. 121.
Traduction: M. A. Morrison, *SCCNH* 4, p. 102.
Collations: G. Wilhelm, B. Lion.

Šekari donne en *titennūtu* pour 3 ans un champ, un verger, un puits et une aire à Paššiya [fils de P]ula-ḫali, contre 5 mines d'étain.

(*Début de la face perdu*)
[*i+na*] ⸢*e*⸣-[*le-en*
2′ [*i+n*]*a šu-pa-al* A-ŠÀ *ša* ^{I}⸢X⸣-[
i+na su-ta-an A-ŠÀ *ša* ^{I}*ip-šá-a-a*
4′ *i+na il-ta-an a-tap-pí*
ša ^{I}*ar-šá-lì it-ti* ^{GIŠ}KIRI$_6$-*šu*
6′ *it-ti* PÚ-*šu ù it-ti*
ma-ag-ra-at-ti-šu a-na
8′ *ti*$_4$-*te-en-nu-ti a-na* ⸢3⸣ [MU-MEŠ]
[*a*]-*na* ^{I}*pa-aš-ši-ia*
T 10′ [DUMU *p*]*u-la-ḫa-li*
[*it*]-*ta-din ù*
R 12′ ^{I}*pa-aš-ši-ia* 5 M[A-NA AN-NA-MEŠ]
ki-i-ma A-ŠÀ-*šu a-na*
14′ ^{I}*še-kà-ri it-ta-di*[*n*]
ù im-ma-ti-me-e
16′ 3 MU-MEŠ *im-ta-lu-ú*
⸢5⸣ [M]A-NA AN-NA ^{I}*še-ka*$_4$-*ri*
18′ [*a-n*]*a* ^{I}*pa-aš-ši-ia* GUR-*ma*
[A-ŠÀ-*šu i-leq*]-⸢*qè*⸣*
(*Fin du revers perdue*)
CG (Sceau)*
[N]A$_4$* *še**-*ka*$_4$*-*r*[*i*]*

Traduction

[*Šekari*] 7′-11′a donné en *titennūtu* pour 3 [ans] à Paššiya [fils de P]ula-ḫali 1′-7′[un champ à l']e[st de ...], à l'ouest du champ de [NP], au sud du champ d'Ipšaya, au nord du canal d'Aršali, avec son verger, avec son puits et avec son aire à battre. 11′-14′Et Paššiya a donn[é] 5 m[ines d'étain] à Šekari pour son champ. 15′-19′Et lorsque 3 ans se seront écoulés, Šekari rendra 5 [m]ines d'étain à Paššiya et [il repren]dra [son champ].

[...]

1″[Sc]eau de Šekar[i].

COMMENTAIRE

ll. 4'–5': M. A. Morrison traduit: «north of the canal Aršašitti, [Šekari] has given his orchard...», ce qui implique, pour la transcription de la l. 5': *ša* ^{I}*ar-šá-ši-it-ti* ^{GIŠ}KIRI$_6$-*šu*. En revanche, l'index des noms propres, *SCCNH* 4, p. 110, donne pour cette l. le nom Ar-šali. La lecture *a-tap-pí ša* ^{I}*ar-šá-lim* a été vue également par G. G. W. Müller, *ZA* 88 (1998), p. 158. Dans ce cas, la compréhension du texte est légèrement différente: Šekari ne donne pas seulement en *titennūtu* à Paššiya un verger, mais un champ (A-ŠÀ, l. 13') avec (*it-ti*), en plus, un verger. *SCCNH* 5, p. 114, note aussi qu'il s'agit de: «a field with an orchard, well, and threshing floor.» L'anthroponyme Aršali est à l'origine d'un toponyme, un *dimtu*, cf. *RGTC* 10, p. 47.

l. 17': ⸢5⸣ est restitué par comparaison avec la l. 12'. Sur la tablette, comme sur la copie, seules les têtes des trois clous supérieurs sont visibles.

CG: voici la copie de ce côté, qui a été oubliée sur la planche:

36 = EN 9/2 33

= SMN 2376.

Provenance:	S 152.
Transcription:	E. R. Lacheman, *SCTN* 2, p. 105.
Traduction:	M. A. Morrison, *SCCNH* 4, p. 101.
Collations:	G. Wilhelm, B. Lion.

[*Ṭuppi marūti*]: Tae adopte Pašši-Tilla et lui donne un verger en échange de 5 mines d'étain, 2 mines de bronze, 1 *pi* d'orge et 2 *sūtu* de froment.

Scribe: Zu-^{d}IM.

(*Début de la face perdu*)
[...]⸢*su* X⸣ [
2' [X] *ma-ti* X [...] X 20 *i-na am-ma-ti*
[*l*]*i-mi-is-*[*su*] ⸢*i*⸣+*na ḫu-ub-bal-li*
4' *i*+*na* AN-T[A-*ni*] ^{GIŠ}KIRI$_6$ *ša* ^{I}*ḫa-ši-ip*-LUGAL
i+*na šu-pa-*[*al*] ^{GIŠ}KIRI$_6$ *ša* ^{I}*ta-i-še-en-ni*
6' *i*+*na il-ta-na-an ma-ag-ra-at-ti ša é-kál-lì*
i+*na šu-ta-a-an* BÀD *ša* ^{I}*te*-ḫi-ia*
8' ^{GIŠ}KIRI$_6$ *an-na* ^{I}*ta-e ki-ma*

ḪA-LA-*šu a-na* ^{I}*pa-áš-ši-til-la it-ta-din*
10′ *ù* ^{I}*pa-áš-ši-til-la*
5 MA-NA *an-na-ku* 2 MA-NA ZABAR
12′ 1 (PI) ŠE-MEŠ 2 (BÁN) GIG [*a*]*n-na* KÙ-BABBAR-MEŠ
[^{I}*pa*]*-áš-ši-til-l*[*a*] *ki-ma* NÌ-BA-[*šu*]
14′ [*a-n*]*a* ^{I}*ta-e it-ta-din*
[*ma-a*]*n-nu ša ina da-ba-bi an-na*
16′ [KI-BA]L-tu_{4} 2 MA-NA KÙ-BABBAR-MEŠ
[2 MA-N]A KÙ-[SIG_{17}-MEŠ *ú-ma-al-la*]
(*Fin de la face, tranche et début du revers perdus*)
R [IGI ^{I}...] ⸢X⸣ [
2″ [IGI ^{I}*a-ri*]*-ip-til-la* [DUMU
[IGI ^{I}*pa*]*l-te-e-a* [DUMU
4″ [IGI ^{I}]⸢*a*⸣*-kip-ta-še-e*[*n*]-⸢*ni*⸣ [DUMU
[IGI ^{I}*t*]*e-eš-šu-ú-a-*⸢*a*⸣ DU[MU
6″ [*mu-šal*]*-mu-*[*ú š*]*a* $^{GIŠ}KIRI_{6}$ *ù ša* KÙ-[BABBAR *id-di-nu*]

IGI ^{I}*ta-e* DUMU *be-li-ia*
8″ IGI ^{I}*ki-ip-ta-li-li* DUMU *ze-el-*[
IGI ^{I}ÌR-ŠEŠ-MEŠ-*šu* DUMU *še-en-ni-e*
10″ IGI ^{I}*ki-*[*pa-le*]*-en-na* DUMU *pu-la-ḫa-la*
IGI ^{I}*zu-*$^{[d]}$IM DUB-SAR

[(Sceau)] (Sceau)
12″ [...] NA$_{4}$ ^{I}*a-kip-ta-še-en-ni*
(Sceau) (Sceau)
[NA$_{4}$ ^{I}...]*-ta-a-a* NA$_{4}$ ^{I}*a-ri-ip-til-la*
(Sceau) (Sceau)
14″ [NA$_{4}$ ^{I}*p*]*al-te-e-a* NA$_{4}$ ^{I}*te-*[*eš-šu-ú-a-a*]
CG [N]A$_{4}$ ^{I}*zu-*^{d}IM DUB-SAR
(Sceau)*

TRADUCTION

$^{1'-3'}$[...] sa circonférence (mesurée) le long de la clôture (est de) [x] *centaines* [...+] 20 coudées. $^{4'-7'}$(Ce verger est situé) à l'est du verger de Ḫašip-šarri, à l'ouest du verger de Tai-šenni, au nord de l'aire à battre du palais, au sud du mur de Teḫiya. $^{8'-9'}$Tae a donné ce verger comme sa part d'héritage à Pašši-Tilla. $^{10'-14'}$Et Pašši-Tilla a donné à Tae comme présent [pour lui] cet argent: 5 mines d'étain, 2 mines de bronze, 1 *pi* d'orge, 2 *sūtu* de froment. $^{15'-18'}$[Ce]lui qui [conteste]ra cet accord [devra verser] 2 mines d'argent [(et) 2 min]es d'o[r].

[...]

$^{1''}$[Par devant ...],

2″[par devant Ar]ip-Tilla [fils de ...],
3″[par devant Pa]l-teya [fils de ...],
4″[par devant] Akip-tašenni [fils de ...],
5″[par devant T]eššuya fi[ls de ...],
6″[les arpen]teur[s d]u verger, qui [ont donné] l'arg[ent].
7″Par devant Tae fils de Bēliya.
8″Par devant Kip-talili fils de Zel[...].
9″Par devant Ward-aḫḫēšu fils de Šenne.
10″Par devant Ki[pal]-enni fils de Pula-ḫali.
11″Par devant Zu-$^{[d]}$IM le scribe.
12″[...]. Sceau d'Akip-tašenni.
13″[Sceau de ...]taya. Sceau d'Arip-Tilla.
14″[Sceau de P]alteya. Sceau de Te[ššuya].
15″[Sc]eau de Zu-^{d}IM le scribe.

Commentaire

ll. 1′–2′: M. A. Morrison traduit «... x cubits ... twenty cubits its circumference», en lisant probablement [*am*]-*ma-ti* l. 2′; dans ce cas la première mesure représenterait la longueur ou la largeur du verger. Il est possible aussi de voir dans *ma-ti* l'expression de «centaines» de coudées, le début et la fin du nombre exact étant perdus.

l. 7′: la tablette montre clairement ^{I}*te-ḫi-ia*, alors que la copie porte ^{I}*še-ḫi-ia*. M. A. Morrison a bien enregistré ce personnage sous le nom de Teḫiya.

ll. 10′ et 13′: le scribe a répété inutilement le nom de Pašši-Tilla.

l. 15′: le scribe semble avoir hésité entre deux formules: *ma-an-nu ša da-ba-bi an-na* KI-BAL-*at* et *ma-an-nu ša ina lìb-bi-šu-nu* KI-BAL-*at*.

l. 9″: index des noms propres, *SCCNH* 4, p. 114: «Ward-aḫḫešu son of [ ]-Šenni.»

l. 10″: les graphies *ki*-[*pa-le*]-*en-na* pour Kipal-enni et *pu-la-ḫa-la* pour Pula-ḫali sont uniques dans cette archive. Le scribe Zu-^{d}IM, auteur de ce texte, ne semble pas avoir rédigé d'autres documents pour la famille de Pašši-Tilla.

l. 14″: le nom de Teššuya est proposé d'après la l. 5″.

l. 15″: le sceau du scribe, dont l'empreinte est très effacée, semble avoir porté une inscription.

37 = EN 9/2 250

= SMN 2221.
Provenance: N 120 (?).
Transcription: E. R. Lacheman, *SCTN* 2, p. 42.
Collations: G. Wilhelm, B. Lion.

Paššiya [fils de Pula-ḫali] achète des ovins à Ḫašiya fils de Ward-aḫḫē (écrit Bēl-aḫḫē).

Ecrit à [la porte de] Tupšarriniwe.

Scribe: Šamaš-nāṣir fils d'Akiya.

[... ^{I}*pa-aš-š*]*i-ia*
2 [DUMU *pu-la-ḫa-li*] *a-na ši-mi*
[*a-na* ^{I}*ḫa-ši-ia*] DUMU EN-ŠEŠ
4 [*it-ta-din*] 5 UDU-MEŠ SIG$_5$ *il-qú ù iš-ṭú-ru-šu* U[DU *šu-nu* ... (?)]
[*i+na-an-n*]*a** 3 UDU-MÍ SIG$_5$-*qú*
6 [^{I}*ḫa*]-*ši-ia a-na* ^{I}*pa-aš-ši-ia*
[*i+n*]*a-an-din*
8 [*šum*]-*ma* UDU-MEŠ ^{I}*ḫa-ši-ia*
la i+na-an-din i+na UGU-*šu*
10 *ú-la-ad ù i-bá-aq-qa-an*
ù ^{I}*pal-te-e* Š[EŠ*-*šu*]
12 *a-na* ^{I}*ḫa-ši-ia*
ma-ḫi-iṣ pu-tu$_4$
14 *ṭup-pu an-nu-tu*$_4$ *i+n*[*a* KÁ-GAL *ša* URU]
tup-šar-ri-we ša-ṭì-[*ir*]

16 IGI ^{I}TUKUL-DINGIR DUMU *pu-i-ta-*⸢*e*⸣
IGI ^{I}*a-ki-ia* DUMU IZI-*ku-bi*
18 IGI ^{I}⸢*e*⸣-*nu-qí* DUMU *te-ḫi-ip-til-la ša* URU *a-šu-ḫi-iš*
IGI ^{I}*ḫa-lu-*⸢*ut-ta*⸣ DUMU *a-ki-ia*
20 ŠU ^{Id}UTU-PAP DUMU *a-ki-ia*
DUB-SAR
T (Sceau)*
R 22 NA$_4$ ^{I}*ḫa-lu-ut-ta*
NA$_4$ ^{Id}UTU-PAP
(Sceau)
24 NA$_4$ ^{I}*a-ki-ia*
(Sceau)
NA$_4$ ^{I}*ḫa-ši-ia*
(Sceau)
(Sceau)*
CG 26 NA$_4$ ^{I}*pal-te-e*
(Sceau)
T+CD [...]* *na*-ši**

TRADUCTION

[1-4][Pašš]iya [fils de Pula-ḫali a donné *telle somme* à Ḫašiya] fils de Bēl-aḫḫē (sic) pour prix d'achat. [4]Ils ont pris 5 bons moutons et ils les ont inscrits. [Ces] mo[utons ...] [5-7][A prése]nt, [Ḫa]šiya [doit] donner à Paššiya 3 bonnes brebis. [8-10][S]i Ḫašiya ne donne pas les moutons, elles (= les brebis) auront des petits à son profit et il pourra (les) tondre. [11-13]Et Pal-teya [son] fr[ère] sert de garant à Ḫašiya.

[14-15]Cette tablette a été écri[te] à [la porte de] Tupšarri(ni)we.

[16]Par devant Tukultī-ilu fils de Pui-tae.

[17]Par devant Akiya fils de Nūr-Kūbi.

[18]Par devant Enuqi fils de Teḫip-Tilla, de la ville d'Ašūḫiš.

[19]Par devant Ḫalutta fils d'Akiya.

[20-21]Ecrit par Šamaš-nāṣir fils d'Akiya, le scribe.

[22]Sceau de Ḫalutta.

[23]Sceau Šamaš-nāṣir.

[24]Sceau d'Akiya.

[25]Sceau de Ḫašiya.

[26]Sceau de Pal-teya.

[27][...]

COMMENTAIRE

ll. 1–5: les restitutions proposées sont hypothétiques. On peut comprendre que Paššiya achète soit 5 moutons et 3 brebis, c'est-à-dire 8 ovins en tout, soit 5 ovins en tout (UDU l. 4 étant considéré comme un terme générique) parmi lesquels il y a 3 brebis.

l. 3: la liste des textes, *SCCNH* 4, p. 141, décrit ainsi EN 9/2 250 (37): «Damaged sale agreement by which Ḫašiya son of [Ward-aḫḫē[?]] sells sheep to Paššiya.» L'index des noms propres, p. 111, ne répertorie pas de Ḫašiya pour le texte EN 9/2 250 (37). Le nom lisible à la fin de la l. 3 est EN-ŠEŠ et non ÌR-ŠEŠ. *SCCNH* 5, p. 113, note bien «Ḫašiya son of Bel-aḫḫe.» Il n'y a cependant aucun Ḫašiya fils de Bēl-aḫḫē dans l'archive des descendants de Pula-ḫali et il faut considérer que le scribe a commis une erreur, écrivant EN-ŠEŠ pour ÌR-ŠEŠ. Ḫašiya fils de Ward-aḫḫē est bien connu dans l'archive et la présence de son frère Palteya comme garant l. 11 renforce cette hypothèse.

l. 4: SIG$_5$ est écrit sur une érasure. Les signes *il-qú ù iš-ṭú-ru-šu* U[DU *šu-nu* ... (?)] figurent sur le revers de la tablette.

l. 5: le scribe a noté SIG$_5$-*qú*, alors que la forme correcte serait *damqāti*.

ll. 9–10: comprendre: elles auront des petits au profit de Paššiya et Paššiya pourra (les) tondre.

l. 10: *ú-la-ad* est au singulier.

l. 11: le signe cassé ressemble à un début de *n*[*i**-...]. Il peut cependant s'agir d'un début de Š[EŠ*-...], ce qui convient mieux ici, Palteya fils de Ward-aḫḫē étant attesté à plusieurs reprises dans l'archive.

l. 18: les signes *ša* URU *a-šu-ḫi-iš* sont écrits sur le revers.

l. 23: le sceau du scribe Šamaš-nāṣir est le même que celui qu'il utilise en EN 9/2 337 (48): 15.

l. 24: le sceau d'Akiya est le même que celui qu'il utilise en EN 9/2 349 (29): 19.

l. 27: d'après les collations, une ligne abîmée sur la tranche supérieure se poursuivait sur le côté droit de la tablette par *na-ši*. Ces signes ne figurent pas sur la copie. Cf. G. Wilhelm, *SCCNH* 9, p. 214 (b). Il faut peut-être y voir une clause concernant la responsabilité de la livraison des ovins, la fin d'une expression du type [*pīḫata*] *naši* par exemple.

38 = EN 9/2 283

= SMN 2401.
Provenance: S 132.
Transcription: E. R. Lacheman, *SCTN* 2, p. 117.
Résumé: M. A. Morrison, *SCCNH* 4, p. 102 et n. 37.
Collations: G. Wilhelm, B. Lion.

Déclaration de Taika fils d'Akap-šenni: il vend à Pašši-Tilla fils de Pula-ḫali, contre 6 mines d'étain, une porte qu'il a reçue dans l'héritage de son père.

Scribe: Šamaš-nāṣir.

Remarque: le revers de cette tablette est écrit non dans le sens habituel, mais dans le même sens que la face: il faut faire pivoter le texte horizontalement, sur son côté long, et non verticalement sur son petit côté, pour pouvoir le lire en continu.

um-ma ^{I}*ta-i-ka*$_4$*-ma*
2 DUMU *a-kap-še-en-ni*
[*i*]*l-te-en-nu-tu*$_4$ GIŠ-IG
4 ḪA-LA-*ia ša* ⸢É⸣* *e*-ka*$_4$*-⸢*al*-li*⸣*
iš-tu É *ša a-bi-ia*
6 *ša el-te-qú-*⸢*ú*⸣
ù i+na-an-n[*a*] *a-na ši-*⸢*mi*⸣
8 *a+na* ^{I}*pa-ši-*[*til-l*]*a* DUMU *pu-la-ḫ*[*a-l*]*i*
it-ta-din ⸢*ù* ^{I}⸣[*pa-a*]*š-ši-til-la*
10 6 MA-NA [A]N-NA {*a-na*}
a+na ^{I}*ta-*⸢*i-ka*$_4$ *a*⸣*-na ši-mi a-na* [1 G]IŠ*-IG*
12 *i*[*t-t*]*a-din*
[*š*]*um-ma* GIŠ-IG
T *pí-ir-qa ir-ta-ši*
^{I}*ta-i-ka*$_4$
16 *ú-za-ak-ka*$_4$*-ma*
R NA$_4$ ^{I}*ta-*⸢*ia** DUMU*⸣ X* X*-*ia*

(Sceau)
(Sceau)
18 [N]A$_4$ ^{I}*t*[*a*]-⌜*i*⌝-*ka*$_4$
(Sceau)
NA$_4$ ^{Id}UTU-PAP DUB-SAR

TRADUCTION

1-2Ainsi (parle) Taika fils d'Akap-šenni:

3-6«Une porte, ma part d'héritage de l'*ekallu* de la maison de mon père, que j'ai reçue.»

7-9Et maintenant, il l'a vendue à Pašši-[Till]a fils de Pula-ḫ[al]i, 9-12et [Pa]šši-Tilla a [d]onné à Taika 6 mines d'[é]tain pour prix [d'une] porte. 13-14[S]i la porte est l'objet d'une revendication 15-16Taika (la) libérera.

17Sceau de Taya fils de [x x]-ia.

18[Sc]eau de Taika.

19Sceau de Šamaš-nāṣir le scribe.

COMMENTAIRE

l. 3: *iltēnūtu* est le plus souvent traduit par «ensemble.» E. Reiner a cependant montré qu'à Nuzi, ce terme pouvait désigner simplement l'unité: «One Potato, Two Potato», dans B. Böck, E. Cancik-Kirschbaum et T. Richter (éds.), *Munuscula Mesopotamica. Festschrift für Johannes Renger*, AOAT 267, Münster, 1999, pp. 381–84.

l. 4: E. R. Lacheman a lu à la fin de la ligne ⌜É⌝ *e-qa-*⌜*a-ru*⌝. Les collations montrent une graphie syllabique, rare, pour *ekalli*, qui désigne la pièce principale de la maison. L'écriture d'*ekallu* avec un signe *e* (et non *é*) est possible, cf. dans cette même archive EN 9/2 292 (12): 7, *e-kál-li*. Voici la copie de cette ligne:

l. 11: les signes *-mi a-na* [1 G]IŠ*-IG* sont écrits sur le revers de la tablette; sur la planche, ils sont d'ailleurs copiés au revers, après la l. 18.

l. 17: E. R. Lacheman a lu *aban* ^{m}*ta-ia mâr* x-*ia*, lecture confirmée par les collations. Les derniers signes ne figurent pas sur la copie.

39 = EN 9/2 299

= SMN 2681.
Provenance: P 485!
Transcription: E. R. Lacheman, *SCTN* 2, p. 219.
Résumé: M. A. Morrison, *SCCNH* 4, p. 103.
Collations: G. Wilhelm, B. Lion.

Ṭuppi mā[*rtūti*]: Uante fils de Bēl[aya] donne sa sœur Elwini à Pašši-Tilla fils de Pu[la-ḫal]i.

Scribe: Šamaš-nāṣir fils d'Akiya.

ṭup-pí ma-a[*r-tù-ti*]
2 *ša* ^{I}*ú-a-an-te* DU[MU] EN-*l*[*a*$^{?}$*-*ia*]
ù a-ḫa-as-sú ^{f}*el-wi-*[*ni*]
4 *a+na ma-ar-tù-ti a+na*
^{I}*pa-aš-ši-*[*ti*]*l-la* ⸢DUMU *pu*⸣-[*la-ḫa-l*]*i* SÌ
6 *ù* ^{I}*pa-a*[*š-š*]*i-til-la* ⸢*a*⸣-[*na*]
*aš-šu-ti a+na** LÚ D[UMU]
8 *ša* KUR *ar-ra-áp*-ḫe* [*i-na-an-din*]
ù te-⸢*er*⸣*-ḫ*[*a*]*-ti š*[*a*$^{!}$ ^{f}*e*]*l-*⸢*wi*-ni*⸣*
10 40 SU KÙ-BABBAR-ME[Š ...] *ša ḫa-ta-ni* /:* *i-le-qè*
ù ^{I}*pa-aš-ši-ti*[*l-l*]*a* ⸢X* X* X*⸣
12 *ša* ^{I}*el-wi-n*[*i š*]*a*$^{?}$ LÚ *ḫa-ta-nu*
na aḫ* te* a* aš* še* na**
14 ^{I}*pa-aš-ši-til-la ú-*⸢X⸣*-lu*-*X-X-X
ù ^{I}*pa-aš-ši-til-la* ^{f}*el-wi-*[*ni la*]
16 *ur-te-eb-bi ki-ma ur-te-bi-šu*
a+na ma-ar-tù-ti ^{I}*ú-a-an-te*
18 *a+na* ^{I}*pa-aš-ši-til-la-ma id-din*^{in}
ma-an-nu-⸢*um*⸣**-mi-e*
20 *i-na bi*$_{4}$*-r*[*i*]*-šu-nu ša*
KI-BA[L-*t*]*u*$_{4}$ 1 MA-NA KÙ-BABBAR
T 22 *ù* 1 MA-NA KÙ-SIG$_{17}$
ú-ma-al-la
R 24 *iš-tu* 40 S[U] KÙ-BABBAR *ša-a-šu*
15 KÙ-BABBAR ^{I}*pa-aš-ši-*[*ti*]*l-la*
26 *a-šar* LÚ *ḫa-ta-ni* ⸢*ú*⸣**-*[*k*]*ál**^{al}*
ù re-eḫ-tu$_{4}$ K[Ù-BABBA]R ^{I}*ú-*⸢*a-an*⸣*-te*
28 IGI ^{I}*a-ki-ia* DUMU *ša-aš-t*[*a*]*-*⸢*e*⸣
IGI ^{I}*at-ta-a-a* DUMU *zi-li-p*[*a-pu*]
30 IGI ^{I}*ḫa-ši-ia* DUMU ⸢ÌR⸣-ŠEŠ
IGI ^{I}*za-zi-ia* DUMU [*a*]*k-ku-ú-ia*

32 IGI ^{I}*ta-e* DUMU *te-*⌜*ḫi*⌝**-ia*
IGI ^{I}*tup-pí-ia* DUMU *zi-li-pa-pu*
34 ŠU ^{Id}UTU-PAP DUMU *a-ki-ia* DUB-SAR
NA$_4$ ^{I}*a-ki-ia*
(Sceau)
36 NA$_4$ ^{I}*ta-e* NA$_4$ ^{I}*tup-pí-ia*
(Sceau) (Sceau)
NA$_4$ ^{I}*ḫa-ši-ia*
T (Sceau)*
(*Tourné à 90*^{0})
38 NA$_4$ ^{I}*šu-ru-uk-*[*ka*$_4$]
(Sceau)
DUMU *a-*[*ri*]*-ip-ú-ri-*[*ik-ké*]
CG 40 NA$_4$ ^{I}*za-zi-ia* NA$_4$ ^{I}*at-ta-a-a*
(Sceau) (Sceau)

TRADUCTION

$^{1-5}$Tablette d'ado[ption], par laquelle Uante fi[ls] de Bēl[aya] a donné sa sœur Elwi[ni] comme fille à Pašši-[Ti]lla fils de Pu[la-ḫal]i. $^{6-8}$Et Pa[šš]i-Tilla [(la) donnera] en mariage à un homme l[ibre] du pays d'Arrapḫa. $^{9-10}$Et il recevra la *terḫatu* d['E]lwini, 40 sicles d'argent, [...] du beau-père.

$^{11-14}$Et Pašši-Ti[lla ...] Elwini du/que le beau-père [...] Pašši-Tilla [...].

$^{15-16}$Et Pašši-Tilla [n'a pas] élevé Elwi[ni]; $^{16-18}$après l'avoir élevée, Uante l'a donnée comme fille à Pašši-Tilla.

$^{19-23}$Quiconque parmi eux contes[ter]a (cet accord) devra verser 1 mine d'argent et 1 mine d'or.

$^{24-27}$Sur ces 40 sic[les] d'argent, Pašši-Tilla retiendra 15 (sicles) d'argent provenant du beau-père et le reste de l'a[rgen]t (appartiendra à) Uante.

^{28}Par devant Akiya fils de Šaš-t[a]e.

^{29}Par devant Attaya fils de Zilip-[apu].

^{30}Par devant Ḫašiya fils de Ward-aḫḫē.

^{31}Par devant Zaziya fils d'[A]kkuya.

^{32}Par devant Tae fils de Teḫiya.

^{33}Par devant Tuppiya fils de Zilip-apu.

^{34}Ecrit par Šamaš-nāṣir fils d'Akiya le scribe.

^{35}Sceau d'Akiya.

^{36}Sceau de Tae. Sceau de Tuppiya.

^{37}Sceau de Ḫašiya

$^{38-39}$Sceau de Šuruk[ka] fils d'A[r]ip-uri[kke].

^{40}Sceau de Zaziya. Sceau d'Attaya.

COMMENTAIRE

l. 2: la première syllabe du patronyme d'Uante est EN-; pour la seconde syllabe, les collations montrent le début d'un clou horizontal, qui peut évoquer un *n*[*a*] ou un *l*[*a*]. M. A. Morrison, *SCCNH* 4, hésite entre «Uante son of *EN*[ ]» (p. 103), «Uante son of EN-[la-ya?]» (p. 114) et enfin «Uante son of Enna-mati» (p. 142), proposition reprise par D. I. Owen, *SCCNH* 5, p. 117. La solution retenue ici vient de la présence d'un [^{I}*ú-a*]-*an-te* DUMU EN-*la-i*[*a*] dans EN 9/2 97+ (45): 15'; il doit s'agir de la même personne.

ll. 11–14: ces lignes me restent incompréhensibles. A la l. 13, *na-aḫ-te-a-aš-še-na* est certainement un terme hourrite.

l. 16: le pronom personnel suffixe est au masculin alors qu'il désigne Elwini. Sur ce phénomène, cf. C. H. Gordon, «The Pronoun in the Nuzi Tablets», *AJSL* 51 (1934), p. 7.

l. 29: M. A. Morrison, *SCCNH* 4, p. 103 n. 39 et p. 110 lit «Attaya son of Zaziya», ce qui ne correspond pas à la tablette.

40 = EN 9/2 391

= SMN 2246.
Provenance: N 120 (?).
Transcription: E. R. Lacheman, *SCTN* 2, p. 70.
Collations: G. Wilhelm, B. Lion.

Pašši-Tilla fils de Pula-ḫali embauche Arnukka fils d'Elḫip-Tilla pour faire des briques, contre un salaire de 2 mines d'étain et 3 *sūtu* d'orge pour sa nourriture.

2 MA-NA [*an-na*]-*ku*-MEŠ
2 *ki*-ma ig-ri-šu*
ù 3 (BÁN) ŠE *ki-ma a-ka*$_4$*-li-šu*
4 *ša* ^{I}*pa-aš-ši-til-la* DUMU *pu-la-ḫa-li*
^{I}[*a*]*r*-nu-uk-ka*$_4$ DUMU *el-ḫi-ip-til-la*
6 [*i*]*l-qè ù i+na* ITI-*ḫi ki*-⸢*nu*-na*$^{!}$⸣**-ti*
[...] X *ši* 2 *li-im*
8 [...] *ma-ti* SIG$_4$-MEŠ
[^{I}*a*]*r-nu-uk-ka*$_4$ *a-na*
10 [^{I}*p*]*a*$^{!}$*-aš-ši-til-la i-la-ab-bi-in*
⸢*ù*⸣ *ku-ub-*[*t*]*a i-ma-aḫ*$_4$*-as-sú-ma*
12 [*a-n*]*a* ^{I}*pa-aš-ši-*[*til-l*]*a i-na-an-din*
[...]-*ú*
(*Fin de la face, tranche et début du revers perdus*)
R [...] X *ta* X [
2' [*šum-ma la i-la-ab*]-*bi-in*

[... ^{I}*a*]*r-nu-u*[*k-ka*$_4$]
4' [*a-na*] ^{I}*pa-aš-ši*-[*til-la*]
[*ú*]-*ma-al*-[*la*]*
6' [NA$_4$ ^{I}...]-*i-til-la*
(Sceau)
(Sceau)
NA$_4$ ^{I}*a-ki*-[*i*]*a* DUMU *ša-aš*-[*ta-e*]
T (Sceau)
8' NA$_4$* ^{I*}[...] DUMU* *eḫ*$^{?*}$-[*li*$^{?}$]*-*ia*$^{?*}$
CG [NA$_4$ ^{I}EN-*l*]*i*$^{?}$-⸢*ia*⸣ LÚ *ma-ṣar a-bu-ul-l*[*i*]
(Sceau)

TRADUCTION

$^{1-6}$[A]rnukka fils d'Elḫip-Tilla [a r]eçu de Pašši-Tilla fils de Pula-ḫali 2 mines [d'éta]in pour son salaire et 3 *sūtu* d'orge pour sa nourriture. ^{6}Et au mois *kinūnu* $^{9-10}$[A]rnukka fera pour [P]ašši-Tilla ^{7}[...] 2000 ^{8}[+x] centaines de briques, ^{11}il le(s) mettra en tas et ^{12}il (les) donnera à Pašši-[Till]a.

[...]

$^{2'-5'}$[S'il ne fait pas les br]iques, [A]rnu[kka v]erse[ra ... à] Pašši-[Tilla].

$^{6'}$[Sceau de ...]i-Tilla.

$^{7'}$Sceau d'Aki[y]a fils de Šaš-[tae].

$^{8'}$[Sceau de ...] fils d'Eḫ[li]ya (?).

$^{9'}$[Sceau de Bēl]iya le gardien de la porte.

COMMENTAIRE

l. 4: les signes *-la-ḫa-li* sont écrits sur le revers de la tablette.

l. 5: les signes *-ḫi-ip-til-la* sont écrits sur le revers.

l. 6: graphie *ki-nu-na-ti* pour le mois *kinūnu*: cf. C. H. Gordon et E. R. Lacheman, «The Nuzu Menology», *ArOr* 10 (1938), p. 62.

l. 10: les signes *-bi-in* sont écrits sur le revers.

l. 11: les signes *-as-sú-ma* sont écrits sur le revers.

l. 8': cette ligne, très effacée, manque sur la copie. Le seul personnage du nom d'Eḫliya qui apparaisse dans l'archive des fils de Pula-ḫali est fils d'Akkuya et père de Tarmi-Tilla, Akawatil et Ḫutip-apu. L'un de ces trois frères est donc probablement le témoin qui a apposé son sceau ici.

41 = EN 9/3 518

= SMN 2356.
Provenance: S 132.
Transcription: E. R. Lacheman, *SCTN* 2, p. 95.
Collations: G. Wilhelm, B. Lion.

Pašši-Tilla fils de [Pula-ḫali] donne de l'orge à Ḫutiya fils d'EN[...]. Ce dernier doit fabriquer 4000 briques pour Pašši-Tilla.

Scribe: Enna-[mati].

[X AN]ŠE 2 (BÁN) Š[E*-MEŠ *ša*]
2 $^{[I]}$*pa-aš-ši-til-la* DU[MU *pu-la-ḫa-li*]
^{I}*ḫu-ti-*⸢*ia*⸣ DUMU EN-[
4 *i-*⸢*il*⸣*-te-qè* 10* ⸢X⸣*-[
4 ⸢*li*⸣**-im* SIG$_4$ ^{I*}*ḫu**-[*ti-ia*]
6 *i+na* <ITI>-*ḫi im-pu-ur-t*[*a-(an)-ni*]
i-la-ab-in-nu
8 *a+na* ^{I}*pa-aš-ši-til-la*
i-<*na*>*-an-din šum-ma* S[IG$_4$*-MEŠ]
10 ^{I}*ḫu-ti-ia la* [*i-la-(ab)-bi-in*]
T 6 UDU-NITA 1 ⸢X⸣-[
12 ^{I}*ḫu-t*[*i-ia*]
R *a-na* ^{I}*pa-aš-*⸢*ši-til-la*⸣
14 *ú-ma-al-la*

IGI *ḫé-er*$^{!}$*-ki-ia* D[UMU
16 IGI *ḫa-ši-ip-til-la* D[UMU
IGI *du-ug-li-*DINGIR
18 DUMU *pu-i-ta-*⸢*e*⸣
[I]GI *ta-e* DUMU E[N$^{?}$**-li-ia*]
(Sceau)*
(*Tranche supérieure perdue*)
CG [Š]U *en-na-*[*ma-ti*]
2′ DUB-[S]AR

Traduction

$^{1-4}$Ḫutiya fils d'EN[...] a reçu [x *im*]*ēru 2 sūtu* d'o[rge de] Pašši-Tilla fi[ls de Pula-ḫali]. $^{4-7}$Ḫu[tiya] fera 10 [...] (et) 4000 briques au <mois> *impurt*[*anni*] $^{8-9}$(et) il (les) donnera à Pašši-Tilla. $^{9-10}$Si Ḫutiya ne [fait] pas les b[riques], $^{11-14}$Ḫut[iya] devra verser 6 moutons mâles (et) 1 [...] à Pašši-Tilla.

^{15}Par devant Ḫerkiya f[ils de...].

^{16}Par devant Ḫašip-Tilla f[ils de...].

[17-18]Par devant Tukultī-ilu fils de Pui-tae.
[19][Par] devant Tae fils de Bē[liya].
[...]
[1'-2'][Ec]rit par Enna-[mati] le scr[i]be.

COMMENTAIRE

l. 3: *AAN*, p. 61, signale un Ḫutiya fils d'Enna-milki dans HSS 16 465: 1 et HSS 19 1: 20, 33. Mais ces deux textes proviennent de la partie sud-ouest du tell et semblent liés aux archives des familles retrouvées dans ce secteur, non à celle de Paššі-Tilla (M. A. Morrison, *SCCNH* 2, pp. 167–201). Il ne s'agit donc pas forcément du même personnage.

l. 4: le chiffre 10 ne peut être suivi par une unité supérieure au millier, car le signe suivant 10 (deux débuts de clous horizontaux) ne convient ni pour *nubi*, 10.000, ni pour *zubu*, 100.000. De telles quantités sont d'ailleurs exceptionnelles à Nuzi. On pourrait également penser à une autre fabrication que doit effectuer Ḫutiya, mais le signe ne convient pas mieux pour *agurru*, brique cuite.

l. 7: on attend plutôt *i-la-ab-bi-in*. Le texte est très fautif, cf. les signes oubliés ll. 6 et 9.

l. 12: les deux signes *-til-la* figurant sur la copie à la fin de cette ligne appartiennent en fait à la l. suivante.

l. 15: cet anthroponyme n'est attesté ni par *NPN* ni par *AAN*. Faudrait-il y voir une variante pour Ḫerrikaya?

l. 19: plusieurs homonymes Tae figurent dans l'archive des descendants de Pula-ḫali. Le premier signe du patronyme peut être un E[N-...], ce qui permettrait de retrouver le fils de Bēliya. Il pourrait également s'agit d'un *u*[*r*-...], mais cela ne permettrait pas de rattacher Tae à l'un des personnages connus par cette archive.

42 = EN 9/2 515

= SMN 2250.
Provenance: N 120(?).
Transcription du revers: E. R. Lacheman, *SCTN* 2, p. 72. M. A. Morrison, *SCCNH* 4, p. 100, n. 28.
Collations: J. Fincke, B. Lion.

Texte fragmentaire. Paššі-Tilla rembourse de l'étain.
Ecrit à la porte de Tupšarriniwe.
Scribe: [Šam]aš-nāṣir fils d'Akiya.

[EME-*šu ša*] ⌈[I]**ḫa**-*lu*⌉*-*ut*-⌈*ta*⌉ [
2 [...] ⌈... [I]**pa-aš-ši*⌉-*til-la*

[*ki-a-am*] ⸢*iq**-*ta**-*bu*⸣
4 [...] x x x x x
[...] x x x *ku ta da*
6 [...] x *ru ú*
[...] x
8 [...] x
[...] ⸢1⸣ GIŠ-IG
10 [... *q*]*a*$^{?}$*-**du*
[...] ⸢AN⸣*-NA *an-nu-tu*$_{4}$
12 [*a-šar* ^{I}*pa-aš*]-*ši-til-la*
[*el-te*]-⸢*qè*⸣-*mi*
14 [*ù a*]*p-la-ku-mi*
[*šum-ma*] ^{I}*pa-aš-ši-til-la*
16 [...] *zi mi*
[... *š/t*]*a-mi* [
18 [...] ⸢*tu*$_{4}^{??}$⸣ [
[…]
T [...] *ša** KI*-BAL* [
R […]
2′ ⸢*ú*⸣*-[*ma-a*]*l-la*
ṭup-pu an-ni-i
4′ *a-šar a-bu-ul-li*
ša URU *tù-up-šar-ri-we*
6′ *ša-ṭì-ir*
IGI ^{I}*ši-la-ḫi-te-šup* DUMU *el-ḫi-ip*-[
8′ IGI ^{I}*ḫa-bu-ur-ši* DUMU *za-zi-ia*
IGI ^{I}*a-kip-til-la* DUMU *ir**-*ri-k*[*é*]*
10′ IGI ^{I}*pal-te-e* DUMU ÌR-ŠEŠ
⸢ŠU⸣ ^{Id}[UT]U-PAP ⸢DUB⸣-SAR DUMU *a-ki-ia*
12′ NA$_{4}$ ^{I}[
(Sceau)
⸢NA$_{4}$⸣ [^{I}*ḫ*]*a-bu-ur-ši*
(Sceau)
14′ [N]A$_{4}$ *ši-la-ḫi-te-šup*
(Sceau)
[NA$_{4}$ ^{I}*pa*]*l*-[*te-e*]
CG (Sceau)*

TRADUCTION

$^{1-3}$[Déclaration de] Ḫalutta [...] Paššı-Tilla. Ils ont dit [ceci]:

«$^{4-8}$[... ^{9}...] une porte ^{10}[... a]vec ^{11}[...] cet étain $^{12-14}$[auprès de Paš]ši-Tilla [j'ai re]çu [et je suis re]mboursé.»

^{15}[Si$^{?}$] Paššı-Tilla $^{16-19}$[...].

$^{1'}$[Celui] qui contestera $^{2'}$ve[rs]era $^{1'}$[...]

$^{3'-6'}$Cette tablette a été écrite à la porte de Tupšarri(ni)we.

$^{7'}$Par devant Šilaḫi-Teššup fils d'Elḫip-[...].

$^{8'}$Par devant Ḫabbūr-Sîn fils de Zaziya.

$^{9'}$Par devant Akip-Tilla fils d'Irrik[e].

$^{10'}$Par devant Pal-teya fils de Ward-aḫḫē.

$^{11'}$Ecrit par [Šam]aš-nāṣir le scribe fils d'Akiya.

$^{12'}$Sceau de [...].

$^{13'}$Sceau de [Ḫ]abbūr-Sîn.

$^{14'}$[Sce]au de Šilaḫi-Teššup.

$^{15'}$[Sceau de Pa]l-[teya].

COMMENTAIRE

l. 7': il existe dans cette archive un Šilaḫi fils d'Elḫip-šarri, mais il n'est pas certain que Šilaḫi soit à considérer comme une forme courte de Šilaḫi-Teššup et qu'il s'agisse du même personnage.

l. 8': le nom propre du témoin, que M. A. Morrison lit *ḫa-bu$^{?}$-x-ši* (*SCCNH* 4, p. 100, n. 28), a été bien lu par E. R. Lacheman ⸢*ḫa*⸣-*bu-ur-ši*. Le même personnage est témoin dans EN 9/3 230 (9): 10''.

43 = EN 9/3 504 = EN 9/3 519

= SMN 3535 = SMN 3541.
Provenance: inconnue.
Collations: J. Fincke, B. Lion.

Ce texte a fait l'objet d'une copie publiée deux fois dans EN 9/3, sous deux numéros SMN différents (cf. J. Fincke, *SCCNH* 8, p. 354).

(*Début de la face perdu*)
[...] ⸢X⸣ [X] *lu*$^{?}$ *ni* ⸢X⸣ [
2' [... *a-n*]*a*/[*š*]*a* ^{I}*pa-aš-*⸢*ši*⸣*-til-*[*la*
[... *i/a-ta-m*]*ar ù* ⸢KÁ$^{?}$/*ša*$^{?}$/*i+na*$^{?}$ É⸣-*ti* [
4' [... *i+na* GÌR *m*]*a-ḫi-iṣ ù šu-m*[*a*
[... ^{I}*wa-aḫ-ḫ*]*u-ur-ra i+na* G[ÌR
6' [... ^{I}]*a-kip-til-la ù* [
[... *e-nu-m*]*a*$^{?}$ ^{I}*pa-aš-*⸢*ši*⸣-[*til-la*
8' [... *ù* ^{I}*wa-aḫ-ḫ*]*u-ur-ra* ⸢*it*⸣*-t*[*i*

[...] ⌜x x x x x⌝ [
(*Fin de la face, tranche et dédut du revers perdus*)
(*Débordant sur le revers, entre ll. 1″ et 2″* (*fin de la l. 7′?*))
[...] *šu-ur*-UD/*w*[*e*] *na-šu-ma* GA ḪA [
R [...]
[...] *a-n*]*a* ^{I}⌜*wa-aḫ*⌝-*ḫu**-⌜*ur*⌝*-*r*[*a**
2″ [... *i/a-t*]*a-mar-mi*$^{!}$(LUM) *mi-iḫ-ṣú* ⌜x⌝ [
[... ^{I}*pa-a*]*š-ši-til-la i-ir-ta* ⌜x⌝ [
4″ [... *i+n*]*a* GÍR *ma-ḫi-iṣ ù šu*-[*ma*
[...] ⌜x⌝ ^{I}*i-wi-ia i+na* GÍR *m*[*a-ḫi-iṣ*
6″ [...] ⌜x⌝ *ša* ^{I}*pa-aš-ši-til-l*[*a*
[... *ḫ*]*a**-*pí**-⌜*ra**⌝ *ù ša* (*sur érasure*) *g*[*e*
8″ [... L]Ú* *ḫa-za-an-nu ù* [
[... UR]U ⌜*tup-šar*⌝-*ri*-[(*ni*)-*we*
(*Fin du revers détruit*)

COMMENTAIRE

Le texte est trop fragmentaire pour qu'une traduction suivie soit possible. Mention des noms de Pašši-Tilla (ll. 2′, 7′, 3″, 6″), Waḫḫurra (ll. 5′, 8′, 1″), très vraisemblablement son fils, et peut-être son autre fils Iwiya (l. 5″) qui aurait reçu un coup de couteau (*ina* GÍR *maḫiṣ*, 5″; cf. aussi ll. 4′, 2″ et 4″). Apparaissent également Akip-Tilla (l. 6′) et la ville de Tupšarri[niwe] (l. 9″). La présence d'un témoin qui «a vu» (*a/itamar*, ll. 3′ et 2″) l'agression fait penser à un procès.

l. 7″: la seule personne nommée Ḫapira connue dans cette archive est le père d'Eteš-šenni, qui apparaît dans les textes EN 9/2 441 (49): 10–11 et EN 9/2 331 (53): 7.

IV. PAŠŠI-TILLA ET KIPAL-ENNI

44 = EN 9/2 207

= SMN 2377.
Provenance: S 132.
Transcription: E. R. Lacheman, *SCTN* 2, p. 106.
Collations: G. Wilhelm, B. Lion.

[Déclaration] de Pa[šši-Tilla fils de P]ula-ḫ[ali], qui a reçu du métal précédemment déposé par son frère Kipal-enni chez Ḫašip-Tilla fils de Kip-ukur.

Scribe: Šamaš-nāṣir.

[EME-*šu*] ⸢*ša*⸣* ^{I}**pa**-[*aš-ši-til-la*]
2 [DUMU *p*]*u-la-ḫ*[*a-li*]
[x +] 5 MA-⸢NA x⸣ [
4 [*š*]*a* ^{I}*ki-pá-le-en-*[*ni*]
ŠEŠ-*ia i+na* É-*it*
6 ^{I}*ḫa-ši-ip-til-la*
DUMU *ki-pu-ku-ur*
8 *ta-ar-wi-iš-šu**
ša-ak-na-at
10 *ù i+na-an-na a-na*
⸢DUMU⸣*-MEŠ *ša* ^{I}*ki-*⸢*pa-le*⸣-[*en-ni*]
12 *a-šar* ^{I}*ḫa-ši-ip-til-la*
el-te-qè-mi
14 [*š*]*u-un-du* ^{I}*ki-pá-le-*[*en-ni*]
[x] *at** x* *ti** *ga*$^{?}$* x*
16 [x] x DU[MU$^{?}$*-ME]Š *ša* ^{I}[*ki-pá-le-en-ni*]
[x*] x* x* [x* x*] x* x* [
18 [x*] x* x* [
T ⸢*ù*⸣* ^{I}**ki**-[*pa-le-en-ni*
(*Début du revers perdu*)
R (Sceau)
⸢DUMU⸣* *i-la-*⸢*nu*⸣*
2′ NA$_4$ ^{I}*ni-iḫ-ri-*⸢*ia** LÚ⸣* [
(Sceau)
NA$_4$ ^{Id}UTU-PAP DUB-[SAR]
(Sceau)
4′ NA$_4$ ^{I}*ki-pá-le-en-*[*ni*]
(Sceau)

Traduction

1-2[Déclaration] de Pa[šši-Tilla fils de P]ula-ḫ[ali]:

3-9«[x +] 5 mines [de ... appar]tenant à Kipal-en[ni], mon frère, se trouvent en dépôt dans la maison de Ḫašip-Tilla fils de Kip-ukur. 10-13Et maintenant, je (les) ai reçues pour les fils de Kipal-e[nni] auprès de Ḫašip-Tilla.»

14-19[Lo]rsque Kipal-e[nni...] les fi[l]s de [Kipal-enni…] et Ki[pal-enni…].

[...]

1'[*Sceau de NP*] fils d'Ilānu.

2'Sceau de Niḫriya le […].

3'Sceau de Šamaš-nāṣir le scr[ibe].

4'Sceau de Kipal-en[ni].

Commentaire

ll. 17–19: ces lignes sont très peu lisibles sur la tablette.

l. 2′: un Niḫriya est témoin dans HSS 16 231 (14): 15 et 2′, mais il n'est pas sûr qu'il s'agisse du même personnage; les sceaux semblent différents. Un Niḫriya fils de Kezzi est témoin dans EN 9/2 97+ (45): 17′ et 21′.

l. 4′: le sceau de Kipal-enni est déroulé, alors que ce personnage n'intervient pas directement dans l'opération.

V. KIPAL-ENNI FILS DE PULA-ḪALI

45 = EN 9/2 97+

= SMN 2439 + NTF P 144.
Provenance: S 133.
Transcription: E. R. Lacheman, *SCTN* 2, p. 125.
Collations: G. Wilhelm, B. Lion.
Joint: B. Lion, 16 juillet 1998.

[Déclaration de NP: Kipal]-enni fil[s de P]ula-ḫali lui prête de l'étain sans intérêt.

Scribe: [Man]nu-t[ār]issu.

[EME-*šu ša* …] ⌈X X⌉
2′ […] ⌈X⌉ *nu ni*
[…] ⌈X⌉ [X MA-N]A$^{?}$ AN-NA-MEŠ
4′ [*a-šar* ^{I}*ki-pa-le*]-⌈*en*⌉-*ni* DUM[U *p*]*u-la-ḫa-li*
[…] *i+n*[*a**] U[G]U*-⌈*ia*⌉* *a**-⌈*aš*⌉*-*b*[*u**
6′ [… *ù i+na* ITI *še*]-*ḫ*[*a-l*]*i ša* ^{d}IM
[X MA-NA AN-NA-MEŠ] *a+na* SAG-DU-*m*[*a*]
8′ [*ú-ta-ar šum-ma i+na* ITI *še-ḫ*]*a-li ša* ^{d}I[M]
[*la i-na-an-din* X MA-NA] AN-NA-MEŠ *šá-a-šu*
10′ [*a-na* MÁŠ-*t*]*i a+na pa-ni-šu*
[*i-il*]-⌈*la-ak*⌉

12′ IGI [*p*]*a-aš-ši-til*-⌈*la* DUMU⌉ *pu-la-*[*ḫa-l*]*i*
IGI ⌈*i*⌉-*wi-ia* DUMU *pa-aš-ši-til*-[*la*]
14′ IGI *tù-ku-ul-ti*$_{4}$-DINGIR DUMU *pu-i-ta-*[*e*]
T IGI *ú-a-an-te* DUMU EN-*la-i*[*a*]*
16′ IGI *še-kàr-*[*til*]*-la* DUMU DU$_{10}$-GA-L[UGAL]
R IGI *ni-iḫ**-*ri**-*ia* DUMU *ke-ez-zi*
18′ IGI ⌈*še*⌉-*k*[*à*]*r-til*-⌈*la*⌉ DUMU *bé-la-a-a*
ŠU [*ma-an*]-*nu-t*[*a-r*]*i-is-su* DUB-SAR
(Sceau) (Sceau)
20′ NA$_{4}$ *še-kàr-til*-⌈*la*⌉
[NA$_{4}$ *ni-iḫ-r*]*i-ia*
(*Fin du revers perdu*)
CG (Sceau)
NA$_{4}$ *ša-a*[*r-*

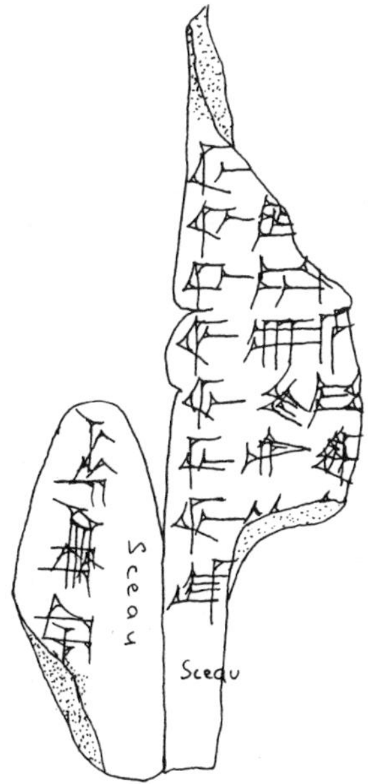

Traduction

1′-5′«[Déclaration de NP: «x *min*]*es* d'étain (que j'ai empruntées) [auprès de Kipal]-enni fil[s de P]ula-ḫali […] sont à ma charge.»

6′-8′[... et au mois *še*]*ḫ*[*al*]*i* de Teššup [il rendra x *mines* d'étain], le capital. 8′-11′[S'il ne (les) donne pas au mois *šeḫ*]*ali* de Teš[šup], ces [x *mines*] d'étain [produ]iront [un intér]êt à sa charge.

12′Par devant [P]ašši-Tilla fils de Pula-[ḫal]i.

13′Par devant Iwiya fils de Pašši-Til[la].

14′Par devant Tukultī-ilu fils de Pui-ta[e].

15′Par devant Uante fils de Bēlay[a].

16′Par devant Šekar-[Til]la fils de Ṭāb-š[arru].

17′[Par devant Niḫriya fils de Kezzi.

18′Par devant Šek[a]r-Tilla fils de Bēlaya.

19′Ecrit par [Man]nu-t[ār]issu le scribe.

20′Sceau de Šekar-Tilla.

21′[Sceau de Niḫr]iya.

[…]

1″Sceau de Ša[r-…].

Commentaire

l. 4′: ou [*ša* ^{I}*ki-pa-le*]-⸢*en*⸣-*ni.*

l. 20′: le sceau est celui de l'un des deux témoins homonymes, cf. ll. 16′ et 18′.

l. 1″: le côté gauche montre le début du sceau de Ša[r-…], qui n'est pas attesté parmi les témoins. Il pourrait s'agir du sceau du débiteur, dont le nom est perdu.

Remarque: *SCCNH* 5, p. 99 indique que le prêteur est «Pašši-Tilla son of Pula-ḫali», alors qu'il s'agit de [Kipal]-enni fil[s de P]ula-ḫali; en outre la mention «Mukiya the scribe» est inexacte, mais la rédaction de ce texte est bien attribuée à [Man]nu-t[ari]ssu p. 151.

46 = EN 9/2 348

= SMN 2434.

Provenance: S 133.

Transcriptions: E. R. Lacheman, *SCTN* 2, p. 123 (revers seulement); D. I. Owen, *LDN* p. 117, sous le numéro EN 9 349 [= EN 9 348].

Collations: G. Wilhelm, B. Lion.

[Décalaration de] Zike [fils] d'Akiya: Kipal-enni fils de Pula-ḫali lui prête 3 *imēru* d'orge.

[EME-*šu ša* ^{I}]⸢*zi*-ké*⸣*

2 [DUMU] ⸢*a*⸣-*ki-ia a+na p*[*a-ni* LÚ-MEŠ IGI-MEŠ-*ti*]

[*ki-am i*]*q-ta-bi* 3 ANŠE [ŠE-MEŠ]
4 [*a-ša*]*r* ^{I}*ki-pa-le-en-ni*
[DUM]U *pu-la-ḫa-li i+na* [UGU-*ia*]
6 [*aš*]-*bu ù i-na ga-ma-a*[*r*]
[ITI] ⸢*sa*⸣*-<*bu*>-⸢*ti*⸣* *a+na* ^{I}*ki-pa-le-*[*en-ni*
8 [*i-na*]-*an-din ù šum-ma* ŠE-MEŠ
[*i+na* ITI *ša qa-bu*]-*ú**
10 [*la i+na-an-din a+na pa-ni* MÁ]Š* DU*-[*a*]*k**
(*Fin de la face et tranche perdues*)
R (Sceau)
[N]A$_4$ ^{I}*zi-ké* DUMU ^{I}*a-ki-ia*
2′ NA$_4$ ^{I}*tup-pí-ia*
DUMU *zi**-[*li-pa-pu*]
(Sceau) (Sceau)*

TRADUCTION

$^{1-2}$[Déclaration de] Zike [fils] d'Akiya. $^{2-3}$Dev[ant les témoins, il] a dit [ceci]: $^{3-6}$«3 *imēru* [d'orge (que j'ai empruntés) aupr]ès de Kipal-enni [fil]s de Pula-ḫali [so]nt à [ma charge].»

$^{6-8}$Et à la fi[n du mois] *sa<bū>tu*, [il do]nnera […] à Kipal-e[nni]. $^{8-9}$Et s'[il ne donne pas] l'orge [au mois fix]é, (le prêt) produira [un inté]rêt [à (sa) charge].

[...]

$^{1'}$Sceau de Zike fils d'Akiya.

$^{2'-3'}$Sceau de Tuppiya fils de Zi[lip-apu].

COMMENTAIRE

l. 6: J. Fincke, *WO* 26 (1995), p. 201, lit *ka*$_4$*-ma-a*[*r*] et traduit «Gartenmauer»; sur ce terme, cf. G. Wilhelm, *AdŠ* 3, p. 53. Je préfère cependant conserver la lecture de D. I. Owen, *i-na ga*$_5$*-ma-ar*, qui désigne la fin du mois. Ce terme est attesté par exemple dans un texte de Tell al-Faḫḫār, TF 1 183 = IM 70825: 5 et 10–11: *i+na ga*$_5$*-ma-ar* ITI-*ḫi im-pur-ta-an-ni*, «am Ende des Monats Impurtanni», B. K. Ismail, *WO* 9 (1977–78), pp. 26–27. Il s'oppose à *napāḫ* + NM, le début du mois, cf. dans ce corpus EN 10/2 166 (6): 5–6, *i+na na-pa-*⸢*aḫ*⸣ ITI-*ḫi ku-ri-il-li ša* URU *zi-iz-*[*za*].

l. 7: D. I. Owen transcrit [ITI-*ḫi*] *sa-bu-ti*, mais la tablette (cf. copie), à la l. 7, montre [...] *sa-*⸢*ti*⸣.

ll. 9–10: collations: ^{9}[x x x x x x (x)]-*ú* ^{10}[x x x x x x x (x) MÁ]Š DU-[*a*]*k*. La l. 10 est presque complètement effacée, ses derniers signes figurent sur la tranche droite de la tablette. Mes propositions de restitution tiennent compte de la place disponible et permettent de retrouver les formules bien connues dans les contrats de prêts.

l. 2′: D. I. Owen transcrit NA$_4$ ^{I}*um-pí-ia* DUMU *mu-*[...], lecture reprise dans l'index de M. A. Morrison, *SCCNH* 4, p. 114; mais sur la tablette, le nom du père de Tuppiya commence par *zi-*, ce qui invite à restituer Zi[lip-apu], Tuppiya fils de Zilip-apu étant connu dans l'archive de la famille de Pula-ḫali.

47 = EN 9/2 102

= SMN 2380.

Provenance:	S 132.
Transcriptions:	E. R. Lacheman, *SCTN* 2, p. 106; W. W.-K. Chow, *Kings and Queens of Nuzi*, Ann Arbor, 1973, p. 176.
Traduction:	W. W.-K. Chow, *Kings and Queens of Nuzi*, pp. 176–77.
Commentaires:	H. Liebesny, «The Administration of Justice in Nuzi», *JAOS* 63 (1943), pp. 131–32 et 142; W. W.-K. Chow, *Kings and Queens of Nuzi*, p. 190.
Résumé:	M. A. Morrison, *SCCNH* 4, p. 103 et n. 42.
Collations:	G. Wilhelm, B. Lion.

Lettre du *sukkallu* Akip-tašenni à Teḫip-šarri concernant un procès dans lequel est impliqué Kipal-enni fils de Pula-ḫali.

a+na ^{I}*te-ḫi-ip*-LUGAL
2 *qí-bí-ma*
um-[*m*]*a* ^{I}*a-kip-ta-še-en-ni-ma* SUKKAL
4 ^{I}⸢*ki-pa*⸣*-le-en-ni*
⸢DUMU *pu-la*⸣*-ḫa-li*
6 *a+na* LUGAL *uš-te-ḫi-ḫé-in*
ù um-ma šu-ú-ma
8 DI-KU$_5$-MEŠ *ša* URU ⸢*ta**-*še**-*ni*⸣*
di-ni-ia ki-i
10 *la ri-it-ti-šu-ma*
i-ip-pu-šu ù
12 *i+na-an-na at-ta*
it-ti DI-KU$_5$-MEŠ
14 *ši-im-ma**
ù di-en-šu
16 [*ša* ^{I}*ki*]-⸢*pa-le*⸣-[*en-ni*]
T *ep-ša-m*[*i*]
R 18 *šum-ma la te**-[*le*]* /: *'e**-[*e**
DI-KU$_5$-MEŠ *ù* E[N]
20 *di-ni-šu ša*
^{I}*ki-pa-le-en-ni*
22 *i-*[*r*]*i-bu-ú*
i-na UGU-*ḫi* LUGAL
24 *šu-bi-la*

TRADUCTION

1-3Dis à Teḫip-šarri: ainsi (parle) Akip-tašenni le *sukkallu*.

4-7Kipal-enni fils de Pula-ḫali a fait appel au roi et il (a dit) ceci:

8-11«Les juges de Tašenni(we) font mon procès d'une façon non satisfaisante.»

11-14Et maintenant, toi, siège avec les juges 15-17et faites le procès [de Ki]pal-e[nni]. 18Si tu ne vas pas en justice, 19-22les juges et l'adversaire de Kipal-enni entreront (ici); 23-24envoyez(-les) devant le roi.

COMMENTAIRE

l. 3: sur le *sukkallu* Akip-tašenni, cf. W. Mayer, *Nuzi-Studien* I, AOAT 205/1, pp. 124–25.

l. 6: sur le verbe *šukênu* (*AHw*, p. 1263 et *CAD* Š/3, pp. 214–16) et son sens, cf. E. A. Speiser, AASOR 16 (1935–36), p. 72; H. Lewy, *Or* NS 11 (1942), p. 331, n. 2 et H. Liebesny, *JAOS* 63 (1943), p. 131, n. 27.

l. 8: le nom de la ville de Tašenniwe est presque toujours écrit avec le *-we* final. Cependant, J. Fincke, *RGTC* 10, p. 281, donne une référence à une graphie URU *ta-še-ni*, JEN 522: 7. Il y en a ici une autre attestation.

l. 9: *dīnīya*, génitif, au lieu de *dīnī*, accusatif. Il ne peut s'agir d'un pluriel, puisque *dīnšu*, l. 15, est au singulier.

l. 10: H. Liebesny, *JAOS* 63 (1943), p. 131, n. 27, transcrit *lā ri-it-ti-am-ma* et p. 142, n. 116, *lā ri-it-ti-im-ma*. Il commente pp. 131–32, n. 27: «It may tentatively be translated with 'the judges did not decide my law suit appropriately(?).' Whether *rittu* 'finger' has anything to do with this phrase is not clear. The formula may refer to some kind of dereliction of duty on the part of the judges.» Le *AHw*, à l'entrée *rittu(m)*: «Hand», donne le sens de «Machbachkeit, Möglichkeit» (p. 990b). A Mari, le terme *rittum* signifie «chose convenable, opportune», et est souvent employé négativement, cf. J. Bottéro et A. Finet, *ARM* 15, p. 251.

l. 14: *ši-im-ma* pour *šib-ma*.

VI. ŠURKI-TILLA FILS DE PULA-ḪALI

48 = EN 9/2 337

= SMN 2363.
Provenance: S 132.
Transcriptions: E. R. Lacheman, *SCTN* 2, p. 98; D. I. Owen, *LDN*, pp. 111–12.
Traduction: D. I. Owen, *LDN*, p. 19.
Collations: G. Wilhelm, B. Lion.

[Déclaration] de Ḫutip-apu [fils d'E]ḫliya: Taika fils d'Ak[ap-šenni] lui prête sans intérêt 17 mines d'étain.

Scribe: Šamaš-nāṣir.

[EME]-*šu* ^{I}*ḫu-ti-*[*pa-pu*]
2 [DUMU *e*]*ḫ-li-ia a-na pa-*[*ni*]
[LÚ-ME]Š* *ši-bu-tu*$_4$ *an-nu-tu*$_4$
4 [*ki-a*]*m iq-ta-bi*
⸢1⸣7* MA-NA *a-na-ku*-MEŠ
6 ⸢*a*⸣*-šar* ^{I}*ta-i-ka*$_4$ DUMU *a-k*[*ap-še-(en)-ni*]
a-na UR$_5$-RA *il-qè*
8 *i+na* ITI *še-ḫa-li*
i+na SAG-DU-*šu-ma*
10 ^{I}*ḫu-ti-pa-pu*
a+na ^{I}*ta-i-ka*$_4$ *i+na-an-din*
12 *šum-ma i+na* ITI *še-ḫa-li ša i-la-ku*
la i-na-an-din a+na pa-ni
14 MÁŠ-*ti* DU-*ku*

NA$_4$ ^{Id}UTU*-PAP DUB-SAR
T (Sceau)
R 16 NA$_4$ ^{I}*šur-ki-til-la*
(Sceau)
DUMU *pu-la-ḫa-li ši-bu*
18 NA$_4$ ^{I}*ḫa-na-ka*$_4$ *ši-bu*
(Sceau)
[NA$_4$] ^{I}*a-ki-ia*
(Sceau)
CG 20 NA$_4$ ^{I}*ḫu-ti-pa-pu*
(Sceau)

TRADUCTION

$^{1-2}$[Déclaration] de Ḫuti[p-apu fils d'E]ḫliya. $^{2-4}$Deva[nt] ces [té]moins, il a dit [cec]i:

$^{5-7}$«J'ai reçu en prêt 17 mines d'étain, auprès de Taika fils d'Ak[ap-šenni].»

$^{8-11}$Au mois *šeḫali*, Ḫutip-apu donnera son capital à Taika. $^{12-14}$Si, dans le mois *šeḫali* qui vient, il ne (le) donne pas, (le prêt) produira un intérêt à (sa) charge.

^{15}Sceau de Šamaš-nāṣir le scribe.

$^{16-17}$Sceau de Šurki-Tilla fils de Pula-ḫali, témoin.

^{18}Sceau de Ḫanakka, témoin.

^{19}[Sceau] d'Akiya.

^{20}Sceau de Ḫutip-apu.

COMMENTAIRE

l. 7: littéralement: «il a reçu.»

l. 12: cette ligne a été oubliée par D. I. Owen dans sa transcription, ainsi que le début de la l. 13.

l. 15: le scribe a utilisé le même sceau que dans EN 9/2 250 (37): 23.

49 = EN 9/2 441

= SMN 2374.
Provenance: S 132.
Transcription: E. R. Lacheman, *SCTN* 2, p. 104.
Commentaire: M. A. Morrison, *SCCNH* 4, p. 95 et p. 96 n. 8.
Collations: G. Wilhelm, B. Lion.

Déclaration d'Ur[ḫi-T]ešup fils de Ianzi-mašḫu concernant une servante.

Ecrit à la porte de Tupšarriniwe.

Scribe: Ariḫ-ḫamanna.

um-ma ^{I}*ur-*[*ḫi-t*]*e-šup-ma* DUMU *ia-an-zi-ma-aš-ḫu*
2 ^{I}[*p*]*al-te-*⸢*ia*⸣ [DUMU *p*]*u-ḫi-*⸢*še*⸣*-en-ni ša* URU *ar-šá-lì-pè-we**
DI-KU$_5$-MEŠ *a-na* 1 GEME$_2$ [*a*]*-na ia-ši* {*x*}
4 *a-na mu-ul-*[*l*]*e-e*
it-ta-du-ú ù a-na-ku
6 *ki-mu-ú* 1 G[E]ME$_2$ *a-na*
^{I}*ši-mi-ka$_4$-t*[*al*] DUMU IZI-*ku-*[*b*]*i*
8 ⸢*at-ta*⸣*-d*[*in*] *ù i-na-an-na*
ki-[*m*]*u-ú* 1 [GEM]E$_2$ 40 KÙ-BABBAR
10 ^{I}*ši-*[*mi-ka$_4$*]*-*⸢*tal*⸣ *a-na* ^{I}*e-te-eš-še-ni* DU[MU* *ḫa*]*-pí*-ra**
x [...] ⸢*ḫa*⸣**-pí-*[*r*]*a*
12 x [

[IGI ^{I}...] DUMU IZI-*ku-bi*
14 IGI EN-*i*[*a* DUMU *k*]*a*$_4$-⸢*ti*⸣-*ri*
IGI *ú-ku-i*[*a* DUMU ...] X X
16 IGI *a-ri-ḫa-m*[*a-an*]-*na*
DUMU IZI-*ku-b*[*i*]
18 IGI *ma-at-te-šup* DUMU [...]-*a*
T IGI *šur-ki-til-la*
20 DUMU *pu-la-ḫa-li*
IGI DINGIR-ZAG DUMU *ka*$_4$-*ti-r*[*i*]
R 22 IGI *a-ri-ḫa-ma-an-na* DUB-SA[R]
IGI EN-*ia* DUMU *a-ḫu-me-ia*
24 *a-bu-ul-ta-an-nu*
ṭup-pu an-nu-⸢*ú*⸣
26 ⸢*ina*⸣* *bá-ab* KÁ-GA[L] URU *tup-šar-ri-ni-we*
: *š*[*á**-*ṭ*]*ì-ir*
(Sceau)*
28 NA$_4$ ^{I}*a-ri-ḫa/-ma-*[*a*]*n-na*
NA$_4$ *ṭ*[*up-ša*]*r-ri*
(Sceau)
30 NA$_4$ ^{I}*ma-at-te-šup*
T (Sceau)*
(*Lignes tournées à 90*^{0})
NA$_4$ *e-téš-*/(Sceau)/-*še-ni*
CG 32 NA$_4$ ^{I}*šur-ki-til-la* NA$_4$ ^{I}*ú-ku-ia*
(Sceau) (Sceau)

TRADUCTION

[1]Ainsi (parle) Ur[ḫi-T]ešup fils de Ianzi-mašḫu:

[2-5]«Les juges ont imposé à [P]al-teya [fils de P]uḫi-šenni, de la ville d'Aršalipe, de me (payer) une amende (consistant en) une servante.

[5-8]Et moi, j'ai don[né] à Šimika-at[al] fils de Nūr-Kū[b]i l'équivalent de la servante. [8-11]Et à présent, l'équivalent de la [servan]te, (soit) 40 (sicles) d'argent, Ši[mika-a]tal [...] à Eteš-šenni fi[ls de Ḫa]pira. [11-12][...] Ḫapira [...].»

[13][Par devant ...] fils de Nūr-Kūbi.

[14]Par devant Bēliy[a fils de K]atiri.

[15]Par devant Ukuy[a fils de ...].

[16-17]Par devant Ariḫ-ḫam[an]na fils de Nūr-Kūb[i].

[18]Par devant Mat-Teššup fils de [...]a.

[19-20]Par devant Šurki-Tilla fils de Pula-ḫali.

[21]Par devant Ilī-imittī fils de Katir[i].

[22]Par devant Ariḫ-ḫamanna le scrib[e].

[23-24]Par devant Bēliya fils d'Aḫ-ummeya, le portier.

[25-27]Cette tablette a [été] écrite à la porte de Tupšarriniwe.
[28]Sceau d'Ariḫ-ḫamanna.
[29]Sceau du s[cr]ibe.
[30]Sceau de Mat-Teššup.
[31]Sceau d'Eteš-šenni.
[32]Sceau de Šurki-Tilla. Sceau d'Ukuya.

Commentaire

l. 1: les signes *ia-an-zi-ma-aš-ḫu* sont écrits sur le revers de la tablette.

l. 2: les signes *-ni ša* URU *ar-šá-lì-pè-we** sont écrits sur le revers. La graphie *ar-šá-lì-pè-we* n'est pas attestée par ailleurs, le scribe semble avoir confondu deux graphies, avec finale *-pè*, assez courante, et avec finale *-we*, rare mais attestée, cf. J. Fincke, *RGTC* 10, p. 47. La ville d'Aršalipe est proche d'Unapšewe et de Kurruḫanni (A. Fadhil, *STPPKA*, p. 34; J. Fincke, *RGTC* 10, pp. 47–48).

l. 3: les signes *-ši* {x} sont écrits sur le revers.

l. 5: le signe *-ku* est écrit sur le revers.

l. 7: Šimika-atal fils de Nūr-Kūbi pourrait être le personnage qui apparaît comme témoin dans AASOR 16 35: 17 (*ši-mi-ka*$_4$*-tal* DUMU *nu-ur-*[...]).

l. 10: cf. G. Wilhelm, *SCCNH* 9, p. 215 (d). Les signes *-še-ni* DU[MU* *ḫa*]*-pí*-ra** sont écrits sur le revers. Le patronyme d'Eteš-šenni est également connu par EN 9/2 331 (53): 7 et EN 9/2 477: 2.

l. 11: cette ligne, abîmée, répète peut-être la fin de la l. 10.

l. 13: les signes *-ku-bi* sont écrits sur le revers. Le témoin est soit Šimika-atal fils de Nūr-Kūbi, qui a reçu la servante et pourrait à ce titre avoir été convoqué comme témoin, soit l'un de ses frères.

l. 14: cette référence à Bēliya fils de Katiri doit être ajoutée à l'index des noms propres de *SCCNH* 4, p. 110.

l. 28: le sceau utilisé par Ariḫ-ḫamanna (fils de Nūr-Kūbi, témoin l. 16) est le même que celui qu'il a apposé en EN 9/2 331 (53): 26.

l. 29: le sceau du scribe (Ariḫ-ḫamanna, d'après la l. 22) est le même que celui apposé sur EN 9/2 331 (53): 28. Il s'agit d'un sceau inscrit.

Remarque: *SCCNH* 4, p. 147, décrit le texte comme «Lawsuit between Urḫi-Teššup son of Yanzi-mašḫu and Pal-teya son of Puḫi-šenni concerning the payment of a servant woman owed to him.» *SCCNH* 5 p. 129: «Statement (*umma*) of Urḫi-Teššup son of Yanzi-mašḫu before judges concerning a lawsuit between him and Palteya son of Puḫi-šenni over the payment of a servant woman owed to him.»

En fait, il semble y avoir deux affaires distinctes:

— ll. 2–5: rappel d'un procès entre Urḫi-Teššup et Pal-Teya, à l'issue duquel Pal-Teya a dû donner, à titre d'amende, une servante à Urḫi-Teššup.

— ll. 6–12: Urḫi-Teššup a remis le prix d'une servante à Šimika-atal, et Šimika-atal verse cette somme, 40 sicles, à une tierce personne, Eteš-šenni, dont le rôle n'est malheureusement pas clair.

VII. Waḫḫurra fils de Pašši-Tilla

50 = EN 9/2 347

= SMN 2382 (Une erreur typographique dans *SCCNH* 5, p. 121, fait de ce texte SMN 2832, mais le numéro SMN 2382 est bien indiqué pp. 139 et 147).
Provenance: S 132.
Transcriptions: E. R. Lacheman, *SCTN* 2, p. 108; D. I. Owen, *LDN*, p. 116.
Collations: G. Wilhelm, B. Lion.
Remarque: cette tablette est utilisée dans le sens de la largeur.

Waḫḫurra fils de Paššiya prête à intérêt 15 mines d'étain à Ḫalutta fils d'Akiya.

Scribe: [...]la.

15* MA-NA AN-NA-MEŠ *ša*
2 $^{[I]}$*wa-aḫ-ḫu-ra* DUMU *pa-aš-ši-ia*
ù ^{I}*ḫa-lu-ut-ta* DUMU *a-ki-ia*
4 [*a-n*]*a* MÁŠ-*šu il-qè i+na*
[E]GIR-*ki* BURU$_{14}$ *i+na* ITI
6 ⸢*ú*⸣-*lu-li qa-du* MÁŠ-*šu*
⸢*ù*⸣ ^{I}*ḫa-lu-ut-ta a+na*
8 $^{[I]}$*wa-aḫ-ḫu-ra*
ú-ta-ar
T (Sceau)*
10 [NA$_4$ ^{I}*ḫa-lu*]-*ut-ta*
R (Sceau)
NA$_4$ ^{I}*a-ta-a-a* DUMU *ka$_4$-i-te-šup*
(Sceau)
12 NA$_4$ ^{I}*šat-tù-ké-*<*wi*> DUMU *wi-ir-ri*
(Sceau)
NA$_4$ ^{I}*pil-maš-še* DUMU *a-bá-bi-i-lu*
CG (Sceau)*
14 [NA$_4$ ^{I}...]-⸢*la*⸣* DUB-SAR

Traduction

[1-4]Ḫalutta fils d'Akiya a reçu (en prêt) à intérêt 15 mines d'étain appartenant à Waḫḫurra fils de Paššiya. [4-9]Après la moisson, au mois *ulūlu*, Ḫalutta rendra (le prêt) avec son intérêt à Waḫḫurra.

[10][Sceau de Ḫal]utta.

[11]Sceau d'Ataya fils de Kai-Teššup.

[12]Sceau de Šattuke<wi> fils de Wirri.

[13]Sceau de Pilmašše fils d'Ababilu.
[14][Sceau de ...]la, le scribe.

Commentaire

l. 12: *NPN*, p. 127a, enregistre ce nom, avec cette référence, sous «Šatuke.» D. I. Owen a corrigé en Šatu-ke<wi>, nom plus fréquemment attesté, et cette correction est acceptée par *SCCNH* 4, p. 112.

l. 14: je propose de restituer pour le nom du scribe [Teḫip-Til]la, par comparaison avec EN 9/2 384 (54): les deux tablettes ont à peu près le même format et sont utilisées toutes deux en largeur; l'écriture est soignée et dans les deux cas, le scribe a apposé son sceau au même endroit, sur la tranche gauche; néanmoins, les empreintes du sceau du scribe sont différentes sur les deux tablettes. On pourrait aussi penser à [Tarmi-Til]la, auteur de six documents au moins relevant de ces archives; la comparaison du sceau de EN 9/2 347 (50): 14 avec les empreintes de sceaux du scribe Teḫip-Tilla figurant sur des tablettes de ce dossier n'est pas concluante.

51 = EN 9/2 452

= SMN 2351.
Provenance: S 132.
Transcriptions: E. R. Lacheman, *SCTN* 2, pp. 92–93; D. I. Owen, *LDN*, p. 122 (sous la référence EN 9 362; de ce fait, dans l'index de *SCCNH* 4, pp. 109–14, ce texte est cité comme EN 9/2 362).
Résumé: *SCCNH* 4, p. 103.
Collations: G. Wilhelm, B. Lion.

Mémorandum (*ṭuppu taḫsilti*) concernant de l'étain remis par Waḫḫurra à six personnes.

4 MA-NA AN-NA-MEŠ
2 ^{I}*wa-aḫ-ḫu-ra* [*i-na* UGU$^{?}$]
^{I}*i-w*[*i*]*-iš-til-la-m*[*a*]* *aš-bu*
4 3* MA-[NA A]N-NA-[MEŠ]
^{I}*ḫa-l*[*u-ut-ta*] *il-qè*
6 4 MA-NA ⌜AN⌝-NA-MEŠ
^{I}*ḫi-iš-ma-pu il-qè*
8 1 MA-NA 30 SU AN-NA
^{I}*wu-ur-ru-ku i*[*l*]*-qè*
10 5* MA-NA AN-NA-MEŠ
T ^{I}*ḫi-in-nu-ú-a-a*
12 *il-qè*
R 1 MA-NA 25 SU AN-NA-[MEŠ]

14 ^{I}*tup-pí-ia i*[*l*$^{!}$*-qè*]
ŠU-NIGIN$_2$ 18 MA-NA 55 SU
16 AN-NA-MEŠ *ṭup-pu*
taḫ-sí-il-t[*i*]
18 *a-na* ^{I}*wa-aḫ-ḫu-ra*
a-na-an-din

Traduction

$^{1-3}$4 mines d'étain (appartenant à) Waḫḫurra sont [*à la charge* (?)] d'Iwiš-Tilla.
$^{4-5}$Ḫal[utta] a reçu 3 mi[nes d'é]tain.
$^{6-7}$Ḫišm-apu a reçu 4 mines d'étain.
$^{8-9}$Wurruku a reçu 1 mine 30 sicles d'étain.
$^{10-12}$Ḫinnuya a reçu 5 mines d'étain.
$^{13-14}$Tuppiya a r[eçu] 1 mine 25 sicles d'étain.
$^{15-16}$Total: 18 mines 55 sicles d'étain.
$^{16-19}$Je donne la tablette de mémorandum à Waḫḫurra.

Commentaire

l. 5: M. A. Morrison, *SCCNH* 4, p. 111 (index des noms propres) propose Ḫalutta; on peut alors rapprocher ce texte de EN 9/2 347 (50), où l'on voit Ḫalutta fils d'Akiya emprunter de l'étain à Waḫḫurra.

VIII. IWIYA FILS DE PAŠŠI-TILLA

52 = EN 9/2 325

= SMN 2387.
Provenance: S 132.
Transcriptions: E. R. Lacheman, *SCTN* 2, pp. 109–10; D. I. Owen, *LDN*, pp. 108–9.
Collations: G. Wilhelm, B. Lion.

La tablette s'est dégradée entre le moment où E. Lacheman l'a transcrite et celui où elle a été copiée: la copie est donc très incomplète. La transcription suivie ici est celle de E. R. Lacheman, reprise dans *SCCNH* 4, p. 143 = *SCCNH* 5, p. 119, avec néanmoins quelques divergences qui sont indiquées en note.

[I]wiya fils de [Pašši-Tilla] prête à intérêt [8] mines d'étain à Muš-Teššup fils d'Akip-tašenni.

[8] MA-NA *a-*[*na-ku ša*]
2 [^{I}*i*]-*wi-ia* DUMU [*pa-aš-ši-til-la*]
^{I}*mu-uš-te-šup*
4 DUMU *a-kip-ta-še-en-ni*
a+na UR$_5$* *il-*[*te-qè*]
6 *i+na* EGIR-[*ki* BURU$_{14}$ *i-na*]
ITI *ḫi-in-zu-*[*ri qa-du*]
8 *ṣí-ib-ti-šu*
12* MA-NA *a-na-ku*
10 ^{I}*mu-uš-te-šup ù*
[...*ši*]-*ka*
12 [*ú-ta*]-*ar*
[*šum-ma i-na*] ITI *ḫi-in-zu-ri ši-im-ta-nu*
14 [...] *ša* MÁŠ *ša* [
(*Fin de la face, tranche et début du revers perdus*)
R (Sceau)*
[NA$_4$] *tar-mi-te-šup*
2′ NA$_4$ *še-en-nu-un-ni*
DUMU *ša-li*$^{!}$*-*ia*
(Sceau)
4′ NA$_4$ *pa-i-til-la* DUMU *ar-te-šup*
(Sceau)
[...] x x [
CG 6′ (Sceau)*
[NA$_4$ *šu*]-*ur-kip-til-la* DUMU [...]

TRADUCTION

[1-5]Muš-Teššup fils d'Akip-tašenni a r[eçu] en prêt [8] mines d'ét[ain appartenant à I]wiya fils de [Pašši-Tilla]. [6-12]Après [la moisson, au] mois *ḫinzu*[*ru*], Muš-Teššup et [... rend]ra (le prêt) [avec] son intérêt, (soit) 12 mines d'étain. [13-14][Si au] mois *ḫinzuru* [...].

[...]

[1′][Sceau de] Tarmi-Teššup.

[2′-3′]Sceau de Šennunni fils de Šaliya.

[4′]Sceau de Pai-Tilla fils d'Ar-Teššup.

[5′][...].

[6′][Sceau de Šu]rkip-Tilla fils de [...].

COMMENTAIRE

ll. 1–2: ces lignes manquent désormais complètement sur la tablette.

l. 1: E. R. Lacheman et D. I. Owen restituent [12]. Mais le chiffre de 12 mines d'étain indiqué l. 9 doit correspondre au prêt accru de l'intérêt. Si celui-ci s'élève à 50%, comme il est de règle à Nuzi, la somme prêtée l. 1 doit être de 8 mines.

l. 2: la restitution du nom Iwiya est due à EN 9/3 504 = 519 (43); [I]wiya fils de Pašši-Tilla est connu par EN 9/2 97+ (45); il est très possible qu'il s'agisse ici du même personnage, d'autant plus que cette tablette provient de S 132, comme la plus grande partie des archives de la famille de Pula-ḫali.

l. 3: $^{[\text{I}]}$ manque désormais sur la tablette.

l. 10: copie et D. I. Owen: [^{I}*mu-u*]*š-te-šup* [*ú-*^{t}]^{a}*-tar*, les signes ^{t}]^{a}*-tar* figurant sur le côté droit de la tablette, tournés à 90^0.

ll. 11–14: sur la tablette, toutes les lignes de la face sont perdues après la l. 10. D. I. Owen note, à propos de cest lignes: «2? lines destroyed.» E. R. Lacheman en lit quatre, qui sont ici reproduites. Dans *SCCNH* 4, p. 143 (= *SCCNH* 5), p. 119, la fin de la l. 13 est transcrite non pas *ši-im-ta-nu*, mais *ši-im-*[*ta-mu*]; ces deux propositions ne fournissent cependant pas de sens.

l. 2′: et non *še-en-nu-un-mi* comme indiqué dans *SCCNH* 4, p. 143 = *SCCNH* 5, p. 119.

l. 3′: la transcription d'E. R. Lacheman comme celle de D. I. Owen donnent *ša-li-ya*; le scribe a cependant mal dessiné le signe *li*.

IX. Documents complémentaires

53 = EN 9/2 331

= SMN 2350.
Provenance: S 132.
Transcriptions: E. R. Lacheman, *SCTN* 2, p. 92; D. I. Owen, *LDN*, pp. 110–11 (!).
Collations: J. Fincke, B. Lion.

Déclaration de Tultukka fils d'Akitte, concernant 50 sicles d'argent qu'il a reçus d'Eteš-šenni fils de Ḫapira.

Scribe: Ariḫ-ḫamanna.

EME-*šu ša* ^{I}*tu-ul-tùk-ka*$_4$
2 DUMU *a-ki-it-te a-na pa-ni*
ši-bu-ti ki-a-am iq-ta-bi
4 *mi-nu-um-me-e* KÙ-BABBAR
ša ^{I}*a-ar-ta-e ša*
6 *ki-mu-ú pu-ḫi-šu ša* ^{I}*e-te-eš-še-ni* 50 SU KÙ-BABBAR
ad-dì-nu a-šar ^{I}*e-téš-še-en-ni* DUMU *ḫa-pí-ra*
8 *el-te-qè ù* ^{I}*e-téš-še-ni*
qa-an-na-šu in-ta-šar
10 *ù a+na-ku ap-la-ak*
ù iš-tu u$_4$*-mi an-ni-i*
12 ^{I}*tu-u[l]**-⸢*tùk*⸣*-*ka*$_4$ *aš-šum* 50 KÙ-BABBAR
ša ^{I}*a-*⸢*ar*⸣*-ta-e ša* SÌ-*nu*
14 *ina* EGIR ^{I}⸢*e*⸣*-téš-še-ni*
la i-ša-[a]s-sí
16 IGI *a-ri-ḫa-ma-an-na* DUMU IZI-⸢*ku*⸣*-bi*
IGI *pu-ḫi* DUMU *a-kap-na-ni*
18 IGI *ké-el-te-ia*
DUMU DU$_{10}$-GA-*ar-ra-ap-ḫe*
20 IGI *te-ḫi-ia* DUMU *ḫa-ip-*⸢LUGAL⸣
T IGI *ḫu-ti-pa-pu* DUMU *eḫ-l[i**]-/: *ia*
22 IGI *ḫu-*⸢*pí*⸣*-ta*
DUMU *wu-[u]l-lu-ra-aš-š[e]**
R 24 IGI EN-*ia* LÚ *a-bu-ul-* /: *ta-an-nu*
IGI *a-ri-ḫa-ma-an-na* /: *ṭup-šar-rù*
(Sceau)*
26 NA$_4$ ^{I}*a-ri-ḫa-ma-an-na* /: DUB-SAR
(Sceau)
NA$_4$ ^{I}*te-ḫi-ia*
(Sceau)

28 NA$_4$ ^{I}EN-*ia*
T (Sceau)
NA$_4$ *ṭup-šar-ri*
CG 30 NA$_4$ ^{I}*ḫu-ti-pa-pu*
(Sceau)
(Sceau)
NA$_4$ ^{I}*ké-el-te-ia*

Traduction

[1-2]Déclaration de Tultukka fils d'Akitte. [2-3]Devant les témoins, il a dit ceci:

[4-8]«Tout l'argent d'Artae que j'avais donné à la place d'Eteš-šenni, 50 sicles d'argent, je (l')ai reçu auprès d'Eteš-šenni fils de Ḫapira. [8-9]Et Eteš-šenni a brossé sa frange (de vêtement). [10]Et moi, je suis remboursé.»

[11-15]Et à partir de ce jour, Tu[l]tukka ne fera pas de procès contre Eteš-šenni au sujet des 50 (sicles) d'argent d'Artae qui ont été donnés.

[16]Par devant Ariḫ-ḫamanna fils de Nūr-Kūbi.
[17]Par devant Puḫi fils d'Akap-nani.
[18-19]Par devant Kel-teya fils de Ṭāb-Arrapḫe.
[20]Par devant Teḫiya fils de Ḫaip-šarri.
[21]Par devant Ḫutip-apu fils d'Eḫl[i]ya.
[22-23]Par devant Ḫupita fils de Wullurašš[e].
[24]Par devant Bēliya le portier.
[25]Par devant Ariḫ-ḫamanna le scribe.
[26]Sceau d'Ariḫ-ḫamanna le scribe (!).
[27]Sceau de Teḫiya.
[28]Sceau de Bēliya.
[29]Sceau du scribe.
[30]Sceau de Ḫutip-apu.
[31]Sceau de Kel-teya.

Commentaire

l. 1: les signes *-tùk-ka*$_4$ sont écrits sur le revers de la tablette.

l. 2: le signe *-ni* est écrit sur le revers.

l. 3: le signe *-bi* est écrit sur le revers.

l. 6: les signes *-te-eš-še-ni* 50 SU KÙ-BABBAR sont écrits sur le revers.

l. 7: les signes *-še-en-ni* DUMU *ḫa-pí-ra* sont écrits sur le revers.

ll. 8-9: cf. ci-dessus, EN 2/209 (1): 9–11.

l. 8: les signes *-še-ni* sont écrits sur le revers.

l. 9: le signe *-šar* est écrit sur le revers.

l. 11: le signe *-i* est écrit sur le revers.

l. 12: les signes 50 KÙ-BABBAR sont écrits sur le revers. D. I. Owen transcrit *aš-šum* 50 GÍN KÙ-BABBAR, mais la tablette porte seulement *aš-šum* 50 KÙ-BABBAR. Le scribe Ariḫ-ḫamanna, rédacteur de ce document, a aussi omis un signe SU (ou GÍN) sur la tablette EN 9/2 441 (49): 9.

l. 13: les signes SÌ-*nu* sont écrits sur le revers.

l. 16: les signes -⌜*ku*⌝-*bi* sont écrits sur le revers.

ll. 18–19: D. I. Owen lit ^{18}IGI *Kè-el-te-ia* DUMU ^{19}*Ṭāb*(=DUG-GA)-*ar-ra-ap-ḫe*, mais DUMU figure au début de la l. 19 et non à la fin de la l. 18.

l. 23: D. I. Owen lit DUMU *wa-pí-lu-ra-aš-še* et M. A. Morrison, *SCCNH* 4 p. 111 (index des noms propres) GIŠ.MI-lurašše; la copie, confirmée par les collations, montre *wu-*[*u*]*l-lu-ra-aš-š*[*e*].

l. 26: le scribe s'est trompé, du fait de la présence, dans la liste des témoins, de son homonyme Ariḫ-ḫamanna fils de Nūr-Kūbi (l. 16). Après la mention NA$_4$ ^{I}*a-ri-ḫa-ma-an-na* l. 26, il a machinalement ajouté DUB-SAR, alors que le sceau apposé est celui du témoin fils de Nūr-Kūbi: l'empreinte du sceau est exactement la même que celle du sceau d'Ariḫ-ḫamanna fils de Nūr-Kūbi en EN 9/2 441 (49): 28.

l. 27: cette ligne a été oubliée dans la transcription de D. I. Owen.

l. 29: le sceau du scribe Ariḫ-ḫamanna figure bien à cette ligne (et non l. 26); son empreinte est la même que celle qu'il a apposée en EN 9/2 441 (49): 29. Ce sceau porte une inscription de quatre lignes, mais elles ne sont pas lisibles.

54 = EN 9/2 384

= SMN 2075.

Provenance:	S 132.
Description:	M. A. Morrison, *SCCNH* 4, p. 107, n. 59.
Collations:	J. Fincke, B. Lion.
Remarque:	cette tablette est utilisée dans le sens de la largeur.

Awiluti fils de Šenna-tatti doit une vache à Irašu fils d'Akitte.

Scribe: [T]eḫip-Tilla.

[1 G]U$_4$-ÁB *ša šu-lu-šu-ú* SIG$_5$-GA
2 [*š*]*a* ^{I}*i-ra-šu* DUMU *a-ki-it-te*
i-na UGU-*ḫi* ^{I}*a-wi-la-ú-ki*
4 DUMU *še-en-na-ta-ti a-ši-ib*
ma-ḫi-iṣ pu-ti-ma 1 G[U$_4$]-ÁB-MEŠ
6 ^{I}*ḫu-ti-ia* DUMU *za-pá-ú*
ma-an-nu-um-me-e ⌜*ša*⌝* *i+na*
8 ŠÀ-*bi* 2 LÚ-MEŠ ⌜X X X⌝ ^{I}*i-ra-šu*
i-ṣa-bat-ma ù [1 G]U$_4$-ÁB SIG$_5$-GA

10 *ú-ma-al-[l]a*

IGI *el-ḫi-ip*-LUGAL

T 12 DUMU *i-ri-l[i]-ia*

IGI *i-ki-ia-a-tal**

14 DUMU ^{d}NIN*-ŠUBUR*-*a-bi*

R IGI *mu-uš-še* DUMU *ṣíl-lí-še-mi*

16 [IGI] *eḫ-li-ia* DUMU *ak-ku-ia*

IGI *dur-mar-ti* DUMU *ar-téš-še*

18 IGI *be-li-ia* DUMU *a-ḫu-ú-me-ia*

LÚ *na-gi*$_5$*-ru*

20 IGI *šur-na*-LUGAL DU[MU] *a-ki-it-t[e]*

ŠU ^{I}*[t]e-ḫi-ip-til-la* DUB-S[AR]

(Sceau) (Sceau)

22 NA$_4$ ^{I}*mu-uš-še* NA$_4$ ^{I}*el-ḫ[i-ip*-LUGAL]

NA$_4$ ^{I}*eḫ-[li-ia]*

T (Sceau)

CG 24 [N]A$_4$-KIŠIB ^{I}*te-ḫi-ip-til-la*

(Sceau)

DUB-SAR

Traduction

$^{1-4}$[Une] bonne [v]ache de trois ans [appar]tenant à Irašu fils d'Akitte est à la charge d'Awilauki fils de Šenna-tati. $^{5-6}$Le garant pour la v[a]che (est) Ḫutiya fils de Zapau. $^{7-10}$Celui des deux hommes qui [*sera présent*], Irašu le saisira et il payera [une] bonne [v]ache.

$^{11-12}$Par devant Elḫip-šarri fils d'Iril[i]ya.

$^{13-14}$Par devant Ikiya-atal fils d'Ilabrat-abī.

^{15}Par devant Mušše fils de Ṣillī-šemi.

^{16}[Par devant] Eḫliya fils d'Akkuya.

^{17}Par devant Dūr-marti fils d'Artešše.

$^{18-19}$Par devant Bēliya fils d'Aḫ-ummeya, le héraut.

^{20}Par devant Šurna-šarri fi[ls] d'Akitt[e].

^{21}Ecrit par [T]eḫip-Tilla le scri[be].

^{22}Sceau de Mušše. Sceau d'Elḫ[ip-šarri].

^{23}Sceau d'Eḫ[liya].

$^{24-25}$[Sc]eau de Teḫip-Tilla le scribe.

Commentaire

l. 3: D. I. Owen, *SCCNH* 5, p. 124, lit ce nom Awiluti, ce qui ne correspond pas à la tablette.

l. 8: on attend une forme du type *a-ši-ib* ou *aš-bu-ú*, mais les traces conviennent mal.

55 = EN 10/3 295

= NTF N 1 C (Deux fragments, joint réalisé par J. Fincke).
Tablette: non collationnée.
Provenance: inconnue.
La copie de ce texte m'a été aimablement transmise par J. Fincke.

Transaction immobilière, impliquant peut-être Pašši-Tilla (l. 9′).
Ecrit à [la porte d]e Tup[šar]rini[we].

(*Le début de la face est perdu*)
i+na e-l[*e-en*
2′ ^{I}*šu-š*[*a-*
i+na šu-pa-[*al*
4′ *i+na su-*[*ta-*(*a*)-*an*
ša ^{Id}30-[
6′ *i+na* ⸢*il*⸣-[*ta-*(*na*)-*an*
^{I}*ta-*[
8′ *a+na* ^{I} ⸢x⸣-[
^{I}*pa-a*[*š*$^{?}$-
10′ ⸢x⸣-[
(*Sur le revers apparaissent deux signes appartenant à la fin d'une ligne de la face*)
[…] *ḫi*$^{?}$-*it*$^{?}$
(*Fin de la face, tranche et début du revers perdus*)
R [...]-⸢x⸣-[
2″ [*ma-a*]*n-nu-um-m*[*i-e* (*ša*)]
[*i-n*]*a* bi_4-*ri-š*[*u-nu* KI-BAL-tu_4]
4″ [X G]U_4-NITA DI[RI-*la ṭup-pu* (*an-ni-i*) *ina* EGIR-*ki*]
[*š*]*u-du-ti i+n*[*a* KÁ-GAL]
6″ [*š*]*a* URU *tup-*[*šar*]-⸢*ri-ni*⸣-[*we*] ⸢*ša-ṭì-ir*⸣

[I]GI ^{I}*tar-mi-t*[*e-šup*] DUMU *el-ḫi-ip*-LUGAL
8″ IGI ^{I}*ḫa-ši-i*[*a* D]UMU ÌR-ŠEŠ
IGI ^{I}*šu-ru-u*[*k*-ka_4] DUMU *a-ri-*<*ip*>-/*ú-r*[*i-ik-ké*]
10″ IGI ^{I}[*t*]*a-e* D[UMU E]N$^{!}$-*ia*
IGI ^{I}*zi-me* D[UMU *ṣ*]*í-li-ia*
12″ IGI ^{I}DINGIR-ZAG DU[MU ka_4-*t*]*i-r*[*i*]
IGI ^{I}*ḫa-na-k*[a_4 DUMU
14″ IGI ^{I}*ta*$^{!}$-*i-k*[a_4 DUMU *a-kap-še-*(*en*)-*ni*]
[IGI] ⸢^{I}X X X⸣ [
(*Fin du revers détruit*)
CG (Sceau)

[NA$_4$ ^{I}z]*i-me*$^{!}$
N[A$_4$ ^{I}
(Sceau)

Traduction

1'[...] à l'es[t de ... de] 2'Šuš[a...], 3'à l'oue[st de...] 4'au su[d de ...] 5'de Sîn-[...], 6'au no[rd de... de] 7'Ta[...], 8'à [...], 9'Pa[*šši-Tilla*?...].

[...]

2''-4''[Q]uiconq[ue par]mi eu[x contestera] devra ver[ser x b]œuf(s). 4''-6'' [(Cette) tablette] a été écrite [après pr]oclamation à [la porte d]e Tup[šar]rini[we].

7''[Par] devant Tarmi-T[ešup] fils d'Elḫip-šarri.
8''Par devant Ḫašiy[a f]ils de Ward-aḫḫē.
9''Par devant Šuru[kka] fils d'Ar<ip>-ur[ikke].
10''Par devant [T]ae f[ils de Bē]liya.
11''Par devant Zime f[ils de Ṣ]iliya.
12''Par devant Ilī-imittī fi[ls de Kat]ir[i].
13''Par devant Ḫanakk[a fils de ...].
14''Par devant Taik[a fils d'Akap-šenni].
15''[Par devant...].
[...]
CG [Sceau de Z]ime.
Sc[eau de...].

Commentaire

l. 13'': deux Ḫanakka sont connus dans l'archive des descendants de Pula-ḫali, l'un étant fils d'Urḫiya, l'autre fils d'Akiya.

l. 14'': copie: *ša-i-k*[*a*$_4$]; le nom est inconnu, alors que Taika fils d'Akap-šenni apparaît à plusieurs reprises dans l'archive des descendants de Pula-ḫali.

56

= Clay Bullae Collection n^0 123.
Ce petit fragment m'a été indiqué par J. Fincke.

hauteur: 2 cm.
largeur: 4,7 cm.
épaisseur: 2,1 cm.

Fragment portant le sceau du scribe Šamaš-nāṣir.

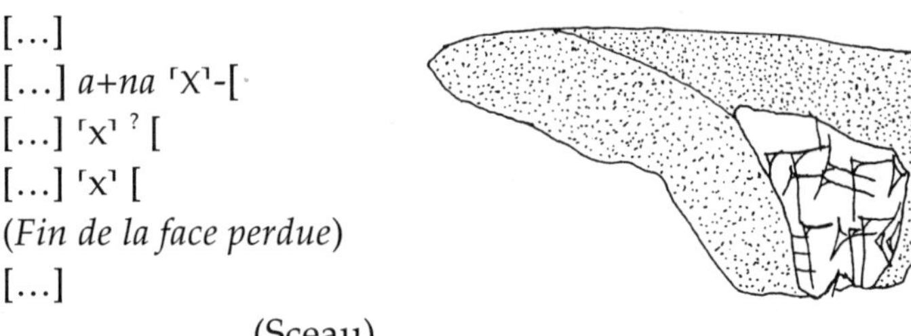

[...]
[...] *a+na* ⸢X⸣-[
[...] ⸢x⸣ $^?$ [
[...] ⸢x⸣ [
(*Fin de la face perdue*)

T [...]
(Sceau)
NA$_4$ ^{Id}UTU-PAP
[NA$_4$ ^{I}...]-⸢X⸣-*ta*

R (Sceau) (Sceau)
⸢NA$_4$ ^{I}*še*$^?$-X⸣-[

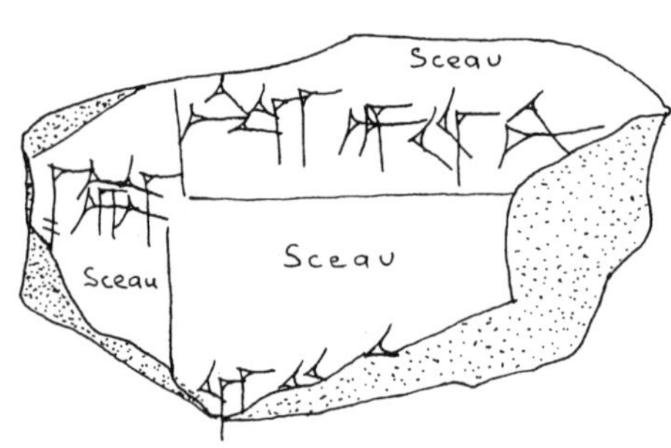

IV. TABLES DE CONCORDANCE

Pašši-Tilla	Edition	SMN / NTF
1	EN 9/2 209	2368
2	EN 9/2 339	2359
3	EN 9/2 352	2349
4	EN 9/2 353	2116
5	AASOR 16 97	2094
6	EN 10/2 166	2203 + 2912 + 2940 + NTF P 51 (= 1090)
7	EN 9/2 524	1448
8	EN 9/2 267	2773
9	EN 9/3 230	2719
10	HSS 19 97 + EN 10/2 167	2369 + 3679
11	HSS 19 99	2435
12	EN 9/2 292	2365
13	EN 9/2 505	2373
14	HSS 16 231	2403
15	HSS 19 126	2503
16	EN 9/2 374	2379
17	EN 9/2 342	2081
18	EN 9/2 345 +	2690 + NTF P 51 (= 1091)
19	EN 9/2 341	2180
20	EN 9/2 344	2381
21	EN 10/3 292	2396
22		2383
23	EN 9/2 529	3620
24	EN 9/2 512	3538
25	EN 9/2 346	2384

26	EN 9/2 513	2405
27	EN 9/2 343	2142
28	EN 9/2 340	2079
29	EN 9/2 349	2445
30	EN 10/2 102	1712
31	EN 9/2 364	2393
32	EN 10/3 202	2261*.3 = NTF P 58 (1)
33	EN 9/2 440	2372
34	EN 9/2 224	2443
35	EN 9/2 268	2428
36	EN 9/2 33	2376
37	EN 9/2 250	2221
38	EN 9/2 283	2401
39	EN 9/2 299	2681
40	EN 9/2 391	2246
41	EN 9/3 518	2356
42	EN 9/2 515	2250
43	EN 9/3 504 = EN 9/3 519	3535 = 3541
44	EN 9/2 207	2377
45	EN 9/2 97 +	2439 + NTF P 144
46	EN 9/2 348	2434
47	EN 9/2 102	2380
48	EN 9/2 337	2363
49	EN 9/2 441	2374
50	EN 9/2 347	2382
51	EN 9/2 452	2351
52	EN 9/2 325	2387
53	EN 9/2 331	2350
54	EN 9/2 384	2075
55	EN 10/3 295	NTF N 1 C
56		Clay Bullae Collection n^{0} 123

Edition	SMN / NTF	Pašši-Tilla
AASOR 16 97	2094	5
EN 9/2 33	2376	36
EN 9/2 97+	2439 + NTF P 144	45
EN 9/2 102	2380	47
EN 9/2 207	2377	44
EN 9/2 209	2368	1
EN 9/2 224	2443	34
EN 9/3 230	2719	9
EN 9/2 250	2221	37
EN 9/2 267	2773	8
EN 9/2 268	2428	35
EN 9/2 283	2401	38
EN 9/2 292	2365	12
EN 9/2 299	2681	39
EN 9/2 325	2387	52
EN 9/2 331	2350	53
EN 9/2 337	2363	48
EN 9/2 339	2359	2
EN 9/2 340	2079	28
EN 9/2 341	2180	19
EN 9/2 342	2081	17
EN 9/2 343	2142	27
EN 9/2 344	2381	20
EN 9/2 345 +	2690 + NTF P 51 (= 1091)	18
EN 9/2 346	2384	25
EN 9/2 347	2382	50
EN 9/2 348	2434	46
EN 9/2 349	2445	29
EN 9/2 352	2349	3
EN 9/2 353	2116	4
EN 9/2 364	2393	31
EN 9/2 374	2379	16
EN 9/2 384	2075	54
EN 9/2 391	2246	40
EN 9/2 440	2372	33
EN 9/2 441	2374	49
EN 9/2 452	2351	51
EN 9/3 504 = EN 9/3 519	3535 = 3541	43
EN 9/2 505	2373	13

EN 9/2 512	3538	24
EN 9/2 513	2405	26
EN 9/2 515	2250	42
EN 9/3 518	2356	41
EN 9/3 519 = EN 9/3 504	3541 = 3535	43
EN 9/2 524	1448	7
EN 9/2 529	3620	23
EN 10/2 102	1712	30
EN 10/2 166	2203 + 2912 + 2940 + NTF P 51 (= 1090)	6
EN 10/2 167 + HSS 19 97	3679 + 2369	10
EN 10/3 202	2261*.3 = NTF P 58 (1)	32
EN 10/3 292	2396	21
EN 10/3 295	NTF N 1 C	55
HSS 16 231	2403	14
HSS 19 97 + EN 10/2 167	2369 + 3679	10
HSS 19 99	2435	11
HSS 19 126	2503	15

Clay Bullae Collection	Pašši-Tilla	Edition
123	56	

NTF	Pašši-Tilla	Edition
N 1 C	55	EN 10/3 295
P 51 (1090) +	6	EN 10/2 166
P 51 (1091) +	18	
P 58 (1) = SMN 2261*.3	32	EN 10/3 202
P 144 +	45	

SMN	Pašši-Tilla	Edition
1448	7	EN 9/2 524
1712	30	EN 10/2 102
2075	54	EN 9/2 384
2079	28	EN 9/2 340
2081	17	EN 9/2 342
2094	5	AASOR 16 97
2116	4	EN 9/2 353
2142	27	EN 9/2 343
2180	19	EN 9/2 341
2203 +	6	EN 10/2 166
2221	37	EN 9/2 250
2246	40	EN 9/2 391
2250	42	EN 9/2 515
2261*.3 = NTF P 58 (1)	32	EN 10/3 202
2349	3	EN 9/2 352
2350	53	EN 9/2 331
2351	51	EN 9/2 452
2356	41	EN 9/3 518
2359	2	EN 9/2 339
2363	48	EN 9/2 337
2365	12	EN 9/2 292
2368	1	EN 9/2 209
2369 +	10	HSS 19 97 +
2372	33	EN 9/2 440
2373	13	EN 9/2 505
2374	49	EN 9/2 441
2376	36	EN 9/2 33
2377	44	EN 9/2 207

2379	16	EN 9/2 374
2380	47	EN 9/2 102
2381	20	EN 9/2 344
2382	50	EN 9/2 347
2383	22	
2384	25	EN 9/2 346
2387	52	EN 9/2 325
2393	31	EN 9/2 364
2396	21	EN 10/3 292
2401	38	EN 9/2 283
2403	14	HSS 16 231
2405	26	EN 9/2 513
2428	35	EN 9/2 268
2434	46	EN 9/2 348
2435	11	HSS 19 99
2439 +	45	EN 9/2 97 +
2443	34	EN 9/2 224
2445	29	EN 9/2 349
2503	15	HSS 19 126
2681	39	EN 9/2 299
2690	18	EN 9/2 345+
2719	9	EN 9/3 230
2773	8	EN 9/2 267
2912+	6	EN 10/2 166
2940+	6	EN 10/2 166
3535 = 3541	43	EN 9/3 504 = 519
3538	24	EN 9/2 512
3541 = 3535	43	EN 9/3 519 = 504
3620	23	EN 9/2 529
3679 +	10	EN 10/2 167 +

V. INDEX DES NOMS DE PERSONNES*

Abréviations

agp.:	arrière grand-père de
apf.:	arrière petit-fils de
f.:	fils / fille de
fr.:	frère de
gp.:	grand-père de
p.:	père de
pf.:	petit-fils / petite-fille de
P:	partie
T:	témoin
S:	sceau
V:	voisin

Ababilu p. Pilmašše: *a-bá-bi-i-lu* **50**: 13.

Abī-ilu scribe, f. ^{d}AK.DINGIR.RA: *a-bi-*DINGIR **29**: 16 (T), 20 (S).

Aḫiya p. Illika, gp. ^{f}Ḫaluli: *a-ḫi-ia* **11**: 2.

Aḫ-ummeya p. Bēliya: *a-ḫu-mi-[e]* **2**: 33; *a-ḫu-mi-e* **3**: 19; *a-ḫu-me-ia* **49**: 23; *a-ḫu-ú-me-ia* **54**: 18.

Aḫ-ummiša f. Turaše: *a-ḫu-u[m]-mi-šá* **5**: 12 (S); *a-ḫu-[um-mi-šá]* **5**: 16 (T); *a-ḫu-um-mi-ša* **15**: 17 (P); *a-ḫu-um-mi-šá* **15**: 23 (P); *a-ḫu-um-mi-š[á]* **15**: 44 (S); TF 1 354 (*SCL* p. 462): 3, 8 (P), 19 (S).

Aḫušeya p. Teḫip-zizza: ŠEŠ-*še*-⸢*e*⸣-[*a*] **14**: 4; TF 1 426: 10, 61 (S).

Akap-nani p. Puḫi: *a-kap-na-ni* **53**: 17.

Akap-šenni

f. Karrat[e]: *a-kap-še-en-ni* **6**: 27 (T); ⸢*a-kap*⸣-*še-ni* **6**: 36 (S); TF 1 431 (*RATK* p. 63): 30 (T)?

p. Nūr-Šamaš: *a-kap-še-en-ni* **13**: 9; **14**: 7.

p. Nurše: *a-kap-še-en-ni* **4**: 21.

* Cet index contient les noms des personnes mentionnées dans les 56 tablettes de ce dossier. Le cas échéant, les références sont complétées par celles de Nuzi et de Kurruḫanni, sans indication de la graphie. La tablette TF 1 426 est indédite; ses dix-sept premières lignes ont été transcrites par A. Fadhil, *RATK*, p. 25; les références aux lignes suivantes provien-nent de la transcription que j'ai pu consulter dans le fichier de Würzburg. Pour les scribes, les références ne sont pas exhaustives, il faut leur ajouter celles figurant dans *NPN* et *AAN*.

p. Taika: *a-ka[p]-š[e-ni]* **18**: 15; *a-kap-še-e[n-ni]* **20**: 4; *a-kap-še-en-ni* **38**: 2; *a-k[ap-še-en-ni]* **48**: 6; **55**: [14″].

Akawatil

f. Eḫliya, fr. Tarmi-Tilla, fr. Ḫutip-apu: *[a]-ka$_4$-wa-til* **3**: 31 (P).

f. Elḫip-Tilla: *a-ka$_4$-wa-[til]* **13**: 14 (T); *a-ka$_4$-w[a-til]* **13**: 22 (S).

Akawe p. Šurki-Tilla: *a-ka$_4$-we* **10**: 52.

^{d}**AK.DINGIR.RA** p. scribe Abī-ilu: ^{d}A[K-DINGIR-RA] **29**: 16.

Akip-tašenni

f. Ariḫ-ḫamanna: *a-kip-ta-še-en-ni* **19**: 21 (S); HSS 15 34: 19.

p. Muš-Teššup: *a-kip-ta-še-en-ni* **52**: 4.

sukkal: *a-kip-ta-še-en-ni* **47**: 3 (P); HSS 15 34: 18; HSS 15 36: 32; HSS 16 111: 7.

⸢a⸣-kip-ta-še-e[n]-⸢ni⸣ **36**: 4″ (T); *a-kip-ta-še-en-ni* **36**: 12″ (S).

Akip-Tilla

f. Irrike: **9**: [7″] (T); *a-kip-til-l[a]* **9**: 17″ (S); *⸢a⸣-kip-til-la* **15**: 38 (T); *a-kip-til-la* **42**: 10′ (T).

p. Ḫui-Tilla: *⸢a⸣-[ki]p-til-la* **11**: 2′.

p. Unaya: *a-kip-til-la* **10**: 50.

a-kip-til-la **43**: 6′ (P).

Akip-tura p. Kamputtu: *a-ki-tù-ra* **10**: 9, 14.

Akip-[...]: *a-kip-[...]* **8**: 40′ (T).

Akitte

p. Akkul-enni: *a-ki-it-[te]* **9**: 6″; *[a]-ki-it-te* **13**: 11; *a-ki-it-te* **16**: 6; **34**: 32 (T).

p. Alki-Tilla, p. Ḫupita, p. Tultukka: *⸢a-ki-it⸣-[te]* **6**: 24; *a-ki-it-te* **17**: 2; *a-ki-⸢it⸣-te* **29**: 15; *a-ki-i[t-te$_9$]* **33**: 3; *a-ki-it-te$_9$* **33**: 7; *a-ki-it-te* **53**: 2; TF 1 183 (*WO* 9 p. 26): 5; EN 9/2 477: 16.

p. Irašu: *a-ki-it-te* **54**: 2.

p. Šurna-šarri: *a-ki-it-t[e]* **54**: 20.

a-ki-it-t[e] **2**: 30 (T); *a-ki-it-te* **2**: 41 (S); TF 1 426: 21 (V).

Akiya

f. Nūr-Kūbi, pf. Mār-Adad, p. Ḫalutta: *a-ki-ia* **4**: 18; *a-ki-[ia]* **10**: 2; *a-ki-ia* **29**: 12 (T), 19 (S); **37**: 17 (T), 19, 24 (S); **50**: 3; TF 1 426: 6.

f. Šaš-tae: *[a]-ki-ia* **19**: 17 (S); *a-ki-[ia]* **29**: 13 (T); *a-ki-ia* **29**: 21 (S); **34**: 30 (T), 36 (S); **39**: 28 (T), 35 (S); *a-ki-[i]a* **40**: 7′ (S).

f. Tarmiya, fr. Urḫiya: *⸢a⸣-ki-ia* **15**: 36 (T); EN 9/2 184: 22 (T).

p. Ḫanakka: *⸢a⸣-ki-ia* **10**: 50.

p. scribe Šamaš-nāṣir: *a-ki-[i]a* **9**: 14″; *a-ki-ia* **10**: 54; **34**: 34; **37**: 20; **39**: 34; **42**: 12′; TF 1 426: 48.

p. Zike: *⸢a⸣-ki-ia* **46**: 2; *a-ki-ia* **46**: 1′.

ḫazannu (lú *ḫa-za-an-nu*): *a-ki-ia* **1**: 25 (T); **2**: 35 (T), 39 (S); HSS 15 125: 8.

a-ki-[ia] **7**: 4′; *a-ki-ia* **7**: 7′; *a-[ki-ia]* **7**: 10′; *[a-k]i-ia* **7**: 16′ (P); *a-ki-ia* **48**: 19 (S).

Akkul-enni

f. Akitte: *[ak-ku-le]-⸢en-ni⸣* **9**: 6″ (T); *a[k]-ku-le-en-ni* **13**: 10 (T); *[a]k-ku-le-ni* **13**: 21 (S); *ak-ku-le-en-ni* **16**: 5, 9 (P), 23 (S); **34**: 32 (T); *[a]k-ku-le-en-[ni]* **34**: 37 (S).

scribe: *ak-ku-le-en-ni* **15**: 41 (T), (51: S); **33**: 2'.

Akkuya

p. Eḫliya: [*a*]*k-ku-ú-ia* **3**: 2; *ak-ku-ia* **54**: 16.

p. Zaziya: *ak-ku-ia* **6**: 22; [*a*]*k-ku-ú-ia* **39**: 31; TF 1 258 (*Sumer* 36 p. 137 = *RATK* p. 90): 25.

p. Zilip-apu: *ak-ku-ia* **33**: 7'.

Alki-Tilla f. Akitte, fr. Ḫupita, fr. Tultukka: *al-k*[*i-til-l*]*a* **29**: 14 (T); *al-ki-til-l*[*a*] **29**: 18 (S); [*al-ki*]*-til-la* **33**: 3; [*a*]*l-ki-til-la* **33**: 14; *al-ki-til-la* **33**: 20, 22 (P); TF 1 183 (*WO* 9 p. 26): 5, 9, 12, 14 (P).

Anin-api

f. Šukr-apu?: *a-ni-na-pí* **12**: 3' (T), 11' (S).

p. Šekar-Tilla: TF 1 426: 8.

Ariḫ-ḫamanna

f. Nūr-Kūbi: **33**: [6'] (S); *a-ri-ḫa-m*[*a-an*]*-na* **49**: 16 (T); *a-ri-ḫa-ma-*[*a*]*n-na* **49**: 28 (S); *a-ri-ḫa-ma-an-na* **53**: 16 (T).

p. Akip-tašenni: *a-*[*ri*]*-ḫa-ma-*{*ni*}*-na* **19**: 22; HSS 15 34: 19.

scribe: *a-ri-ḫa-ma-an-na* **49**: 22 (29: S); **53**: 25 (T), 26 (S), (29: S); TF 1 79 (*SCL* p. 439): 18 (T).

Arillu f. Teḫip-apu: [*a*]-⌜*ri*⌝-[*i*]*l-lu* **9**: 9'' (T); *a-ri-i*[*l-lu*] **9**: 16'' (S).

Arip-erwi p. Itḫ-apiḫe: [*a-ri*]*-ip-er-wi* **26**: 2; *a-ri-ip-*[*e*]*r-w*[*i*] **27**: 18.

Arip-Tilla

f. Šamaš-[...]: *a-ri-ip-til-la* **6**: 25 (T).

[*a-ri*]*-ip-til-la* **36**: 2'' (T); *a-ri-ip-til-la* **36**: 13'' (S).

Arip-uppi f. Teḫip-zizza: *a-ri-pu-pí* **10**: 46 (T), 63 (S).

Arip-urikke p. Šurukka: *a-ri-ip-ú-ri-ik-*⌜*ké*⌝ **4**: 2; *a-ri-pu-ri-ik-ké* **5**: 5; *a-ri-ip-ú-ri-ik-ké* (?) **22**: 5'; *a-ri-pu-ri-ik-ké* **29**: 2; *a-ri-i*[*p-ú-ri-ik-ké*] **34**: 3; *a-*[*ri*]*-ip-ú-ri-*[*ik-ké*] **39**: 39; *a-ri-ip-ú-r*[*i-ik-ké*] **55**: 9''; TF 1 436 (*RATK* p. 85): 2.

Ariya: *a-ri-ia* **9**: 8' (V).

Arn-apu p. Tae: [*a*]*r-na-pu* **24**: 2.

Arnukka f. Elḫip-Tilla: [*a*]*r-nu-uk-ka*$_4$ **40**: 5, 9; [*a*]*r-nu-u*[*k-ka*$_4$] **40**: 3' (P).

Ar-tae: *a-ar-ta-e* **53**: 5; *a-*⌜*ar*⌝*-ta-e* **53**: 13 (P).

Ar-šali: *ar-šá-lì* **35**: 5'.

Ar-tešše p. Dūr-Marti: *ar-téš-še* **54**: 17.

Ar-Teššup

f. Paik-k[erḫe]: *ar-te-šup* **8**: 37' (T).

f. Šummuku: *ar-te-šup* **12**: 6' (T); [*ar*]*-te-šup* **12**: 13' (S).

p. Pai-Tilla: *ar-te-šup* **52**: 4'; HSS 19 61: 6.

Ar-ti[...] p. Ikkiya: *ar-ti-*[...] **25**: 16.

Aštar-Tilla f. Bēliya: *aš-tar-til-la* **3**: 21 (T), 23 (S).

Ataya f. Kai-Teššup: *a-ta-a-a* **50**: 11 (S).

Attaki: *at-ta-ki* **28**: 17 (T).

Attaya

f. Zaziya: *at-*[*ta-a*]-⌜*a*⌝ **5**: 13 (T); *at-ta-a-a* **5**: 19 (S); *at-ta-a* **10**: 45 (T); [*a*]*t-ta-a-a*

10: 60 (S); *at-ta-a-a* **19**: 19 (S); **20**: 12 (S); **22**: 3′ (S); **34**: 33 (T); TF 1 426: 5 (P), 58 (S).

f. Zilip-apu: *at-ta-a-a* **39**: 29 (T), 40 (S).

Awilauki f. Šenna-tati: *a-wi-la-ú-ki* **54**: 3 (P).

Aziya p. Ḫamiya: *a-zi-ia* **28**: 16.

Bēl-aḫḫē: EN-ŠEŠ **37**: 3, cf. Ward-aḫḫē.

Bēlaya

p. Šekar-Tilla: *bé-la-a-a* **45**: 18′.

p. [f]Elwini, p. Uante: EN-*l*[*a-ia*] **39**: 2; EN-*la-i*[*a*] **45**: 15′.

Bēliya

f. Aḫ-ummeya, gardien de la porte, héraut: EN-*li-i*[*a*] **2**: 32 (T); *be-li-ia* **3**: 18 (T), 24 (S); [EN-*l*]*i*-⸢*ia*⸣ **40**: 9′ (lú *ma-ṣar a-bu-ul-l*[*i*], S); EN-*ia* **49**: 23 (*a-bu-ul-ta-an-nu*, T); **53**: 24 (lú *a-bu-ul-ta-an-nu*, T), 28 (S); *be-li-ia* **54**: 18 (lú *na-gi*$_5$*-ru*, T).

f. Katiri, fr. Ilī-imittī: EN-*ia* **1**: 22 (T); EN-[*ia*] **1**: 31 (S); EN-*li-ia* **14**: 5 (P); EN-*i*[*a*] **49**: 14 (T).

p. Aštar-Tilla: *be-li-ia* **3**: 21.

p. Kubiya: TF 1 426: 9.

p. Tae: *be-li-ia* **3**: 20; EN-*l*[*i-ia*] **8**: 39′; EN-*li-ia* **10**: 51; EN-*ia* **17**: 18; E[N-*li-ia*] **18**: 16; *be-li-ia* **28**: 15; EN-*li-i*[*a*] **29**: 11; *be-li-ia* **36**: 7″; E[N-*li-ia*] **41**: 19; [E]N-*ia* **55**: 10″; TF 1 354 (*SCL* p. 462): 23; TF 1 426: 14, 60.

EN-⸢*li*⸣-*i*[*a*] **2**: 31 (T); EN-*l*[*i-ia*] **2**: 40 (S).

Bēl[?]**-ri[…]** lú *ḫa-b*[*i-ru?*]: EN-*ri*-x-[...] **31**: 7′ (T); EN-*r*[*i-*…] **31**: 1″ (S).

Dūr-Marti f. Ar-teššе: *dur-mar-ti* **54**: 17 (T).

Eḫliya

f. Akkuya, p. Tarmi-Tilla, p. Akawatil, p. Ḫutip-apu: *eḫ-li-ia* **3**: 1, 10, 28 (P); **15**: 40; **17**: 22; *eḫ-li-*[*ia*] **27**: 20; *eḫ-li-ia* **28**: 3; [*e*]*ḫ-li-ia* **48**: 2; *eḫ-l*[*i*]*-ia* **53**: 21; *eḫ-li-ia* **54**: 16 (T); *eḫ-*[*li-ia*] **54**: 23 (S); TF 1 354 (*SCL* p. 462): 22.

eḫ-li-ia **14**: 1′ (S); *eḫ*[?]-[*li*[?]]-*ia*[?] **40**: 8′.

Elḫip-šarri

f. Iriliya: *el-ḫ*[*i-ip*]-LUGAL **33**: 4′ (S); *el-ḫi-ip*-LUGAL **54**: 11 (T); *el-ḫ*[*i-ip*-LUGAL] **54**: 22 (S).

p. Šilaḫi, p. Tarmi-Teššup: *el-ḫi-ip*-LU[GAL] **6**: 23; *el-ḫi-ip*-LUGAL **15**: 35; **17**: 21; **55**: 7″; TF 1 354 (*SCL* p. 462): 21; TF 1 426: 3, 11.

Elḫip-Tilla

p. Akawatil: *el-ḫi-ip-til-la* **13**: 15.

p. Arnukka: *el-ḫi-ip-til-la* **40**: 5.

p. Tae: *el-ḫi-i*[*p-til*]*-la* **12**: 2′.

Elḫip-[…] p. Šilaḫi-Teššup: *el-ḫi-ip-*[...] **42**: 8′.

Ellatu f. Šimika-atal: *el-*[*la-t*]*ù* **5**: 15 (T); *el-la-tù* **5**: 20 (S).

^{f}**Elwini** f. Bēlaya, sœur d'Uante: ^{f}*el-wi-*[*ni*] **39**: 3; [^{f}*e*]*l-*⸢*wi-ni*⸣ **39**: 9; *el-wi-n*[*i*] **39**: 12; ^{f}*el-wi-*[*ni*] **39**: 15 (P).

Enna-mati

p. Ṣiliya: *en-na-ma-ti* **1**: 24.

scribe: [*en-na*]*-ma-ti* **23**: 15; *en-na-*[*ma-ti*] **41**: 1′.

en-na-ma-t[*i*] **2**: 29 (T).

Enuqi f. Teḫip-Tilla: ⸢*e*⸣*-nu-qí* **37**: 18 (*ša* URU *a-šu-ḫi-iš*, T).

EN[...] p. Ḫutiya: EN-[...] **41**: 3.

Eteš-šenni

f. Ḫapira: *e-te-eš-še-ni* **49**: 10 (P); *e-téš-še-ni* **49**: 31 (S); *e-te-eš-še-ni* **53**: 6; *e-téš-še-en-ni* **53**: 7; *e-téš-še-ni* **53**: 8; ⸢*e*⸣*-téš-še-ni* **53**: 14 (P); EN 9/2 477: 2, 13 (P).

p. Tarmi-Tilla: *e-téš-še-en-ni* **8**: 36′; TF 1 426: 4; JEN 619: 19; *RA* 23 50: 40.

[*e-téš-še-en-n*]*i* **33**: 3′ (S).

Ḫabbūr-Sîn f. Zaziya: *ḫ*[*a*]*-bu-ur-*[*š*]*i* **9**: 10″ (T); *ḫa-bu-ur-ši* **42**: 9′ (T); [*ḫ*]*a-bu-ur-ši* **42**: 14′ (S).

Ḫaip-šarri p. Teḫiya: *ḫa-ip-*⸢LUGAL⸣ **53**: 20; TF 1 258 (*Sumer* 36 p. 137 = *RATK* p. 90): 2; TF 1 260 (*Sumer* 36 p. 138): 4; TF 1 263 (*SCL* p. 461): 5.

^{f}**Ḫaluli** f. Illika, pf. Aḫiya: ^{f}*ḫa-lu-li* **11**: 5.

Ḫalutta

f. Akiya, pf. Nūr-Kūbi, apf. Mār-Adad: *ḫa-lu-ut-ta* **4**: 18 (T), 28 (S); [*ḫa-l*]*u-ut-ta* **10**: 1; *ḫ*[*a-lu-ut-ta*] **10**: 28; [*ḫ*]*a-*⸢*lu*⸣*-*[*ut-t*]*a* **10**: 37 (P); *ḫa-lu-ut-ta* **10**: 55 (S); *ḫa-lu-*⸢*ut-ta*⸣ **37**: 19 (T); *ḫa-lu-ut-ta* **37**: 22 (S); **50**: 3, 7 (P); [*ḫa-lu*]*-ut-ta* **50**: 10 (S); TF 1 426: 6 (P), 54 (S).

⸢*ḫa-lu*⸣*-ut-*⸢*ta*⸣ **42**: 1 (P); *ḫa-l*[*u-ut-ta*] **51**: 5 (P).

Ḫamanna p. Pui-tae: *ḫa-ma-an-na* **13**: 13.

Ḫamiya f. Aziya: *ḫa-mi-ia* **28**: 16 (T), 21 (S).

Ḫanakka

f. Akiya: *ḫa-na-ka*$_4$ **10**: 50 (T), 65 (S).

f. Urḫiya: *ḫa-na-ka*$_4$ **15**: 34 (T).

ḫa-na-ka$_4$ **48**: 18 (T, S); *ḫa-na-k*[*a*$_4$] **55**: 13″ (T).

Ḫanaya p. Kankapa: *ḫa-na-a-a* **4**: 23; **17**: 19.

Ḫapi-ašu p. Tupkin-atal: *ḫa-pí-a-šu* **13**: 2.

Ḫapira

p. Eteš-šenni: [*ḫa*]*-pí-ra* **49**: 10; ⸢*ḫa*⸣*-pí-*[*r*]*a* **49**: 11; *ḫa-pí-ra* **53**: 7; EN 9/2 477: 2.

[*ḫ*]*a-pí-*⸢*ra*⸣ **43**: 7″.

Ḫašip-šarri: *ḫa-ši-ip-*LUGAL **36**: 4′ (V).

Ḫašip-Tilla

f. Kip-ukur: *ḫa-ši-ip-til-la* **44**: 6, 12 (P); AASOR 16 79: 1, [12], 20 (P); EN 9/2 291: 4, [5], 11, 15, 19 (P); EN 9/2 297: 10 (P); EN 9/2 354: 23 (S); EN 9/2 357: [5], 9 (P); EN 9/2 458: 15′; HSS 5 15: 54 (T), 57 (S); HSS 16 233: 5 (lú dam-gàr, P); HSS 19 10: 44 (T), CG (S).

f. Šar-teya: *ḫa-ši-ip-til-la* **12**: 4′ (T), 10′ (S).

ḫa-ši-ip-til-la **41**: 16 (T).

Ḫašiya f. Ward-aḫḫē, fr. Palteya: *ḫa-ši-ia* **4**: 20 (T), 25 (S); **10**: 47 (T), 57 (S); **37**: [3]; [*ḫa*]-*ši-ia* **37**: 6; *ḫa-ši-ia* **37**: 8, 12 (P), 25 (S); **39**: 30 (T), 37 (S); *ḫa-ši-i*[*a*] **55**: 8″ (T); TF 1 426: 1 (lú *sà-as-sú-uk-ku*, P), 50 (S).

Ḫellu[…] gendre de Ḫupita: [*ḫ*]*é*-[*el-lu-*…] **27**: 1; *ḫé*-[*e*]*l-lu*-[…]-⸢x⸣ **27**: 11 (P).

Ḫerkiya: *ḫé-er-ki-ia* **41**: 15 (T).

Ḫinnuya

f. Puḫiya, fr. Utḫap-tae: [*ḫ*]*i-in-nu-ú*-⸢*a*⸣-[*a*] **30**: 4; [*ḫi-in-n*]*u-ú*-[*a-a*] **30**: 10 (P).

ḫi-in-nu-ú-a-a **51**: 11 (P).

Ḫišm-apu: *ḫi-iš-ma-pu* **51**: 7 (P).

Ḫui-Tilla f. Akip-Tilla: *ḫu-i-til-la* **11**: 2′ (T).

Ḫupita

f. Akitte, fr. Alki-Tilla, fr. Tultukka: *ḫu-pí-ta* **6**: 24 (T); *ḫ*[*u-pí-ta*] **6**: 32 (S); *ḫ*[*u-p*]*í-ta* **17**: 2; *ḫu-pí-ta* **17**: 11 (P); *ḫu: ta-pí* **17**: 26 (S); [*ḫu*]-⸢*pí*⸣-[*t*]*a* **33**: 2; *ḫu-pí-ta* **33**: 14, 19, 21 (P).

f. Wullurašše: *ḫu*-⸢*pí*⸣-*ta* **53**: 22 (T).

beau-père de Ḫellu[…]: ⸢*ḫu*⸣-*pí*-[*ta*] **27**: 2.

Ḫutip-apu f. Eḫliya, fr. Akawatil, fr. Tarmi-tilla: *ḫu-ti-p*[*a-p*]*u* **3**: 32 (P); *ḫu-ti-pá-pu* **15**: 40 (T); *ḫu-ti*-[*p*]*a-p*[*u*] **27**: 20 (T); *ḫu-t*[*i-p*]*a-pu* **27**: 23 (S); *ḫu-ti-pa-pu* **28**: 1, 11 (P), 25 (S); *ḫu-ti*-[*pa-pu*] **48**: 1; *ḫu-ti-pa-pu* **48**: 10 (P), 20 (S); **53**: 21 (T), 30 (S); TF 1 354 (*SCL* p. 462): 22 (T).

Ḫutiya

f. EN[…]: *ḫu-ti*-⸢*ia*⸣ **41**: 3; *ḫu*-[*ti-ia*] **41**: 5; *ḫu-ti-ia* **41**: 10; *ḫu-t*[*i-ia*] **41**: 12 (P).

f. Zapau: *ḫu-ti-ia* **54**: 6 (P).

Ḫut-Teššup scribe: *ḫu-ut-te-šup* **12**: 7′ (11′: S); *ḫu*-[*ut-t*]*e-š*[*up*] **13**: 16; *ḫu-ut-t*[*e-šup*] **13**: 23 (S).

Ḫuziri: *ḫu-zi-ri* TF 1 426: 46 (lú *ḫa-bi-ru*, P).

Ianzi-mašḫu p. Urḫi-Teššup: *ia-an-zi-ma-aš-ḫu* **49**: 1.

Ibnuša p. Šennaya: *ib-nu-šá* **2**: 34.

Ikiya-atal f. Ilabrat-abī: *i-ki-ia-a-tal* **54**: 13 (T).

Ikkiya f. Ar-ti[…]: *ik-ki-ia* **25**: 16 (T), 21 (S).

Ilabrat-abī p. Ikiya-atal: ^{d}NIN-ŠUBUR-*a-bi* **54**: 14.

Ilānu: *i-la*-⸢*nu*⸣ **44**: 1′.

Ilī-imittī f. Katiri, fr. Bēliya: DINGIR-ZAG **14**: 6 (P); **49**: 21 (T); **55**: 12″ (T).

Illika f. Aḫiya, p. ^{f}Ḫaluli: *il-li-ka*$_4$ **11**: 1, 9 (P).

Ilu-erištu p. Šurkip-šarri: DINGIR-KAM-*t*[*ù*] **6**: 26.

Ipšaya: *ip-šá-a-a* **35**: 3′ (V).

Irašu f. Akitte: *i-ra-šu* **54**: 2, 8 (P).

Iriliya p. Elḫip-šarri: ⸢*i*⸣-[*ri-li*]-*ia* **33**: 5′; *i-ri-l*[*i*]-*ia* **54**: 12.

Irrike p. Akip-tilla: *i-ir-ri-ké* **9**: 7″; *ir-ri-ké* **15**: 38; *ir-ri-k*[*é*] **42**: 10′.

Itḫ-apiḫe f. Arip-erwi: *it-ḫa-pí-ḫé* **26**: 1; *it*-[*ḫa-pí-ḫé*] **26**: 8 (P); *it-ḫa-pí-ḫ*[*é*] **27**: 17 (T); *it-ḫa-p*[*í-ḫé*] **27**: 24 (S).

Iwiš-Tilla: *i-w*[*i*]-*iš-til-la* **51**: 3 (P).

Iwiya f. Pašši-Tilla: *i-wi-ia* **43**: 5″ (P); ⸢*i*⸣*-wi-ia* **45**: 13′ (T); [*i*]*-wi-ia* **52**: 2 (P).

Kai-Teššup p. Ataya: *ka*$_4$*-i-te-šup* **50**: 11.

Kamputtu f. Akip-tura: *ka*$_4$*-am-pu-ut-tù* **10**: 8 (P).

Kankapa f. Ḫanaya: *ka*$_4$*-*<*an*>*-ka*$_4$*-pa* **4**: 23 (T); *ka*$_4$*-an-ka*$_4$*-pa* **17**: 19 (T), 24 (S).

Kankeya p. Kušuniya: *k*[*a*]*-a*[*n-ké*]*-e-a* **19**: 2.

Karrat[e] p. Akap-šenni: *kar-ra-t*[*e*] **6**: 27; TF 1 431 (*RATK* p. 63): 30?

Karti[...] p. Šimika-atal: *kàr-ti-*[...] **27**: 21.

Katiri p. Bēliya, p. Ilī-imittī: *ka*$_4$*-ti-ri* **1**: 22; **14**: 5, 6; [*k*]*a*$_4$*-*⸢*ti*⸣*-ri* **49**: 14; *ka*$_4$*-ti-r*[*i*] **49**: 21; [*ka*$_4$*-t*]*i-r*[*i*] **55**: 12″.

Kelip-šarri: *ké-li-ip-*LUGAL **6**: 3; *ké-li-ip-*[L]UGAL **6**: 8; ⸢*ké-li-ip-*LUGAL⸣ **6**: 16 (*ša* URU *e-te-ru*, P); *k*[*é-li-ip-*LUGAL] **6**: 33 (S)$^?$.

Kel-Teššup

f. Sîn-ibnī: *ké-el-te-šup* **31**: 12′ (T); TF 1 192 (*SCL* p. 454): 21 (dub-sar, T).

p. Kurri: *ké-el-te-š*[*up*] **9**: 8″; *ké-el-te-šup* **10**: 48; TF 1 426: 15.

Kel-teya f. Ṭāb-Arrapḫe: *ké-el-te-ia* **53**: 18 (T), 31 (S).

Kennu: *ké-en-nu* **19**: 23 (S).

Kezzi

f. Pui-tae: *ké-ez-zi* **3**: 17 (T), 25 (S).

p. Niḫriya: *ke-ez-zi* **45**: 17′.

Kipal-enni f. Pula-ḫali, fr. Šurki-Tilla, fr. Pašši-Tilla: *ki-pa-l*[*e-en-ni*] **6**: 2; *ki-pá-le-en-ni* **6**: 9; *ki-pa-le-en-ni* **6**: 19 (P); *ki-pá-le-en-*[*ni*] **8**: 6′ (P); *ki-pá-le-en-ni* **10**: 15, 24 (P); *ki-pa-le-en-ni* **11**: 4′ (T); [*ki-p*]*a-le-*[*en*]*-ni* **11**: 5′ (S); *ki-*[*pa-le*]*-en-na* **36**: 10″ (T); *ki-pá-le-en-*[*ni*] **44**: 4; *ki-*⸢*pa-le*⸣*-*[*en-ni*] **44**: 11; *ki-pá-le-*[*en-ni*] **44**: 14 (P); *ki-*[*pa-le-en-ni*] **44**: 19; *ki-pá-le-en-*[*ni*] **44**: 4′ (S); [*ki-pa-le*]*-*⸢*en*⸣*-ni* **45**: 4′ (P); *ki-pa-le-en-ni* **46**: 4; *ki-pa-le-*[*en-ni*] **46**: 7 (P); ⸢*ki-pa*⸣*-le-en-ni* **47**: 4; [*ki*]*-*⸢*pa-le*⸣*-*[*en-ni*] **47**: 16; *ki-pa-le-en-ni* **47**: 21 (P).

Kip-talili f. Zel[...]: *ki-ip-ta-li-li* **36**: 8″ (T).

Kip-ukur p. Ḫašip-Tilla: *ki-pu-ku-ur* **44**: 7; AASOR 16 79: 1, [21]; EN 9/2 291: 5; EN 9/2 297: 11; EN 9/2 354: 24; EN 9/2 357: 6, 10; EN 9/2 458: 16; HSS 5 15: 54; HSS 19 10: 44.

Kubiya f. Bēliya: *ku-bi-ia* TF 1 426: 9 (P), 51 (S).

Kula-ḫupi$^?$: [*ku*$^?$]*-*⸢*la*$^?$*-ḫu*$^?$⸣*-pí* **11**: 7′ (S).

Kunnutu f. Zilip-apu: [*ku-u*]*n-nu-tù* **9**: 11″ (T); [*k*]*u-*[*u*]*n-nu-tù* **9**: 15″ (S); *ku-un-nu-tù* **10**: 49 (T); *ku-un-tù-tù* **10**: 64 (S).

Kurri f. Kel-Teššup: **9**: [8″] (T); ⸢*ku*⸣*-ur-ri* **9**: 16″ (S); *ku-ur-ri* **10**: 48 (T); TF 1 426: 15 (P), 49 (S).

Kušuniya f. Kankeya: *ku-šu-ni-i-ia* **19**: 1; [*ku-šu-ni-i-i*]*a* **19**: 11 (P).

Kutukka p. Šukriya: *ku-tùk-ka*$_4$ **3**: 16.

Maliya scribe: *ma-li-ia* **1**: 29 (T).

[Man]nu-t[ār]issu scribe: [*ma-an*]*-nu-t*[*a-r*]*i-is-su* **45**: 19′.

Mār-Adad p. Nūr-Kūbi, gp. Akiya, agp. Ḫalutta: *ma-ra-ta-*^{d}IM **10**: 11.

Mat-Teššup f. [...]a: *ma-at-te-šup* **49**: 18 (T), 30 (S).

M[a…š]u p. Nūr-Kubi: *m*[*a*-x-*š*]*u* **2**: 1.

Muš-apu p. Pula-ḫali: *nu-ša-p*[*u*$_{i}$] **2**: 6.

Muš-Teššup f. Akip-tašenni: *mu-uš-te-šup* **52**: 3, 10 (P).

Muš-teya scribe, f. Sîn-ibnī: *mu-uš-te-ia* **2**: 36 (T), (41: S).

Mušše / Mušušše f. Ṣillī-šemi: *mu-šu-uš-še* **1**: 26 (T); *mu-uš-*[*še*] **1**: 30 (S); *mu-uš-še* **54**: 15 (T), 22 (S).

MuWA[…]: ⸢*mu*⸣-[WA-…] **8**: ⸢4′⸣; [m]u-WA-[…] **8**: 15′ (P).

Niḫriya

f. Kezzi: *ni-iḫ-ri-ia* **45**: 17′ (T); [*ni-iḫ-r*]*i-ia* **45**: 21′ (S).

[*ni*]-*iḫ-r*[*i-ia*] **14**: 15 (T); *ni-iḫ-ri-ia* **14**: 2′ (S); *ni-iḫ-ri-*⸢*ia*⸣ **44**: 2′ (S).

Ninkiya scribe: *ni-in-ki-ia* **16**: 19 (30: S).

Nūr-Kūbi

f. M[a-x-š]u: I[Z]I-*ku-bi* **2**: 1; IZI-*ku-bi* **2**: 16 (P); [IZI-*k*]*u*[?]-*bi* **2**: 28 (S).

f. Mār-Adad, p. Akiya, gp. Ḫalutta: IZI-*ku-bi* **10**: 10; IZI-*ku-b*[*i*] **29**: 12; IZI-*ku-bi* **37**: 17.

p. Ariḫ-ḫamanna: IZ[I-*k*]*u-bi* **33**: 6′; IZI-*ku-b*[*i*] **49**: 17; IZI-⸢*ku*⸣-*bi* **53**: 16.

p. Šimika-atal: **14**: [14[?]]; IZI-*ku-*[*b*]*i* **49**: 7; AASOR 16 35: 17.

IZI-*ku-bi* **49**: 13.

Nūr-Šamaš f. Akap-šenni: *nu-ur-*^{d}[UTU] **13**: 9 (T); *nu-ur-*^{d}UTU **13**: 20 (S); IZI-^{d}UTU **14**: 7 (P).

Nūrše f. Akap-šenni: *nu-ur-še-e* **4**: 21 (T).

Paḫu p. Teḫiya: *pa-ḫu* **1**: 28.

Paḫuru: TF 1 426: 18[?], 22, 23 (V).

Paik-k[erḫe] p. Ar-Teššup: *pa-i-*⸢*ik*⸣-*k*[*é-er-ḫé*] **8**: 37′.

Paite: *pa-i-te* **16**: 15 (P), 25 (S).

Pai-Tilla f. Ar-Teššup: *pa-i-til-la* **52**: 4′ (S); HSS 19 61: 6 (V).

Pal-teya

f. Puḫi-šenni: [*p*]*al-te-*⸢*ia*⸣ **49**: 2 (*ša* URU *ar-šá-lì-pè-we*, P).

f. Ward-aḫḫē, fr. Ḫašiya: *pal-te-e-a* **4**: 19 (T); *pal-te-e* **4**: 26 (S); [*pal*]-*te-a* **20**: 10 (S); *pal-te-e* **37**: 11 (P), 26 (S); **42**: 11′ (T); [*pa*]*l-*[*te-e*] **42**: 16′ (S); TF 1 183 (*WO* 9 p. 26): 4 (P); TF 1 258 (*Sumer* 36 p. 137 = *RATK* p. 90): 6 (V); TF 1 426: 7 (P).

[*pa*]*l-te-e-a* **36**: 3″ (T); [*p*]*al-te-e-a* **36**: 14″ (S).

Papante p. Šennaya: *pa-pa-an-te* **6**: 15; *pá-pá-an-te* **33**: 9′; Nu 2 (*ZA* 61, p. 209): 2.

Pašši-Tilla / Paššiya f. Pula-ḫali, fr. Šurki-Tilla, fr. Kipal-enni, p. Iwiya, p. Waḫḫurra: *pa-*[*aš-ši-til-la*] **8**: 5′ (P); [*pa*]-*ši-ia* **9**: 13′ (P); *pa-aš-ši-til-la* **10**: 14; *pá-aš-ši-til-la* **10**: 23 (P); *pa-aš-ši-til-la* **11**: 6 (P); **12**: 3 (P); **13**: 4 (P); *pá-aš-ši-til-*[*la*] **14**: 1 (P); **15**: [1]; *pá-aš-ši-ia* **15**: 10, 24, 31 (P); ⸢*pa-aš*⸣-[*š*]*i-til-la* **16**: 2; *pa-aš-ši-til-la* **16**: 8 (P), 24 (S); **17**: 6, 12 (P); **18**: 2, 8 (P); *pa-*[*aš-ši*]-*til-la* **19**: 6; [*pa-aš-ši*]-*til-*[*l*]*a* **19**: 12 (P); *pa-aš-ši-til-la* **20**: 2 (P); *pá-aš-ši-til-la* **21**: 2; [*p*]*a-aš-ši-til-la* **21**: 7 (P); *pa-aš-ši-ia* **22**: 6, 10 (P); [*p*]*a-aš-ši-til-la* **23**: 6; [*pa-aš-ši*]-*til-la* **23**: 13 (P); *pa-aš-ši-til-l*[*a*] **24**: 5; *p*[*a-aš-š*]*i-*[*til-la*] **24**: 10; *pa-aš-ši-til-l*[*a*] **24**: 3′ (P); *pa-aš-ši-ia* **25**: 5; *pa-*

aš-ši-i[*a*] **25**: 9; *pa-aš-ši-ia* **25**: 12 (P); [*pá*]-*aš-ši-til-la* **26**: 6, [9]; [*p*]*á-aš-ši-*[*til*]-*l*[*a*] **26**: 5′; *pá-aš-š*[*i*]-*til-la* **26**: 9′ (P); *pa-*[*aš-ši-i*]*a* **27**: 6; *pa-aš-š*[*i*]-⸢*ia*⸣ **27**: 12 (P); ⸢*pa*⸣-*aš-ši-til-la* **28**: 7; *pá-aš-ši-til-la* **28**: 13 (P); *pa-aš-ši-ia* **29**: 6, 10 (P); [*pa*]-*aš-ši-*[*ia*] ou [*pa*]-*aš-ši-*[*til-la*] **30**: 2; [*pa-aš*]-⸢*ši*?⸣-[*ia*] ou [*pa-aš*]-⸢*ši*?⸣-[*til-la*] **30**: 11 (P); *pa-aš-ši-i*[*a*] **31**: 3′ (P); [*pa-aš-š*]*i-til-la* **32**: 5′ (P); [*pa-aš-ši-til-l*]*a* **33**: 1; *pa-aš-ši-*[*til-l*]*a* **33**: 6; [*pá-aš-š*]*i-til-la* **33**: 25; *p*[*á-aš-ši-til-la*] **33**: 26; *pá-aš-*[*ši-til-la*] **33**: 1′ (P); *pa-aš-ši-*[*ti*]*l-la* **34**: 13; *pa-aš-ši-til-la* **34**: 14; *pa-aš-ši-til-*[*la*] **34**: 19; *pa-aš-ši-til-*⸢*la*⸣ **34**: 24 (P); *pa-aš-ši-ia* **35**: 9′, 12′, 18′ (P); *pa-áš-ši-til-la* **36**: 9′, 10′; [*pa*]-*áš-ši-til-l*[*a*] **36**: 13′ (P); [*pa-aš-š*]*i-ia* **37**: 1; *pa-aš-ši-ia* **37**: 6 (P); *pa-ši-*[*til-l*]*a* **38**: 8; [*pa-a*]*š-ši-til-la* **38**: 9 (P); *pa-aš-ši-*[*ti*]*l-la* **39**: 5; *pa-a*[*š-š*]*i-til-la* **39**: 6; *pa-aš-ši-ti*[*l-l*]*a* **39**: 11; *pa-aš-ši-til-la* **39**: 14, 15, 18; *pa-aš-ši-*[*ti*]*l-la* **39**: 25 (P); *pa-aš-ši-til-la* **40**: 4; [*p*]*a-aš-ši-til-la* **40**: 10; *pa-aš-ši-*[*til-l*]*a* **40**: 12; *pa-aš-ši-*[*til-la*] **40**: 4′ (P); *pa-aš-ši-til-la* **41**: 2, 8; *pa-aš-*⸢*ši-til-la*⸣ **41**: 13 (P); ⸢*pa-aš-ši*⸣-*til-la* **42**: 2; [*pa-aš*]-*ši-til-la* **42**: 12; *pa-aš-ši-til-la* **42**: 15 (P); *pa-aš-*⸢*ši*⸣-*til-*[*la*] **43**: 2′; *pa-aš-*⸢*ši*⸣-[*til-la*] **43**: 7′; [*pa-a*]*š-ši-til-la* **43**: 3″; *pa-aš-ši-til-l*[*a*] **43**: 6″ (P); *pa-*[*aš-ši-til-la*] **44**: 1 (P); [*p*]*a-aš-ši-til-*⸢*la*⸣ **45**: 12′ (T); *pa-aš-ši-til-*[*la*] **45**: 13′; *pa-aš-ši-ia* **50**: 2; **52**: [2]; *pa-a*[*š-*...] **55**: 9 (P); TF 1 426: 13 (P), 55 (S).

Petiya: *pè-ti-ia* **31**: 11′ (T).

Pilmašše f. Ababilu: *pil-maš-še* **50**: 13 (S).

Puḫi f. Akap-nani: *pu-ḫi* **53**: 17 (T).

Puḫi-šenni p. Pal-teya: [*p*]*u-ḫi-*⸢*še*⸣*-en-ni* **49**: 2.

Puḫiya p. Ḫinnuya et Utḫap-tae: *pu-ḫi-ya* **30**: 6.

Pui-tae

f. Ḫamanna: *p*[*u*]-*i-ta-e* **13**: 12 (T); ⸢*pu-i*⸣-*ta-e* **13**: 26 (S).

p. Kezzi: *pu-i-ta-e* **3**: 17.

p. Tukultī-ilu: *pu-i-ta-e* **22**: 2′; *pu-i-t*[*a-e*] **25**: 15; *pu-i-ta-e* **28**: 19; *pu-i-ta-*⸢*e*⸣ **31**: 10′; **37**: 16; **41**: 18; *pu-i-ta-*[*e*] **45**: 14′.

Pula-ḫali f. Muš-apu (?), p. Šurki-Tilla, p. Paššši-Tilla / Paššiya, p. Kipal-enni: *pu-la-ḫ*[*a-l*]*i* **1**: 6 (lú dam-gàr); *pu-la-ḫa-li* **1**: 7, 9, 12; [*p*]*u-la-ḫa-li* **1**: 16; *pu-la-ḫa-li* **1**: 19 (P); **2**: 5, 11; [*pu*]-*la-ḫa-li* **2**: 14; [*p*]*u-la-ḫ*[*a*[-*li*] **2**: 18 (P); *pu-la-ḫa-li* **3**: 6, 11; *pu-l*[*a-ḫa*]-*li* **3**: 34; *pu-la-ḫa-li* **4**: 7, 13; **5**: 4; *pu-*[*la-ḫa-li*] **5**: 10; **6**: [2]; ⸢*pu*⸣-[*la-ḫa-li*] **7**: 1′; *pu-la-ḫa-li* **7**: 8′; *pu-la-ḫ*[*a-li*] **7**: 11′; **8**: [6′]; *p*[*u-la*]-⸢*ḫa*⸣-*li* **8**: 7′; [*pu-la*]-*ḫa-li* **8**: 18′; *pu-la-ḫa-li* **8**: 22′; [*pu-la-ḫ*]*a-li* **9**: 13′; [*pu-l*]*a-ḫa-li* **9**: 14′; *pu-la-ḫa-li* **9**: 21′; **10**: 16; *pu-la-*⸢*ḫa*⸣-*li* **10**: 19; *pu-la-ḫa-li* **10**: 30, 40; **11**: 6, 4′; **12**: 4; **13**: 5; **14**: 2; **15**: 2; **16**: 3; **17**: 7; **18**: 3; *pu-l*[*a-ḫa*]-*li* **19**: 7; *pu-la-ḫa-li* **20**: 3; *pu-la-ḫa-l*[*i*] **21**: 3; *pu-la-ḫa-li* **22**: 6; *pu-la-*[*ḫa-li*] **23**: 6; [*p*]*u-la-ḫa-li* **24**: 6; *pu-la-ḫa-li* **25**: 5; *p*[*u-la-ḫa-li*] **26**: 5′; [*p*]*u-l*[*a-ḫa-li*] **27**: 6; *pu-la-ḫa-li* **28**: 8; *p*[*u-la-ḫa-li*] **29**: 6; *pu-la-ḫa-l*[*i*] **30**: 3; **32**: [5′]; *pu-*[*la*]-*ḫa-li* **33**: 1; **34**: [13]; [*p*]*u-la-ḫa-li* **35**: 10′; *pu-la-ḫa-la* **36**: 10″; **37**: [2]; *pu-la-ḫ*[*a-l*]*i* **38**: 8; ⸢*pu*⸣-[*la-ḫa-l*]*i* **39**: 5; *pu-la-ḫa-li* **40**: 4; **41**: [2]; [*p*]*u-la-ḫ*[*a-li*] **44**: 2; [*p*]*u-la-ḫa-li* **45**: 4′; *pu-la-*[*ḫa-l*]*i* **45**: 12′; *pu-la-ḫa-li* **46**: 5; ⸢*pu-la*⸣-*ḫa-li* **47**: 5; *pu-la-ḫa-li* **48**: 17; **49**: 20; TF 1 426: 13, 19 (V).

Purniya f. Tae: *pu-*⸢*ur*⸣-*ni-ia* **8**: 35′ (T).

Pusira: *pu-si-ra* **16**: 10 (P); *pu-si-*[*r*]*a* **16**: 22 (S).

Sîn-ibnī

p. Kel-Teššup: 30-*ib-ni* **31**: 13′; TF 1 192 (*SCL* p. 454): 22.

p. scribe Muš-teya: 30-*ni-ib-*[*ni*] **2**: 37.

Sîn-mušalli: ᵈ3[0-*mu-šal*]-*li* **11**: 1′; ᵈ30-*mu-šal-li* **15**: 3; [ᵈ]30-*mu-šal-li* **15**: 8 (P); [ᵈ3]0-*mu-š*[*al-li*] **15**: 46 (S).

Sîn-[...]: ᵈ30-[...] **55**: 5′ (V).

Ṣillī-Šamaš f. [...i]p-šarri: *ṣíl-lí-*ᵈUTU **1**: 1 (P).

Ṣillī-šemi p. Mu(šu)šše: *ṣíl-lí-še-mi* **1**: 27; **54**: 15.

Ṣiliya

f. Enna-mati: *ṣí-li-ia* **1**: 23 (T).

p. Zime: *ṣí-li-ia* **5**: 14; **15**: 16; **18**: 4, 18 (S); ⸢*ṣí*⸣-*li-*[*ia*] **27**: 19; *ṣí-li-ia* **34**: 31; [*ṣ*]*í-li-ia* **55**: 11″.

Ṣil-Teššup f. Šennaya: *ṣí-il-te-šup* **25**: 1, 11 (P).

Šaliya p. Šennunni: *ša-li-ia* **52**: 3′.

Šamaš-nāṣir

scribe, f. Akiya: ᵈUTU-[PAP] **9**: 14″; ᵈUTU-PAP **10**: 54, 56 (S); **34**: 34; **37**: 20, 23 (S); **39**: 34; ᵈ[UT]U-PAP **42**: 12′; TF 1 426: 48.

scribe: ᵈUTU-PAP **3**: 22; **4**: 24; **18**: 13; [ᵈUTU]-PAP **19**: 16 (S); ᵈUTU-PAP **20**: 14 (S); **26**: 12′ (S); **28**: 20, 26 (S); **38**: 19 (S); **44**: 3′ (S); **48**: 15 (S); **56**: 1″ (S); TF 2 787 (*RATK* p. 105): 34, 35 (S).

Šamaš-[...] p. Arip-Tilla: ᵈ⸢UTU⸣-[...] **6**: 25.

Šar-teya p. Ḫašip-Tilla: *šá-ar-te-e-a* **12**: 5′.

Ša[r...]: *ša-a*[*r-*...] **45**: 1″ (T).

Šaš-tae p. Akiya: *ša-aš-ta-e* **19**: 18; [*ša*]-*aš-ta-*[*e*] **29**: 13; *ša-aš-ta-e* **34**: 30; *ša-aš-t*[*a*]-⸢*e*⸣ **39**: 28; *ša-aš-*[*ta-e*] **40** : 7′.

Šattuke<wi> f. Wirri: *šat-tù-ké-*<*wi*> **50**: 12 (S).

Šekari: *še-kà-ri* **35**: 14′; *še-ka₄-ri* **35**: 17′ (P); *še-ka₄-r*[*i*] **35**: 1″ (S).

Šekar-Tilla

f. Anin-api: TF 1 426: 8 (P), 51 (S).

f. Bēlaya: ⸢*še*⸣-*k*[*à*]*r-til-*⸢*la*⸣ **45**: 18′ (T).

f. Ṭāb-šarru: *še-kàr-*[*til*]-*la* **45**: 16′ (T).

f. Bēlaya ou f. Ṭāb-šarru: *še-kàr-til-*⸢*la*⸣ **45**: 20′ (S).

Šenna-tati

p. Awilauki: *še-en-na-ta-ti* **54**: 4.

še-en-na-ta-ti **15**: 4; [*š*]*e-en-na-ta-ti* **15**: 9 (P); *še-en-na-ta-ti* **15**: 47 (S).

Šennaya

f. Ibnuša: *še-en-na-a-a* **2**: 34 (T); [*še-en-n*]*a-a-a* **2**: 38 (S).

f. Papante: *še-*⸢*en*⸣*-na-a-a* **6**: 14 (*ša* URU *ir-*W[I...], P); *še-en-na-*⸢*a*⸣-[*a*] **33**: 8′ (S); Nu 2 (*ZA* 61, p. 209): 2, 13, 16 (P).

p. Ṣil-Teššup: *še-en-na-a-a* **25**: 2.

še-⸢*en-na*⸣*-a-*[*a*] **11**: 15 (T); *še-*⸢*en-na*⸣*-a-a* **11**: 6′ (S).

Šenne p. Ward-aḫḫēšu: *še-en-ni-e* **36**: 9″.

Šennunni f. Šaliya: *še-en-nu-un-ni* **52**: 2′ (S).

Še[...]: ⸢*še*?-x⸣-[...] **56**: 4″ (S).

Šilaḫi

f. Elḫip-šarri, fr. Tarmi-Teššup: [*š*]*i-la-ḫi* **6**: 23 (T); *ši-la-ḫi* **15**: 35 (T); *š*[*i-la-ḫi*] **15**: 45 (S); *ši-la-ḫi* **17**: 20 (T); TF 1 354 (*SCL* p. 462): 19 (S), 21 (T); TF 1 426: 3 (P), 52 (S).

f. Zilip-apu: *ši-la-ḫi* **15**: 39 (T); ⸢*ši-la*⸣-[*ḫi*] **15**: 49 (S).

Šilaḫi-Teššup f. Elḫip-[...]: *ši-la-ḫi-te-šup* **42**: 8′ (T), 15′ (S).

Šimika-atal

f. Nūr-Kūbi: [*š*]*i-mi-ka*$_4$*-tal* **14**: 14 (T); *ši-mi-ka*$_4$*-tal* **14**: 3′ (S); *ši-mi-ka*$_4$*-t*[*al*] **49**: 7; *ši-*[*mi-ka*$_4$]-⸢*tal*⸣ **49**: 10 (P); AASOR 16 35: 17 (T).

f. Karti[...]: *mi: ši-*⸢*ka*$_4$*-tal*⸣ **27**: 21 (T); *ši-mi-ka*$_4$*-*<*tal*> **27**: 25 (S).

p. Ellatu: *ši-mi-ka*$_4$*-tal* **5**: 15.

Šimi-Tilla: *ši-mi-til-la* **16**: 13 (P), 21 (S).

Ši[...]?: *ši*?-[...] **11**: 7; **23**: 16 (S).

Šukr-⸢apu?⸣ p. Anin-api: *šúk-*⸢*ra*?*-pu*?⸣ **12**: 3′.

Šukriya f. Kutukka: *šúk-ri-ia* **3**: 16 (T); [*š*]*úk-ri-ia* **3**: 26 (S).

Šummuku p. Ar-Teššup: *šum-mu-ku* **12**: 6′.

Šurkip-šarri f. Ilu-erištu: *šur-*⸢*kip*⸣-LUGAL **6**: 26 (T); ⸢*šur-kip*⸣-LUGAL **6**: 36 (S).

Šurki-Tilla

f. Akawe: *šur-ki-til-la* **10**: 52 (T), 58 (S).

f. Pula-ḫali, fr. Pašši-Tilla, fr. Kipal-enni: **6**: [1]; *šur-ki-ti*[*l-la*] **6**: 8; *šur-ki-til-*[*la*] **6**: 18 (P); *šur-ki-til-la* **8**: 5′ (P); [*šur*]*-ki-til-la* **9**: 12′ (P); *šur-ki-til-la* **48**: 16 (T, S); **49**: 19 (T), 32 (S).

šur-ki-ti[*l*]*-la* **8**: 4′; [*šur-ki-til-l*]*a* **8**: 15′ (P); *šur-ki-til-la* **16**: 11 (P); [*šu*]*r-ki-til-la* **16**: 26 (S); [*šu*]*-ur-kip-til-la* **52**: 6′(S).

Šurna-šarri f. Akitte: *šur-na-*LUGAL **54**: 20 (T).

Šurukka f. Arip-urikke: [*šu*]*-ru-uk-ka*$_4$ **4**: 1; *šu-ru-uk-ka*$_4$ **4**: 12 (P), 29 (S); **5**: 5; *š*[*u-ru-uk-ka*$_4$] **5**: 9 (P); *šu-ru-*<*uk-ka*$_4$> **22**: 5′ (S); *šu-ru-uk-*[*k*]*a*$_4$ **29**: 1; *šu-ru-u*[*k-ka*$_4$] **29**: 9 (P); [*šu-ru*]*-uk-ka*$_4$ **34**: 2; *šu-ru-u*[*k-k*]*a*$_4$ **34**: 16, [18], *ša-ru-ka*$_4$ **34**: 23 (P); [*šu-ru-u*]*k-k*[*a*$_4$] **34**: 38 (S); *šu-ru-uk-*[*ka*$_4$] **39**: 38 (S); *šu-ru-u*[*k-ka*$_4$] **55**: 9″ (T); TF 1 258 (*Sumer* 36 p. 137 = *RATK* p. 90): 21 (T), 31 (S); TF 1 436 (*RATK* p. 85): 1 (P); SIL 316 (*SCCNḪ* 1, p. 445): [0′, 1′], 6′, 7′, 8′, 16′, 19′ (P).

Šuš[a...]: *šu-š*[*a-*...] **55**: 2′ (V).

Tae

f. Arn-apu: [*ta*]-⸢*e*⸣ **24**: 1; *ta-e* **24**: 14 (P).

f. Bēliya: *ta-e* **3**: 20 (T), 27 (S); **8**: 39′ (T); **10**: 51 (T); **17**: 18 (T), 24 (S); *ta-*⸢*e*⸣ **18**: 16 (S); *ta-e* **28**: 15 (T), 23 (S); **29**: 11 (T), 17 (S); **36**: 7″ (T); **41**: 19 (T); [*t*]*a-e* **55**: 10″ (T); TF 1 354 (*SCL* p. 462): 23 (T), 30 (S); TF 1 426: 14 (P), 60 (S).

f. Elḫip-Tilla: *ta-e* **12**: 2′ (T), 10′ (S).

f. Teḫiya: *ta-e* **24**: 2′ (T); **39**: 32 (T), 36 (S).

p. Purniya: *ta-e* **8**: 35′.

ta-e **36**: 8′, 14′ (P).

Taika f. Akap-šenni: *ta-i-ka*$_4$ **18**: 15 (S); **20**: 4 (P), 9 (S); **38**: 1; *ta-*⌜*i-ka*$_4$⌝ **38**: 11; *ta-i-ka*$_4$ **38**: 15 (P); *t*[*a*]-⌜*i*⌝-*ka*$_4$ **38**: 18 (S); *ta-i-ka*$_4$ **48**: 6, 11 (P); *ta-i-k*[*a*$_4$] **55**: 14″.

Tai-šenni: *ta-i-še-en-ni* **36**: 5′ (V); TF 1 426: 33, 42 (V).

Tarmi-Teššup

f. Elḫip-šarri, fr. Šilaḫi: *tar-mi-te-šup* **17**: 20 (T); *tar-mi-t*[*e-šup*] **55**: 7″ (T); TF 1 426: 11 (P), 56 (S).

tar-mi-te-šup **52**: 1′ (S).

Tarmi-Tilla

f. Eḫliya, fr. Akawatil, fr. Ḫutip-apu: [*tar*]-*mi-til-la* **3**: 31 (P); *tar-mi-til-la* **17**: 22 (T), 25 (S); **28**: 2; *tar-*⌜*mi*⌝*-til-la* **28**: 12 (P); *tar-mi-til-la* **28**: 24 (S).

f. Eteš-šenni: *tar-mi-til-la* **8**: 36′ (T); TF 1 426: 4 (P), 53 (S); JEN 619: 19 (T), 28 (S) et *RA* 23 50: 40 (T), (S).

scribe: *tar-mi-til-l*[*a*] **5**: 17 (T), (21: S); *tar-mi-til-la* **6**: 28 (T); **11**: 3′ (T), (8′: S); **17**: 23 (T), (26: S); **22**: 7′ (S); *tar-mi-til-l*[*a*] **27**: 22 (25: S).

Tarmiya p. Akiya, p. Urḫiya: *tar-mi-ia* **15**: 36; EN 9/2 184: 22.

Taya f. [...]ya: *ta-*⌜*ia*⌝ **38**: 17 (S).

Ta[...]: *ta-*[...] **55**: 7′ (V).

Teḫip-apu p. Arillu: *te-ḫi-pa-p*[*u*] **9**: 9″.

Teḫip-šarri: *te-ḫi-ip-*LUGAL **47**: 1 (P).

Teḫip-Tilla

p. Enuqi: *te-ḫi-ip-til-la* **37**: 18.

scribe: [*t*]*e-ḫi-ip-til-la* **54**: 21; *te-ḫi-ip-til-la* **54**: 24 (S).

Teḫip-zizza

f. Aḫušeya: *te-ḫi-ip-zi-iz-za* **14**: 4 (P); TF 1 426: 10 (P), 59 (S).

p. Arip-uppi: *te-ḫi-ip-zi-iz-za* **10**: 46, 62.

charpentier: *te-ḫi-ip-zi-iz-za* **4**: 22 (lú *na-ga*$_5$*-ru*, T); *t*[*e-ḫi*]-*ip-zi-iz-za* **4**: 27 (S).

Teḫiya

f. Ḫaip-šarri: *te-ḫi-ia* **53**: 20 (T), 27 (S); TF 1 258 (*Sumer* 36 p. 137 = *RATK* p. 90): 2, 9, 10, 18 (P); TF 1 260 (*Sumer* 36 p. 138): 1, 4, 7, 10, 13 (P); TF 1 263 (*SCL* p. 461): 5, 15, 17 (P).

f. Paḫu: *te-ḫi-ia* **1**: 28 (T).

p. Tae: *te-*⌜*ḫi*⌝-[*ia*] **24**: 2′; *te-*⌜*ḫi*⌝*-ia* **39**: 32.

te-ḫi-ia **36**: 7′ (V).

Teššuya

[*t*]*e-eš-šu-ú-a-*⌜*a*⌝ **36**: 5″ (T); *te-*[*eš-šu-ú-a-a*] **36**: 14″ (S).

Tukultī-ilu f. Pui-tae: GIŠ-TUKUL-DINGIR **22**: 1′ (T, S); **25**: 15 (T); GI[Š-TUKUL-DINGIR] **25**: 20 (S); *du-ug-li-lu* **28**: 18 (T), 22 (S); *du-ug-*[*li-lu*] **31**: 9′ (T); *d*[*u-ug-li-lu*] **31**: 16′ (S); TUKUL-DINGIR **37**: 16 (T); *du-ug-li-*DINGIR **41**: 17 (T); *tù-ku-ul-ti*$_4$-DINGIR **45**: 14′ (T).

Tulpi-šenni f. ⌜x⌝aya: *tù-ul-pí-še-en-ni* **10**: 53 (T); ⌜*tù*⌝-[*ul-p*]*í-*⌜*še*⌝*-en-ni* **10**: 59 (S).

Tultukka f. Akitte, fr. Alki-Tilla, fr. Ḫupita: *tu-ul-tùk-k*[*a*$_4$] **33**: 7; *tu-ul-tùk-ka*$_4$ **33**: 11; *t*[*u-ul-t*]*ùk-ka*$_4$ **33**: 12; [*t*]*u-ul-tùk-ka*$_4$ **33**: 16; *tu-ul-tùk-ka*$_4$ **33**: 18, [23];

53: 1; *tu-u*[*l*]-⌜*tùk*⌝-*ka*$_4$ **53**: 12 (P); EN 9/2 477: 15 (T), 24 (S).

Tupkin-atal f. Ḫapi-ašu: *tup-kí-na-*[*ta-al*] **13**: 1 (P).

Tupki-Tilla: *tup-ki-til-la* **13**: 3 (P).

Tuppiya

f. Zilip-apu: *t*[*up-pí-ia*] **25**: 18 (T); *tup-pí-ia* **25**: 23 (S); **39**: 33 (T), 36 (S); **46**: 2′ (T); TF 1 354 (*SCL* p. 462): 20 (T); HSS 15 36: 29, JEN 399: 42 (S).

tup-pí-ia **51**: 14 (P).

Turaše p. Aḫ-ummiša: ⌜*tù-ra*⌝-*še* **5**: 16; *tu-ra-še* **15**: 17; TF 1 354 (*SCL* p. 462): 3.

Ṭāb-Arrapḫe p. Kel-teia: DU$_{10}$-GA-*ar-ra-ap-ḫe* **53**: 19.

Ṭāb-š[arru] p. Šekar-Tilla: DU$_{10}$-GA-L[UGAL] **45: 16′.**

Uante f. Bēlaya, fr. [f]Elwini: *ú-a-an-te* **39**: 2, 17; *ú-*⌜*a-an*⌝-*te* **39**: 27 (P); *ú-a-an-te* **45**: 15′ (T).

Ukuya: *ú-ku-i*[*a*] **49**: 15 (T); *ú-ku-ia* **49**: 32 (S); TF 1 258 (*Sumer* 36 p. 137 = *RATK* p. 90): 5 (V), 7.

Unaya f. Akip-Tilla: *ú-na-a-a* **10**: 50 (T); ⌜*ú*⌝-*na-a-a* **10**: 57 (S).

Urḫi-Teššup

f. Ianzi-mašḫu: *ur-*[*ḫi-t*]*e-šup* **49**: 1 (P).

scribe: *ur-ḫi-te-šup* **31**: 14′ (T).

Urḫiya

f. Tarmiya, fr. Akiya: *ur-ḫi-ia* **15**: 37 (T).

p. Ḫanakka: *ur-ḫi-ia* **15**: 34.

p. Zunna: *ur-ḫi-ia* **12**: 2.

Utḫap-tae f. Puḫiya, fr. Ḫinnuya: *ut-ḫap-ta-*⌜*e*⌝ **30**: 5; [*ut-ḫa*]*p-ta-e* **30**: 9 (P).

Ut[...]: *ut*-x-[...] **7**: 1″ (S).

Waḫḫurra f. Paššiya: [*wa-aḫ-ḫ*]*u-ur-ra* **43**: 5′, 8′; ⌜*wa-aḫ*⌝-*ḫu-*⌜*ur*⌝-*r*[*a*] **43**: 1″ (P); *wa-aḫ-ḫu-ra* **50**: 2, 8 (P); **51**: 2, 18 (P).

Waḫriya f. Zilip-apu: *wa-aḫ-ri-ia* **21**: 4, 8 (P); *wa-aḫ-*[*ri-ia*] **22**: 1 (P); *wa-aḫ-ri-ia* **22**: 6′ (S); TF 1 426: 12 (P), 57 (S).

Wantiš-šenni: *wa-an-ti-iš-še-en-ni* **16**: 14.

Ward-aḫḫē p. Ḫašiya, p. Pal-teya: ÌR-ŠEŠ **4**: 19, 20; **10**: 5, 6, 7 (V), 47; **20**: 11; EN(sic!)-ŠEŠ **37**: 3; ⌜ÌR⌝-ŠEŠ **39**: 30; ÌR-ŠEŠ **42**: 11′; **55**: 8″; TF 1 183 (*WO* 9 p. 26): 2, 4; TF 1 426: 1, 7.

Ward-aḫḫēšu f. Šenne: ÌR-ŠEŠ-MEŠ-*šu* **36**: 9″ (T).

War[...]: *wa-ar-*[...] **23**: 14.

Wirri p. Šattuke<wi>: *wi-ir-ri* **50**: 12.

Wullurašše p. Ḫupita: *wu-*[*u*]*l-lu-ra-aš-š*[*e*] **53**: 23.

Wurruku: *wu-ur-ru-ku* **51**: 9.

Zapau p. Ḫutiya: *za-pá-ú* **54**: 6.

Zaziya
f. Akkuya: *za-zi-ia* **6**: 22 (T), 32 (S); **39**: 31 (T), 40 (S); TF 1 258 (*Sumer* 36 p. 137 = *RATK* p. 90): 25 (T), 29 (S).
p. Attaya: *za-zi-ia* **5**: 13; **10**: 45, 61; ⸢*za-zi*⸣*-ia* **19**: 20; *za-*[*zi*]*-ia* **20**: 13; *za-zi-ia* **22**: 4′; **34**: 33; TF 1 426: 5.
p. Ḫabbūr-Sîn: *za-zi-i*[*a*] **9**: 10″; *za-zi-ia* **42**: 9′.
Zel[…] p. Kip-talili: *ze-el-*[...] **36**: 8″.
Zike
f. Akiya: ⸢*zi-ké*⸣ **46**: 1 (P); *zi-ké* **46**: 1′ (S).
zi-ké **16**: 12 (P); ⸢*zi-ké*⸣ **16**: 20 (S).
Zilip-apu
f. Akkuya: *zi-li-pa-p*[*u*] **33**: 7′ (S).
p. Attaya: *zi-li-p*[*a-pu*] **39**: 29.
p. Kunnutu: *zi-li-pa-*[*pu*] **9**: 11″; *zi-li-pa-pu* **10**: 49.
p. Šilaḫi: *zi-li-pa-pu* **15**: 39; *zi-l*[*i-pa-pu*] **15**: 50.
p. Tuppiya: [*zi-li*]-⸢*pa-pu*⸣ **25**: 18; *zi-li-pa-pu* **39**: 33; *zi-*[*li-pa-pu*] **46**: 3′; TF 1 354 (*SCL* p. 462): 20; HSS 15 36: 29, JEN 399: 42.
p. Waḫriya: **21**: [4]; *zi-líp-pa-a-pu* **22**: 2; TF 1 426: 12.
Zilteya f. […m]a?: *zil*$_x$(MI)[i]!-[*te-a*] **25**: 17 (T); *zi-il-te-a* **25**: 24 (S).
Zime f. Ṣiliya: *zi-*[*me*] **5**: 14 (T); *zi-me* **5**: 18 (S); **15**: 16, 22 (P); **18**: 4 (P); **27**: 19 (T), [24] (S); **34**: 31 (T), 39 (S); **55**: 11″ (T); [*z*]*i-me* 55: 1″ (S).
Zu-[d]**IM** scribe: *zu-*[d]IM **36**: 11″; *zu-*[d]IM **36**: 15″ (S).
Zunna f. Urḫiya: *zu-un-na* **12**: 1, 9 (P), 12′ (S).

[…]a p. Mat-Teššup: […]*-a* **49**: 18.
[…]ana[…]: […]*-a-na-*⸢x⸣ **34**: 8 (V).
[…]aya p. Tulpi-šenni: ⸢x⸣*-a-a* **10**: 53.
[…]e: […]-x-⸢e?⸣ 14: 4′ (S).
[…ḫ]i?-šenni: […*-ḫ*]*i?-še-en-ni* **9**: 18′ (P).
[…]i-Tilla: […]*-i-til-la* **40**: 6′ (S).
[…]ip-Tilla: […]*-ip-til-la* **23**: 17 (S).
[…i]p-šarri p. Ṣillī-Šamaš: [...*i*]*p-*LUGAL **1**: 2.
[…]la scribe: […]-⸢*la*⸣ **50**: 14 (S).
[…m]a? p. Ṣil-[teya]: […*-m*]*a?* **25**: 17.
[…]še: […]-x-*še* **34**: 9 (V).
[…]šeḫli: x-[…]*-še-eḫ-li* TF 1 426: 20 (V).
[…]ta[…]: […]-⸢*ta*⸣-[…] **24**: 4′ (T).
[…]ta: […]-⸢x⸣-ta 56: 3″ (S).
[…]taya: [...]*-ta-a-a* **36**: 13″ (S).
[…]ya p. Taya: […]-x-*ia* **38**: 17.

VI. INDEX DES NOMS DE GÉOGRAPHIQUES

VILLES

PAYS

CANAL

VII. INDEX DU VOCABULAIRE

VOCABULAIRE AKKADIEN ET SUMÉRIEN

annû «ce»: *an-nu-ú* **11**: 11; **13**: 18; **15**: 42; *an-nu-⸢ú⸣* **11**: 12; **49**: 25; *an-na* **36**: 8′, 15′; *an-ni-i* **1**: 12; **8**: 17′, 21′; **9**: 20′, 4″; **10**: 42; **42**: 4′; **53**: 11; **55**: 4″; *an-ni-⸢i⸣* **2**: 17; ⸢*an*⸣-*ni-i* **8**: 32′; *an-ni-im-ma* **7**: 15′; *an-nu-tu*$_4$ **4**: 4; **10**: 18, 22, 38; **14**: 12, **16**: 8, 16, 27; **19**: 3; **28**: 4; **34**: 26; **37**: 14; **42**: 11; **48**: 3; *an-nu-t*[*u*$_4$] **24**: 3; *an-nu-*[*tu*$_4$] **3**: 4; [*an-nu*]-*tu*$_4$ **8**: 14′; **34**: 35; [*an-nu-t*]*u*$_4$ **9**: 11′; *a*[*n-nu-tu*$_4$] **10**: 26; *an-nu-ti* **1**: 3; **10**: 40; *an-*[*n*]*u-ti* **29**: 4; *an-*[*nu-ti*] **23**: 3; **26**: 4; *an-na-ti* **13**: 19.

apālu «satisfaire»: *ap-la-ak* **53**: 10; *ap-la-ku-mi* **1**: 8; **2**: 13; **10**: 41; **13**: 6; [*a*]*p-la-ku-mi* **42**: 14; *ap-la-*[*ku-mi*] **10**: 25.

arḫu «mois»: ITI **3**: 8, 13; **4**: 10, 15; **12**: 10; **14**: 8; **15**: 6, 20; **18**: 6; **19**: 9; **20**: 6; **21**: 6, 10, 7′; **48**: 8, 12; **50**: 5; **52**: 7, 13; IT[I] **24**: 11; **26**: 7; [IT]I **24**: 8; ITI-*ḫi* **5**: 7; **6**: 6; **17**: 9, 14; **22**: 8; **23**: 9; **25**: 7, 10; **31**: 2′, 5′; **40**: 6; [IT]I-*ḫi* **27**: 8; <ITI>-*ḫi* **41**: 6.

arki «après»: EGIR **15**: 6, 19; **28**: 10; **53**: 14; EGI[R] **33**: 12; EG[IR] **32**: 6′; E[GIR] **23**: 7; [EGI]R **30**: 8; EGIR-*ki* **1**: 18; **8**: 32′; **10**: 42; **29**: 7; **34**: 27; ⸢EGIR-*ki*⸣ **7**: 18′; [E]GIR-*ki* **50**: 5; E[GI]R-*ki* **6**: 29; EGIR-[*ki*] **52**: 6.

ašābu «se trouver»: *a-ši-ib* **15**: 14; 29; **54**: 4; *aš-bu* **51**: 3; *aš-bu-ú* **8**: 28′; *a-⸢aš⸣-b*[*u*] **45**: 5′; [*aš*]-*bu* **46**: 6; *aš-bu-mi* **3**: 30; *ši-im-ma* **47**: 14.

ašar «auprès de»: *a-šar* **2**: 11; **4**: 7, **10**: 19, 23, 24, 40, 43; **11**: 6; **13**: 4, 25; **16**: 28, **17**: 6; **19**: 6; **22**: 6; **25**: 5; **26**: 5; **28**: 7; **29**: 6; **39**: 26; **42**: 5′; **44**: 12; **53**: 7; ⸢*a*⸣-*šar* **48**: 6; [*a*]-*šar* **1**: 7; [*a-š*]*ar* **24**: 5; [*a*]-*š*[*ar*] **8**: 33′; [*a-ša*]*r* **33**: 26; **46**: 4; *a-*[*šar*] **9**: 4″; **26**: 4′.

aššum «au sujet de»: *aš-šum* **1**: 17; **53**: 12.

aššūtu «mariage»: *aš-šu-ti* **39**: 7.

atappu «canal»: *a-tap-pí* **35**: 4′.

atta «toi»: *at-ta* **47**: 12.

awīlu «homme»; déterminatif des noms de métiers ou de fonctions: LÚ **1**: 6, 25; **2**: 35; **3**: 3; **4**: 3, 22; **8**: 21′, 38′; **10**: 17, 38; **26**: 3; **28**: 4; **31**: 8′; **34**: 35; **39**: 7, 12, 26; **40**: 9′; **53**: 24; **54**: 19; ⸢LÚ⸣ **44**: 2′; [L]Ú **43**: 8″; LÚ-MEŠ **1**: 10; **11**: 2; **14**: 12; **16**: 16; **17**: 3; **22**: 3; **29**: 3; **46**: 2; **54**: 8; L[Ú]-MEŠ **19**: 3; LÚ-[MEŠ] **32**: 2′; [LÚ]-MEŠ **24**: 3; [LÚ-M]EŠ **27**: 3; [LÚ-ME]Š **48**: 3.

bābu «porte»: *bá-ab* **49**: 26; *ba-ab* **6**: 30; [*ba*]-*a*[*b*] **8**: 33′.

baqānu «tondre»: *i-bá-aq-qa-an* **37**: 10.

baqnu «tondu»: *bá-aq-nu* **8**: 11′; **9**: 17′; *bá-⸢aq⸣-nu* **8**: 8′; *bá-aq-*[*nu*] **8**: 8′; [*bá*]-*aq-nu* **8**: 12′; [*bá-aq-n*]*u* **8**: 9′, 10′.

bēlu «maître»; ***bēl dīni*** «adversaire en justice»: E[N] **47**: 19.

bīri- «entre»: *bi*$_4$*-ri-šu-nu* **8**: 30′; *bi*$_4$*-r*[*i*]*-šu-nu* **39**: 20; *bi*$_4$*-ri-š*[*u-nu*] **55**: 3″; ⸢*bi*$_4$⸣*-r*[*i-šu-nu*] **10**: 34.

bīrit «entre»: [DA]L-BA-NA **2**: 25.

bītu «maison»: É **38**: 5; ⸢É⸣ **13**: 7; **38**: 4; É-*it* **44**: 5; ⸢É⸣-*ti* **43**: 3′.

būrtu «puits»: PÚ-*šu* **35**: 6′.

dabābu «accord»: *da-ba-bi* **36**: 15′.

daltu «porte»: GIŠ-IG **38**: 3, 13; **42**: 9; [G]IŠ-IG **38**: 11.

damqu «bon»: SIG$_5$ **37**: 4; ⸢SIG$_5$⸣ **8**: 9′; SIG$_5$-GA **27**: 5; **54**: 1, 9; SIG$_5$-*qú* **9**: 15′; **10**: 20, 21; **37**: 5.

dayyānu «juge»: DI-KU$_5$-MEŠ **33**: 19; **47**: 8, 13, 19; **49**: 3; DI-KU$_5$-[MEŠ] **33**: 4.

dīnu «procès»: *di-ni* **33**: 4; *di-ni-ia* **47**: 9; *di-ni-šu* **47**: 20; *di-en-šu* **47**: 15.

dūru «mur»: BÀD 36: 7′.

ebūru «moisson»: *e-bu-ri* **23**: 8; BURU$_{14}$ **15**: 6; **28**: 10; **30**: 8; **50**: 5; BU[RU$_{14}$] **15**: 19; BURU$_{14}$-*ri* **29**: 8.

ekallu «palais»: *é-kál-lì* **9**: 7′; **13**: 8; **36**: 6′; *e-kál-lì* **12**: 7.

«pièce principale»: *e-ka*$_4$-⸢*al-lì*⸣ **38**: 4.

ekēmu «prendre de force»: *ú-ki-im-[mu]* **33**: 16.

elēnu «est»: *e-le-en* **34**: 8; *[e]-le-en* **9**: 8′; *e-le-[en]* **10**: 4; *e-l[e-en]* **55**: 1′; ⸢*e*⸣-*[le-en]* **35**: 1′; AN-T[A-*ni*] **36**: 4′.

elû I «se rendre à»: *te-[le]-'e-[e]* **47**: 18; *i-te-lu-ú* **33**: 5.
II «retirer»: *[ú-te-e]l-li* **1**: 17.

epēšu «faire»: *e-pu-uš* **12**: 6; *ep-ša-m[i]* **47**: 17; *i-pu-šu* **14**: 13; *i-ip-pu-šu* **47**: 11.

eqlu «champ»: A-ŠÀ **7**: 5′, 17′; **8**: 20′, 23′, 24′, 26′; **9**: 4′, 8′, 9′, 22′, 23′; **10**: 2, 5, 6, 7, 12, 31, 32; **34**: 9, 10, 11, 40; **35**: 2′, 3′; A-⸢ŠÀ⸣ **8**: 29′; ⸢A-ŠÀ⸣ **8**: 25′; **10**: 26; A-Š[À] **9**: 12″; A-[ŠÀ] **7**: 14′; [A-Š]À **34**: 8; **34**: 21; ⸢A⸣-[ŠÀ] **9**: 5′; A-ŠÀ-*šu* **7**: 4′, 13′; **34**: 20; **35**: 13′; ⸢A-ŠÀ⸣-*šu-nu* **8**: 19′.

ēqu «sanctuaire»: *e-qi* **13**: 25.

erēbu «entrer»: *i-[r]i-bu-ú* **47**: 22.

erû «cuivre»: URUDU-MEŠ **2**: 2; ⸢URUDU⸣-MEŠ **27**: 10; URUDU-M[EŠ] **27**: 5; URUDU-[MEŠ] **2**: 7, 21; URU[DU-(MEŠ)] **9**: 16′.

eššu «nouveau»: *eš-ši* **10**: 42.

gamāru «se terminer»: *ga$_5$-ma-a[r]* **46**: 6.

ḫabālu I «emprunter, devoir»: *[a-ḫ]áb-bá-aš-šu* **6**: 20.
II «prêter»: *ḫu-u[b-b]u-ul* **2**: 20; *ḫu-ub-<bu>-ul-mi* **1**: 13; *ḫu-ub-bu-ul-mi* **33**: 10; *ḫu-ub-bu-li-šu* **1**: 5; *[ḫu-u]b-bu-li-šu* **1**: 15; *ḫu-ub-bu-l[i]-š[u]* **33**: 17; *ḫu-u[b-bu-li-šu]* **33**: 24.

ḫabiru «personne déplacée»: *ḫa-b[i-ru]* **31**: 8′.

ḫammuṣu «épuré»: *[ḫa]-mu-ṣi* **27**: 5.

ḫarmu «tablette certifiée (?)»: *ḫar-mu* **15**: 30; *ḫar-[mu]* **15**: 32.

ḫarrānu «route»: KASKAL-*ni* **9**: 6′; **10**: 4; KASKAL-⸢*ni*⸣ **34**: 6; KASKAL-*n[i]* **9**: 2′.
«expédition»: KASKAL-MEŠ **12**: 7; KASKAL-*[i]a* **13**: 3.

ḫatānu: «beau-père», «gendre»: *ḫa-ta-nu* **27**: 2; **39**: 12; *ḫa-ta-ni* **39**: 10, 26.

ḫazannu «maire»: *ḫa-za-an-nu* **1**: 25; **2**: 35; **43**: 8″.

ḫubullu «dette, prêt»: UR$_5$ **52**: 5; UR$_5$-RA **3**: 7; **4**: 8; **17**: 8; **20**: 5; **25**: 4; **28**: 9; **30**: 7; **48**: 7; UR$_5$-R[A] **32**: 4′; UR$_5$-[RA] **26**: 6; **29**: 5; U[R$_5$-RA] **6**: 4.

ḫurāṣu «or»: KÙ-SIG$_{17}$ **1**: 21; **10**: 36; **14**: 1; **15**: 1, 7, 15, 22, 32; **39**: 22; [K]Ù-SIG$_{17}$ **2**: 26; KÙ-[SIG$_{17}$-MEŠ] **36**: 17′.

iāši «moi»: *ia-ši* **1**: 13; **33**: 15; **49**: 3; *[i]a-ši* **33**: 10.

igru «salaire»: *ig-ri-šu* **40**: 2.

imēru «âne»: ANŠE **12**: 3.

immatimê «lorsque»: *im-ma-ti-me-e* **35**: 15′; *im-ma-ti-mi-e* **34**: 17; *[im-ma-t]i-mi-e* **9**: 19′; *[im]-ma-ti-mi* **8**: 16′.

immertu «brebis»: UDU-MÍ **8**: 8′, 10′, 12′; **37**: 5.

immeru «mouton»: U[DU] **37**: 4; UDU-MEŠ **10**: 21; **37**: 4, 8; UDU-NITA **8**: 9′; **41**: 11; UDU-⸢NITA⸣ **8**: 11′.

ina «dans»: *ina* **3**: 12; **6**: 11, 30; **15**: 42; **27**: 8; **29**: 7; **31**: 4′; **32**: 6′; **36**: 15′; **53**: 14; *i-na* **2**: 17; **7**: 15′; **9**: 9′; **10**: 42; **11**: 10; **12**: 8′; **22**: 8; **23**: 9; **26**: 7; **33**: 12; **36**: 2′; **39**: 20; **46**: 6; **47**: 23; **54**: 3; *i+na* **1**: 11, 18; **3**: 8, 29; **4**: 10, 15; **5**: 7; **6**: 5; **8**: 32′; **10**: 3,: 5, 6, 7, 8, 34; **12**: 5, 10; **13**: 7, 24; **14**: 8; **15**: 6, 6, 11, 13, 14, 19, 20, 26, 28, 29; **16**, 17; **17**: 9, 10, 14; **18**: 6; **19**: 9; **20**: 6; **21**: 10; **23**: 7; **25**: 6, 8, 10; **31**: 2′; **34**: 6, 8, 10, 11, 28; **35**: 3′, 4′; **36**: 4′, 5′, 6′, 7′; **37**: 9; **40**: 6; **41**: 6; **43**: 5′, 5″; **44**: 5; **46**: 5; **48**: 8, 9, 12; **50**: 4, 5; **52**: 6; **54**: 7; **55**: 1′, 3′, 4′, 6′; ⸢*i*⸣*+na* **18**: 9; **21**: 6; **26**: 7′; **36**: 3′; *i*-⸢*na*⸣ **6**: 29; ⸢*i+na*⸣ **24**: 11; **49**: 26; *i+n[a]* **37**: 14; **45**: 5′; **55**: 5″; *i-[n]a*; **8**: 30′; *i+[n]a* **10**: 4; **34**: 27; *[i]-na* **34**: 9; *i-[na]* **11**: 13; *[i-n]a* **8**: 28′; **9**: 2′; **15**: 43; **28**: 10; **33**: 4; **34**: 4; **35**: 2′; **43**: 4″; **55**: 3″.

inanna «maintenant»: *i-na-an-na* **49**: 8; ⸢*i-na-an-na*⸣ **2**: 7; *i+na-an-n*[*a*] **38**: 7; [*i+na-an-n*]*a* **37**: 5.

inūma «lorsque»: *e-nu-ma* **7**: 9′; [*e-nu-m*]*a*? **43**: 7′.

irtu «poitrine»: *i-ir-ta* **43**: 3″.

ištānānu «côté nord»: *il-ta-na-an* **36**: 6′.

ištānu «nord»: *il-ta-an* **10**: 6; **34**: 10; **35**: 4′; [*i*]*l-ta-an* **9**: 6′; *il-t*[*a-an*] **9**: 3′; ⸢*il*⸣-[*ta-(na)-an*] **55**: 6′.

ištēnūtu «un»: [*i*]*l-te-en-nu-*tu_4 **38**: 3.

ištu «de, depuis»: *iš-tu* **38**: 5; **39**: 24; **53**: 11; *i*[*š*]*-tu* **8**: 26′.

«pendant»: ⸢*uš-tu*⸣ **9**: 2″.

itti «avec»: *it-ti* **9**: 17′; **16**: 10, 11, 12; **33**: 2; **35**: 5′, 6′, 6′; **47**: 13; [*i*]*t-ti* **16**: 14; **31**: 5′; *i*[*t*]-*ti* 16: 13; ⸢*it*⸣-*t*[*i*] **43**: 8′; [*it-t*]*i* **16**: 15.

kaspu «argent»: KÙ-BABBAR **2**: 26; **8**: 28′; **10**: 23, 39; **39**: 21, 24, 25; **49**: 9; **53**: 4, 6, 12; KÙ-BABB[AR] **10**: 35; KÙ-[BABBAR] **36**: 6″; K[Ù-BABBA]R **39**: 27; KÙ-BABBAR-MEŠ **11**: 4; **36**: 12′, 16′; KÙ-BABBAR-⸢MEŠ⸣ **8**: 14′; KÙ-BABBAR-ME[Š] **39**: 10; KÙ-B[ABBAR-MEŠ] **11**: 8.

kî «comme»: *ki-i* **47**: 9.

kīam «ainsi»: *ki-a-am* **22**: 4; **27**: 4; **53**: 3; *ki-*[*a*]*-am* **19**: 4; *ki-am* **11**: 3; **25**: 3; **26**: 4; **29**: 4; [*ki-a*]*m* **26**: 3′.

kibtu «froment»: GIG **28**: 6; **36**: 12′.

kīma «comme»: *ki-i-ma* **35**: 13′; *ki-ma* **7**: 4′; **36**: 8′, 13′; **39**: 16; **40**: 2, 3; [*ki-m*]*a* **33**: 24.

ki-min (répétition): KI-MIN **15**: 15; **34**: 8.

kīmū «à la place de»: *ki-mu-ú* **11**: 8; **49**: 6; **53**: 6; *ki-*[*m*]*u-ú* **49**: 9.

kīnanna «ainsi»: *ki-na-an-na* **3**: 4; **4**: 4; **10**: 38; **28**: 5; [*ki-na-a*]*n-na* **32**: 3′; [*ki-na*]*-an-*[*na*] **23**: 4.

kirû «verger»: ^{giš}KIRI$_6$ **36**: 4′, 5′, 8′, 6″; ^{giš}KIRI$_6$-*šu* 35: 5′.

kīsu «bourse, capital»: *ki-si* **16**: 17.

kubtu «tas»: *ku-ub-*[*t*]*a* **40**: 11.

kullu «détenir, retenir»: *ú-*⸢*ki*⸣*-i*[*l*] **10**: 33; ⸢*ú*⸣-[*k*]*ál*^{al} **39**: 26; *ú-*ka_4*-al-lu* **34**: 7.

kunukku «sceau»: NA$_4$ **1**: 30, 31; **2**: 38, 41, 41; **3**: 23, 24, 25, 26; **4**: 25, 26, 27, 28, 29; **5**: 12, 18, 19, 20, 21; **6**: 32, 32, 33, 34, 36; **7**: 1″; **9**: 15″; **10**: 55, 56, 57, 57, 63, 64, 65; **11**: 8′; **12**: 10′, 10′; 11′, 11′, 12′; **13**: 20, 22, 23, 26; **14**: 1′, 2′, 3′; **15**: 44, 45, 46, 47, 48, 49, 51; **16**: 21, 23, 24, 30; **17**: 24, 24, 25, 26, 26; **18**: 16; **19**: 19, 21, 23; **20**: 12; **22**: 1′, 3′, 5′, 6′, 7′; **23**: 16; **25**: 20, 21, 22, 23, 24; **26**: 12′; **27**: 23, 24, 25; **28**: 21, 22, 23, 24, 25, 26; **29**: 17, 18, 19, 20, 21; **31**: 15′, 16′, 1″; **33**: 7′; **34**: 37, 39; **36**: 12″, 13″, 14″; **37**: 22, 23, 24, 25, 26; **38**: 17, 19; **39**: 35, 36, 36, 37, 38, 40, 40; **40**: 7′, 8′; **42**: 13′; **44**: 2′, 3′, 4′; **45**: 20′, 1″; **46**: 2′; **48**: 15, 16, 18, 20; **49**: 28, 29, 30, 31, 32, 32; **50**: 11, 12, 13; **52**: 2′, 4′; **53**: 26, 27, 28, 29, 30, 31; **54**: 22, 22, 23; **56**: 1″; ⸢NA$_4$⸣ **9**: 16″; **16**: 20; **27**: 24; **42**: 14′; **56**: 3″; N[A$_4$] **6**: 35; **18**: 17; **27**: 25; **33**: 8′; **34**: 36; **55**: 2‴; [N]A$_4$ **2**: 39; **3**: 27; **10**: 58; **16**: 22, 25; **18**: 15, 17, 18; **20**: 14; **24**: 2′; **30**: 1′, 2′; **35**: 1″; **36**: 15″; **38**: 18; **42**: 15′; **46**: 1′; [N]A$_4$-KIŠIB **54**: 24; KIŠIB **24**: 4′; ⸢KIŠIB⸣ **24**: 2′.

la «ne… pas»: *la* **1**: 13; **4**: 16; **6**: 11; **7**: 17′; **8**: 24′, 25′, 26′, 27′; **10**: 31, 32; **14**: 11; **15**: 12, 27, 31, 32; **17**: 15; **21**: 11; **24**: 12, 14; **25**: 12; **26**: 10′; **31**: 5′; **37**: 9; **41**: 10; **47**: 10, 18; **48**: 13; **53**: 15; [*l*]*a* **2**: 19; **3**: 14, 30; **15**: 32; *l*[*a*] **2**: 20.

labānu «faire des briques»: *i-la-ab-bi-in* **40**: 10; *i-la-ab-in-nu* **41**: 7; [*i-la-ab*]*-bi-in* **40**: 2′.

leqû «prendre, recevoir»: *il-qè* **18**: 5; **20**: 5; **21**: 5; **48**: 7; **50**: 4; **51**: 5, 7, 12; *i*[*l*]*-qè* **40**: 6; **51**: 9; *i*[*l-qè*] **11**: 9; 51: 14; *il-qú* **14**: 8; **37**: 4; *il-*[*qú*] **30**: 7; *il-qú-ú* **15**: 6; *il-q*[*ú*]*-*⸢*ú*⸣ **15**: 18; ⸢*i*⸣*-leq-q*[*è*] **7**: 17′; ⸢*i-leq*⸣*-q*[*è*] **7**: 13′; [*i-leq*]*-*⸢*qè*⸣ **35**: 19′; *i-le-qè* **34**: 21; 39: 10; [*i*]*-le-qè* **9**: 22′; ⸢*i*⸣*-*[*l*]*e-qè* **8**: 24′, 25′; [*i-le*]*-*⸢*qè*⸣ **9**: 23′; *i-le-e*[*q-qú*] **8**: 19′; *il-te-qè* **5**: 6; **6**: 5; **17**: 8; *il-*[*te-qè*] **52**: 5; *i-*⸢*il*⸣*-te-qè* **41**: 4; *il-te-qè-mi* **10**: 25, 41; *el-te-qè* **13**: 6; **29**: 7; **53**: 8; ⸢*el*⸣*-te-q*[*è*] **27**: 7; *el-t*[*e-qè*] **24**: 7; *el-te-qú-*⸢*ú*⸣ **38**: 6; *el-te-qè-mi* **2**: 12; **3**:

7; **11**: 7; **25**: 6; **28**: 9; **44**: 13; *el-te-qè-m[i]* **4**: 9; *[el]-te-qè-mi* **1**: 8; **19**: 8; **26**: 7; *[el-t]e-qè-mi* **23**: 7; *el-te-q[è-mi]* **26**: 6′; *[el-te]-⌜qè⌝-mi* **42**: 13; *[el-te-qè-m]i*? **32**: 6′; *el-te$_{10}$-qè-mi* **22**: 7.

libbu «intérieur»: *lìb-bi* **3**: 29.
«parmi»: *lìb-bi-šu-nu* **8**: 28′; **15**: 14, 29; ŠÀ-*bi* **54**: 8.

libittu «brique»: SIG$_4$ **41**: 5; SIG$_4$-MEŠ **40**: 8; S[IG$_4$-MEŠ] **41**: 9.

limītu «circonférence»: *[l]i-mi-is-[su]* **36**: 3′.

līmu «mille»: *li-im* **40**: 7; *⌜li⌝-im* **41**: 5.

lišānu «déclaration»: EME-*šu* **4**: 1; **17**: 1; **22**: 1; **25**: 1; **27**: 1; **28**: 1; **29**: 1; **53**: 1; ⌜EME⌝-*šu* **10**: 37; **11**: 1; [EM]E-*šu* **3**: 1; [EME]-*šu* **48**: 1; E[M]E-[*šu*] **19**: 1; [EME-*š*]*u* **1**: 1; **24**: 1.

littu «vache»: GU$_4$-ÁB **10**: 20; [G]U$_4$-ÁB **54**: 1, 9; G[U$_4$]-ÁB-MEŠ **54**: 5.

magrattu «aire»: *ma-ag-ra-at-ti* **36**: 6′; *ma-ag-ra-at-ti-šu* **35**: 7′.

maḫāṣu «frapper»: **43**: 4″; *[m]a-ḫi-iṣ* **43**: 4′; *m[a-ḫi-iṣ]* **43**: 5″.
«mettre en tas (des briques)»: *i-ma-aḫ$_4$-as-sú* **40**: 11.
(+ pūtu) «se porter garant pour»: *ma-ḫi-iṣ* **37**: 13; **54**: 5.

maḫru «par devant (+ NP du témoin)»: IGI **1**: 22, 23, 25, 26, 28, 29; **2**: 36; **3**: 16, 17, 18, 20, 21; **4**: 18, 19, 20, 21, 22, 23; **5**: 13, 14, 15, 16, 17; **10**: 45, 46, 47, 48, 49, 50, 50 51, 52, 53; **11**: 15, 4′; **12**: 3′, 4′, 6′; **13**: 9, 10, 12, 14; **15**: 34, 35, 36, 37, 38, 39, 40, 41; **17**: 18, 19, 20, 20, 22, 23; **25**: 15, 16, 17, 18, 19; **27**: 17, 19, 20, 21; **28**: 15, 16, 17, 18; **29**: 11, 12, 13, 14, 16; **31**: 7′, 9′, 11′, 12′, 14′; **34**: 30, 31, 32; **36**: 7″, 8″, 9″, 10″, 11″; **37**: 16, 17, 18, 19; **39**: 28, 29, 30, 31, 32, 33; **41**: 15, 16, 17; **42**: 8′, 9′, 10′, 11′; **45**: 12′, 13′, 14′, 15′, 16′, 17′, 18′; **49**: 14, 15, 16, 18, 19, 21, 22, 23; **53**: 16, 17, 18, 20, 21, 22, 24, 25; **54**: 11, 13, 15, 17, 18, 20; **55**: 8″, 9″, 10″, 11″, 12″, 13″, 14″; ⌜IGI⌝ **6**: 28; [I]GI **2**: 32; **6**: 24, 25, 26, 27; **11**: 2′; **41**: 19; **55**: 7″; IG[I] **23**: 14; [I]G[I] **6**: 23; [IG]I **2**: 29, 30, 31, 34, 35; **8**: 36′, 39′; **11**: 3′; **12**: 2′.

malû I «être écoulé (temps)»: *im-ta-lu-ú* **35**: 16′; *[i]m-⌜ta⌝-lu-ú* **8**: 16′; *im-[ta-lu-ú]* **9**: 19′; *⌜im⌝-[ta-lu-ú]* **7**: 9′; *[im-ta-l]u* **34**: 17.
II «rembourser»: *ú-ma-al-la* **3**: 34; **7**: 19′; **39**: 23; **41**: 14; *ú-ma-al-[l]a* **54**: 10; *⌜ú⌝-ma-⌜al⌝-l[a]* **12**: 1′; *⌜ú-ma-al⌝-[la]* **10**: 36; *[ú]-ma-al-[la]* **40**: 5′; *⌜ú⌝-[ma-a]l-la* **42**: 3′; *nu-⌜ma⌝-al-la-m[i]* **33**: 18; DIRI **15**: 14; DIRI-*la* **1**: 21; **2**: 27; **8**: 31′; DI[RI-*la*] **9**: 3″; **55**: 4″.

manna «ce, tout»: *[ma-n]a-am-ma* **1**: 14.

mannu: «celui»: *[ma-a]n-nu* **36**: 15′.

mannummê «quiconque»: *ma-an-nu-um-me-e* **15**: 13, 29; **54**: 7; *[ma-an-n]u-um-me-e* **2**: 24; *ma-an-nu-um-mi-e* **8**: 27′; **10**: 34; *ma-an-nu-⌜um⌝-mi-e* **39**: 19; *[m]a-[an]-nu-um-mi-e* **8**: 30′; *[ma-a]n-nu-um-mi-e* **9**: 2″; *[ma-a]n-nu-um-m[i-e]* **55**: 2″; *[ma]-an-nu-u[m-mi-e]* **7**: 18′.

mārtu «fille»: DUMU-MÍ-*ia* **11**: 5.

mārtūtu «statut de fille (adoptive)»: *ma-ar-tù-ti* **39**: 4, 17; *ma-a[r-tù-ti]* **39**: 1.

māru «fils»: DUMU **1**: 22, 23, 27, 28; **2**: 1, 33, 34, 35, 37; **3**: 16, 17, 19, 20 21; **4**: 2, 18, 19, 20, 21, 23; **5**: 5, 13, 14, 15; **6**: 15, 22, 23, 24, 25, 27; **8**: 35′, 36′, 37′, 39′; **9**: 6″, 7″, 8″, 9″, 10″, 11″, 14″; **10**: 2, 9, 11, 45, 46, 47, 48, 49, 50, 50, 51, 52, 53, 54, 62; **11**: 2, 15, 2′; **12**: 2, 4, 2′, 3′, 5′, 6′; **13**: 2, 5, 11, 13, 15; **14**: 4, 5, 6, 7, 15; **15**: 16, 17, 34, 35, 36, 38, 39, 40, 50; **16**: 3, 6; **17**: 2, 7, 18, 19, 22; **18**: 3, 4, 15; **19**: 7, 18, 20, 22; **20**: 3, 4, 11, 13; **21**: 3; **22**: 2, 6, 2′, 4′, 5′; **23**: 6, 14; **25**: 2, 5, 15, 16, 17, 18; **26**: 5′; **27**: 6, 18, 21; **28**: 8, 15, 19; **29**: 2, 6, 11, 12, 13, 15, 16; **30**: 3; **31**: 10′, 11′, 13′; **33**: 1, 5′, 7′, 9′; **34**: 30, 31, 32, 33, 34; **36**: 7″, 8″, 9″, 10″; **37**: 3, 16, 17, 18, 19, 20; **38**: 2, 8; **39**: 28, 29, 30, 31, 32, 33, 34, 39; **40**: 4, 5, 7′, 8′; **41**: 3, 18, 19; **42**: 8′, 9′, 10′, 11′, 12′; **44**: 7; **45**: 13′, 14′, 15′, 16′, 17′, 18′; **46**: 1′, 3′; **48**: 6, 17; **49**: 1, 7, 13, 17, 18, 20, 21, 23; **50**: 2, 3, 11, 12, 13; **52**: 2, 4, 3′, 4′, 6′; **53**: 2, 7, 16, 17, 19, 20, 21, 23; **54**: 2, 4, 6, 12, 14, 15, 16, 17, 18; **55**: 7″, 9″; ⌜DUMU⌝ **6**: 26; **21**: 4; **24**: 2′; **27**: 19; **38**: 17; **39**: 5; **44**: 1′; **45**: 12′; **47**: 5; DUM[U] **45**: 4′; DU[M]U **28**: 16; DU[MU] **11**: 6; **19**: 2; **36**: 5″; **39**: 2; **41**: 2; **49**: 10; **54**: 20; **55**: 12″; [DU]MU **13**: 9; **15**: 2; **27**: 20; D[UMU] **6**: 3; **11**:

4′; **15**: 3; **15**: 4; **34**: 13; **39**: 7; **41**: 15, 16; **55**: 8″, 10″, 11″; [DUM]U **5**: 16; **18**: 16; **46**: 5; DUMU-*šu* **2**: 6; DUMU-MEŠ **3**: 6, 10, 33; **4**: 7, 13; **5**: 4, 10; **6**: 2; **7**: 8′,11′; **8**: 7′, 22′; **10**: 16, 19, 40; **17**: 21; **28**: 3; **30**: 6; DUMU-⸢MEŠ⸣ **7**: 1′; ⸢DUMU⸣-MEŠ **44**: 11; DU[MU]-MEŠ **33**: 3; DU[MU-ME]Š **44**: 16; D[UMU-MEŠ] **9**: 13′; DUM[U-MEŠ-*i*]*a* **3**: 32.

mâṣu «être (trop) petit»: *mi-iṣ* **8**: 25′; **10**: 32.

mašāru (+ *qanna*) «brosser (une frange de vêtement)»: *im-ta-šar* **2**: 15; [*im*]-*ta-šar* **1**: 11; *in-ta-šar* **53**: 9.

mātu «pays»: KUR **39**: 8.

mâtu «mourir»: *mi-i-it* **33**: 11.

mayāru «labouré»: *ma-a-a-ru* **8**: 23′; [*ma*]-⸢*a*⸣-*a-ru* **7**: 17′; *ma*-[*a-a-ru*] **9**: 22′.

meat «centaine»: *ma-ti* **36**: 2′ (?); **40**: 8.

miḫṣu «coup»: *mi-iḫ-ṣú* **43**: 2″.

mimma «quelque chose»: *mi-im-ma* **1**: 12; [*mi-i*]*m-ma* **1**: 18; [*mi*]-*i-im-ma* **6**: 17.

minummê «tout ce que»: *mi-nu-um-me-e* **2**: 2, 3; **53**: 4; [*mi*]-*nu-me-e* **1**: 5.

miṣru «limite»: *mi-iṣ-ri* **9**: 7′.

muḫḫu *(+ ina)* «devant»: UGU-*ḫi* **47**: 23.

«à la charge de / au profit de»: UGU-*ḫi* **54**: 3; U[G]U-⸢*ia*⸣ **45**: 5′; UGU-*šu* **37**: 9; UGU-*šu-nu* **15**: 13, 28.

mullû «amende»: *mu-ul-*[*l*]*e-e* **49**: 4.

mušelmû «surveillant, arpenteur»: *mu-še-el-wu* **8**: 38′; **34**: 35; *mu-še-*[*e*]*l-wu* **9**: 12″; [*mu-šal*]-*mu*-[*ú*] **36**: 6″.

nabalkutu «contester»: *i-bal-la-ak-ka*$_4$-[*at*] **6**: 12; KI-BAL **42**: 1′; KI-BAL-*tù* **10**: 35; KI-BAL-*tu*$_4$ **8**: 31′; **9**: 3″; KI-BA[L-*t*]*u*$_4$ **39**: 21; [KI-BA]L-*tu*$_4$ **36**: 16′; K[I-BAL-*t*]*u*$_4$ **2**: 25.

nadānu «donner»: *ad-dì-nu* **53**: 7; *id-din*^{in} **39**: 18; *a-na-an-din* **31**: 5′; **51**: 19; *a-na-an-*[*din*] **31**: 6′; *i-na-an-din* **7**: 8′; **14**: 10; **34**: 25; **40**: 12; **48**: 13; *i+na-an-din* **3**: 12, 14; **4**: 14, 16; **8**: 23′, 28′; **10**: 30; **15**: 10; **17**: 15; **21**: 11; **26**: 10′; **37**: 9; **48**: 11; [*i+n*]*a-an-din* **18**: 9, 11; **37**: 7; [*i-na*]-*an-din* **46**: 8; *i+na-an-*[*din*] **21**: 7; [*i-n*]*a*-[*an-d*]*in* **24**: 11; ⸢*i*⸣-[*n*]*a*-⸢*an*⸣-[*din*] **24**: 12; [*i+na-a*]*n-din* **19**: 14; *i+n*[*a-an-din*] **6**: 11; ⸢*i*⸣-[*na-an-din*] **14**: 11; *i-*<*na*>*-an-din* **41**: 9; *i-na-d*[*in*] **2**: 19; *i+na-an-din-nu* **15**: 12, 25, 27, 32; *at-ta-din* **34**:14; ⸢*at-ta*⸣-*d*[*in*] **49**: 8; *at-ta-din-šu-nu-ti* **10**:18; *it-ta-din* **10**: 11; **36**: 9′, 14′; **38**: 9; *it-ta-di*[*n*] **35**: 14′; *i*[*t-t*]*a-din* **38**: 12; [*it*]-*ta-din* **35**: 11′; [*it-t*]*a-din* **34**: 16; *it-ta-ad-nu* **7**: 5′; SÌ **39**: 5; SÌ-*din* **9**: 13′, 18′; SÌ-*din-nu* **8**: 7′; SÌ-*nu* **53**: 13.

nadinānu «celui qui donne»: *na-*[*di*]*-na-nu-ú* **9**: 13″.

nadû «placer»: *it-ta-du-šu-nu-ti* **16**: 18.

«imposer (une amende)» *it-ta-du-ú* **49**: 5.

«rejeter (une obligation)»: ⸢ŠUB-*uš*⸣ **6**: 17.

nakāsu «couper»: *i+na-ak-ki-is* **8**: 27′; *i+na-ak-ki-i*[*s*] **10**: 31; *ik-ki*-⸢*sú*⸣ **34**: 7.

napāḫu «commencer (un mois)»: *na-pa*-⸢*aḫ*⸣ **6**: 5.

napḫaru «total»: ŠU-NIGIN$_2$ **16**: 7; **51**: 15.

našû «(sup)porter»: *na-ši* **37**: 27.

nikkassu «compte»: *ni-ik-ka*$_4$*-sí* **11**: 10 (?).

niksu «morceau»: *ni-ik-*[*sà*] **8**: 26′.

nīnu «nous»: *ni-n*[*u*] **33**: 17.

nīšu «serment»: *n*[*i*]*-iš* **33**: 13.

pānānu *(+ ina)* «auparavant»: *pa-na-nu* **10**: 8.

pānu *(+ ana)* «devant»: *pa-ni* **1**: 2, 10; **4**: 3, 16; **11**: 2; **17**: 3; **18**: 12; **19**: 2; **22**: 3; **24**: 13; **25**: 2; **27**: 3; **28**: 4; **29**: 3; **48**: 13; **53**: 2; ⸢*pa-ni*⸣ **21**: 12; [*p*]*a-ni* **3**: 15; *p*[*a*]*-ni* **19**: 14; [*pa*]*-ni* **3**: 3; *pa-*[*ni*] **33**: 4; **48**: 2; ⸢*pa*⸣-[*ni*] **24**: 2; *p*[*a-ni*] **46**: 2; [*pa-n*]*i* **32**: 2′; *pa-ni-šu* **6**: 13; **17**: 17; **25**: 13; **45**: 10′; ⸢*pa*⸣-*ni-š*[*u*] **27**: 16.

patru «couteau»: GÍR **43**: 4″, 5″; G[ÍR] **43**: 5′.
pirqu «contestation»: *pí-ir-qa* **7**: 6′; **34**: 22; **38**: 14; *[p]í-ir-*⸢*qa*⸣ **8**: 20′; **10**: 27; ⸢*pí-ir*⸣*-[qa]* **9**: 23′.
pû «teneur»: *pí-i* **10**: 39; *[p]í-i* **9**: 20′; *[pí]-*⸢*i*⸣ **8**: 17′; *pi_4* **1**: 5.
pūḫu: «remplacement»: *pu-ḫi-šu* **53**: 6.
pūtu (+ *maḫāṣu*) «(assumer) la garantie»: *pu-tu_4* **37**: 13; *pu-ti* **54**: 5.

qabû «dire»: *[aq]-ta-bi* **33**: 13; *iq-ta-bi* **4**: 5; **10**: 39; **11**: 3; **17**: 4; **22**: 4; **25**: 3; **28**: 5; **48**: 4; **53**: 3; ⸢*iq*⸣*-ta-bi* **24**: 4; *iq-*⸢*ta-bi*⸣ **3**: 5; *[i]q-ta-bi* **46**: 3; *iq-[t]a-bi* **19**: 4; *[i]q-ta-b[i]* **23**: 4; *iq-ta-[bi]* **26**: 4; *i[q-t]a-bi* **27**: 4; *[iq-t]a-bi* **1**: 4; *iq-t[a-bi]* **26**: 3′; **29**: 4; **32**: 3′; ⸢*iq-ta-bu*⸣ **42**: 3; *qa-bu-ú* **3**: 13; **4**: 15; **15**: 11, 26; **17**: 14; **18**: 10; **19**: 13; **25**: 10; *qa-bu-*⸢*ú*⸣ **24**: 12; *[q]á-bu-ú* **6**: 11; *qa-b[u-ú]* **21**: 10; *[qa-bu]-ú* **46**: 9; *qí-bí* **47**: 2.
qadu «avec»: *qa-du* **5**: 8; **6**: 7; **22**: 9; **23**: 8; **27**: 9; **29**: 8; **30**: 8; **50**: 6; *[q]a-du* **42**: 10; *qa-dú* **3**: 9; **4**: 11; **20**: 7; **26**: 8′; **28**: 10; ⸢*qa-dú*⸣ **19**: 10; *[q]a-dú* **18**: 7; *qà-du* **2**: 9, 10; *[q]à-dú* **21**: 7.
qannu «frange (de vêtement)»: *qa-an-na-šu* **1**: 9; **2**: 15; **53**: 9.
qaqqadu «capital»: SAG-DU **17**: 10; **45**: 7′; SAG-[DU] **32**: 7′; SAG-DU-*šu* **10**: 16; **25**: 8; **48**: 9.
qātu «main»: ŠU **13**: 3.
(+ nom du scribe): «écrit par»: ŠU **3**: 22; **4**: 24; **10**: 54; **12**: 7′; **13**: 16; **16**: 19; **23**: 15; **27**: 22; **28**: 20; **37**: 20; **39**: 34; **45**: 19′; **54**: 21; ⸢ŠU⸣ **42**: 12′; [Š]U **33**: 2′; **41**: 1′.
qīštu «présent»: NÌ-BA-[*šu*] **36**: 13′.

rabû «grand»: *[r]a-b[u]* **34**: 40; GAL **8**: 24′; **10**: 31.
rabû II «élever»: *ur-te-eb-bi* **39**: 16; *ur-te-bi-šu* **39**: 16.
rakāsu «attacher, contraindre (?)»: *ra-ki-is* **15**: 30; ⸢*ra-ki-is*⸣ **15**: 32.
rašû «avoir»: *ir-ta-ši* **10**: 27, **34**: 22; **38**: 14; *ir-*⸢*ta*⸣*-ši* **7**: 6′; *i[r-t]a-ši* **8**: 20′.
redû II «agrandir»: ⸢*ú*⸣*-[r]a-*⸢*ad-da*⸣ **8**: 26′; *ú-ra-a[d-da]* **10**: 32.
rēḫtu «reste»: *re-$eḫ$-tu_4* **39**: 27.
rittu «convenable»: *ri-it-ti-šu* **47**: 10.
rubu'û: «de quatre ans»: *ru-bu-i-tù* **10**: 20.

siparru «bronze»: ZABAR **5**: 1, 9; **6**: 1; **10**: 22; **25**: 4, 8, 11; **26**: 5; **36**: 11′; [Z]ABAR **8**: 13′; Z[AB]AR **33**: 9; ZAB[AR] **4**: 6; **6**: 7, 10; ZABAR-MEŠ **2**: 3; ⸢ZABAR⸣-MEŠ **24**: 4; ZABA[R]-⸢MEŠ⸣ **2**: 8; ZA[BAR-MEŠ] **2**: 22.
sīsû «cheval»: ANŠE-KUR-RA-ME **13**: 3, 7.

ṣabātu «saisir»: *i-ṣa-bat* **54**: 9; *i-ṣa-ba-tù-uš* **6**: 21.
ṣibtu «intérêt»: *ṣí-ib-ti-šu* **52**: 8; MÁŠ **4**: 17; **15**: 13, 28; **52**: 14; [MÁ]Š **46**: 10; MÁŠ-*ti* **2**: 4; **4**: 8; **5**: 6; **6**: 12; **17**: 16; **18**: 5; **19**: 8; **21**: 5, 12; **22**: 7; **24**: 13; **25**: 13; **26**: 6′; **48**: 14; MÁ[Š-*t*]*i* **24**: 7; M[ÁŠ]-⸢*ti*⸣ **27**: 7; [MÁŠ-*t*]*i* **27**: 15; **45**: 10′; MÁŠ-*šu* **5**: 8; **22**: 9; **29**: 8; **31**: 6′; **50**: 4, 6; MÁŠ-[*šu*] **23**: 8; [MÁ]Š-*šu* **27**: 9; MÁŠ-*sú* **3**: 15; **18**: 12; MÁŠ-*ti-šu* **2**: 9; **3**: 9; **6**: 7; **18**: 7; **20**: 7; **21**: 7; **26**: 8′; MÁŠ-*t*[*i*]-*šu* **28**: 11; [MÁŠ-*t*]*i*-[*šu*] **24**: 9; MÁŠ-*ti-šu-nu* **4**: 11; [MÁŠ-*t*]*i-šu-nu* **19**: 10.

ša «de; qui; que»: *ša* **1**: 1, 5, 9; **2**: 6, 22; **3**: 1, 8, 13; **4**: 1, 15; **5**: 1, 2, 4; **6**: 2, 4, 6, 15, 30; **8**: 9′, 12′, 33′; **9**: 2′, 6′, 7′, 8′, 12″; **10**: 4, 5, 6, 7, 13, 39, 43; **11**: 1, 5, 11; **12**: 3, 5, 7, 10; **13**: 3, 8, 24; **14**: 1; **15**: 1, 7, 22; **16**: 5, 29; **17**: 1, 10, 14; **18**: 2; **20**: 2; **21**: 10; **22**: 1, 8; **23**: 5; **24**: 3′; **25**: 1, 7; **26**: 1; **27**: 6; **28**: 1, 2; **29**: 1; **30**: 2; **33**: 16, 18; **34**: 11, 28; **35**: 2′, 3′, 5′; **36**: 4′, 5′, 6′, 7′, 15′, 6″; **37**: 18; **38**: 4, 5, 6; **39**: 2, 8; **39**: 10, 12, 20; **40**: 4; **42**: 1′, 6′; **43**: 6″, 7″; **44**: 11, 16; **45**: 6′, 8′; **46**: 1; **47**: 8, 20; **48**: 12; **49**: 2; **50**: 1; **52**: 14, 14; **53**: 1, 5, 5, 6, 13, 13; **54**: 1; **55**: 5′; ⸢*ša*⸣ **2**: 21; **6**: 11; **8**: 11′; **10**: 3; **16**: 2; **44**: 1; **54**:

7; [*š*]*a* **9**: 13''; **18**: 10; **19**: 13; **23**: 10; **24**: 12; **25**: 10; **33**: 5; **34**: 5; **36**: 6''; **39**: 12; **44**: 4; **54**: 2; **55**: 6''; *š*[*a*] **6**: 1; **8**: 10', 38'; **24**: 1; **27**: 1, 8; **34**: 6; **39**: 9.

šakānu «placer»: *ša-ak-na-at* **44**: 9.

šalamtu «cadavre»: *šá-la-am-ta-šu* **33**: 23; *šá-*˹*la*˺*-am-*˹*ta*˺*-šu* **33**: 15.

šâlu II «interroger»: ˹*uš*˺*-ta-lu-šu-nu-*[*ti*] **33**: 20.

šanû «second»: [*ša*]*-nu-ú* **9**: 5'.

šapāru «envoyer»: *šu-pu-ur* **12**: 8.

šarru «roi»: LUGAL **33**: 13; **47**: 6, 23.

šasû «crier»; ***ina arki* NP *šasû*** «faire un procès à NP, porter plainte contre NP»: [*a-š*]*a-as-sí* **1**: 20; *i-ša-*[*a*]*s-sí* **53**: 15; *al-ta-sí* **33**: 13.

šâšu «ce»: *ša-a-šu* **2**: 8; **10**: 12, 28; **39**: 24; ˹*ša*˺-[*a-šu*] **2**: 8; *šá-a-šu* **45**: 9'.

šattu «année»: MU-MEŠ **7**: 9'; **9**: 19', 3''; **35**: 16'; MU-˹*ti*˺ **13**: 19; M[U-MEŠ] **34**: 17.

šaṭāru «écrire»: *iš-ṭú-ru-šu* **37**: 4; *ša-ṭì-ir* **8**: 34'; **10**: 44; **42**: 7'; ˹*ša-ṭì-ir*˺ **55**: 6''; *ša-ṭì-*[*ir*] **37**: 15; *ša-ṭ*[*ì-ir*] **9**: 5''; *šá-ṭì-ir* **15**: 43; *š*[*á-ṭ*]*ì-ir* **49**: 27; *ša*$_{10}$*-ṭì-ir* **12**: 9'; **13**: 25; **16**: 29; *ša*$_{10}$*-ṭì-i*[*r*] **6**: 31.

še'u «orge»: ŠE **29**: 9; **40**: 3; ŠE-MEŠ **7**: 18'; **9**: 13''; **14**: 3, 5, 6, 7, 9; **15**: 7, 12, 14, 21, 27, 30; **28**: 6; **29**: 5; **34**: 15, 18; **36**: 12'; **46**: 8; [Š]E-MEŠ **24**: 3'; ˹ŠE˺-[M]EŠ **15**: 5; Š[E-MEŠ] **41**: 1.

šību «témoin»: *ši-bu* **22**: 1'; **48**: 17, 18; *ši-bu-tu*$_4$ **3**: 3; **4**: 3; **28**: 4; **48**: 3; *š*[*i-bu-t*]*u*$_4$ **19**: 3; *ši-bu-ti* **1**: 10; **26**: 3; **53**: 3; *ši-bu-*˹*ti*˺ **10**: 38; *ši-bu-*[*t*]*i* **29**: 3; [*ši-bu*]*-ti* **1**: 3; IGI-MEŠ-˹*tu*$_4$˺ **24**: 3; IGI-MEŠ-*ti* **11**: 3; **17**: 3; **22**: 3; **25**: 3; IGI-MEŠ-*t*[*i*] **27**: 3.

šīmu «prix»: *ši-mu* **15**: 21; ˹*ši*˺*-i-*[*m*]*u* **13**: 18; *ši-mi* **14**: 2; **15**: 5, 7, 18; **37**: 2; **38**: 11; *ši-*˹*mi*˺ **38**: 7.

šinīšu «en deux»: 2-*ni-*˹*šu*˺ **34**: 7.

šipru «travail»: KIN **14**: 13.

šû «il, lui»: *šu* **10**: 33; **43**: 4', 4''; *šu-ú* **47**: 7.

–šu «fois» (multiplicatif): *-šu* **8**: 8', 8'; *-š*[*u*] **8**: 9'.

šūdūtu «édit, proclamation»: *šu-du-ti* **8**: 32'; **10**: 42; **11**: 13; **34**: 27; [*š*]*u-du-ti* **55**: 5''; *šu-d*[*u-ti*] **6**: 29.

šukênu «faire appel»: *uš-te-ḫi-ḫé-in* **47**: 6.

šulušû «de trois ans»: *šu-lu-šu-ú* **54**: 1.

šumma «si»: *šum-ma* **3**: 12; **4**: 14; **6**: 10; **7**: 5', 14', 17'; **8**: 23', 24', 25'; **9**: 22', 23'; **10**: 26, 31, 32; **14**: 10; **15**: 11, 25, 30, 32; **17**: 14; **18**: 9; **24**: 11; **25**: 10; **27**: 14; **31**: 4'; **34**: 21, 40; **41**: 9; **46**: 8; **47**: 18; **48**: 12; [*š*]*um-ma* **38**: 13; *šu*[*m-m*]*a* **6**: 16; [*šum*]*-ma* **37**: 8; [*šum-m*]*a* **3**: 29; **8**: 20'; **21**: 10.

šundu «lorsque»: [*š*]*u-un-du* **44**: 14.

šunu «ils, eux»: *šu-nu* **33**: 17.

šupālu «ouest»: *šu-pa-al* **10**: 5; **35**: 2'; *šu-pa-*[*al*] **36**: 5'; **55**: 3'; *šu-pá-a*[*l*] **34**: 9.

šuqultu «poids»: *šu-qú-ul-ta-šu* **5**: 2.

šūtānu «sud»: *šu-ta-a-an* **36**: 7'; *su-ta-a-an* **10**: 7; [*su*]*-ta-a-an* **9**: 7'; *su-ta-an* **34**: 11; **35**: 3'; [*s*]*u-ta-*˹*an*˺ **9**: 4'; *su-*[*ta-(a)-an*] **55**: 4'.

taḫsistu «mémorandum»: *taḫ-sí-il-t*[*i*] **51**: 17.

târu II «rendre»: *ú-ta-ar* **6**: 10; **7**: 12'; **17**: 13; **20**: 8; **28**: 14; **34**: 20; **50**: 9; *ú-ta-*˹*ar*˺ **27**: 13; [*ú*]*-ta-ar* **25**: 9; *ú-ta-a*[*r*] **5**: 11; **27**: 14; ˹*ú*˺*-ta-a*[*r*] **9**: 21'; [*ú-ta*]*-ar* **52**: 12; *ú-*[*ta-ar*] **29**: 10; [*ú*]*-ta-ar-ra* (?) **22**: 11; ˹*ú*˺*-t*[*a-ru*] **8**: 19'; GUR **7**: 16'; **19**: 12; **25**: 12; **35** 18'; GUR-*ru* **15**: 32; 15: 33; GUR-˹*ru*˺ **15**: 31.

terḫatu «contre-don (versé à l'occasion d'un mariage)»: *te-er-ḫa-tù* **10**: 13; *te-er-ḫa-ti* **10**: 9; **11**: 4; *te-*˹*er*˺*-ḫ*[*a*]*-ti* **39**: 9.

ṭēḫu «proximité (?)»: *ṭe*$_4$*-ḫu-mi* **10**: 33 (?).

ṭuppu «tablette»: *ṭup-pu* **6**: 29; **10**: 42; **16**: 27; **37**: 14; **42**: 4′; **49**: 25; **51**: 16; [*ṭ*]*up-pu* **34**: 26; [*ṭ*]*up-*⸢*pu*⸣; **8**: 32′; [*ṭu*]*p-pu* **2**: 22; [*ṭup*]*-pu* **15**: 42; *ṭup-pa* **1**: 14; *ṭup-pí* **9**: 20′; **10**: 39; **11**: 12; **12**: 8′; **13**: 7, 24; **39**: 1; *ṭup-*⸢*pí*⸣ **13**: 7; *ṭup-p*[*í*] **8**: 17′; [*ṭup-p*]*í* **9**: 4″; *ṭup-pí-*MEŠ **1**: 5.

u «et»: *ù* **1**: 8, 11, 17; **2**: 3, 4, 8, 10, 13, 14, 22; **3**: 8, 30, 33; **4**: 8, 9; **5**: 3, 7, 9; **6**: 2, 9, 10, 13; **7**: 1′; **8**: 6′, 7′; **10**: 12, 15, 19, 24, 25, 33, 41; **12**: 8; **13**: 6; **15**: 6, 8, 13, 19, 23, 28, 32, 33; **16**: 9, 12; **17**: 9; **22**: 5, 8; **25**: 6; **27**: 8, 10; **28**: 2, 10, 12; **30**: 5; **31**: 2′; **33**: 2, 8, 12, 13, 14, 19, 19; **34**: 14, 23; **35**: 6′, 11′, 15′; **36**: 10′, 6″; **37**: 4, 10, 11; **38**: 7; **39**: 3, 6, 9, 11, 15, 22, 27; **40**: 3, 6; **42**: 6; **43**: 3′, 4′, 6′, 4″, 7″, 8″; **44**: 10; **45**: 6′; **46**: 6, 8; **47**: 7, 11, 15, 19; **49**: 5, 8; **50**: 3; **52**: 10; **53**: 8, 10, 11; **54**: 9; ⸢*ù*⸣ **2**: 7; **6**: 5, 21; **8**: 4′, 13′, 29′; **15**: 32; **16**: 14; **24**: 14; **31**: 5′; **33**: 10, 17; **38**: 9; **40**: 11; **44**: 19; **50**: 7.

ugāru «terroir»: A-GÀR **9**: 9′; **10**: 3; ⸢A⸣-GÀR **34**: 4.

umma «ainsi (introduction d'un discours direct)»: *um-ma* **2**: 1; **6**: 14; **12**: 1; **13**: 1; **33**: 6; **33**: 21; **38**: 1; **47**: 7; **49**: 1; *um-*[*m*]*a* **47**: 3; [*u*]*m-ma* **33**: 21; [*um*]*-ma* **3**: 28; ⸢*um*⸣-[*ma*] **10**: 1; [*um-m*]*a* **33**: 17; *um*[!](ŠUM)*-ma* **2**: 16.

ūmu «jour»: u_4*-mi* **1**: 11; **2**: 17; **6**: 11; **15**: 11, 26; **53**: 11; u_4*-m*[*i*] **7**: 15′.

uššuru «libérer»: *un-te-eš-ši-ir* **10**: 17.

zakû II «libérer»: *ú-za-ak-*ka_4 **7**: 7′; **38**: 16; ⸢*ù*⸣-[*z*]*a-ak-*ka_4 **10**: 29; *ú-*[*za-ak*]*-*ka_4*-šu* **34**: 23; *ú-za-ak-*ka_4*-šu-nu-ti* **8**: 21′; *ú-za-ak-ku-ú* **8**: 29′.

zēru «descendance»: NUMUN-MEŠ **10**: 13.

zittu «part»: ḪA-LA-*ia* **38**: 4; ḪA-LA-*šu* **36**: 9′.

VOCABULAIRE HOURRITE

aladumma *(+ epēšu)* «acheter»: *a-la-du-um-ma* **12**: 6.

ḫubballa «clôture»: *ḫu-ub-bal-li* **36**: 3′.

katinnu «épée»: *ka-ti-in-ni* **5**: 1.

tamkarašši «profit commercial»: DAM-[G]ÀR-*ši*-MEŠ **2**: 4; DAM-GÀR-*ši*-[MEŠ] **2**: 10.

tarwišša «dépôt»: *ta-ar-wi-iš-šu* **44**: 8.

titennūtu «antichrèse»: *ti-te-en-nu-ti* **7**: 3′; [*ti-t*]*e-en-nu-ti* **34**: 1; ti_4*-te-en-nu-ti* **35**: 8′; ti_4*-te-en-*[*nu*]*-ti* **9**: 11′; ti_4*-te-*⸢*en*⸣-[*nu-ti*] **8**: 3′; ti_4*-*te_9*-en-nu-t*[*i*] **34**: 12; [*ti-te-en-nu-t*]*i* **8**: 14′.

MÉTROLOGIE

Mesure de longueur:

ammatu «coudée»: *am-ma-ti* **36**: 2′.

Mesures de surface:

imēru: ANŠE **9**: 5′; **10**: 2, 12; A[N]ŠE **10**: 26; [AN]ŠE **9**: 9′; [A]NŠ[E[?]] **9**: 1′.

awiḫaru: GIŠ-APIN **9**: 5′.

Mesures de capacité:

imēru: ANŠE **14**: 3, 5, 6, 7, 9; **15**: 7, 21; ⸢ANŠE⸣ **15**: 5; **28**: 6, 6; **29**: 5, 9; **30**: 1; **46**: 3; [AN]ŠE **41**: 1.

qû: $SILA_3$ **28**: 6.

Mesures de poids:

biltu «talent»: GUN **16**: 4, 7; ⸢GUN⸣ **16**: 1.

manû «mine»: MA-NA **1**: 21; **2**: 26; **3**: 5; **4**: 5, 6; **5**: 2, 3; **6**: 1, 7; **7**: 2′, 10′; **8**: 13′; **9**:

16′; **10**: 21, 22, 35; **12**: 5, 9; **16**: 1, 4, 7; **17**: 5, 10; **18**: 1; **20**: 1; **21**: 1; **22**: 5; **23**: 5; **25**: 4; **27**: 5, 9; **33**: 9; **36**: 11′, 11′, 16′; **38**: 10; **39**: 21, 22; **40**: 1; **48**: 5; **50**: 1; **51**: 1, 6, 8, 10, 13, 15; **52**: 1, 9; MA-⸢NA⸣ **44**: 3; MA-N[A] **21**: 7; **26**: 5; **34**: 18; MA-[N]A **19**: 5; [M]A-NA **35**: 17′; MA-[NA] **24**: 4; **51**: 4; [MA]-NA **1**: 7; **20**: 7; [M]A-[N]A **24**: 9; [MA]-⸢NA⸣ **10**: 36; M[A-NA] **33**: 8; **34**: 15; **35**: 12′; [MA-N]A **36**: 17′; [MA-N]A? **45**: 3′.

šiqlu «sicle»: SU **3**: 5; **4**: 6; **11**: 4, 8; **14**: 1; **15**: 1, 15; **19**: 5; **27**: 5, 10; **33**: 9; **39**: 10; **51**: 8, 13, 15; **53**: 6; ⸢SU⸣ **24**: 4; S[U] **33**: 8; **39**: 24; GÍN (ou SU?) **22**: 5.

MOIS

Calendrier sémitique:

ḫinzuru = iii = mai-juin: *ḫi-in-zu-[ri]* **52**: 7; *ḫi-in-zu-ri* **52**: 13.

ulūlu = vi = août-septembre: *ú-lu-li* **15**: 20; ⸢*ú*⸣*-lu-li* **50**: 6; *ú-[l]u-li* **15**: 6; ⸢*ú*⸣*-[lu-li]* **31**: 2′; 31: 4′.

sabūtu = vii = septembre-octobre: ⸢*sa*⸣-<*bu*>-⸢*ti*⸣ **46**: 7.

kinūnu = ix = novembre-décembre: *ki-*⸢*nu-na*⸣*-ti* **40**: 6.

Calendrier hourrite:

impurtanni = i = mars-avril: *im-pu-ur-t[a-an-ni]* **41**: 6.

kurilli = iii = mai-juin: *ku-ri-il-li* **21**: 6; *[k]u-ri-il-li* **31**: 5′; *ku-ri-il-l[i]* **20**: 6; *ku-r[i-i]l-li* **14**: 8; *ku-ri-i[l-li]* **24**: 8; *ku-ri-[il-li]* **26**: 7′; *[ku-ri-i]l-li* **26**: 8.

kurilli ša Zizza: *ku-ri-il-li ša* URU *zi-iz-[za]* **6**: 6; *ku-ri-il-l[i š]a* URU *zi-iz-za* **23**: 9–10.

šeḫali ša Teššup = iv = juin-juillet: *še-ḫa-li ša* ^{d}IM **17**: 9–10; **22**: 8; *še-ḫa-*⸢*li ša* ^{d}IM⸣ **3**: 8; *še-ḫa-li ša* ^{d}[I]M **25**: 7; *[še]-ḫ[a-l]i ša* ^{d}IM **45**: 6′; *še-ḫa-[li ša]* ^{d}IM **5**: 7; *[še-ḫ]a-li ša* ^{d}I[M] **45**: 8′; *še-*⸢*ḫa*⸣*-li š[a* ^{d}IM] **27**: 8.

šeḫali = iv = juin-juillet ou v = juillet-août: *še-ḫa-li* **4**: 10; **18**: 6, **48**: 8, 12; *[še]-ḫa-li* **19**: 9.

arkapinni = vi = août-septembre: *ar-ka$_{4}$-p[í]-i[n-ni]* 12: 10.

PROFESSIONS

abultannu «gardien de la porte»: *a-bu-ul-ta-an-nu* **49**: 24; **53**: 24.

***maṣṣaru** (+ abulli)* «gardien (de la porte)»: *ma-ṣar* **40**: 9′.

naggāru «charpentier»: *na-ga$_{5}$-ru* **4**: 22.

nāgiru «héraut»: *na-gi$_{5}$-ru* **54**: 19.

sukkallu «ministre»: SUKKAL **47**: 3.

tamkāru «marchand»: DAM-GÀR **1**: 6.

ṭupšarru «scribe»: *ṭup-šar-ru* **6**: 28; *ṭup-šar-rù* **2**: 36, 41; **53**: 25; *ṭup-šar-ri* **11**: 3′, 8′; **53**: 29; *ṭ[up-ša]r-ri* **49**: 29; DUB-SAR **1**: 29; **3**: 22; **4**: 24; **5**: 17, 21; **9**: 14″; **10**: 54, 56; **12**: 7′, 11′; **15**: 41; **16**: 19, **17**: 23; **19**: 16; **20**: 14; **22**: 7′; **25**: 22; **27**: 22, 25; **28**: 20, 26; **29**: 16, 20; **34**: 34; **36**: 11″, 15″; **37**: 21; **38**: 19; **39**: 34; **45**: 19′; **48**: 15; **50**: 14; **53**: 26; **54**: 25; ⸢DUB⸣-SAR **42**: 12′; ⸢DUB-SAR⸣ **13**: 23; **17**: 26; [D]UB-SAR **18**: 14; DUB-[S]AR **41**: 2′; DUB-SA[R] **49**: 22; DUB-S[AR] **13**:17; **16**: 30; **54**: 21; D[UB]-SAR **33**: 2′; DUB-[SAR] **15**: 51; **31**:14′; **44**: 3′; [DU]B-[S]AR **23**: 15.

ḪAŠIP-TILLA FILS DE KIP-UKUR

Activités et relations d'un *tamkāru*

BRIGITTE LION

Studies on the Civilization and Culture of Nuzi and the Hurrians - 11

ḪAŠIP-TILLA FILS DE KIP-UKUR*

Ḫašip-Tilla fils de Kip-ukur est documenté par quelques textes trouvés dans la maison dite «groupe 19.» Cette maison abritait plusieurs lots d'archives, dont les plus conséquents sont ceux d'Urḫi-Kušuḫ, de la famille de Muš-apu, et des descendants du *tamkāru* Pula-ḫali. M. A. Morrison a consacré deux études à ces différents fonds d'archives[1] et a remarqué la présence des tablettes concernant les activités de Ḫašip-Tilla. Elle a rapproché le propriétaire de ces archives du Ḫašip-Tilla DAM-GÀR (*tamkāru*), connu par HSS 16 233[2]. L'identification des deux personnages avait déjà été proposée par W. Mayer[3].

L'étude qui suit vise à regrouper les informations concernant Ḫašip-Tilla et à mieux cerner ses activités[4], à partir des textes qui le montrent comme partie principale des transactions. Les documents dans lesquels il intervient à titre de garant ou de témoin offrent quant à eux des renseignements sur sa famille et sur son cercle de relations, et permettent de le situer dans la société de Nuzi.

1. LOCALISATION DU LOT D'ARCHIVES

Il existe cinq, ou peut-être six tablettes, dans lesquelles Ḫašip-Tilla fils de Kip-ukur intervient comme personnage actif[5]. Toutes ont été trouvées dans la même maison, le «groupe 19.»

---

* Remerciements à David Owen et Gernot Wilhelm, pour leurs relechires, leurs conseils, leur patience et leur efficacité.

1 M. A. Morrison, «Chapter 4: Urḫi-kušuḫ DUMU LUGAL and the Family of Muš-apu: Texts from Group 19 (Part 1)» et «Chapter 5: The Family of Pula-ḫali and the Merchants: Texts from Group 19 (Part 2)», *SCCNH* 4, 1993, pp. 66–94 et 95–114. Cf. *supra* pp. 1–218.

2 M. A. Morrison, *SCCNH* 4, 1993, p. 108.

3 *Nuzi-Studien I. Die Archive des Palastes und die Prosopographie der Berufe, AOAT* 205/1, Neukirchen-Vluyn, 1978, p. 159 et n. 3.

4 Les activités des marchands de Nuzi ont fait l'objet d'une excellente synthèse par C. Zaccagnini, «The Merchant at Nuzi», *Actes de la XXIIIe R.A.I. (1976), Iraq* 39 (1977), pp. 171–89. Cf. aussi M. P. Maidman, *BiOr* 37 (1980), pp. 187–89.

5 Aux références étudiées ci-dessous, E. R. Lacheman, *Personal Names from the Kingdom of Arrapḫa*, manuscrit inédit, ajoute SMN 3620 aux entrées «Ḫašip-Tilla» et «Kip-ukur.» Ce

Quatre d'entre elles: AASOR 16 79, EN 9/2 207, 291 et 357, doivent appartenir aux archives de Ḫašip-Tilla, puisqu'il est l'une des parties principales impliquées dans les transactions décrites; il avait donc de bonnes raisons de conserver les documents en question. Tous quatre proviennent de la même pièce, S 132[6], qui abritait en tout 70 textes. De la pièce S 132 est issue la majeure partie des tablettes appartenant à Pašši-Tilla fils de Pula-ḫali. Selon l'étude menée par M. Novák sur les maisons de Nuzi[7], S 132 serait une salle de réception.

De la même pièce provient l'inédit SMN 2360[8], portant le sceau de Ḫašip-Tilla, sans précision de patronyme. Etant donné le lieu de découverte de la tablette, il est tenant de la rattacher au même personnage.

Une autre tablette, EN 9/2 297, a été exhumée en S 130, pièce voisine de S 132, mais qui ne communique pas directement avec elle: pour passer de l'une à l'autre, il faut traverser deux pièces intermédiaires, S 141 et S 139. S 130 n'aurait livré que six tablettes en tout. Selon M. Novák, S 130 serait la cour d'entrée de la maison. La tablette EN 9/2 297 fait intervenir Ḫašip-Tilla fils de Kip-ukur, mais elle n'appartient pas forcément à ses archives (cf. ci-dessous, § 2.5).

2. Les activités de Ḫašip-Tilla

2.1. *Vente d'une étoffe*

AASOR 16 79 est une déclaration de Ḫašip-Tilla, qui suit le formulaire d'un contrat de prêt. Ḫašip-Tilla reconnaît avoir reçu de Wur-Teššup une étoffe de bonne qualité, «pour la vendre et en tirer un profit» (*ana šīmi u tamkaraššī*); il s'engage à verser à Wur-Teššup deux sicles d'argent au mois xii, sans doute après avoir réalisé la vente de l'étoffe. Une fois l'opération faite, Wur-Teššup rendra un mouton à Ḫašip-Tilla, mouton qu'il conserve probablement à titre de gage tant que l'opération n'est pas terminée.

Cette tablette devrait normalement appartenir aux archives de Wur-Teššup, puisqu'elle établissait ses droits tant qu'il n'avait pas reçu le paiement de son étoffe. Le nom du père de ce personnage n'est pas indiqué. Il existe plusieurs

---

document a été publié depuis sous le sigle EN 9/2 529; il relève des archives de Pašši-Tilla fils de Pula-ḫali et ne mentionne nullement Ḫašip-Tilla. Peut-être s'agit-il d'une confusion avec SMN 2360, qui mentionne Ḫašip-Tilla, mais sans patronyme.

[6] Dans AASOR 16 p. 8, AASOR 16 79 est réputée provenir de «C 132», C renvoyant au «great government building and official residence of the governor of Nuzi.» En fait, C ne désigne pas seulement le «palais» de Nuzi, mais aussi d'autres bâtiments du tell central, comme les maisons situées à l'est du palais. C 132 est donc devenue par la suite S 132. La tablette est bien placée dans la liste établie par M. A. Morrison, *SCCNH* 4, 1993, p. 16.

[7] «Eine Typologie der Wohnhäuser von Nuzi», *Bag. Mitt.* 25 (1994), pp. 341–446, plus précisément p. 426.

[8] Cf. le tableau fourni par M. A. Morrison, *SCCNH* 4, 1993, p. 16. Ce texte a été transcrit par E. R. Lacheman, *SCTN* 2, p. 97.

homonymes, dont un petit-fils de Teḫip-Tilla et arrière-petit-fils de Puḫi-šenni. Mais aucun individu de ce nom n'apparaît dans les textes du groupe 19. Il est possible néanmoins que la tablette ait fait partie des archives de Ḫašip-Tilla: Wur-Teššup, après avoir reçu le prix de son étoffe, a pu remettre à Ḫašip-Tilla ce document qu'il n'avait plus de raison de conserver.

Le rôle d'intermédiaire que joue ici Ḫašip-Tilla, entre le fournisseur de l'étoffe et les acheteurs, correspond parfaitement aux fonctions du *tamkāru* telles qu'elles ont été étudiées par C. Zaccagnini. Rien n'indique que Wur-Teššup ait un lien quelconque avec le palais et Ḫašip-Tilla agit donc ici vraisemblablement pour le compte d'un particulier[9].

2.2. *Compensation pour un âne*

D'après EN 9/2 291, Ḫašip-Tilla a confié un âne à Akip-Tilla. Ce dernier, l'ayant perdu, se déclare prêt à donner, en compensation, une bonne vache de quatre ans. Cela ne signifie probablement pas que l'âne avait une valeur équivalente à celle d'une vache, mais le bovin, en général de quatre ans, représente une amende fréquente en cas de rupture d'un accord.

Le fait que Ḫašip-Tilla ait pu confier à quelqu'un un équidé ne le désigne pas forcément comme marchand, et on ignore à quel titre il détenait cet animal, de même que la raison pour laquelle il l'a confié à Akip-Tilla. Le patronyme d'Akip-Tilla n'est pas mentionné, ou est perdu, de sorte qu'on ne peut identifier le personnage.

Cependant, les équidés sont fréquemment aux mains des marchands ou des bailleurs de fonds. C. Zaccagnini, W. Mayer et M. A. Morrison ont souligné que les *tamkāru* en faisaient commerce ou les louaient[10]. On peut ajouter aux documents cités par ces auteurs deux tablettes appartenant à Pašši-Tilla, fils de Pulaḫali. Celui-ci, contrairement à son père, n'est pas un *tamkāru*, mais un bailleur de fonds. Dans un cas, il fournit deux chevaux pour un usage indéterminé (EN 9/2 505); dans l'autre, un âne pour une expédition commerciale du palais (EN 9/2 292): en cette occasion, l'usage de l'âne est donc directement lié aux activités marchandes du palais.

2.3. *Créance*

EN 9/2 357 ne concerne pas directement les activités de *tamkāru* de Ḫašip-Tilla: il prête à intérêt des graines et un autre bien (un *qatnû*) à son homonyme Ḫašip-Tilla fils de Tiantukku. Ces denrées ne sont pas attestées ailleurs à Nuzi comme faisant l'objet de prêts.

---

9 C. Zaccagnini, *Iraq* 39 (1977), p. 183, commente ce texte sous la rubrique «Trade financed by private individuals.»

10 C. Zaccagnini, *Iraq* 39 (1977), textes cités pp. 181–84. W. Mayer, *Nuzi-Studien I. Die Archive des Palastes und die Prosopographie der Berufe*, *AOAT* 205/1, Neukirchen-Vluyn, 1978, pp. 158–59. M. A. Morrison, *SCCNH* 4, 1993, p. 108.

Ce document indique seulement que Ḫašip-Tilla fils de Kip-ukur doit appartenir à la frange de la population de Nuzi la plus favorisée, celle qui est assez riche pour consentir des prêts. Accroître sa fortune par des prêts à intérêt est une activité caractéristique du milieu marchand et financier, même si elle est également pratiquée par des non spécialistes du commerce.

2.4. *Garde d'un dépôt d'étain*

EN 9/2 207 fait intervenir Pašši-Tilla, fils du *tamkāru* Pula-ḫali[11], un bailleur de fonds qui opère surtout dans la ville de Tupšarriniwe. D'après ce texte, il reprend à Ḫašip-Tilla un dépôt de [x]+5 mines d'étain qui avait été placé chez lui par son frère Kipal-enni; l'étain doit être remis aux fils de Kipal-enni.

Ce retrait a pu être effectué par Pašši-Tilla suite à l'impossibilité de son frère de reprendre lui-même cet étain, qu'il soit mort, ou simplement momentanément malade ou absent, toutes raisons qui peuvent obliger ses fils à poursuivre ses affaires à sa place[12]. Le texte fait penser que Kipal-enni appartient lui aussi aux milieux d'affaires du royaume d'Arrapḫa.

Ḫašip-Tilla se trouve donc mêlé aux activités des deux frères. Il n'est pas possible de savoir s'il était chargé de mener des opérations particulières avec l'étain déposé chez lui, mais il est clair qu'il travaillait avec des financiers, ce qui convient tout à fait aux attributions d'un *tamkāru*.

La tablette concerne les affaires de la famille de Pašši-Tilla, dont les archives ont été retrouvées dans la même pièce. On peut considérer qu'elle appartient soit à Pašši-Tilla, soit à Ḫašip-Tilla qui, ayant rendu l'étain, a gardé cette tablette comme reçu, afin de se protéger contre des réclamations éventuelles.

2.5. *Garantie*

Dans EN 9/2 297, Ḫašip-Tilla se trouve garant (*māḫiṣ pūti*, l. 9) d'une avance d'or faite par Ariḫ-ḫamanna fils de Ḫatarta[13] à Šekar-Tilla fils de Šelwiya pour acheter 10 *imēru* d'orge. Ce texte, le seul retrouvé en S 130, devait plutôt relever des documents conservés par Ariḫ-ḫamanna, qui avait avancé l'or et le gardait pour assurer son remboursement.

Ariḫ-ḫamanna fils de Ḫatarta est attesté à huit reprises comme témoin dans des contrats d'adoption de Teḫip-Tilla fils de Puḫi-šenni, retrouvés dans la maison de ce dernier. En outre, dans EN 9/3 254, Ariḫ-ḫamanna intervient comme l'un des principaux protagonistes d'une transaction: il reçoit en *titennūtu* un champ situé dans le terroir de Nuzi[14] (cf. ci-dessous, § 4.3). Cela fait

---

11 Cf. *supra*, p. 163, n⁰ 44.

12 Le sceau de Kipal-enni est cependant apposé sur la tablette. Il faut peut-être supposer que c'est son frère, Pašši-tilla, qui a scellé pour Kipal-enni?

13 Le nom de Ḫatarte, qui présente de multiples variantes orthographiques, est écrit sur cette tablette Ḫatarta.

14 Le lieu de provenance de EN 9/3 254 est inconnu; puisque la tablette devait être conservée par Ariḫ-ḫamanna, tout comme EN 9/2 297, on pourrait suggérer qu'elle vient elle aussi de S 130.

de lui un membre de la société aisée de Nuzi, situation confirmée ici par sa capacité à fournir de l'or.

Si l'or est un métal relativement peu attesté à Nuzi, l'opération qui consiste à avancer une somme d'or pour financer un achat d'orge est connue par au moins trois autres textes, qui consignent quatre opérations[15]; celles-ci ne font pas cependant intervenir de personnage ayant fonction de garant.Une fois de plus, Ḫašip-Tilla apparaît lié au milieu marchand. Il est garant de Šekar-Tilla et sert d'intermédiaire pour la livraison de l'orge à Ariḫ-ḫamanna; Šekar-Tilla n'est pas connu par ailleurs; mais, puisqu'il reçoit de l'or et doit fournir du grain, il peut très bien être lui-même un *tamkāru*.

2.6. *Bilan: les activités d'un* tamkāru

Ces activités ressemblent donc à ce que l'on connaît de celles des *tamkāru*, en particulier la commercialisation des biens (AASOR 16 79) ou le fait de disposer d'un âne (EN 9/2 291). Les relations de Ḫašip-Tilla avec les milieux des bailleurs de fonds sont attestées par EN 9/2 207, qui le montre conservant un dépôt fait par un fils de Pula-ḫali, et par EN 9/2 297, où il est garant dans un achat d'orge financé en or. D'après EN 9/2 357, il dispose de denrées diverses qu'il peut prêter. En outre, la maison dans laquelle les archives ont été découvertes abritait plusieurs textes concernant les activités de différents *tamkāru*.

Tout cela confirme l'idée de W. Mayer et de M. A. Morrison, selon laquelle Ḫašip-Tilla fils de Kip-ukur n'est autre que le *tamkāru* mentionné dans HSS 16 233, qui remet 18 *imēru* de grain appartenant au palais à Turar-Teššup fils de Malik-nāṣir. D'après W. Mayer, Turar-Teššup est aussi un *tamkāru*, qui apparaît comme tel dans deux listes du palais, HSS 15 18: 22 et 39: 15; il en va peut-être de même de son père Malik-nāṣir, puisqu'il existe un *tamkāru* de ce nom, fils d'Abu-ṭābi, témoin dans JEN 120: 34 et 41[16].

HSS 16 233 atteste que Ḫašip-Tilla travaille aussi pour le compte du palais. D'autres textes, ayant la même structure et enregistrant la remise de biens du palais à des marchands, ont été retrouvés dans le palais[17]. HSS 16 233 en revanche proviendrait de S 151, dans le «groupe» 18A, une maison du même

---

15 Pour HSS 16 231 et HSS 19 126, cf. B. Lion, *L'archive de Paššī-Tilla fils de Pula-ḫali*, *SCCNH* 11, 2000, n^0 14 et 15, avec bibliographie antérieure. Pour SIL 316, cf. M. Müller, «Ein Prozess um einen Kreditkauf in Nuzi», *SCCNH* 1, 1981, pp. 443–54. Cf. aussi G. Wilhelm, «Goldstandard in Nuzi», *Bagh. Mitt.* 7 (1974), pp. 205–8, pour le texte HSS 19 127.

16 W. Mayer, *Nuzi-Studien I. Die Archive des Palastes und die Prosopographie der Berufe*, *AOAT* 205/1, Neukirchen-Vluyn, 1978, p. 160. Turar-Teššup fils de Malik-nāṣir est aussi connu par HSS 5 100, texte trouvé en A 34, par lequel il achète une esclave. Il est témoin dans deux adoptions de Tarmi-Tilla, fils de Šurki-Tilla et petit-fils de Teḫip-Tilla (JEN 27 et 402), et dans JEN 151, une transaction du même Tarmi-Tilla dans laquelle apparaît Naniya, un frère de Ḫašip-Tilla, cf. ci-dessous, § 4.2.1. Malik-nāṣir fils d'Abu-ṭāb est témoin dans JEN 642: 18, qui est encore un texte de Tarmi-Tilla.

17 Ce point a été remarqué, à propos de ce texte précisément, par M. P. Maidman, *BiOr* 37 (1980), p. 187, n. 1, qui renvoie à C. Zaccagnini, *Iraq* 39 (1977), p. 179.

quartier que le «groupe 19», mais relativement éloignée de ce dernier. La maison 18A abritait les archives de la famille de Ḫuya; cependant M. A. Morrison a remarqué que plusieurs textes de S 151 se rapportaient en fait à d'autres lots[18], et il est possible qu'il y ait eu erreur d'enregistrement.

2.7. *SMN 2360*

Ce document inédit[19] enregistre la remise d'un char à des étrangers (*ubāru*) du Ḫanigalbat, à Nuzi, au moins *kinūnu*; à la fin de la tablette, Ḫašip-Tilla a apposé son sceau, mais son patronyme n'est pas indiqué. Il existe à Nuzi d'autres tablettes très semblables, qui ont été partiellement étudiées par E. Cassin[20]. Les *ubāru* reçoivent des rations de grain, ou divers objets, des chevaux et des chars. Ces textes proviennent le plus souvent du palais, sauf les fournitures de grain, issues plutôt des pièces D 3 et D 6 du «groupe 36», dans le secteur situé au nord du temple; ces deux pièces abritaient de nombreux documents administratifs. Selon E. Cassin, le fait que les *ubāru*, et en particulier ceux du Ḫanigalbat, reçoivent du palais chevaux et chars, suggère qu'ils ont à Nuzi un rôle militaire.

SMN 2360, retrouvé en S 132, avec quatre textes appartenant à Ḫašip-Tilla fils de Kip-ukur, doit relever du même lot d'archives. Ḫašip-Tilla, ayant scellé le document, apparemment en tant que responsable de la remise du char, l'a conservé parmi ses tablettes. Comme HSS 16 233, il montre que les activités de Ḫašip-Tilla concernaient au moins en partie la gestion des biens du palais.

3. Les textes dans lesquels Ḫašip-Tilla sert de témoin

Quatre tablettes font intervenir Ḫašip-Tilla fils de Kip-ukur comme simple témoin.

Dans HSS 5 15, trouvé en A 34, Ḫutip-Tilla fils de Nikriya et Ḫašip-Teššup fils de Pal-teya rendent à Ili-ma-aḫi fils d'Ilanu 18 moutons qu'ils lui devaient. Le texte est rédigé à Nuzi. Les archives d'Ilanu fils de Tauki et de ses fils ont été étudiées par G. Dosch[21].

Les trois autres textes relèvent d'une même archive, celle d'Ar-tura fils de Kuššiya et de ses descendants[22]. Dans l'ordre chronologique, la plus ancienne est le procès EN 9/2 458, qui concerne un champ; Ar-tura, qui semble être l'une des parties impliquées dans le litige, convoque ses témoins, parmi lesquels

---

18 *SCCNH* 4, 1993, p. 21 et n. 6.

19 Transcription: E. R. Lacheman, *SCTN* 2, p. 97.

20 «Quelques remarques à propos des archives administratives de Nuzi», *RA* 52 (1958), pp. 16–28, en particulier pp. 26–28.

21 G. Dosch, *Die Texte aus Room A 34 des Archivs von Nuzi*, Heidelberg, 1976, Magisterarbeit inédit qui devrait bientôt être publié. La transcription de HSS 5 15 figure pp. 207–8 du manuscrit. Je remercie vivement l'auteur d'avoir bien voulu me communiquer son travail.

22 Ce groupe d'archives a été étudiée par M. A. Morrison, «Chapter 3: The Family of Artura and Šeḫal-Teššup Son of Tuḫip-šenni: Texts from Group 17», *SCCNH* 4, 1993, pp. 47–65.

figure Ḫašip-Tilla fils de Kip-ukur (ll. 15′–16′). HSS 19 10 est le testament d'Ar-tura[23]. EN 9/2 354 concerne un prêt d'étain consenti par Utḫap-tae fils d'Ar-tura. HSS 19 10 a été retrouvé en S 113 et EN 9/2 354 en S 110, ces deux pièces appartenant au «groupe 17» où étaient conservées les archives de la famille d'Ar-tura. EN 9/2 458 aurait été trouvé en S 112, une pièce du groupe 18A, mais il peut s'agir d'une erreur d'enregistrement. Ces tablettes mettent donc en évidence les liens étroits de Ḫašip-Tilla avec Ar-tura et sa famille.

4. Naniya et Wantiš-šenni, fils de Kip-ukur et frères de Ḫašip-Tilla

4.1. *Textes mentionnant Naniya et Wantiš-šenni*

Parmi les témoins de EN 9/2 354 (cf. ci-dessus § 3) figurent non seulement Ḫašip-Tilla fils de Kip-ukur (ll. 22–23), mais aussi Naniya (ll. 18–19) et Wantiš-šenni (ll. 24–25), tous deux également fils de Kip-ukur. Le nom de Kip-ukur étant rare, il ne fait pas de doute qu'il s'agit ici de trois frères.

Naniya et Wantiš-šenni sont mentionnés côte à côte dans HSS 16 384, une liste de noms propres dont le lieu de provenance est inconnu:

1′ [x x x x x x x x x x x x x] *tar-te-en-nu* ^{I}*na-ni-ia* [x x x]
2′ [x x x x x ^{I}*wa-an-ti*]-*iš-še-en-ni* DUMU-MEŠ *ki-pu-kùr*[24].

S'il manque bien, au début de la l. 2′, environ cinq signes avant [...*wa-an-ti*]-*iš-še-en-ni*, on pourrait proposer de restituer le nom de Ḫašip-Tilla entre celui de ses deux frères. Les trois personnages seraient alors cités dans le même ordre que dans EN 9/2 354, peut-être en fonction de leur âge.

Cette liste regroupe les individus par profession, comme l'indique par exemple la mention *tartennu* qui se réfère à la personne dont le nom est perdu, au début de la l. 1′. Le début de la l. 3′ est aussi perdu et, logiquement, on peut penser qu'y figurait le métier des fils de Kip-ukur. La liste offre, dans les lignes suivantes, plusieurs exemples de frères exerçant une même profession. Sachant que Ḫašip-Tilla est *tamkāru*, et que Naniya l'est probablement lui aussi (cf. ci-dessous § 4.2.3), je propose de restituer:

1′ [x x x x x x x x x x x x x] *tar-te-en-nu* ^{I}*na-ni-ia* [x x x]
2′ [^{I}*ḫa-ši-ip-til-la* ^{I}*wa-an-ti*]-*iš-še-en-ni* DUMU-MEŠ *ki-pu-kùr*
3′ [LÚ DAM-GÀR-MEŠ...]

Naniya et Wantiš-šenni apparaissent aussi, séparément, dans d'autres documents:

---

[23] Sur ce testament, cf. *SCCNH* 4, 1993, pp. 55–56.

[24] La restitution du nom de Wantiš-šenni est proposée par E. Cassin et J.-J. Glassner, *AAN*, pp. 84 («Kip-ukur») et 165 («Wantiš-šenni»). Elle a aussi été vue par E. R. Lacheman, *Personal Names from the Kingdom of Arrapha*, manuscrit inédit, à l'entrée Kip-ukur (mais pas à l'entrée Wantiš-šenni).

4.2. *Naniya fils de Kip-ukur*

Certains textes documentent les activités de Naniya, d'autres le font intervenir seulement comme témoin[25].

4.2.1. *Les activités de Naniya*

Deux textes relevant des archives de Tarmi-Tilla fils de Šurki-Tilla, trouvés dans la pièce 13 de sa maison, montrent que Naniya fils de Kip-ukur faisait des affaires avec lui. JEN 108[26] est une déclaration de Naniya, qui dit devant témoins être le garant (*māḫiṣ pūtišu*) de Kazi, le *tamkāru*. Ce dernier a reçu des étoffes comme prix d'achat pour un cheval. Naniya sert d'intermédiaire dans l'affaire et doit remettre le cheval à Tarmi-Tilla. JEN 151[27] a trait soit à la même affaire, soit à une affaire semblable, car Naniya y sert à nouveau d'intermédiaire entre Kazi et Tarmi-Tilla pour la fourniture d'un cheval.

D'après HSS 13 188, retrouvé dans le palais (pièce R 76), Naniya emprunte 100 briques, apparemment auprès du palais[28].

Enfin, EN 9/3 294 (lieu de provenance inconnu) est une déclaration fragmentaire par laquelle un individu reconnaît devoir remettre à Naniya des fourches à paille (giš*ḫarwaraḫḫu* I[N-NU]) qu'il a empruntées.

4.2.2. *Les textes dans lesquels Naniya est témoin*

Comme son frère Ḫašip-Tilla, Naniya est témoin pour Utḫap-Tae fils d'Artura. C'est le cas dans HSS 19 113: 18 et 28[29], contrat par lequel Utḫap-Tae achète une servante à Tuḫmiya fils d'Arim-matka; la tablette a été trouvée en S 110, parmi les archives d'Utḫap-Tae. Naniya apparaît aussi dans EN 9/2 10: 39[30], une adoption d'Utḫap-Tae par Ḫerši et Urḫi-Tilla fils de Naniya (un homonyme), qui lui cèdent des maisons dans le *kirḫu* de Nuzi; cette tablette est réputée provenir de S 132.

Naniya est témoin d'un accord entre Wantiya et Ḫura, trouvé dans la pièce 13 de la maison de Tarmi-Tilla (JEN 472: 20 et 32).

---

25 Aux références mentionnées ci-dessous, E. R. Lacheman, *Personal Names from the Kingdom of Arrapḫa*, manuscrit inédit, ajoute SMN 3620 aux entrées «Kip-ukur» et «Naniia.» La référence est erronée, cf. ci-dessus note 5.

26 Ce texte est transcrit et traduit par C. Zaccagnini, *Iraq* 39 (1977), p. 181. Cf. aussi *SCCNH* 1, 1981, p. 329.

27 Cf. *SCCNH* 1, 1981, p. 329.

28 W. Mayer, «Zur Ziegelherstellung in Nuzi und Arraphe», *UF* 9 (1977), pp. 193–94 et *Nuzi-Studien I. Die Archive des Palastes und die Prosopographie der Berufe*, *AOAT* 205/1, Neukirchen-Vluyn, 1978, p. 71.

29 Le texte est transcrit et commenté par P. Negri Scafa, «Alcune Osservazioni sui Testi HSS XIX 113 e HSS XIX 114», *SCCNH* 1, 1981, pp. 325–31.

30 Transcription et traduction par M. A. Morrison, *SCCNH* 4, 1993, p. 51. Selon la reconstruction proposée par cet auteur, le Naniya père des adoptants (un homonyme du fils de Kip-ukur) est le frère d'Ar-tura; Utḫap-tae se fait donc adopter par ses cousins germains (cf. *SCCNH* 4, 1993, pp. 52 et 63–64).

Enfin, il est témoin de la remise d'une servante du palais à deux personnes, effectuée par Erwi-šarri, le gouverneur du palais (*šakin bīti*) de Nuzi, dans HSS 13 65: 12, texte retrouvé dans la pièce R 81 du palais[31].

4.2.3. *Naniya* tamkāru

HSS 14 593, texte provenant du palais (R 76), est une liste de noms de personnes appartenant à divers groupes professionnels, qui reçoivent des quantités d'orge, en général 2 *sūtu*, soit environ 16 litres, par personne. Les ll. 34–35 mentionnent ainsi: ^I^*na-ni-ia* ^I^*ak-ku-le-en-ni* ^I^*zi-li-a*(sic!) 3 LÚ-MEŠ DAM-GÀR *ù* 1 (PI) ŠE-MEŠ-*sú-nu*, «Naniya, Akkul-enni, Ziliya, 3 *tamkāru*: 1 PI d'orge pour eux.» Ces personnes obtiennent donc, comme les autres, chacune 2 *sūtu*.

La fin du texte précise le total des individus ayant bénéficié de cette distribution, ll. 59–60: ŠU-NIGIN 83 LÚ-MEŠ ÌR É-GAL 16 ANŠE 1 (PI) ŠE-MEŠ-*sú-nu ša* 1 ITI, «total: 83 hommes, serviteurs du palais; 16 *imēru* 1 PI d'orge pour eux, pour un mois.»

Naniya, ici mentionné sans patronyme, est défini comme serviteur du palais. Il est très tentant de l'identifier à Naniya fils de Kip-ukur, puisque celui-ci fait des affaires avec le palais (HSS 13 188), est témoin dans les transactions du palais (HSS 13 65), fréquente le milieu des *tamkāru* (JEN 108 et 151) et a pour frère le *tamkāru* Ḫašip-Tilla.

4.3. *Wantiš-šenni fils de Kip-ukur*

Quatre textes au moins mentionnent Wantiš-šenni fils de Kip-ukur[32], mais toujours comme témoin, et non comme partie prenante des transactions.

Deux d'entre eux sont des *titennūtu* personnelles. Par AASOR 16 61, Urḫiya fils d'Akip-tilla remet son fils à Kula-ḫupi fils d'Ar-teya pour cinq ans[33]. Dans EN 9/2 152[34], Akip-Teššup fils de Tarmiya se place en *titennūtu* chez Utḫap-tae fils d'Ar-tura pour quatre ans.

Le nom de Wantiš-šenni apparaît également dans EN 9/3 254: 37 et 48, une *titennūtu* de champ au profit d'Ariḫ-ḫamanna fils de Ḫatarte; la tablette est rédigée à Nuzi[35].

---

31 W. Mayer, *Nuzi-Studien I. Die Archive des Palastes und die Prosopographie der Berufe*, *AOAT* 205/1, Neukirchen-Vluyn, 1978, pp. 82–83; sur le *šakīn bīti*, cf. pp. 131–33.

32 E. R. Lacheman, *Personal Names from the Kingdom of Arrapḫa*, manuscrit inédit, ajoute SMN 3681 à l'entrée «Kip-ukur», mais pas à «Wantiš-šenni.» Ce document demeure inédit.

33 La tablette provient de S 112. Elle a été traduite par B. L. Eichler, *Indenture at Nuzi*, New Haven, 1973, pp. 132–33, sous le n⁰ 40. Wantiš-šenni est témoin l. 38, son sceau est déroulé l. 53.

34 Lieu de provenance inconnu. La tablette est traduite par B. L. Eichler, *Indenture at Nuzi*, New Haven, 1973, pp. 128–29, sous le n⁰ 35. Wantiš-šenni est témoin l. 40, son sceau est imprimé sur le côté gauche.

35 Cf. ci-dessus note 14.

Enfin, dans HSS 19 117, une femme, Akam-menni, remet sa fille comme esclave à Akip-tašenni fils d'Urḫiya, qui n'est pas connu par ailleurs. Là encore, la tablette est écrite à Nuzi. Son lieu de découverte n'est pas connu.

5. La famille de Ḫašip-Tilla et ses relations

5.1. *Le milieu des* tamkāru

Les textes présentés ci-dessus éclairent donc un peu mieux le milieu des *tamkāru*, puisqu'au moins deux des trois frères, Ḫašip-Tilla et Naniya, sinon les trois, pratiquent cette profession (cf. ci-dessus § 2.6, 4.1 et 4.2.3). Ḫašip-Tilla et Naniya ont tous deux travaillé pour le compte du palais (§ 2.6, 2.7 et 4.2.3. Cf. aussi HSS 13 188, § 4.2.1 et HSS 13 65, § 4.2.2). Ils sont en relations avec les bailleurs de fonds: ainsi Ḫašip-Tilla conserve un dépôt d'étain fait par Kipal-enni, frère de Pašši-Tilla et fils de Pula-ḫali (EN 9/2 207, cf. § 2.4); Naniya joue le rôle d'intermédiaire dans les affaires de Tarmi-Tilla fils de Šurki-Tilla (JEN 108 et 151, cf. § 4.2.1).

Les *tamkāru* peuvent servir de garants (*māḫiṣ pūti*) dans diverses opérations: Ḫašip-Tilla est par exemple garant dans une avance d'or faite par Ariḫ-ḫamanna à Šekar-Tilla pour effectuer un achat de grain (EN 9/2 297, cf. § 2.5); Naniya sert de garant à un autre *tamkāru*, Kazi, dans un achat de chevaux (JEN 108, cf. § 4.2.1): on voit donc les *tamkāru* jouer le rôle de garants les uns pour les autres.

A trois reprises, Ḫašip-Tilla et Naniya sont impliqués dans des affaires concernant des équidés (cf. ci-dessus § 2.2 et 4.2.1), probablement en rapport avec leurs activités de marchands.

5.2. *Les relations des fils de Kip-ukur et leur situation chronologique*

Les trois fils de Kip-ukur sont en relations avec la famille d'Ar-tura fils de Kuššiya: Ḫašip-Tilla sert de témoin à Ar-tura lui-même (EN 9/2 458 et HSS 19 10, cf. § 3). Les trois frères sont aussi témoins de transactions effectuées par Utḫap-tae fils d'Ar-tura (EN 9/2 354, cf § 3 et 4.1; HSS 19 113 et EN 9/2 10, cf. § 4.2.2; EN 9/2 152, cf. § 4.3). La maison d'où proviennent les archives d'Utḫap-tae («groupe 17») et celles où ont été retrouvés les textes concernant Ḫašip-Tilla («groupe 19») sont voisines. On peut donc penser qu'il s'agit de rapports privilégiés entre deux familles habitant le même quartier. D'après le tableau proposé par M. A. Morrison, *SCCNH* 4, p. 116, cela situerait les fils de Kip-ukur aux troisième et surtout quatrième générations représentées à Nuzi. Cette situation chronologique convient également pour les liens de Ḫašip-Tilla avec Kipal-enni et Pašši-Tilla fils de Pula-ḫali (génération IV).

Ḫašip-Tilla sert de garant dans l'avance d'or faite par Ariḫ-ḫamanna fils de Ḫatarta (EN 9/2 297, cf. § 2.5); son frère Wantiš-šenni est témoin pour le même Ariḫ-ḫamanna dans EN 9/3 254 (§ 4.3). Cet individu est contemporain de Teḫip-Tilla fils de Tarmi-Tilla, puisqu'il est témoin dans plusieurs contrats d'adoption de Teḫip-Tilla. Dans ce cas, les fils de Kip-ukur se trouvent liés à des générations plus hautes dans la chronologie de Nuzi. Mais, plus directement, Naniya est impliqué dans les affaires de Tarmi-Tilla, petit-fils de Teḫip-Tilla (JEN 108 et 151, cf. § 4.2.1); Turar-Teššup fils de Malik-nāṣir, témoin dans JEN 151 (§ 4.2.1) est le même personnage qui reçoit du *tamkāru* Ḫašip-Tilla du grain appartenant au palais (HSS 16 233, cf. § 2.6), et qui est témoin dans deux contrats d'adoption de Tarmi-Tilla (cf. ci-dessus note 16). On trouve donc ici un synchronisme entre les fils de Kip-ukur et la quatrième génération de la famille de Teḫip-Tilla.

6. Conclusion

A partir de quatre ou cinq tablettes relevant des archives de Ḫašip-Tilla et de quelques mentions éparses de ce personnage et de ses deux frères, il est possible d'établir les liens entre cette famille de *tamkāru* et d'autres marchands, des bailleurs de fonds, ou des membres de riches familles de Nuzi. Les transactions dans lesquelles ils apparaissent ont lieu la plupart du temps à Nuzi, et les contacts se font avec des habitants de cette ville. Il se peut qu'il ne s'agisse là que d'une petite partie des archives de Ḫašip-Tilla. Ses frères ne sont connus que de façon indirecte et, s'ils conservaient eux aussi des archives, celles-ci n'ont pas été retrouvées.

Les relations avec le palais sont certaines, et plusieurs tablettes mentionnant Ḫašip-Tilla et Naniya proviennent des fouilles du palais de Nuzi. Cependant, les deux frères ne semblent pas travailler exclusivement pour le compte de cet organisme et offrent aussi leurs services et leurs compétences à des particuliers.

Annexe 1
Textes trouvés en S 132, relevant des archives de Ḫašip-Tilla

AASOR 16 79

= SMN 2141.
Provenance: S 132.
Pas de copie.
Transcription: AASOR 16, p. 49.
Traduction: AASOR 16, pp. 122–23; C. Zaccagnini, «The Merchant at Nuzi», *Iraq* 39 (1977), p. 183.
Commentaire: C. Zaccagnini, «The Merchant at Nuzi», *Iraq* 39 (1977), pp. 183 et 187.

Ḫašip-Tilla reçoit de Wur-Teššup une étoffe qu'il s'engage à lui payer au retour de l'expédition commerciale. Wur-Teššup, une fois payé, rendra un mouton à Ḫašip-Tilla.

EME-*šu ša* ^{I}*ḫa-ši-ip-til-la* DUMU *ki-pu-kùr*$^{!}$
2 *a-na-pa-ni* LÚ-MEŠ *ši-bu-ti an-nu-ti*
iq-ta-bi 1 TÚG SIG$_5$
4 (*érasée*)
a-na ši-mi a-na DAM-GÀR-*ši a-šar wu-ur-*[*te-šup*]
6 *el-te-qè ù a-na*
2 SU KÙ-BABBAR SIG$_5$
8–9 (*érasées*)
10 *iš-tu* KASKAL-*ni i-na* ITI-*ḫi ḫu-tal-ši*
a-na ^{I}*wu-ur-te-šup a-*[*na*]*-an-din*
12 *ù i*[*m-m*]*a-ti* ^{I}[*ḫa-ši-ip-til-la*] 2 SU KÙ-[BABBAR]
13–14 (*érasées*)
15 *i-na* É-*it* ^{I}*wu-ur-te-šup*
16 *ú-še-ri-ib ù*
^{I}*wu-ur-te-šup*
18 1 UDU NITA *ša* 2-*šu ba-a*[*q-nu*]
R (*érasée*)
20 *a-na* ^{I}*ḫa-ši-ip-til-la*
DUMU [*ki-pu-kùr ú-ta-ar*]
(*Fin du revers en grande partie détruit*)
NA$_4$ ^{I}*ša-ar-te-šup*
2′ [NA$_4$ ^{I}…]*-te-šup*
[NA$_4$] ^{I}*tar-mi-te-šup* DUMU *a-kip-ta-še-ni*
T NA$_4$ [

Traduction

[1-3]Déclaration de Ḫašip-Tilla fils de Kip-ukur. Devant ces témoins, il a dit:

[3-6]«J'ai reçu auprès de Wur-[Teššup] une étoffe de bonne qualité, pour la vendre et pour faire un pofit commercial. [6-11]Et je donnerai à Wur-Teššup 2 sicles d'argent de bonne qualité issus de l'expédition au mois *ḫutalši* (= xii).»

[12-21]Et lo[rs]que [Ḫašip-Tilla] aura fait entrer 2 sicles d'ar[gent] dans la maison de Wur-Teššup, Wur-Teššup [rendra] 1 mouton mâle ton[du] 2 fois à Ḫašip-Tilla fils de [Kip-ukur].

[...]

[1']Sceau de Šar-Teššup.

[2'][Sceau de ...]-Teššup.

[3'][Sceau de] Tarmi-Teššup fils d'Akip-tašenni.

[4']Sceau de [...].

Commentaire

l. 1: AASOR 16, p. 49: *ki-bu*(?)*-ia*. La correction en Kip-ukur se trouve dans *NPN*, p. 88.

l. 5: littéralement: «pour un prix.»

l. 10: *CAD* Ḫ, p. 11 b, «from the business capital»; A. Zaccagnini, *Iraq* 77, p. 183: «at the return of the caravan.» Il ne s'agit pas du capital, mais de l'argent produit par les affaires réalisées durant l'expédition et ramené au retour de la caravane.

Commentaire: C. Zaccagnini, «The Merchant at Nuzi», *Iraq* 39 (1977), p. 183: «AASOR 16, 79 possibly is to be interpreted as a commercial agreement, secured by the pledge of movable goods, which are to be given to the financier in order to ensure the fulfilment of the agent's obligation.»

EN 9/2 291

= SMN 2370.
Provenance: S 132.
Transcription: E. R. Lacheman, *SCTN* 2, p. 102.

[Déclaration d'A]kip-Tilla: il compense un âne que Ḫašip-Tilla fils de Kip-ukur lui avait confié, et qu'il a perdu, par une vache de quatre ans.

[EME-*šu ša* ^{I}*a*]*-kip-til-l*[*a a-na pa-ni*]
2 *ši-bu-ti ki-n*[*a-an-na iq-ta-bi*]
1 ANŠE NITA SIG$_5$-[*qú ša*$^?$ *ri*$^?$ X X]
4 *ša* ^{I}*ḫa-ši-ip-til-*[*la*]
DUMU *ki-pu-kùr ù* [^{I}*ḫa-ši-ip-til-la*]
6 ANŠE *ša-a-šu a-na qa-ti-*[*ia*] *at-ta-din*
ù qa-ti-ia ANŠE *ša-šu ḫal-qú-mi*

8 *ù i+na-an-na a-na-ku*
1 GU$_4$-ÁB SIG$_5$-*qú*
10 *ša ru-bu-i-ú*
a-na ^{I}*ḫa-ši-ip-til-la*
12 *i-n[a-a]n-din-nu šum-ma*
X [...] X GU$_4$ X *bi ia*
14 ^{I}˹*a*˺-[*kip-til*]-*la a-na*
^{I}*ḫ*[*a-ši-i*]*p-til-la*
T 16 [*la i-na-an-din*]
1 (BÁN) ŠE-MEŠ *ú-ri-ḫ*[*ul*]
18 *a-na u$_4$-mi ù a-n*[*a u$_4$-mi*]
a-na ^{I}*ḫa-ši-ip-ti*[*l-la*]
20 *i-na-an-di*[*n*]
(Sceau)
NA$_4$ *še-el-*[*lu* DUMU *a*]-*ri-iḫ-ḫa-a-*˹*a*˺
(Sceau)
22 NA$_4$ X-[
(Sceau)
˹NA$_4$ X˺-[
CG (Sceau)
24 NA$_4$ *te-šup-ni-r*[*a-ri*]
(Sceau)
NA$_4$ *zi-iz-zi* DUMU *ḫa-ši-pu-k*[*ùr*]

TRADUCTION

$^{1-2}$[Déclaration d'A]kip-Till[a. Devant] les témoins, [il a dit] c[eci]:

$^{3-6}$«Un âne mâle de bonne qua[lité ...] appartenant à Ḫašip-Til[la] fils de Kip-ukur, cet âne, [Ḫašip-Tilla] me l'avait remis en mains propres. ^{7}Et (entre) mes mains, cet âne a été perdu. $^{8-12}$Et maintenant, moi, je$^{!}$ vais donner une bonne vache de quatre ans à Ḫašip-Tilla.»

$^{12-16}$[Si] A[kip-Till]la [*ne donne pas*] la vache [...] à Ḫ[aši]p-Tilla, $^{17-20}$il donnera à Ḫašip-Ti[lla] 1 *sūtu* de grain chaque jour comme compensation.

^{21}Sceau de Šel[lu fils d'A]riḫ-ḫaya.

^{22}Sceau de [...].

^{23}Sceau de [...].

^{24}Sceau de Teššup-nir[ari].

^{25}Sceau de Zizzi fils de Ḫašip-uk[ur].

COMMENTAIRE

ll. 1–2: la copie ne montre plus tous les signes qu'E. R. Lacheman avait pu lire, puisqu'il transcrit: *lišân-šu ša* [^{I}*a*]-*kip-til-la a-na* [*pa-ni*] *ši-bu-ti ki-na-an-na* [*iq-ta-bi*].

l. 3: ANŠE NITA = *mūru*, ânon, cf. *CAD* M/2 pp. 229–30, mais les textes de Nuzi utilisent en général pour *mūru* une graphie syllabique. Il est possible ici qu'il s'agisse simplement d'un âne mâle, sans référence à son âge. E. R. Lacheman lit à la fin de cette ligne: SIG$_5$-*qu ša-ri*-x-x, ce qui n'est plus visible sur la copie.

l. 5: E. R. Lacheman lit à la fin de cette ligne: *ù* ^{I}*ḫa-ši-ip*-[*til-la*].

l. 6: littéralement: j'ai donné; à moins qu'il ne faille lire [*i*]*t*$^{!}$-*ta-din*.

l. 10: E. R. Lacheman lit *ša ru-bu-i-tú*, ce qui ne correspond pas à la copie, même si l'on attend plutôt un féminin; mais le masculin est aussi attesté, cf. par exemple 1 GU$_4$-ÁB *ru-bu-ú*, dans TCL 9 12 + Kel. 89522: 36, D. I. Owen, *SCCNH* 1, pp. 459–62.

l. 12: littéralement: ils donneront.

l. 13: E. R. Lacheman lit [1] *alpa dam*[*qu*], ce qui ne correspond pas à la copie. On attendrait une formulation parallèle à celle de la l. 10, *ša ru-bu-i-ú*, mais la copie ne permet pas non plus cette lecture.

ll. 24–25: E. R. Lacheman lit *aban te-šup-ni-*[*ra-ri*] *mâr ḫa-ši-pu-gur aban zi-iz-zi*. La disposition des signes sur la copie est ambiguë, car DUMU *ḫa-ši-pu-k*[*ùr*] figure juste en dessous de NA$_4$ *te-šup-ni-r*[*a-ri*] et juste après NA$_4$ *zi-iz-zi*. Cependant, on ne connaît pas d'autre attestation d'un Teššup-nirari fils de Ḫašip-ukur, alors que Zizzi fils de Ḫašip-ukur est attesté en EN 9/2 152: 42; je préfère retrouver ici le même personnage.

EN 9/2 357

= SMN 2352.
Provenance: S 132.
Transcriptions: E. R. Lacheman, *SCTN* 2, p. 93; D. Owen, *LND*, pp. 120–21.

Déclaration de Ḫašip-Tilla fils de Tiantukku: Ḫašip-Tilla fils de Kip-ukur lui prête des graines et un *qatnû* de bonne qualité.

EME-*šu ša* ^{I}*ḫa-š*[*i-ip-til-la*]
2 DUMU *ti*$_4$*-a-an-tù-u*[*k-ku a-na pa-ni*]
IGI-MEŠ-*bu-ti ki-a-a*[*m iq-ta-bi*]
4 4 (BÁN) *ab-ši-i*-MEŠ 1-E[N *qa-at-nu-ú*]
ša 5 (BÁN) SIG$_5$-*qú a-šar* [^{I}*ḫa-ši-ip-til-l*]*a*
6 DUMU *ki-pu-kùr el-te-q*[*è-mi*]
i-na EGIR BURU$_{14}$ *qa-du* MÁŠ-*ti-šu*
8 1 (PI) *ab-ši it-ti qa-at-nu-ú* SIG$_5$-*qú*
a-na ^{I}*ḫa-ši-ip-til-la* DUMU
10 ^{I}*ki-pu-kùr ú-ta-ar-ma*
R (Sceau)
NA$_4$ *tù-ra*$^{!}$*-ri* DUMU *ta-i-še-en-ni*

(Sceau)

12 NA$_4$ ^{I}*ké-li-ia* DUMU *ḫa-na-tu*$_4$

(Sceau)

[N]A$_4$ *tup-pí-ia* DUMU *ḫa-aš-ḫar-pa*

(Sceau)

14 [NA$_4$ ...] X [...]

T (Sceau)

NA$_4$ *ip-šá-*[

CG (Sceau)

16 NA$_4$ *ḫa-ši-ip-til-la* DUMU *ti*$_4$*-a-an-tù-u*[*k-ku*]

TRADUCTION

[1-3]Déclaration de Ḫaš[ip-Tilla] fils de Tiantu[kku. Devant] les témoins, [il a dit] ce[ci]:

[4-7]«J'ai reçu 4 *sūtu* de graines (et) 1 [*qatnû*] de bonne qualité de 5 *sūtu* auprès de [Ḫašip-Till]a fils de Kip-ukur.»

[8-10]Après la moisson, avec leur intérêt, il rendra 1 pi de graines avec un *qatnû* de bonne qualité à Ḫašip-Tilla fils de Kip-ukur.

[11]Sceau de Turari fils de Tai-šenni.

[12]Sceau de Keliya fils de Ḫanatu.

[13][Sc]eau de Tuppiya fils de Ḫaš-ḫarpa.

[14][Sceau de ...].

[15]Sceau d'Ipša[...].

[16]Sceau de Ḫašip-Tilla fils de Tiantuk[ku].

COMMENTAIRE

l. 2: ou [... *a-na pa-ni* LÚ], comme le propose D. Owen.

l. 8: et non 50 (QA) comme l'a lu E. R. Lacheman.

l. 15: il faut restituer soit *ip-šá-*[*a-a*], soit *ip-šá-*[*ḫa-lu*]. Dans cette seconde hypothèse, il serait tentant de retrouver Ipša-[ḫalu fils de Tai-šenni] et de voir dans ce témoin un frère du témoin Turari, l. 11. Sur ces deux frères, cf. index. Néanmoins, Ipša-ḫalu est un nom très courant et il peut s'agir d'un homonyme.

Note: il faut corriger le descriptif de ce texte, dans *SCCNH* 4, p. 145: «Ḫašip-Tilla son of Tiantukku borrows yokes from Ḫašip-tilla son of Kip-ukur»; il n'est pas question de jougs dans ce texte. Le résumé donné dans *SCCNH* 5, p. 122, est meilleur: «Declaration (*lišānu*) of Ḫašip-Tilla son of Tiantukku before witnesses concerning his borrowing of grass seed (*abšu*) and a fine garment from Ḫašip-tilla son of Kip-ukur.»

Le terme *abšu* est traduit par le *CAD* A/1 66b: «a grass seed» et par le *AHw* p. 7b: «eine Art Erbse.» Ḫašip-Tilla fils de Kip-ukur en prête 4 BÁN et attend un remboursement de 1 PI (= 6 *sūtu*), soit les 4 *sūtu* augmentés de l'intérêt de 50%, habituel à Nuzi.

En revanche l'autre denrée prêtée pose problème. Puisque Ḫašip-Tilla fils de Tiantukku doit rendre, l. 8, *qa-at-nu-ú* SIG$_5$-*qú*, il est logique de penser que le même objet figure parmi les biens prêtés et qu'il faut restituer aux ll. 4–5: 1-E[N *qa-at-nu-ú*] *ša* 5 (BÁN) SIG$_5$-*qú*. Cette restitution a été faite par D. Owen, mais pas par E. R. Lacheman, qui ne fait aucune proposition pour la fin de la l. 4.

D. Owen, *LDN*, p. 140, a rapproché ce terme de *katinnu*, un objet en métal. Or celui-ci a été depuis identifié comme une arme ou un outil, et la traduction la plus vraisemblable est «épée»: cf. J.-M. Durand, *NABU* 1989/55; M. Heltzer, «Akkadian *katinnu* and Hebrew *kīdon*, "sword"», *JCS* 41 (1989), pp. 65–68 et J.-P. Vita, «La herramienta *katinnu* en el texto de Ugarit RS 19.23», *Sefard* 56 (1996), pp. 439–43. Dans la documentation de Nuzi, le terme apparaît dans AASOR 16: 97: 1–2: 1 *ka-ti-in-ni ša* ZABAR *ša* 1 MA-NA *šu-qú-ul-ta-šu*, «un *katinnu* en bronze pesant une mine.» Ici, la mention d'une mesure de capacité, 5 *sūtu*, et non d'un poids, interdit cette traduction.

Proposer de faire de *qatnu* «a fine garment», *SCCNH* 5, p. 122, se heurte à la même objection. L'adjectif *qatnu*, «fin», peut effectivement qualifier des étoffes, cf. *AHw* p. 908a et *CAD* Q p. 174. C. Zaccagnini, «A Note on Nuzi Textiles», *SCCNH* 1, pp. 349–61, a montré que les étoffes sont définies par leur longueur, leur largeur et leur poids. Mais donner une mesure de capacité, comme c'est ici le cas, n'a aucun sens.

Le *qa-at-nu-ú* n'est pas non plus une denrée quantifiable en mesures de capacité, dont 5 *sūtu* sont prêtés (l. 5), car on attendrait à la l. 8 la mesure que Ḫašip-Tilla fils de Tiantukku doit rendre, soit 5 *sūtu* + 50% = 1 PI 1 *sūtu* et 4 *qû*. Il est donc plus vraisemblable que le *qa-at-nu-ú* soit un objet pouvant contenir une capacité de 5 *sūtu*, soit environ 40 litres. Par ailleurs, la formulation n'est pas parallèle à celle du prêt d'*abšu*: 4 (BÁN) *ab-ši-i* sont prêtés, mais 1-E[N *qa-at-nu-ú*] *ša* 5 (BÁN) SIG$_5$-*qú*, «un [*qatnû*] de 5 *sūtu*, de bonne qualité», et non pas 5 (BÁN) *qa-at-nu-ú*. Les ll. 4–5 concernent un objet unique (1-E[N]), ce qui explique qu'on rende cet objet sans mention d'un intérêt, l. 8.

EN 9/2 207

= SMN 2377.
= B. Lion, *L'archive de Pašši-Tilla fils de Pula-ḫali*, *supra* n° 44, pp. 163–64.

SMN 2360

Provenance: S 132.
Pas de copie.
Transcription: E. R. Lacheman, *SCTN* 2, p. 97.

Remise d'un char.

1 ^{giš}GIGIR *a-šar*
2 ^{I}*a-ki-pa-pu*
ša URU *nu-zi*
4 *i-na* ITI-*ḫi kí-nu-ni-ti*
il-qì-ú
6 *a-na ú-bá-ri*
ša KUR
8 *ḫa-ni-kal-bat*
CG *na-din*
R 10 NA$_4$ ^{I}*ḫa-ši-ip-til-la*

Traduction

$^{1-5}$On a pris un char, auprès d'Akip-apu de la ville de Nuzi, au mois *kinūnu* (= ix). $^{6-10}$Il a été donné aux étrangers du pays de Ḫanigalbat.

^{10}Sceau de Ḫašip-Tilla.

Annexe 2

EN 9/2 297

= SMN 2124.
Provenance: S 130.

Ariḫ-ḫamanna fils de Ḫatarta avance 1 sicle d'or à Šekar-Tilla fils de Šelwiya; celui-ci devra rendre 10 *imēru* d'orge après la moisson. Ḫašip-Tilla fils de Kip-ukur sert de garant.

Scribe: Teḫip-Tilla.

1 SU KÙ-SIG$_{17}$ *ša* ^{I}*a-ri-iḫ-ḫa-ma-an-na*

2 DUMU *ḫa-tar-ta ù*

^{I}*še-ka-ar-til-la* DUMU *še-el-wi-ia*

4 *il-qè ù i*$^{!}$*+na* BURU$_{14}$-*ri*

10 ANŠE ŠE-MEŠ ^{I}*še-ka-ar-til-la*

6 *a-n*[*a* ^{I}]*a-ri-iḫ-ḫa-ma-an-na*

i-n[*a-a*]*n-din ù* ŠE-MEŠ

8 *i+na* GIŠ-BÁN *ša* 8 SILA$_3$ *i-ma-an-dá-ad*

ma-ḫi-iṣ pu-ti ša ŠE

T 10 10 ANŠE ŠE-MEŠ ⸢^{I}⸣[*ḫa*]-*ši-ip-til-la*

DUMU *ki-i*[*p-ú*]-*kùr*

12 ŠE-MEŠ *a-š*[*ar* ^{I}*še*]-*kàr-til-la*

R *i-le-eq-qè* [*ù a-n*]*a*

14 ^{I}*a-ri-iḫ*-⸢*ḫa*⸣-*ma-an-na*

i+na-an-din

16 IGI *ḫa-na-a-a* DUMU *a-ki-it-t*[*i-i*]*r-wi*

IGI *eḫ-li-te-šub* DUMU *ki-pa-a-a*

18 IGI *pu-ḫi-še-ni* DUMU *še-en-na-*[*a*]

IGI *tul-pí-ia* DUMU *ḫa-ni-ú*

(Sceau)

20 NA$_4$ ^{I}*te-ḫi-ip-til-la* DUB-SAR

T NA$_4$ KIŠIB

(Sceau)

22 ^{I}*eḫ-li-te-šup*

NA$_4$ KIŠIB

(Sceau)

24 ^{I}*ḫa-na-a-*[*a*]

CG NA$_4$ KIŠIB

(Sceau)

26 ^{I}*še-kàr-til-la*

NA$_4$ KIŠIB

(Sceau)
28 [I]*tul-pí-ia*

Traduction

[1-4]Šekar-Tilla fils de Šelwiya a reçu 1 sicle d'or appartenant à Ariḫ-ḫamanna fils de Ḫatarta. [4-7]Et à la moisson Šekar-Tilla donnera 10 *imēru* d'orge à Ariḫ-ḫamanna, [7-8]et il mesurera l'orge selon le *sūtu* de 8 *qû*. [9-11]Le garant de l'orge, des 10 *imēru* d'orge, (est) [Ḫa]šip-Tilla fils de Ki[p-u]kur. [12-15]Il recevra l'orge aup[rès de Še]kar-Tilla [et] (le) donnera [à] Ariḫ-ḫamanna.

[16]Par devant Ḫanaya fils d'Akit-t[i]rwi.

[17]Par devant Eḫli-Teššup fils de Kipaya.

[18]Par devant Puḫi-šenni fils de Šennay[a].

[19]Par devant Tulpiya fils de Ḫaniu.

[20]Sceau de Teḫip-Tilla le scribe.

[21-22]Sceau d'Elḫi-Teššup.

[23-24]Sceau de Ḫanaya.

[25-26]Sceau de Šekar-Tilla.

[27-28]Sceau de Tulpiya.

Commentaire

l. 9: sur le sens de l'expression *māhiṣ pūti*, cf. E. Cassin, «La caution à Nuzi», *RA* 34 (1937), pp. 154–68 et M. Malul, *Studies in Mesopotamian Legal Symbolism*, *AOAT* 221, Neukirchen-Vluyn, 1988, pp. 252–68.

Annexe 3

HSS 16 233

= SMN 2496.
Provenance: S 151.
Pas de copie.
Transcriptions: E. R. Lacheman, *SCNT* 2, p. 141; HSS 16, p. 71.

Remise de grain du palais à Turar-Teššup par Ḫašip-Tilla LÚ DAM-GÀR.

⌜18 ANŠE⌝ ŠE-MEŠ
2 *ša é-kál-lì i-na* URU *ta-pu-ú-*[X-X]
^{I}*tu-ra-ar-te-šup*
4 DUMU *ma-*⌜*lik*⌝-PAP *a-šar*
^{I}*ḫa-ši-ip-til-la*
6 LÚ DAM-GÀR *il-qè*
R NA$_4$ ^{I}*t*[*u-r*]*a-ar-te-šup*

TRADUCTION

$^{1-6}$Turar-Teššup fils de Malik-nāṣir a reçu de Ḫašip-Tilla le marchand 18 *imēru* de grain appartenant au palais, dans la ville de Tapu[…].

^{7}Sceau de T[ur]ar-Teššup.

COMMENTAIRE

l. 2: W. Mayer, *Nuzi-Studien I. Die Archive des Palastes und die Prosopographie der Berufe*, *AOAT* 205/1, Neukirchen-Vluyn, 1978, p. 159, propose URU *ta-pu-ú-*[*kùr*]. J. Fincke, RGTC 10, p. 275, et G. G. W. Müller, *Studien zur Siedlungsgeographie und Bevölkerung des mittleren Osttigrisgebietes*, Heidelberg, 1994, p. 109, retiennent également Ṭāb-ukur, mais ce nom propre de personne n'est pas attesté par ailleurs comme toponyme.

INDEX DES NOMS PROPRES DE PERSONNES

Cet index regroupe les noms des personnes présentes dans les archives de Ḫašip-Tilla fils de Kip-ukur (AASOR 16 79, EN 9/2 207, EN 9/2 291, EN 9/2 357, SMN 2360), ainsi que dans EN 9/2 297 et HSS 16 233.

Abréviations

(P)	=	partie prenante dans une transaction
(T)	=	témoin
(S)	=	sceau
f.	=	fils de
fr.	=	frère de
p.	=	père de

Akip-apu: *a-ki-pa-pu* SMN 2360: 2 (P).

Akip-tašenni p. Tarmi-Teššup: *a-kip-ta-še-ni* AASOR 16 79: 3' (S).

Akip-Tilla: [*a*]-*kip-til-l*[*a*] EN 9/2 291: 1, ⌜*a*⌝-[*kip-til*]-*la* EN 9/2 291: 14 (P).

Akit-tirwi p. Ḫanaya: *a-ki-it-t*[*i-i*]*r-wi* EN 9/2 297: 16.

Ariḫ-ḫamanna f. Ḫatarta: *a-ri-iḫ-ḫa-ma-an-na* EN 9/2 297: 1, 6, *a-ri-iḫ-*⌜*ḫa*⌝*-ma-an-na* EN 9/2 297: 14 (P). Cf. EN 9/3 254: 9, 11, 17, 23, 27 (P), JEN 7: 19 (T), 29 (S); JEN 32: 26 (T), 29 (S); JEN 33: 21 (T), 32 (S); JEN 53: 17 (T), 28 (S); JEN 64: 20 (T), 24 (S); JEN 593: 17 (T); JEN 721: 16 (T); JEN 726: 19 (T).

Ariḫ-ḫaya p. Šel[lu]: [*a*]-*ri-iḫ-ḫa-a-*⌜*a*⌝ EN 9/2 291: 21. Cf. EN 9/1 244: 19; JEN 151: 24; JEN 872: 12.

Eḫli-Teššup f. Kipaya: *eḫ-li-te-šup* EN 9/2 297: 17 (T), 22 (S). Cf. AASOR 16 58: 1, 13, 16, 20, 25, 28, 31, 33, 37, 39, 41 (P); EN 9/3 78: 31 (T), 35 (S); EN 9/2 103: 7 (P); EN 9/2 262: 1 (P), 24 (S). F. Kipaya et fr. Turarte: HSS 19 65: 25 (T), 39 (S). Fr. Utḫap-tae et Turar-Teššup: HSS 19 110: 20 (T), 30 (S).

Ḫanatu p. Keliya: *ḫa-na-tú* EN 9/2 357: 12.

Ḫanaya f. Akit-tirwi: *ḫa-na-a-a* EN 9/2 297: 16 (T), *ḫa-na-a-*[*a*] EN 9/2 297 24 (S).

Ḫaniu p. Tulpiya: *ḫa-ni-ú* EN 9/2 297: 19. Cf. HSS 5 70: 22.

Ḫaš-ḫarpa p. Tuppiya: *ḫa-aš-ḫar-pa* EN 9/2 357: 13. Cf. EN 9/1 25: 45; JEN 470: 34; JEN 872: 19.

Ḫašip-Tilla

f. Kip-ukur: *ḫa-ši-ip-til-la* AASOR 16 79: 1, [12], 20 (P); EN 9/2 207: 6, 12 (P); *ḫa-ši-ip-til-[la]* EN 9/2 291: 4, [5], *ḫa-ši-ip-til-la* EN 9/2 291: 11, *ḫ[a-ši-i]p-til-la* EN 9/2 291: 15, *ḫa-ši-ip-ti[l-la]* EN 9/2 291: 19 (P); *[ḫa]-ši-ip-til-la* EN 9/2 297: 10 (P); *[ḫa-ši-ip-til-l]a* EN 9/2 357: 5, *ḫa-ši-ip-til-la* EN 9/2 357 9 (P). Cf. EN 9/2 354: 22 (S), EN 9/2 458: 15' (T); HSS 5 15: 54 (T), 57 (S); HSS 19 10: 44 (T), 49 (S). Même personnage, sans patronyme: *ḫa-ši-ip-til-la* HSS 16 233: 5 (LÚ DAM-GÀR) (P); SMN 2360: 10 (S).

f. Tiantukku: *ḫa-š[i-ip-til-la]* EN 9/2 357: 1 (P), *ḫa-ši-ip-til-la* 16 (S).

Ḫašip-ukur p. Zizzi: *ḫa-ši-pu-k[ùr]* EN 9/2 291: 25. Cf. EN 9/2 152: 42.

Ḫatarta p. Ariḫ-ḫamanna: *ḫa-tar-ta* EN 9/2 297: 2. Cf. EN 9/3 254: 10; JEN 7: 19; JEN 32: 26; JEN 33: 21; JEN 53: 18; JEN 64: 20; JEN 593: 17; JEN 721: 16; JEN 726: 19.

Ilanu p. [NP]: *i-la-⸢nu⸣* EN 9/2 207: 1'.

Ipša-[...]: *ip-šá-*[...] EN 9/2 357: 15 (S).

Keliya f. Ḫanatu: *ké-li-ia* EN 9/2 357: 12 (S).

Kipal-enni f. Pula-ḫali, fr. Pašši-Tilla[36]: *ki-pá-le-en-[ni]* EN 9/2 207: 4, *ki-⸢pa-le⸣-[en-ni]* EN 9/2 207: 11, *ki-pá-le-[en-ni]* EN 9/2 207: 14, [16], *ki-[pá-le-en-ni]* EN 9/2 207: 19, *ki-pá-le-en-[ni]* EN 9/2 207: 4' (S).

Kipaya p. Eḫli-Teššup: *ki-pa-a-a* EN 9/2 297: 17. Cf. AASOR 16 58: 2, 25; EN 9/3 78: 31; EN 9/2 103: 7; EN 9/2 262: 2. P. Eḫli-Teššup et p. Turarte (Turar-Teššup): HSS 19 65: 25-26. P. Utḫap-tae, Eḫli-Teššup et Turar-Teššup: HSS 19 110: 19-21. P. Utḫap-tae, EN 9/1 244: 20; EN 9/2 458: 13'; EN 10/2 86: 3'; HSS 19 67: 19.

Kip-ukur p. Ḫašip-Tilla: *ki-pu-kùr*! AASOR 16 79: 1, [21]; *ki-pu-ku-ur* EN 9/2 207: 7; *ki-pu-kùr* EN 9/2 291: 5; *ki-i[p-ú]-kùr* EN 9/2 297: 11; *ki-pu-kùr* EN 9/2 357: 6, 10. Cf. EN 9/2 458: 16'; HSS 5 15: 54; HSS 19 10: 44. P. Naniya, Ḫašip-Tilla et Wantiš-šenni, EN 9/2 354: 19, 23, 25; HSS 16 384: 1'-2'. P. Naniya, EN 9/2 10: 39; EN 9/3 294: 5'; HSS 13 65: 13; HSS 13 188: 13; HSS 19 113: 18; JEN 108: 1; JEN 151: 2; JEN 472: 20. P. Wantiš-šenni, AASOR 16 61: 38; EN 9/2 152: 40; EN 9/3 254: 37; HSS 19 117: 31.

Malik-nāṣir p. Turar-Teššup: *ma-⸢lik⸣*-PAP HSS 16 233: 4. Cf. HSS 5 100: 4; JEN 27: 29; JEN 151: 20; JEN 402: 29. Si ce personnage est identique à Malik-nāṣir, fils d'Abu-ṭābi, LÚ DAM-GÀR, cf. JEN 120: 34 (T) et 41 (S); JEN 642: 18 (T).

Niḫriya: *ni-iḫ-ri-⸢ia⸣* EN 9/2 207: 2' (S).

---

36 Pour les autres références à ce personnage, cf. *supra* pp. 1–218.

Pašši-Tilla f. Pula-ḫali, fr. Kipal-enni[37]: *pa-[aš-ši-til-la]* EN 9/2 207: 1 (P).

Puḫi-šenni f. Šennaya: *pu-ḫi-še-ni* EN 9/2 297: 18 (T).

Pula-ḫali p. Pašši-Tilla et Kipal-enni[38]: *[p]u-la-ḫ[a-li]* EN 9/2 207: 2.

Šamaš-nāṣir scribe: ᵈUTU-PAP EN 9/2 207: 3' (S). Cf. EN 9/2 283: 19; EN 9/2 337: 15; EN 9/2 340: 20, 26; EN 9/2 341: 16 (S); EN 9/2 344: 14 (S); EN 9/2 352: 22; EN 9/2 353: 24; EN 9/2 354+: 13; EN 9/2 513: 12'; Clay Bullae collection nº 123: 1"; TF 2 787 (*RATK* p. 105): 34, 35. Ce personnage est probablement identique à Šamaš-nāṣir f. Akiya, scribe, cf. EN 9/2 224: 34; EN 9/2 229: 34; EN 9/3 230: 14"; EN 9/2 250: 20, 23; EN 9/2 515: 12'; HSS 19 97 + EN 10/2 167: 54, 56; TF 1 426: 48.

Šar-Teššup: *ša-ar-te-šup* AASOR 16 79: 1' (S).

Šekar-Tilla f. Šelwiya: *še-ka-ar-til-la* EN 9/2 297: 3, 5, *[še]-kàr-til-la* EN 9/2 297: 12 (P), *še-kàr-til-la* EN 9/2 297: 26 (S).

Šellu f. Ariḫ-ḫaya: *še-el-[lu]* EN 9/2 291: 21 (S). Cf. EN 9/1 244: 19 (T); JEN 151: 24 (S); JEN 872: 12 (P).

Šelwiya p. Šekar-Tilla: *še-el-wi-ia* EN 9/2 297: 3.

Šennaya p. Puḫi-šenni: *še-en-na-[a]* EN 9/2 297: 18.

Tai-šenni p. Turari[39]: *ta-i-še-en-ni* EN 9/2 357: 11. Cf. HSS 19 30: 27; EN 9/2 10: ⌜42⌝. P. Turari, Ipša-ḫalu et Ḫaniku: JEN 472: 23-25. P. Ḫaniku: EN 9/2 458: 14'.

Tarmi-Teššup f. Akip-tašenni: *tar-mi-te-šup* AASOR 16 79: 3' (S).

Teḫip-Tilla scribe: *te-ḫi-ip-til-la* EN 9/2 297: 20 (S). Cf. EN 9/2 384: 21, 24 (S); JEN 661: 35.

Teššup-nirari: *te-šup-ni-r[a-ri]* EN 9/2 291: 24 (S).

Tiantukku: *tí-a-an-tù-u[k-ku]* EN 9/2 357: 2, 16.

Tulpiya f. Ḫaniu: *túl-pí-ia* EN 9/2 297: 19 (T), 28 (S); Cf. HSS 5 70: 22 (T), 29 (S).

Tuppiya f. Ḫaš-ḫarpa: *tup-pí-ia* EN 9/2 357: 13 (S). Cf. EN 9/1 25: 45 (T); JEN 470: 34 (T); JEN 872: 19 (T).

Turari f. Tai-šenni[40]: *tù-ra*[!]*-ri* EN 9/2 357: 11 (S). Cf. HSS 19 30: 27 (T); EN 9/2 10: 42 (T), 52 (S). Fr. Ipša-ḫalu et Ḫaniku: JEN 472: 23 (T), 33 (S).

Turar-Teššup f. Malik-nāṣir: *tu-ra-ar-te-šup* HSS 16 233: 3 (P), *t[u-r]a-ar-te-šup* HSS 16 233: 7 (S). Cf. HSS 5 100: 4, 15 (P); JEN 27: 29 (T), 35 (S); JEN 151: 20 (S); JEN 402: 29 (T), 41 (S). Turar-Teššup LÚ DAM-GÀR: HSS 15 18: 22 (P); HSS 15 39: 15 (P).

---

37 Pour les autres références à ce personnage, cf. *supra* pp. 1–218.

38 Pour les autres références à ce personnage, cf. *supra* pp. 1–218.

39 Selon *NPN*, p. 144b, nº 19 et nº 20, ce personnage est identique à Taya (p. 143a nº 87 et p. 143b nº 109); il faudrait donc ajouter les références données par *NPN* à «Taia».

40 Selon *NPN*, p. 159b nº 35, ce personnage est identique à Turari fils de Taya; il faudrait donc ajouter les références données.

Wur-Teššup: *wu-ur-*[*te-šup*] AASOR 16 79: 5, *wu-ur-te-šup* AASOR 16 79: 11, 15, 17 (P).

Zizzi f. Ḫašip-ukur: *zi-iz-zi* EN 9/2 291: 25 (S). Cf. EN 9/2 152: 42 (T).

[...]-Teššup:[...]-*te-šup* AASOR 16 79: 2' (S).

THE PULA-ḪALI FAMILY ARCHIVE

Seals and Sealing Practice

DIANA STEIN

Studies on the Civilization and Culture of Nuzi and the Hurrians - 11

TABLE OF CONTENTS

THE PULA-ḪALI FAMILY ARCHIVE

1. *Introduction*

The texts of the Pula-ḫali family at Nuzi form part of the so-called "Eastern archives," which come from the northeastern quarter of the citadel. First studied by M.A. Morrison,[1] the Pula-ḫali family archive has been assembled and analyzed comprehensively by B. Lion.[2] Her general evaluation of the archive serves as the background also for this study on seals and sealing practices.[3] The following introductory remarks focus on those aspects that relate specifically to the background of the seals.

1.1. *The Pula-ḫali Family and Archive*

The merchant family of Pula-ḫali was based at Tupšarriniwe, a small town located about 30 km southwest of Nuzi, near Tell al-Faḫḫār, in the province of Arrapḫa.[4] Of possible Kassite descent,[5] this family may have belonged to a small minority group[6] that was concentrated mainly in the southeastern region of the province, near Lubdi.[7] From there hailed another Kassite, Ḫašuar s. Šimika-atal, whose archive was found in the House of Šilwa-Teššup at Nuzi.[8]

---

1 "The Family of Pula-ḫali and the Merchants. Texts from Group 19 (Part 2)," *SCCNH* 4 (1993) Chapter 5, pp. 95–114.

2 B. Lion, "L'archive de Pašši-Tilla fils de Pula-ḫali," *supra*, pp. 1–218, *passim*.

3 Thanks are due to Professor Piotr Steinkeller for permission to record the seal impressions on tablets stored at the Harvard Semitic Museum. My task there was greatly facilitated by the kind assistance of Drs. James Armstrong and Joseph Greene. Professor Gernot Wilhelm collated the seal legends and provided the transcriptions.

4 See B. Lion, *supra*, pp. 11–14.

5 See B. Lion, *supra*, p. 15 with reference to K. Balkan (note 12). However, doubts have been raised about the Kassite origin of the name Pula-ḫali (Lion, personal communication).

6 Based on the Nuzi onomastica: I.J. Gelb, P.M. Purves, and A.A. MacRae, *Nuzi Personal Names*, OIP 57, 1943, p. 5.

7 E.g., at Arrikaniwe, Temtena(š), and Purulliwe (Dosch/Deller, *SCCNH* 1 [1982] 112 and J. Fincke, *RGTC* 10, pp. 233–34, 265, 291–92).

8 D. Stein, *Das Archiv des Šilwa-Teššup* (*AdŠ*), 8 (Wiesbaden: Harrassowitz, 1993), p. 29.

References to the Pula-ḫali family and their entourage occur in the Tell al-Faḫḫār texts,[9] but most of what we know comes from a group of 56 texts that were found at Nuzi. These texts span three generations, beginning with the eponymous patriarch (SG3–4), who was a younger contemporary of Teḫip-Tilla (SG2–4) and a coeval of his son, Enna-mati (SG3–4). Only two of the texts relate to him, however, and both are receipts that were kept as proof of payment. The bulk concerns the current affairs of his son, Pašši-Tilla (SG4–5), who is deemed the owner of the archive, although the archive also contains records relating to his brothers, his sons, and his nephews.[10]

In all probability, these texts constitute only a fraction of the total archive that would have been stored in the home town of Tupšarriniwe. It is not known whether their content is representative of the archive as a whole, but it is generally assumed that the commercial bias of the records found at Nuzi reflects the main thrust of the Pula-ḫali family business. It was a private merchant enterprise whose main income was derived from short-term loans in tin, copper, and bronze. From the size of some of the loans, it is evident that the business disposed of considerable stores of metal. How it came by these private stores is uncertain, but some of it may have been acquired through overland trade sponsored by the Crown, since at least two members of the family, Pula-ḫali and his son Pašši-Tilla, had palace connections.

Apart from records concerning these two individuals, the Pula-ḫali family records contain few direct links with other Nuzi archives. Although some of the scribes worked also for Nuzi clientele,[11] none of the Pula-ḫali family texts is marked as having been written in Nuzi nor did any of the contracting parties reside there. Tupšarriniwe is the origin of most of the texts; a minority was written elsewhere, in URU Ulamme (EN 9/2 292 [**12**]), Āl-Ilāni (EN 9/2 505 [**13**]), and URU Tilla (EN 9/2 374 [**16**]). As a result, we know little about the people involved in the Pula-ḫali family archive. The odd title helps. In addition to scribes (DUB.SAR, *ṭupšarru*), there is a high official (*sassukku*), a mayor (LÚ *ḫazannu*), a carpenter (LÚ *naggāru*), a gatekeeper (*maṣṣar abulli*, LÚ *abultannu*)—a.k.a. harbinger (LÚ *nāgiru*)—and a foreigner (LÚ *ḫābiru*). In most cases, however, the social position of a person can be inferred only from his role in the texts. Witnesses who are attested only once are difficult to place except in the case of leases or real estate adoptions, which are usually signed by friends of the beneficiary or neighbors of the property in question, who may be landowners in their own right. Other social or functional categories that can be inferred from the texts include judges, town notables, creditors, family associates/acquaintances, and debtors.

---

9 A. Fadhil, *Rechtsurkunden und administrativ Texte aus Kurruḫanni* (*RATK*). Magister-Arbeit, University of Heidelberg, 1972, pp. 15ff.

10 For the family genealogy, see B. Lion, *supra*, p. 13; *idem*, pp. 1–50.

11 E.g., Muš-teya s. Sîn-ibni, Abī-ilu s. [d]AK-DINGIR-RA, Šamaš-nāṣir s. Akiya, and Tarmi-Tilla.

1.2. *Archaeological Context*

The texts of the merchant family Pula-ḫali were found in or assigned to several different locations on the Nuzi citadel. The majority comes from one discreet unit, known as group 19 of stratum II,[12] in the northeastern quarter of the mound. This, it has been argued, is also the likely source of those tablets that have no provenance or are labeled as coming from other locations.[13]

The northeastern quarter is described by Starr as the most humble of the three residential districts that surround the temple-palace complex on the main mound. He suggested that the shoddily built houses in this area reflect the inferior status of its inhabitants.[14] Certainly, this section of the mound, which slopes to the east, is the least well preserved. Not only the walls of the buildings but their contents, including the tablets, have suffered as a result of intense fire and erosion. Many of the texts belonging to the Pula-ḫali family are broken and badly worn. M. Novák, in his reevaluation of the Nuzi houses, concludes, however, that the differences among the three residential quarters are not as great as Starr supposed.[15] In her study of the "Eastern archives," M.A. Morrison shows that the residents of the northeastern quarter were far from impoverished.[16] Instead, they were prosperous individuals of high social and official standing whose fortunes were based on real estate, livestock, and commercial ventures. Although some of these individuals had local interests at Nuzi,[17] others were from out-of-town, like Pašši-Tilla s. Pula-ḫali,[18] whose presence at Nuzi may have been temporary. The northeastern quarter, which was located near one of the three main gates leading into Nuzi from the east, may have provided accommodation for local and out-of-town businessmen while on their regular rounds.

1.3. *Scope of the Seal Analysis*

Compared to the locally based archives of Teḫip-Tilla and Šilwa-Teššup, whose seals have been published,[19] the Pula-ḫali family archive is more limited in its temporal, social, and regional range. The texts are largely confined to the last two scribal generations. Their content is overwhelmingly commercial and concerns a small circle of people from one town who are broadly classified as either creditors or debtors. Consequently, this archive does not provide a basis for answering questions on diachronic changes in seal usage and design, nor

---

12 R. Starr, *Nuzi,* vol. I (Cambridge, Mass.: 1939), pp. 313–18.

13 See B. Lion, *supra,* pp. 50–57.

14 *Nuzi,* vol. I, p. 304.

15 M. Novák, "Eine Typologie der Wohnhäuser von Nuzi," *Bag. Mitt* 25 (1994) 341–446.

16 M.A. Morrison, *SCCNH* 4 (1993) 3–130 (esp. pp. 10, 122f.).

17 E.g., Utḫap-tae s. Ar-tura, the owner of texts from group 17 (Morrison, *SCCNH* 4 [1993] 64).

18 See Morrison, *SCCNH* 4 (1993) 116–17.

19 E. Porada, AASOR 24 (1947). D. Stein, AdŠ 8 and 9 (1993).

can we compare the relation of designs to different text types, professions, social ranks, or towns. But it does allow us to focus on the seals of a small, close-knit merchant clan that was based outside Nuzi and had contacts, directly or indirectly, with the highland cultures (the source of metals) to the north and east. The results, when tied in with those of the Teḫip-Tilla and Šilwa-Teššup studies, help to sharpen the distinction between metropolitan and provincial designs and to highlight the conservatism of towns such as Tupšarriniwe, which are further removed from the provincial capital than Nuzi.

2. *Sealing Practices*

2.1. *Seal Owners and Seal Users*

The vast majority of Nuzi sealings do not have legends. Of those that do, only a small number associated with the highest social echelons identify the original owner by name. Most notable among these are the seal of Sauštatar, king of Mitanni[20] and both seals belonging to Itḫi-Teššup, king of Arrapḫa.[21] Scribes, high-level palace officials, and judges occasionally added a personal inscription to their seals.

Whether or not he is identified by personal inscription, the original owner of a seal is not necessarily the person who uses it. Apart from there being heirlooms, we know that seals were borrowed.[22] The seal users are identified by captions, and at Nuzi, in common with the archives of Alalakh IV[23] and Emar[24] but in contrast with those from Kültepe,[25] captions generally accompany the seal impressions on the tablets. Seals that have no caption usually belong to well-known officials and occur on internal administrative records.[26] Such records do not exist in the portion of the Pula-ḫali family archive that survives at Nuzi.

The caption usually includes only the name and patronymic of the seal user when his full name does not appear elsewhere in the text[27] or when his seal needs to be distinguished from that of a namesake.[28] Otherwise, when the full name is mentioned in the text or in the case of well-known individuals, such as

---

20 ***AdŠ* seal 711**.

21 D. Stein, *ZA* 79 (1989) fig. 5. ***AdŠ* seal 659**.

22 Stein, *ZA* 79 (1989) 44f. *AdŠ* 8, pp. 72–77.

23 See D. Collon, AOAT 27 (1975), p. xxi.

24 See D. Beyer, "Les emprentes de sceaux," in D. Beyer (ed.), *Meskéné—Emar. Dix ans de travaux 1972–1982*. Édition recherche sur les civilisations. Paris. P. 63, Fig. 3. E. Laroche in Beyer 1982: nos. 7, 8, 9, 10, 12, and 13.

25 See B. Teissier, *Sealing and Seals on Texts from Kültepe Karum Level 2* (Nederlands Historisch-Archaeologisch Instituut te Istanbul, 1994), p. 12.

26 *AdŠ* 8, p. 39.

27 E.g., EN 9/2 341 (**19**: A,B,C), EN 9/2 299 (**39**: D) and EN 9/2 347 (**50**: B,C,D).

28 E.g., Šilaḫi s. Elḫip-šarri (**seal 60**) and Šilaḫi s. Zilip-apu (**seal 65**) on HSS 19 126 (**15**: A and G).

scribes, judges, close associates, or long-term employees,[29] the first name or profession suffices.[30] For this reason, the recipients of tin deposits in EN 9/2 374 (**16**),[31] who are all cited by first name only, probably belong to a small circle of trusted relations, friends, or associates of the Pula-ḫali family. Indeed, one of them, Šurki-Tilla, is the brother of the depositor, Pašši-Tilla s. Pula-ḫali.[32] By the same token, Kipal-enni, who alone appears without patronymic or profession among the signatories on EN 9/2 207 (**44**), is identical with his namesake, the son of Pula-ḫali, who features in the text.[33] Kennu must also be a familiar figure to judge by his lack of patronymic on EN 9/2 341 [**19**:D], and the likely equation of the scribes Šamaš-nāṣir and Šamaš-nāṣir s. Akiya is strengthened by their common use of **seal 122**.[34]

Typical of records dating to the last two scribal generations at Nuzi, the seal captions on most of the Pula-ḫali family records begin with the prefix NA$_4$, an abbreviation of NA$_4$ KIŠIB, which occurs only twice (EN 9/2 512 [**24**] and EN 9/2 384 [**54**]). The significance of these two variations is unclear—both occur on the same tablet (EN 9/2 384 [**54**:D])[35] and both are associated with unremarkable seal impressions, sometimes even the same one.[36] The distinction between NA$_4$ and NA$_4$ KIŠIB bears no relation, therefore, to the material of the seal (frit or stone). It seems, instead, that the choice of prefix was determined by the availability of space as much as by the predilections of the individual scribe.[37]

The caption appears either above or below the sealing, and in many cases, where it cuts into the design, it is evident that the inscription followed the impression of the seal.[38] Scribal errors do occur, as on EN 9/2 331 (**53**:A), where the scribe, Ariḫ-ḫamanna inscribed his name beside the seal of Ariḫ-ḫamanna s. Nūr-kūbi (**seal 149**). Occasionally, when a tablet is damaged, the correspondence between seal and caption is unclear (e.g., EN 9/2 512 [**24**] and EN 9/2 325 [**52**]).

---

29 *AdŠ* 8, p. 34.

30 E.g., AASOR 16 97 (**5**), EN 9/2 344 (**20**: A) or EN 9/2 347 (**50**: A).

31 Zike (**seal 67**), Šimi-Tilla (**seal 68**), Pusira (**seal 69**), Paite (**seal 71**), and Šurki-Tilla (**seal 72/31**).

32 This identification is based on the fact that Šurki-Tilla uses the same **seal 72** as Šurki-Tilla s. Pula-ḫali.

33 See register of tablets, PA 44, n. 1. Cf. B. Lion, *supra,* pp. 43–44, 48–50 with note 88.

34 Cf. B. Lion, *supra*, pp. 64–67. Although it is common for scribes (among others) to use multiple seals, some of which are borrowed, they never borrow from each other. In the Šilwa-Teššup archive, Šamaš-nāṣir s. Akiya borrows the seal of Pai-Teššup, the major domo of Šilwa-Teššup (***AdŠ* seal 53**).

35 NA$_4$ KIŠIB appears only beside the scribe's **seal 172**.

36 **Seals 84, 85** and **172**.

37 Cf. *AdŠ* 8, p. 35.

38 Had the captions been inscribed first, they would be distorted by the rolling of the seals.

2.2. *Position and Sequence of Sealings*

Declarations of loans, leases, purchases, and work contracts, which constitute the bulk of the Pula-ḫali family archive, are generally sealed at the end of the text, below the witness list. The solitary protocol of a trial (EN 9/2 440 [**33**]) was sealed as usual, below the verdict.

Exceptions can usually be explained. Where there is ample space, as on EN 9/2 344 (**20**), the impressions are spread out between the lower obverse, the reverse, and the left edge. In the case of AASOR 16 97:A (**5**), one witness impressed his **seal 21** on the lower edge, above the witness list, presumably because the space following the witness list had been filled by the four other witnesses and the scribe, who rolled their seals across the entire width of the reverse, upper edge, and left edge. Usually, in order to accommodate as many seals as possible, the scribe subdivided the remaining space at the end of the text with his stylus. In some instances (e.g., HSS 19 97 [**10**]), there were so many witnesses that each had room to roll only a segment of his seal. Nevertheless, on EN 9/2 339 (**2**) there was space only for the seals of the witnesses and the scribe, so the declarant, Nūr-kūbi s. Ma[…š]u, impressed his seal in the only available space, to the upper right of the witness list.

Another solution to lack of space was to turn the seal impression 90° along the right side of the reverse. On EN 9/2 340 (**28**) this space (actually, the right edge) was reserved for the scribe's **seal 83**, but it was also used by others to gain more room for their impressions. Šurukka s. Arip-urikke, a witness, impressed his **seal 128** along the right side of the reverse after another witness, Akiya s. Šaš-tae, had rolled his **seal 111** beyond the middle of the tablet (EN 9/2 299 [**39**]). The same explanation may pertain to **seal 151,** belonging to Eteš-šenni, the payee, on EN 9/2 441 (**49**). Why another witness, Pui-tae s. Ḫamanna, chose to rotate the impression of his **seal 54** 90° on EN 9/2 505 (**13**) is unclear. Perhaps the blank upper edge was reserved for the declarant/payee, who then did not sign. Sealing crosswise to the direction of the text was certainly preferable for larger seals in order not to lose the top or bottom edge of the design. At over 20 mm, **seal 106** is above average in height (see below, §3.3), and this may have dictated the 90° rotation of both seal impressions on the reverse of EN 9/2 364 (**31**).

There is no practical reason why many of the seal impressions appear upside down. Where individual seals are concerned,[39] one can only presume that the sealer either inverted his seal or stood at the wrong end of the tablet. One imagines the witnesses gathered around the scribe. Those standing behind or beside him would impress their seals right side up, whereas those who stood in front of him might roll their seals upside down. In the case of EN 9/2 283 (**38**), which is sealed entirely upside down, someone (most likely the scribe) must have inadvertently turned the tablet 180°.

---

[39] E.g., EN 9/2 352 (**3**) **seal 13**; EN 9/2 353 (**4**), **seals 17** and **19**; AASOR 16 97 (**5**) **seals 21** and **22**, among many others.

The sequence of sealing is difficult to establish, and the operating assumption that it consistently runs from top to bottom and from left to right is impossible to prove. In any case, there are discrepancies between the sequence that is based on captions (i.e., line of text) and the one that is based on seal impressions,[40] so any generalization is tentative. On the whole, there is no particular place or sequence to the seals of witnesses or parties to a contract. Scribes, however, do tend to seal last, although the many exceptions indicate that this was not a rigid regulation.[41]

2.3. *Who Signs Which Texts?*

All formal agreements that require the presence of witnesses bear as many of their seals as possible, in addition to the seal of one or both of the contracting parties (depending upon whose interests are at stake) and the scribe. The majority of texts in the Pula-ḫali family archive belong to this category. As many are damaged or fragmentary, however, the following review of sealing practices is not comprehensive.

Receipts, loan repayments, and deposits:

Two loan repayments date to the generation of Pula-ḫali (SG3–4). Both EN 9/2 209 (**1**) and EN 9/2 339 (**2**) are ratified by the hem of the payer, who discharges his debt. The better preserved example (**2**) also bears the seal of the declarant/payee, who acknowledges the reimbursement and renounces any further claim. Witnesses and the scribe sign the document as well. EN 9/2 515 (**42**), which records a repayment by Pašši-Tilla s. Pula-ḫali (SG4–5), is too fragmentary for a comparison of sealing practice, but a related receipt (EN 9/2 331 [**53**]) from the same generation is similarly ratified by the hem of the payer followed by the seals of witnesses and the scribe. A receipt of horses owed by the Pula-ḫali family, however, is not signed by the payee (EN 9/2 505 [**13**]), although the blank upper edge of the tablet may have been reserved for his seal (see above, § 2.2). The significance of another receipt (EN 9/2 207 [**44**]) in which Pašši-Tilla receives metal that his brother, Kipal-enni, had deposited with a third party, is unclear, but the presence of Kipal-enni's **seal 141** (see

40 E.g., compare B. Lion's sequence of the captions with my sequence of the seals for the following texts: EN 9/2 339 (**2**), lines 38–41, **seals 6–10**; EN 9/3 230 (**9**), lines 15–19, **seals 32–36**; EN 9/2 292 (**12**), lines 12–13, **seals 49–50**; EN 9/2 505 (**13**), lines 23–26, **seals 54–55**.

41 Examples include: EN 9/2 339 (**2**), **seal 4** (declarant) appears first and **seal 10** (scribe) is last; AASOR 16 97 (**5**), **seal 25** (scribe) is last; EN 9/2 353 (**4**), **seal 20** (declarant) is last; EN 9/2 505 (**13**), **seal 55** (scribe) is last; HSS 19 126 (**15**), the sequence of **seals 61–64** (borrowers) does not match the sequence of loans and **seal 66** (scribe) is last; EN 9/2 374 (**16**), seal **73** (scribe) is last; EN 9/2 342 (**17**), **seal 77** (debtor) is second to last and **seal 25** (scribe) is last; EN 9/2 344 (**20**), **seal 81** (debtor) is first and **seal 83** (scribe) is last (and many more).

Exceptions to the position of the scribe's seal include: HSS 19 97 (**10**), **seal 37** (scribe) is first and **seal 38** (declarant) is second; EN 9/2 250 (**37**) and EN 9/2 441 (**49**) the scribe's seal is second; EN 9/2 292 (**12**), EN 9/2 346 (**25**), EN 9/2 349 (**29**), EN 9/2 207 (**44**), and EN 9/2 331 (**53**), the scribe's seal appears midway.

above §2.1. and below §2.4.3.) suggests that he approved of his brother's intervention on his behalf.[42] An unusually large deposition of metal (EN 9/2 374 [**16**]) is signed by both depositors, all but one of the depositaries, and the scribe.

Loan documents:

Loan documents constitute by far the largest group of texts in the Pula-ḫali family archive. Most consist of short-term contracts involving people who have run into debt.[43] As records of outstanding payments, these texts are usually sealed by the borrower, who acknowledges his debt, by the witnesses, who confirm their presence, and by the scribe.[44] But the debtor and the scribe do not always sign.[45] Two loan documents require a guarantor. In one case, it is the debtor's three sons, none of whom seals the document (EN 9/2 352 [**3**], l. 28–34);[46] in the other, it is a judge, but the tablet is damaged so we do not know whether he impressed his seal (EN 10/2 166 [**6**], l. 14–15).

Titennūtu contracts:

Titennūtu contracts, by which members of the Pula-ḫali family leased property against the issue of a loan, are also common. Like the borrower in loan documents, the lessee in *titennūtu* contracts is short of funds, and in the event of insolvency, he forfeits the right to reclaim the property that he has leased. As these contracts were drawn up in the interests of the leaseholder/creditor, the lessee/borrower signs to acknowledge his debt and the eventual forfeiture of his property. Other signatories include surveyors of the land, witnesses, and the scribe (e.g., EN 9/2 224 [**34**] and EN 9/2 268 [**35**]).

Purchases, sales, and advance payments:

Records of purchases and sales, which were stored in the Pula-ḫali family archive as receipts, are endorsed by the seals of witnesses, the scribe, and the seller, who acknowledges the receipt of payment (EN 9/2 250 [**37**] and EN 9/2 283 [**38**]). In the case of HSS 19 97 (**10**), the seller's seal also confirms his cession of the property that his forbear received as *terḫatu* (bride price) and that he is selling back to the Pula-ḫali family. One of the purchases includes also the seal of a guarantor (*māhiṣ pūti*), Palteya s. Ward-aḫḫē (**seal 124**), who

---

42 For discussion of this text, see B. Lion, *supra*, pp. 33–34.

43 Exceptions include Zime s. Ṣilliya (EN 9/2 345+ [**18**]), a surveyor, a frequent witness, and the recipient of an advance payment of gold; Taika s. Akap-šenni (EN 9/2 344 [**20**]), who is a lender himself; and Ḫalutta s. Akiya (EN 9/2 347 [**50**]), a notable of Tupšarinniwe.

44 E.g., EN 10/2 166 (**6**) – incomplete; EN 9/2 342 (**17**); EN 9/2 344 (**20**); SMN 2382 (**22**); EN 9/2 340 (**28**); EN 9/2 348 (46)?; EN 9/2 337 (**48**); EN 9/2 347 (**50**).

45 Loan documents signed by witnesses only: EN 9/2 352 (**3**). Loan documents not signed by the scribe: EN 9/2 353 (**4**). Loan documents or debt statements not signed by the debtor: AASOR 16 97 (**5**); EN 9/2 346 (**25**)?; EN 9/2 349 (**29**); EN 9/2 384 (**54**).

46 Although at least two of them, Ḫutip-apu (**seals 89, 96, 167**) and Tarmi-Tilla (**seals 76, 95**), own seals.

is the brother of the seller and a landowner in Tupšarriniwe (EN 9/2 250 [**37**], l. 11–13).[47] Related records of advance payments for the purchase of grain are signed in like fashion by the witnesses, the scribe, and those who received the payment and bear responsibility for the purchase (HSS 16 231 [**14**]-? damaged and HSS 19 126 [**15**]). Purchases on credit required the seal of the buyer (EN 9/2 292 [**12**]).

Adoption texts:

There are two variations of adoption texts in the Pula-ḫali family archive: the *ṭuppi mārūti* (EN 9/2 33 [**36**]) and the *ṭuppi mārtūti* (EN 9/2 299 [**39**]). Both record the cession of ownership or a claim for a price. In the one case, the seller cedes an orchard and, in the other, the seller relinquishes his claim to his sister's full bride price. Often these documents are ratified by the seller in addition to witnesses/surveyors, who are frequently friends and relations of the beneficiary.[48] Here, the one undamaged record (**39**) is sealed only by the witnesses.

Commissions:

Orders that are paid in advance were signed, one assumes, by the contractor.[49] Both orders for bricks are damaged, and the preserved seals belong to witnesses (EN 9/2 391 [**40**] and EN 9/3 518 [**41**]).

In contrast with the formal agreements discussed above, the following records do not require the presence of witnesses.

Protocol of a trial:

In common with most trial protocols at Nuzi, EN 9/2 440 [**33**]) was signed by the judges. Some also required the seal of the scribe.[50]

Letter:

The letter, EN 9/2 102 (**47**), concerns a court case and is unsigned. It would have been enclosed in an envelope that was sealed by the sender.[51]

Memorandum:

Like all memoranda (*ṭuppi taḫsilti*), EN 9/2 452 (**51**) is unsealed.

---

47 See sealing practices associated with guarantors on loan documents from the Šilwa-Teššup Archive, *AdŠ* 8, pp. 54–58.

48 For sealing practices on adoption texts in the Šilwa-Teššup archive, see *AdŠ* 8, pp. 62f.

49 For examples in the Šilwa-Teššup archive, see *AdŠ* 8, p. 48.

50 For records of court proceedings in the Šilwa-Teššup archive, see *AdŠ* 8, pp. 66f.

51 See *AdŠ* 8, pp. 60–61.

2.4. *Seal Usage*

Cylinder seals are by far the most common device used for signing records at Nuzi. As in the archive of Šilwa-Teššup, most people involved in the transactions of the Pula-ḫali family owned or used one or more seals, and there was liberal lending and borrowing. In contrast to the Šilwa-Teššup archive, however, there is no evidence of shared impressions.[52] Another, less common sealing device, which is occasionally mentioned, is the fringe of a hem.

2.4.1. *Cylinder Seals*

In view of the liberal lending and borrowing of cylinder seals, one cannot always be certain of seal ownership, but the identity between seal user and seal owner is assumed unless there are indications to the contrary.[53]

2.4.2. *Multiple Cylinder Seals*

The Pula-ḫali family archive does not involve a cross-section of society, but, nevertheless, it is clear that the use of multiple seals was not limited to skilled professionals, people of high status, and people of financial means. Apart from scribes,[54] town notables,[55] family associates, friends, and frequent witnesses, [56] the gatekeeper and harbinger, Bēliya s. Aḫ-ummeya, uses more than one seal, as do various debtors,[57] some of whom are heavily in debt. Although Taika s. Akap-šenni was forced to sell off some of his inheritance (EN 9/2 283 [**38**]), he could still afford to use/own three different seals (**78, 81, 128**). Interestingly, the one that is better cut and has a more exclusive design (**78**) was used to witness a loan document. Perhaps it predates the other two that he used to seal his debts. Evidently, some seals were affordable even to those threatened by financial ruin.

The practice of using multiple seals sometimes prevents us from applying established PN-seal relationships to restore missing names or seals. EN 9/2 339 (**2**), for example, is signed by the declarant/payee, all six witnesses and the scribe. Two of the witnesses are named Bēliya: Bēliya s. Aḫ-ummeya and Bēliya s. [...], one of whom uses **seal 9**. We do not know which one, because there are

---

52 See *AdŠ* 8, pp. 72f.

53 This assumption is more reliable when dealing with a comprehensive archive, such as the Šilwa-Teššup archive, because it is easier to distinguish the exception from the rule. In the case of the Pula-ḫali family archive, of which only a small portion survives, we cannot be certain that PN_1 owned seal A, even if their association is unique, because the likelihood that seal A belonged to someone who used it on tablets stored elsewhere is greater.

54 Šamaš-nāṣir s. Akiya, Tarmi-Tilla, and possibly Teḫip-Tilla.

55 Šurki-Tilla s. Pula-ḫali, Ḫalutta s. Akiya, and Palteya s. Ward-aḫḫē.

56 Akiya s. Šaš-tae, Akkul-enni s. Akitte, Tae s. Bēliya, Tuppiya s. Zilip-apu, and Zime s. Ṣilliya.

57 Ḫupita s. Akitte, Ḫutip-apu and Tarmi-Tilla s. Eḫliya, Šurukka s. Arip-urikke and Taika s. Akap-šenni.

no other impressions of **seal 9** that might clarify the matter, and one cannot exclude Bēliya s. Aḫ-ummeya simply because he uses three other seals (**12, 132,** and **166**).

2.4.3. *Shared Cylinder Seals* (**13, 14, 23/80, 28/29, 31/72, 91/92, 141/156, 161/164, 75/122**)

Some seals recur in association with different names. Multiple associations of a seal are usually confined to one archive.[58] They occur on the same tablet, on different tablets, and, sometimes, in different generations. Normally, the owner of a shared seal is considered to be the person who uses it most often.[59] Where there is no dominant association between name and seal, one can sometimes identify a common denominator.[60] Failing this, however, seal ownership cannot be established.[61]

There is no evidence for office seals, which is not surprising given the commercial bias of the Pula-ḫali family archive. However, family seals and heirlooms do exist and explain the multiple associations of some seals. **Seal 13**, for example, was used by two brothers and **seal 141/156**, which belonged to Kipal-enni s. Pula-ḫali, resurfaces on a tablet concerning his nephew.

Pašši-Tilla and Šurki-Tilla, two other sons of Pula-ḫali, also owned seals. Šurki-Tilla's **seal 31/72** appears once on a text relating to his brother (EN 9/2 299 [**39**]), but this may indicate his presence rather than the use of a family seal.[62] Pašši-Tilla's **seal 14** is limited to his own records and was probably a personal seal that he lent to anyone who was in need. This, in fact, is the most common explanation for shared seals. Creditors provided seals to people who agreed to witness their contracts (**seals 14, 31/72** and **141/156**) and witnesses who had seals lent them to those who did not (**seals 23/80, 28/29, 91/92, 161/164**). Sometimes, when there is no obvious connection between the people who use the same seal, the explanation could lie simply in their being in the same place at the same time. Thus, **seal 75/122**, belonging to the scribe Šamaš-nāṣir s. Akiya, may have been lent to the witness Kankapa s. Ḫanaya, who signs another document, written by another scribe.

As in the archive of Šilwa-Teššup, some people borrowed seals despite having their own.[63] It is not that they could not afford a seal; rather they probably had forgotten to bring it.

---

58 For exceptions, see ***AdŠ*** **seals 55, 391** and **457** and *AdŠ* 8, p. 77.

59 **Seal 23/80**, for example, was used by Attaya s. Zaziya for five different tablets. On one of these tablets (EN 9/2 341 [**19**]) it is associated also with Kennu, who evidently borrowed it.

60 In the case of **seal 14** or **seal 141/156**, for example, which are attributed to members of the Pula-ḫali family, like seal **Seal 31/72**, which definitely belongs to a member of the Pula-ḫali family.

61 **Seal 28/29**, **seal 91/92** and **seal 161/164** were each used once by different people.

62 Šurki-Tilla is not mentioned in the text.

63 E.g., Tukultī-ilu s. Pui-tae owns **seal 13** and borrows **seal 14**. Ḫašiya s. Ward-aḫḫē owns

2.4.4. *Hem Impressions* (*EN 9/2* 209 (**1**), *EN 9/2* 339 (**2**), *EN 9/2* 331 (**53**))

The impression of the hem is mentioned in only three texts: records of repayment and a receipt. Two (**1–2**) belong to the first generation and one (**53**) probably dates to the second generation of the Pula-ḫali family. In all three cases, it is the payer who is said to impress his hem (*qanna mašāru*) before witnesses. None of the tablets has evidence of such an impression. This and the fact that the payer sometimes owns a seal that he does not use suggest that the phrase is intended in a figurative sense, to release the payer from further obligation.[64]

3. *The Seal Impressions*

3.1. *Drawings, Joins, and Restorations*

The Pula-ḫali family seal impressions are reproduced here on a scale of [3:2]. Many of the impressions are partial or fragmentary, either because of the poor condition of the tablet or because the space reserved for sealing was limited. When there was enough space for one complete rotation of a seal, the people who signed made no effort to reproduce their seal design in its proper sequence. Central figures who are depicted face-to-face on the actual seal may be separated in the impression by a secondary scene, whereas processions and legends often appear divided to the left and right of the impression. If a seal was rotated more than once, the impression has been recut and the drawing reproduces the intended arrangement of motifs. Otherwise, the impression is drawn as it appears and, where possible, the design has been recut or restored verbally in the description.

Some drawings are based on a single seal impression; others are composite drawings that are based on multiple impressions of the same seal.[65] Each drawing has a number. Joint numbers refer to drawings of seal impressions that seem to be identical but have not been joined.[66]

---

seal 16 and borrows **seal 14**. Zaziya s. Akkuya owns **seal 26** and borrows **seal 31/72**. See *AdŠ* 8, p. 74.

64 For the same observation in the Šilwa-Teššup archive, see *AdŠ* 8, p. 78. See also comments of B. Lion on EN 9/2 209 (**1**), l. 9–11, with reference to M. Malul, *Studies in Mesopotamian Legal Symbolism*, AOAT 221 (Neukirchen-Vluyn: 1988), pp. 322–37.

65 Joins between fragmentary impressions are certain if they are associated with the same person or if they have a distinctive design. **Seals 15, 83, 93, 99** and **100**, for example, are each composed of multiple impressions related to the same person although they occur on different tablets and, in two cases, in different archives. **Seal 14**, on the other hand, is a distinctive design that can be easily recognized despite its association with different people on different tablets. The impressions of **seal 150**, though both very poorly preserved, were identified, in part, by the legend.

66 Occasionally, when an impression is very fragmentary, a name is missing or a seal with a common design was used by different people on different tablets in different generations or different archives, the "joining" of impressions is less certain. **Seals 31/72** and **141/156** are

3.2. *Seal Designs*

Nuzi or Kirkuk glyptic (and its relative, Mittanian glyptic) has been classified in a number of ways, according to different criteria. A study of iconography and workmanship produced the distinction between fully grown/elaborate and popular/common style seals.[67] An analysis of theme and composition resulted in five general groups.[68] The strict adherence to style creates still other groupings,[69] and a mixture of several criteria leads to a multitude of subdivisions.[70]

For the sake of consistency and to facilitate future inter-archival comparisons, this study refers to the subdivisions of seal designs in the Šilwa-Teššup archive, which are based on theme and composition. Of the 173 seal designs in the Pula-ḫali family archive, 25% are too fragmentary to identify their theme.

Group 1 (*ca.* 7%):

The main theme of this group derives from the presentation and confrontation scene, in which a worshipper or subject stands opposite a deity or dignitary. The emphasis in this group on rank differentiation contrasts with the other thematic groups at Nuzi and is fashioned after mainstream metropolitan prototypes. The combination of a full-scale principal scene and a smaller-scale ancillary scene recalls Old Syrian prototypes. Principal scenes combined with legends are typical of the glyptic from Babylonia and Elam; in particular, the Northern First Kassite and pseudo-Kassite traditions. Group 1 designs characterize the older court style, which prevailed during the first two scribal generations and then declined in popularity following the third scribal generation.

The Pula-ḫali family sample is small, due, in part, to its late date. It includes two antiques (**89, 126**). Most are pseudo-Kassite (**147, 94, 17, 120, 171, 77**). Two exceptional designs may represent Northern First Kassite (**150, 87**)

---

made up of fragmentary impressions. **Seal 22/64** is missing a name, although the proposed restoration is the most likely. **Seals 23/80, 28/29, 91/92** and **161/164** are examples of common seal designs, but their identity is fairly certain because each pair occurs on the same tablet. **Seal 75/122**, on the other hand, appears on different tablets, and thus its identification is more tentative.

67 H. Frankfort, *Cylinder Seals* (London: 1939), p. 237; E. Porada, *Corpus of Ancient Near Eastern Seals in North American Collections. Vol. I. The Collection of the Pierpont Morgan Library*, Bollingen Series XIV (New York: 1948), pp. 139f. and *idem*, AASOR 24 (1947) 11. See also D. Stein in A. Caubet, *De Chypre à la Bactriane* (Musée du Louvre, 1997), pp. 73f.

68 *AdŠ* 8, p. 80f.

69 E.g., a northern First Kassite group and a pseudo-Kassite group: see D. Matthews, *Principles of Composition in Near Eastern Glyptic of the Later Second Millennium* B.C., Orbis Biblicus et Orientalis, Series Archaeologica 8 (Fribourg/Göttingen: 1990), pp. 66f.; *idem*, *The Kassite Glyptic from Nippur*, Orbis Biblicus et Orientalis 116 (Fribourg/Göttingen: 1992), pp. 72–79, and D. Stein in A. Caubet, *De Chypre à la Bactriane* (Musée du Louvre, 1997), pp. 77f. and n. 64.

70 E. Porada AASOR 24 (1947). See also *AdŠ* 8, p. 80, n. 313.

and two are of Syrian inspiration (**31/72, 74**). The latter, interestingly, includes the seal of Šurki-Tilla s. Pula-ḫali, who may be of Kassite descent. As in the Šilwa-Teššup archive, the majority of these once fashionable designs belong to the upper social and professional classes. Scribes outnumber all other groups. They are associated with the better quality, Northern First Kassite seals, but they also used antiques (**126**) and the cheaper pseudo-Kassite variety (**120**), which was otherwise owned/used by the notable Palteya s. Wardaḫḫē (**17**) and two debtors (**171, 77**).

Group 2 (*ca.* 18%):

The focus of this group is the tree that is flanked or attended by human figures. The tree usually takes the form of a bouquet tree, although other varieties exist and it is sometimes replaced by a standard (e.g., **121**). The figures stand, kneel on one knee, or sit and they appear individually, in pairs, or in groups of three. Secondary motifs include lion contests, griffins, sphinxes, and horned animals, which may be arranged in horizontal registers. The chronological and geographical range of Group 2 designs is extensive, but a north Mesopotamian origin is considered likely.[71] A variation of this theme may survive on Assyrian palace reliefs, in the so-called purification or fertilization scenes that are centered on the "Sacred Tree."[72]

Group 2 designs are used by people of all backgrounds. In addition to Šurki-Tilla and Kipal-enni, the sons of Pula-ḫali (**153, 43**), their associates, Aḫummiša s. Turaše (**61**), Zime s. Ṣilliya (**91**), Paite (**71**), and friends (**101, 88, 121, 13, 19**), users of these designs include a scribe (**37**), a gatekeeper (**166**), and debtors (**76, 155**).

Group 3 (*ca.* 14%):

The key element of Group 3 designs is the star-in-disk, which is often winged and/or mounted on a standard or tree. Exceptional variations include a disk altar (**163**), a rosette stand (**160**), and a tree (**8, 73**). The (winged) disk (standard) usually appears in a symmetrical arrangement, flanked by mythical beings or animals, but asymmetrical arrangements occur as well. The new emblem and the fantastic beasts characterize the new court style that is fashionable at Nuzi during the last three scribal generations.

The elite associations that this group has in the Šilwa-Teššup archive also pertain here. All identifiable users/owners of Group 3 designs in the Pula-ḫali family archive belong to a small circle of family members (**141/156**) and their peers. Among these are business associates (**69, 67, 8, 52, 70**), family friends (**38, 16, 78, 33**), scribes (**140, 93, 159, 73, 100, 55**), a mayor (**6**), and another person of profession or rank (**139**). There are several unidentifiable witnesses, but none of the users/owners is known to be a debtor.

---

71 See *AdŠ* 8, pp. 88–89.

72 E.g., in the throneroom of Aššur-naṣirpal II at Nimrud (J. Reade, *Assyrian Sculpture* [British Museum Press, 1998], fig. 33).

Group 4 (*ca.* 26%):

Scenes of rituals revolving around animals and the hunt, some of which trace back to Paleolithic and Neolithic rock engravings, dominate Group 4 designs. The composition varies. In some, animals and beasts are scattered throughout the field (**68, 144**), sometimes surrounding a human figure (**22, 127**). In others, they are arranged in horizontal rows above and below the main figures (**152, 97**), or they appear beside them on a smaller scale (**7, 15, 23, 82**). Common scenes include contests between real and mythical beasts (**5**), rows of hunters holding their prey (**152**), processions of robed figures and animals (**97, 154, 99**), and rows of figures facing animal arrangements; in particular, the goat and tree motif (**15, 63**). Group 4 designs belong to an ongoing tradition that survived on the fringes of the Fertile Crescent[73] Although popular throughout the Nuzi period, this theme becomes more fashionable during the last three scribal generations, when composite monsters and mythical beasts are added to its repertory of motifs.

This is the most popular group of designs in the Pula-ḫali family archive. It is associated with creditors and debtors alike, but the more individual compositions, which include deities or composite beasts, are owned by high-ranking officials, family associates, and friends (**127, 146, 112, 149, 23, 14**), although they may have been borrowed by others.

Group 5 (*ca.* 10%):

Group 5 is defined by rows and patterns of a limited repertoire of motifs. Popular subjects include rows of dancing men, friezes of animals and fish, patterns of abstract shapes, and cross-hatching. The chronological and geographical distribution of this group is similar to Group 4. Abridgements like these, which could be produced at short notice, were appropriate for those on a tight budget and those in need of a quick replacement seal. In the Pula-ḫali family archive, they include debtors (**20, 125**), a gatekeeper (**12**), a scribe (**122**), a notable (**136**), and two judges (**109, 110**).

The seal designs of the Pula-ḫali family archive reflect its date and commercial bias. Group 3 (the younger court style) is larger than Group 1 (the older court style), but both are outnumbered by the ongoing, provincial designs of Groups 2 and 4. By contrast, the archive of prince Šilwa-Teššup is dominated by Group 3, and even the traditional designs of Group 4 have been influenced by the revival of contest scenes involving mythical beasts and composite animals. There is little evidence of this in the Pula-ḫali archive, which suggests that the merchant clan purchased most of their seals in the provinces, where they acquired the raw materials (metal) for their commercial ventures. All those who owned Group 3 designs or individual Group 4 designs are likely to have had closer contact with the central administrations of Nuzi and Arrapḫa.

---

73 *AdŠ* 8, pp. 94–97 and D. Stein, "Nuzi Glyptic: The Eastern Connection," *Proceedings of the XLVe Rencontre Assyriologique Internationale* (Bethesda, Md.: 2001), II, pp. 149–83.

3.3. *Seal Dimensions*

The dimensions of the original seal is derived from the measurements (length × width) of its impression. The seal diameter is calculated from its circumference, or the length of one rotation of the seal. The height of the seal (including caps) is equivalent to the width of the impression. In many cases, however, this information is not available because the impressions are incomplete. The upper and lower borders of the impression are frequently lost, particularly on the narrow edges of the tablet (Lo.E, U.E., and L.E.), and the need to accommodate as many seals as possible meant that it was rarely possibly to rotate one's seal a full 360°. Both height and circumference are preserved in only eight cases (5%). Usually, we have either the height, which is preserved in 7% of the impressions, or the diameter, which can be calculated in 28% of the impressions.

Among these examples, the average seal is 17.8 mm high with a diameter of 9.7 mm, exactly the same as in the Šilwa-Teššup archive.[74] The shortest seals are 12–15 mm high (**seals 4, 12, 75/122, 90**); the tallest, 24–26 mm high (**seals 99, 149**). The narrowest have a diameter of 7–8 mm (**seals 44, 47, 86, 107, 120, 144**); the thickest, 12.4–13.7 mm (**seals 15, 17, 99, 167**). There is no fixed relation between the height and thickness of a seal. Some are short and narrow (**seals 13, 44**); others short and squat (**seal 12**). Some are tall and narrow (**seals 84, 149**); others tall and thick (**seals 97, 99**).

Size is not a reliable indicator of status or means, except when combined with design, quality of workmanship, and, if possible, material of the seal. For example, the seal of Itḫi-Teššup s. Kipi-Teššup, king of Arrapḫa, exceeds all others in diameter and height, and bears an exclusive design with a personalized inscription that is skillfully executed; it is reasonable to assume that the seal was made of a semi-precious stone.[75] In the archive of the Pula-ḫali family, one of the smallest seals belonged to Nūr-kūbi s. M[a...], a creditor of Pula-ḫali (**seal 4**). His son(?), Akiya, used the largest preserved **seal 99**, whereas his other son(?), Ariḫ-ḫamanna, used a more average **seal 149**. All three seals depict variations on the theme of animals and the hunt (Group 4) and all are of average workmanship.

3.4. *Seal Legends*

Legends are not a typical feature of the Nuzi glyptic. In the Pula-ḫali family archive, they occur on only nine of the 173 seal designs. Some are too fragmentary or poorly preserved to understand and several appear to be pseudo-legends with imitation cuneiform or sign combinations that make no sense.

As in the archive of Šilwa-Teššup, most but not all the legends are connected with the professional or upper social classes. Four of the nine seals with legends belong to scribes (**seals 73, 87, 120,** and **150**) and one was used by

---

74 *AdŠ* 8, pp. 131–33.

75 ***AdŠ* seal 659** and *AdŠ* 8, *ibid.*

the notable and landowner, Palteya s. Ward-aḫḫē (**seal 17**). The latter also owns / uses seals without legends, and interestingly, in his case, the legend may be fake like those on the seals belonging to two debtors, Ḫupita s. Akitte (**seal 77**) and Eḫliya s. Akkuya (**seal 171**).

Most of the seal impressions that include legends belong to the metropolitan-inspired presentation and confrontation scenes of Group 1, which features the figure with mace, the figure with scimitar, and the suppliant figure (**seals 17, 94, 87, 120, 147, 171**). The combination of a legend with a procession of hunters or an antithetical pair of animals is more unusual (**seals 73, 150**).

3.5. *Seal Caps*

The vast majority of seal impressions are bordered top and bottom by a thin relief line. Set about 1 mm from the outer edges of the design, these lines are the impressions of horizontal grooves that may have been intended to secure seal caps. Double relief grooves are more unusual and provide the basis for one proposed join (**seals 75/122, 84**). The deep horizontal depression created by actual seal caps is visible in only two cases: **seal 26** of Zaziya s. Akkuya and **seal 127** of Tuppiya s. Zilip-apu. Both are acquaintances of the Pula-ḫali family and both use seals with more individual scenes relating to the hunt.

Group 1: Presentation and Confrontation Scenes

A. *Antiques*:

89 (debtor)

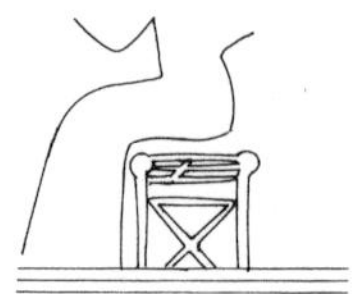

126 (scribe)

B. *Principal and secondary scenes*:

31 / 72 (merchant)

87 (scribe)

172 (scribe)

169 (witness)

74 (family friend)

C. *Principal figures and legend*:

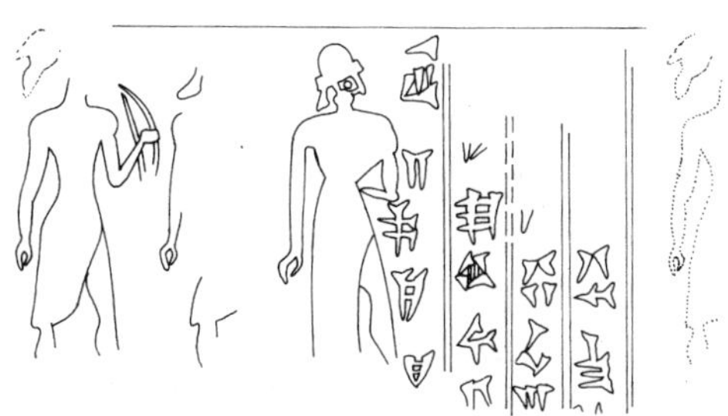

150 (scribe)

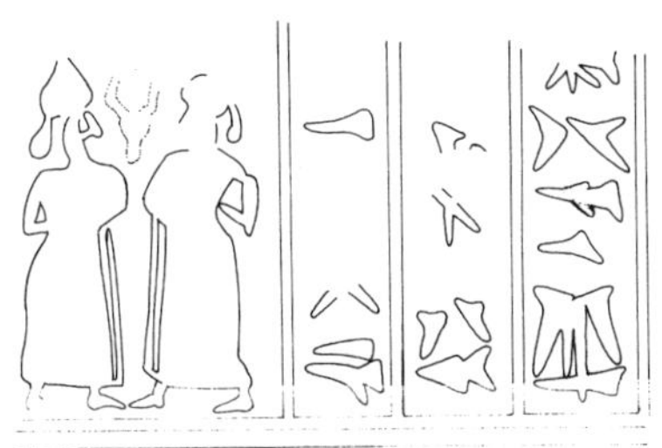

147 (witness)

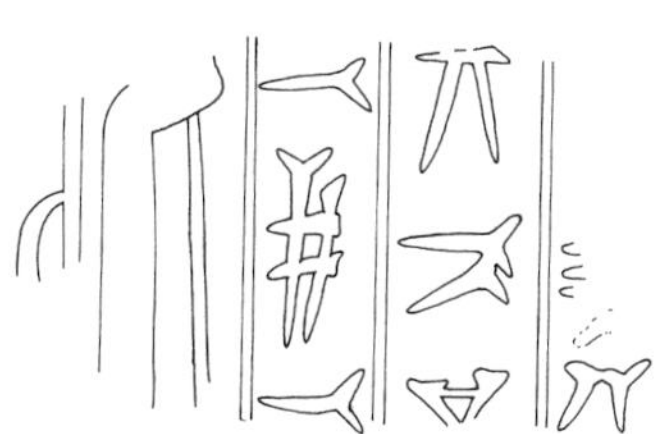

94 (witness)

17 (notable)

120 (scribe)

D. *Legends*:

171 (debtor)

77 (debtor)

Group 2: HUMAN FIGURES FOCUS ON TREE AND RELATED STANDARDS.

A. *Two standing figures*:

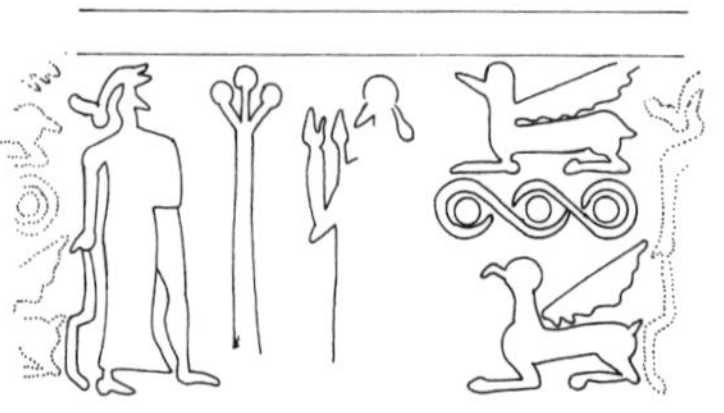

165 (witness)

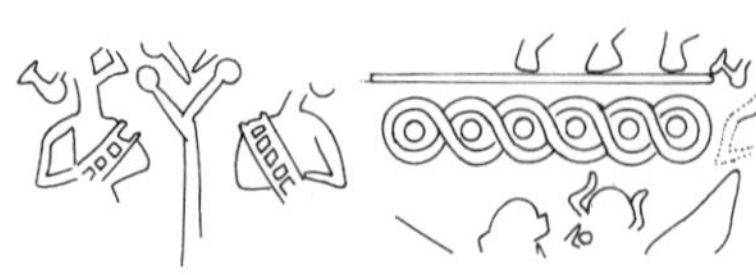

153 (family member)

166 (gatekeeper)

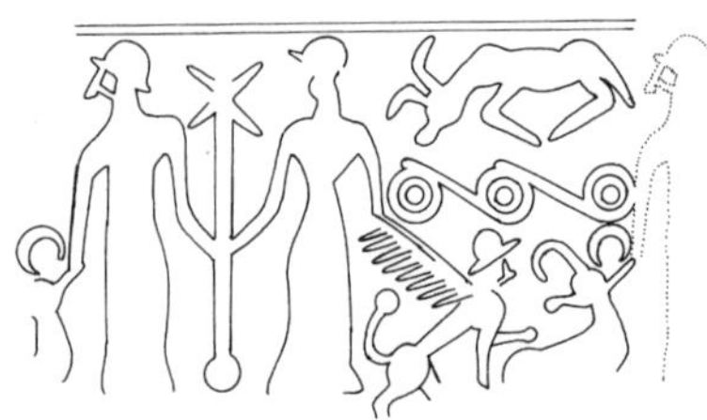

43 (family member)

44 (witness)

101 (family friend)

34 (witness)

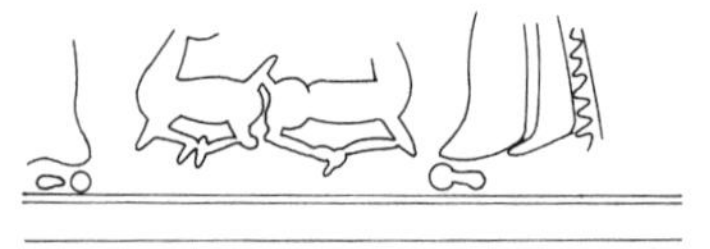

61 (associate)

B. *One standing figure*:

91 (associate)

60 (witness)

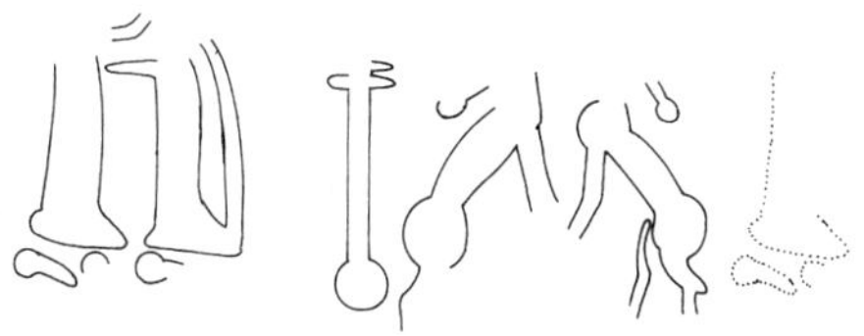

71 (associate)

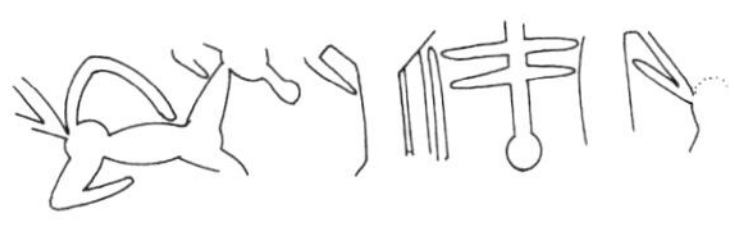

88 (family friend)

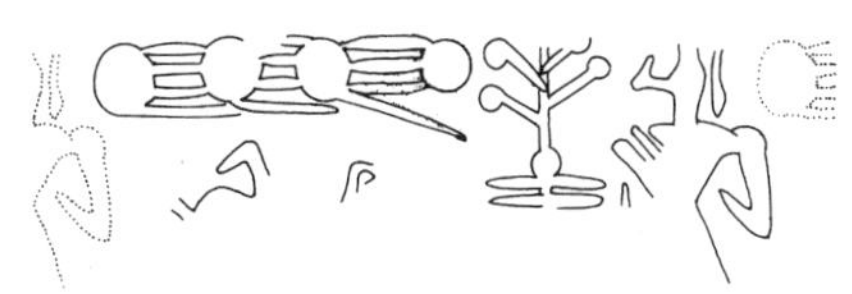

76 (debtor)

54 (witness)

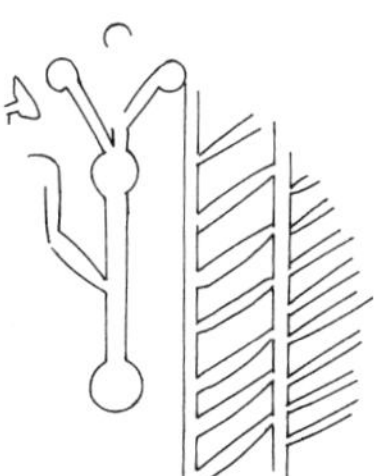

106 (witness)

155 (debtor)

65 (witness)

C. *Figures on one knee*:

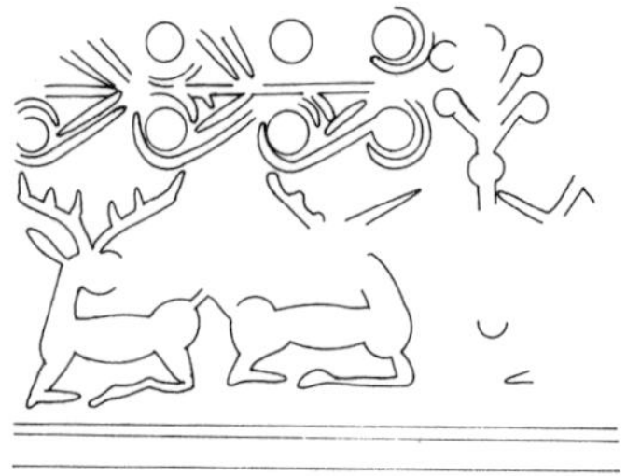

151 (payee)

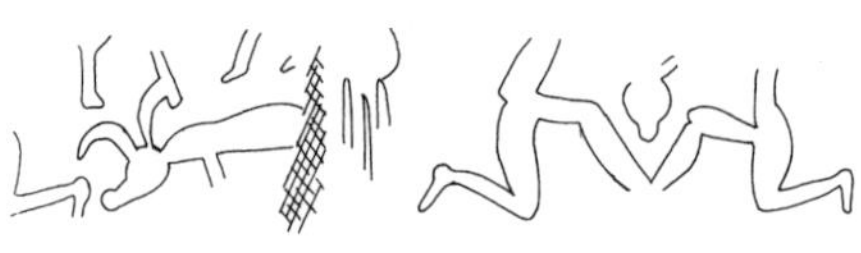

30 (witness)

121 (notable)

123 (witness)

D. *Seated figures*:

13 (family friend)

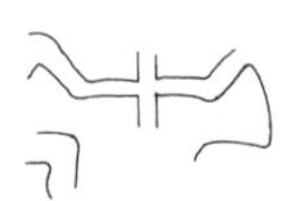

173

28/29 (witness)

E. *Related compositions and fragments*:

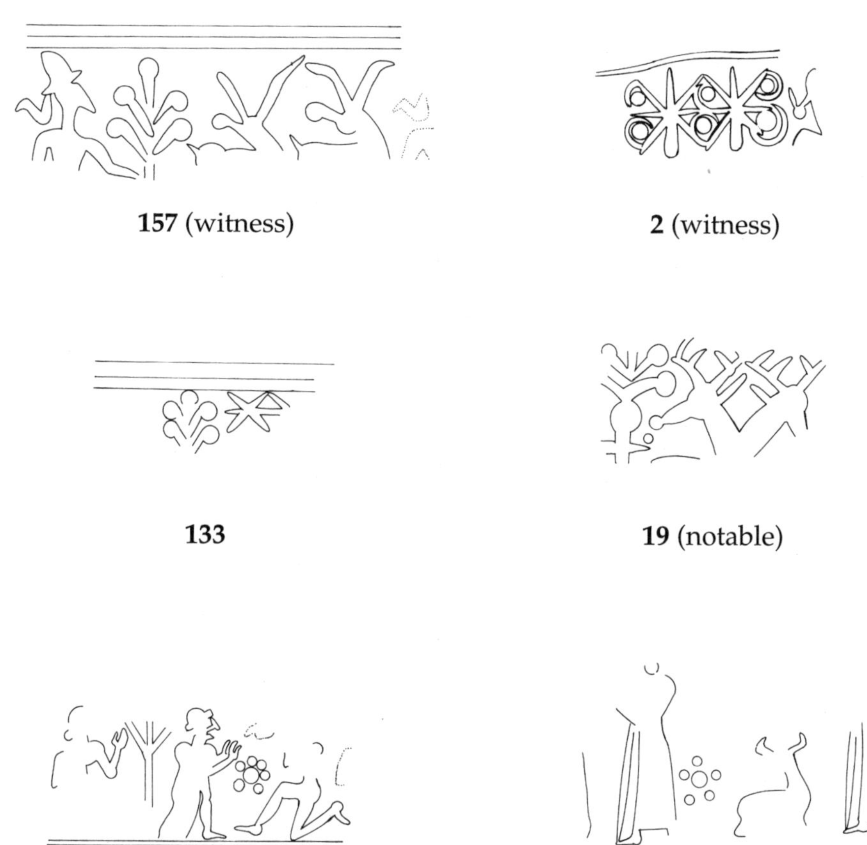

157 (witness)

2 (witness)

133

19 (notable)

161 (witness)

37 (scribe)

Group 3: THE (WINGED) DISK (STANDARD) SURROUNDED BY HEROES, MONSTERS, DEMONS, AND ANIMALS.

A. *Nude heroes and demons*:

98 (witness)

139 (professional or official)

69 (associate)

B. *Monsters and animals*:

140 (scribe)

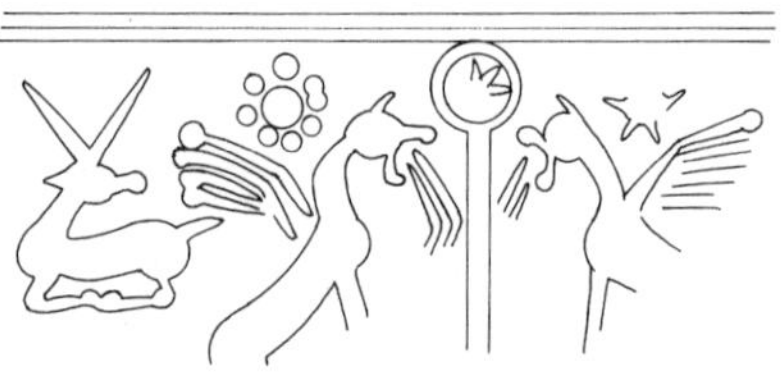

38 (family friend)

41 (witness)

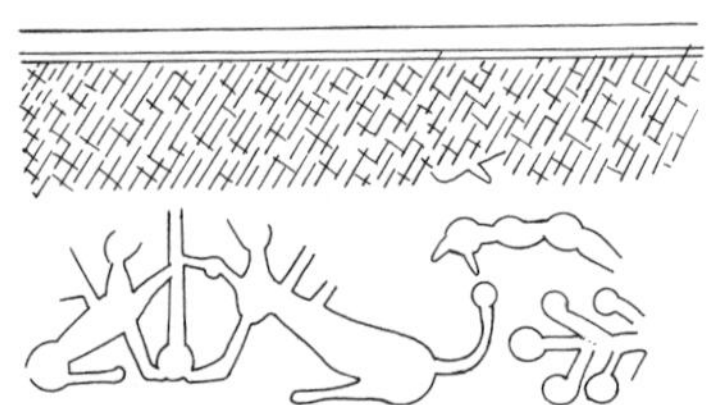

67 (associate)

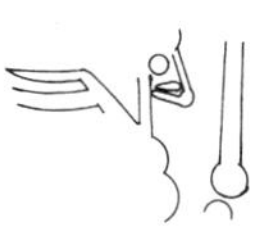

93a (scribe)

93b (scribe; AASOR 16 66:A)

52 (associate)

16 (family friend)

6 (mayor)

8 (associate)

73 (scribe)

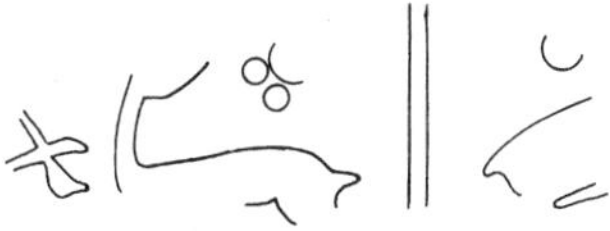

100 (scribe)

159 (scribe)

C. *Related compositions:*

70 (associate)

163

160 (witness)

78 (family friend)

33 (family friend)

55 (scribe)

141 / 156 (family member)

9

Group 4: RITUALS REVOLVING AROUND ANIMALS AND THE HUNT.

A. *Medley of animals and beasts*:

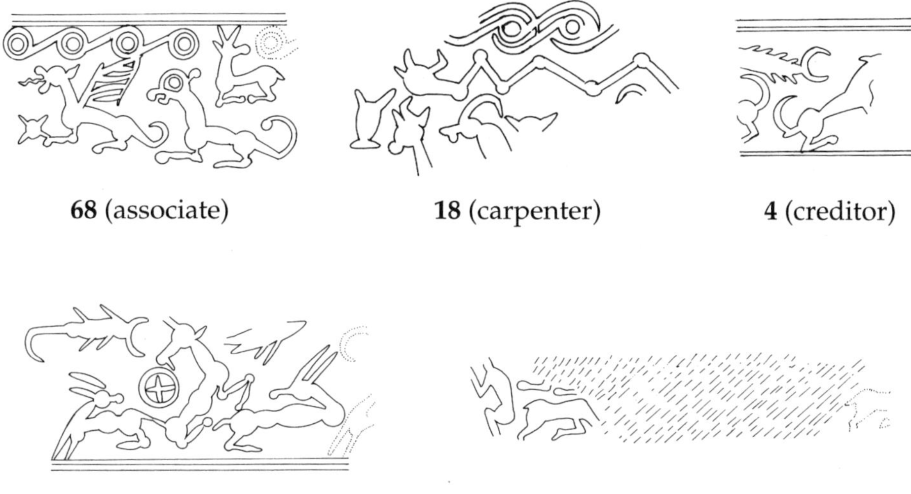

68 (associate) **18** (carpenter) **4** (creditor)

144 (debtor) **21** (associate)

B. *Figures surrounded by animals*:

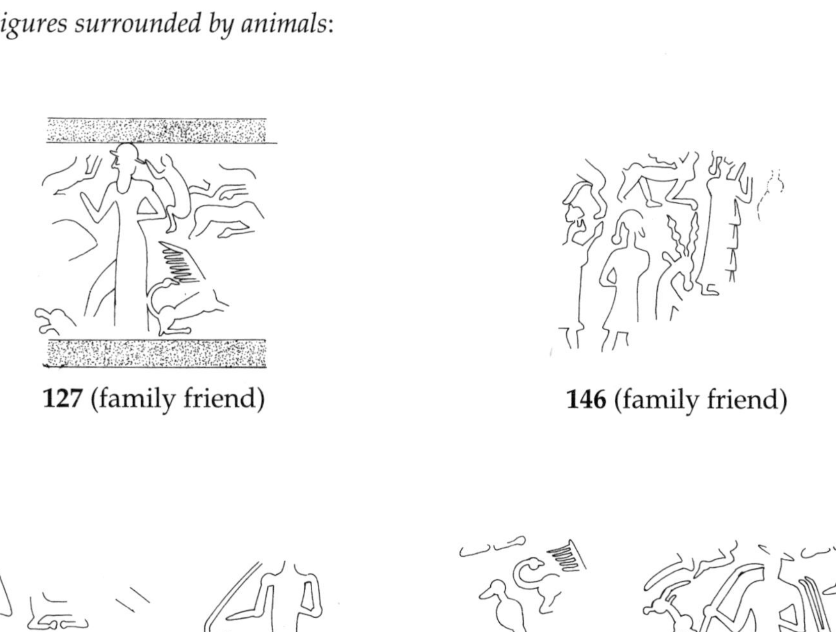

127 (family friend) **146** (family friend)

135 (witness) **22** (associate)

11 (witness)

47 (witness)

C. *Contest scenes*:

42 (witness)

5 (witness)

D. *Hunters with their prey*:

152 (witness)

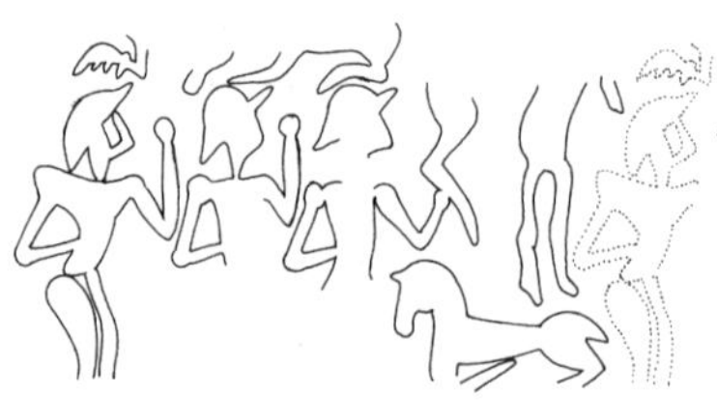

56 (witness)

112 (associate)

E. *Processions of robed figures and animals*:

97 (friend)

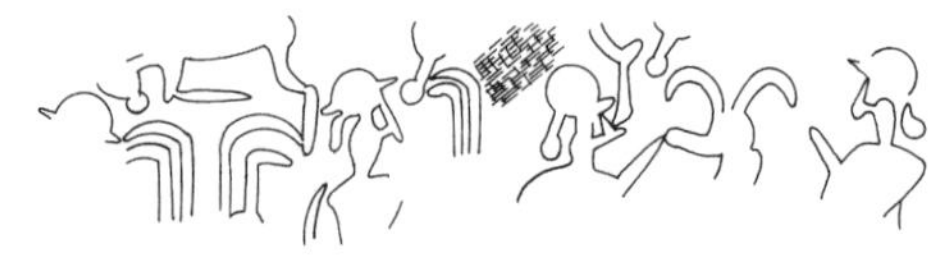

95 (debtor)

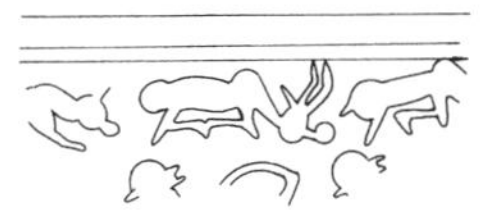

142 (witness)

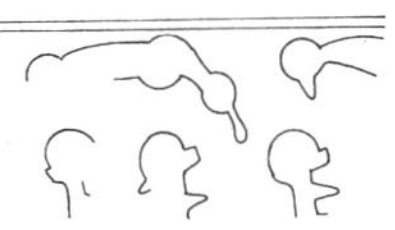

118 (notable)

45 (witness)

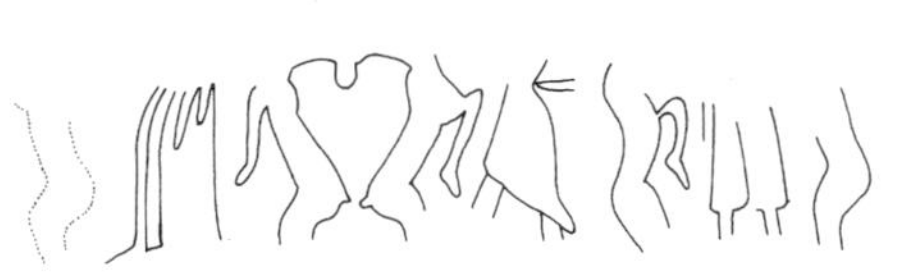

96 (debtor)

154 (witness)

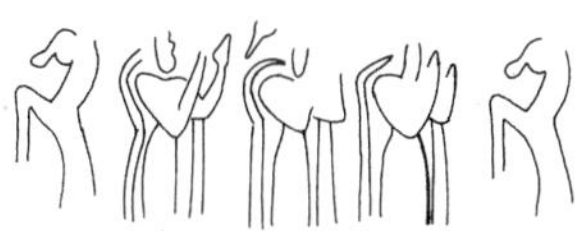

107 (LÚ *ḫabiru*)

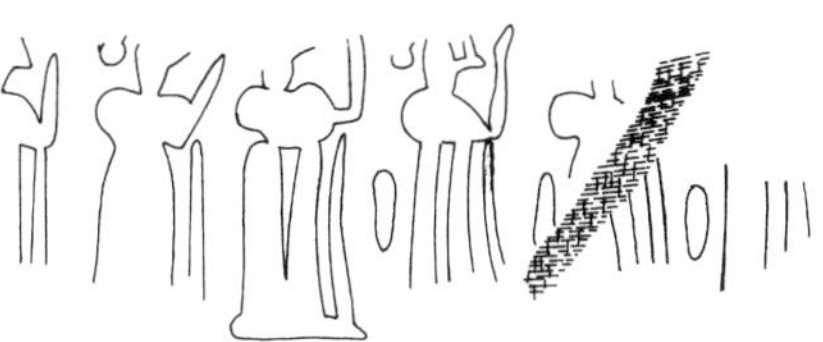

81 (friend)

99 (friend)

F. *Rows of figures with animal arrangements*:

145

23 (family friend)

15 (family friend)

7 (witness)

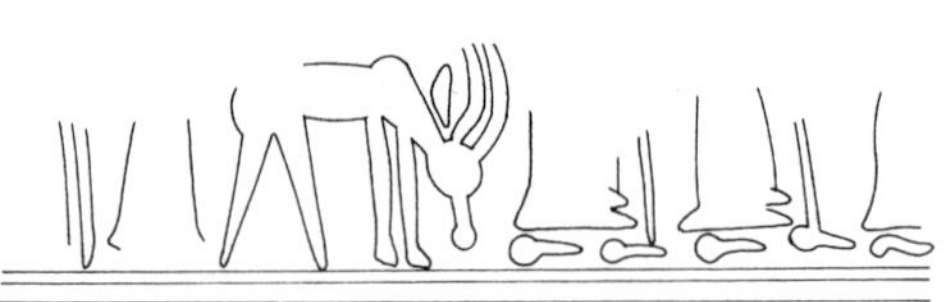

158 (witness)

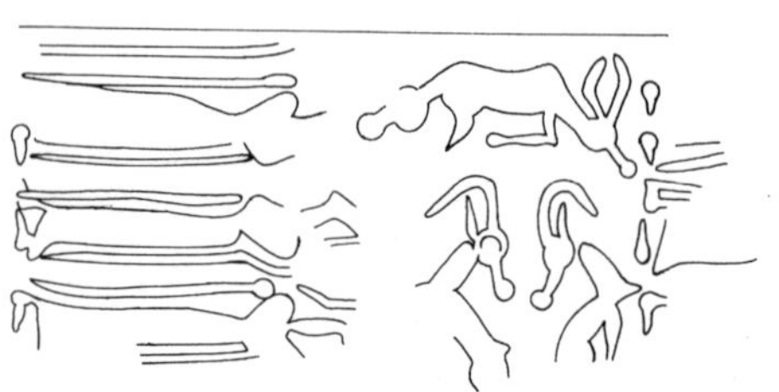

82 (notable)

63 (associate)

G. *Related scenes and compositions*:

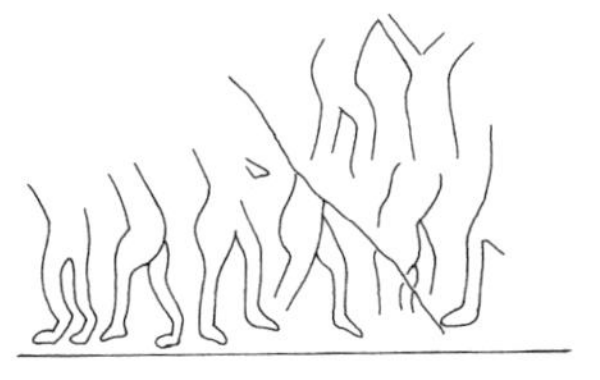

170 (witness)

25 (scribe)

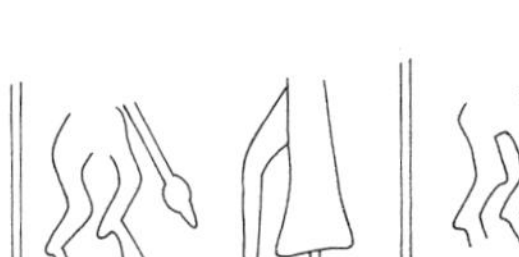

83 (scribe)

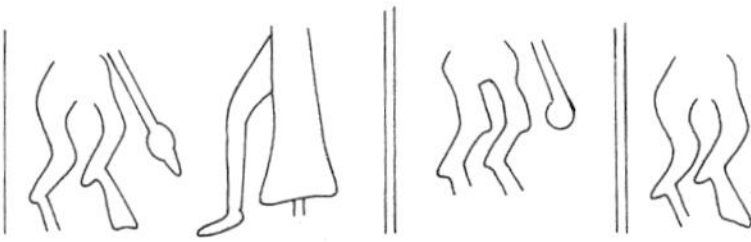

24 (witness)

111 (family friend)

86 (witness)

14 (family member)

84 (family friend)

149 (judge)

26 (family friend)

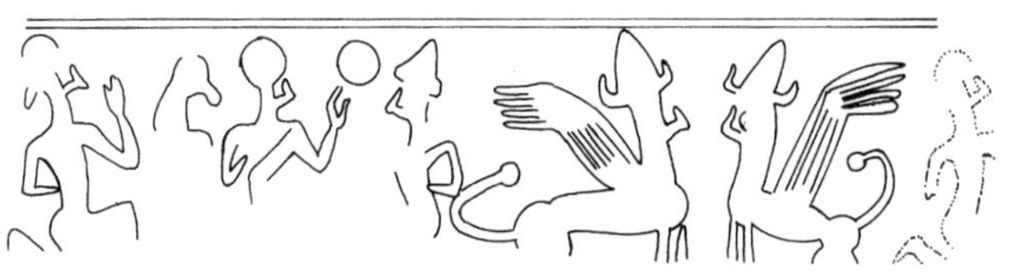

167 (witness/debtor)

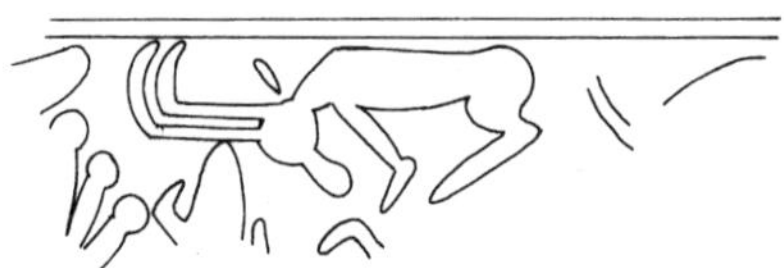

62 (associate)

Group 5: ROWS AND PATTERNS.

A. *Rows of men*:

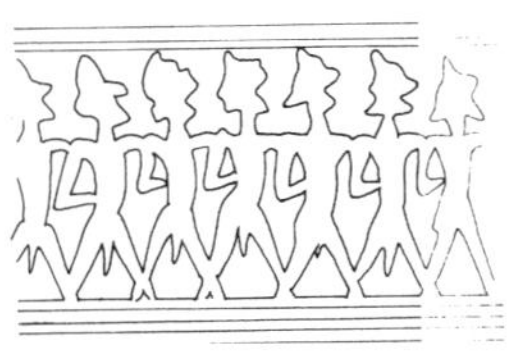

75/122 (witness/scribe) **57** (witness)

B. *Vertical panels containing patterns and motifs*:

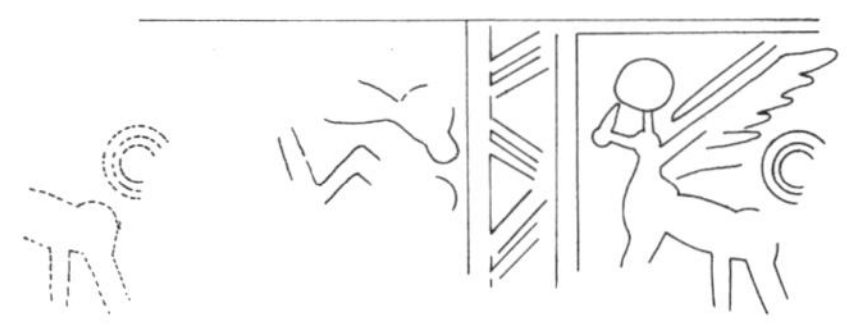

79 (witness)

39 (witness)

20 (debtor)

C. *Upended stags and antelope*:

53 (witness) **134** (witness)

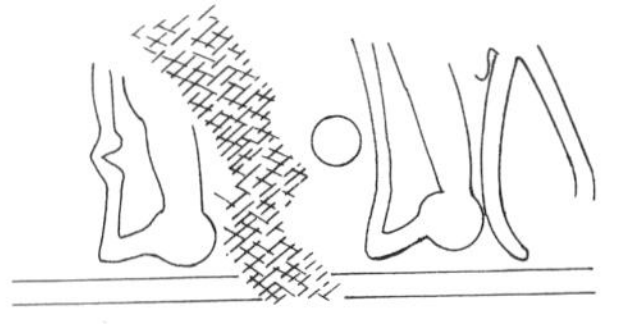

32 (witness)

D. *Row of animals*:

12 (gatekeeper)

136 (notable)

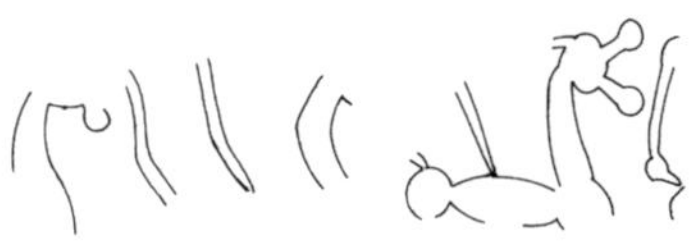

109 (judge)

E. *Row of fish*:

116 (witness)

125 (debtor)

F. *Patterns*:

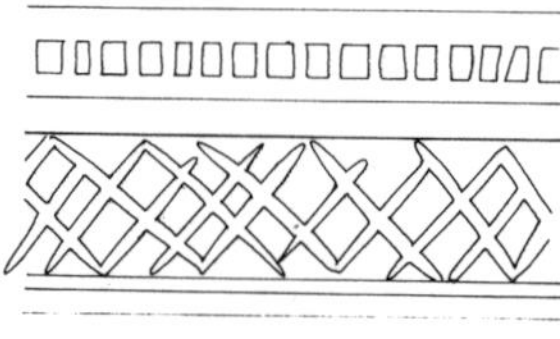

90 (witness)

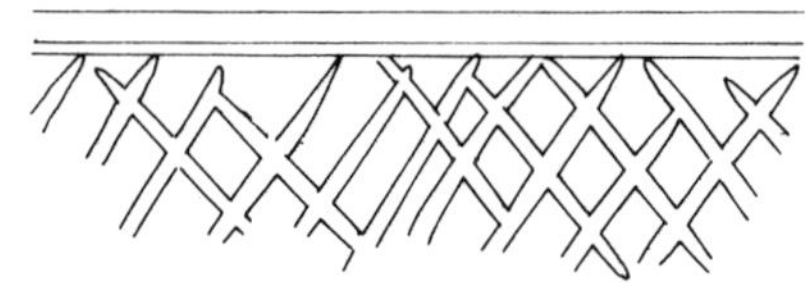

110 (judge)

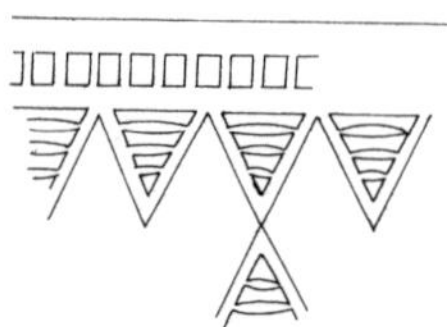

129 (witness)

REGISTER OF TABLETS[76]

Generation 1

I. *Pula-ḫali (text nos. 1–2)*

PA 1 (EN 9/2 209; SMN 2368; prov. S132)

Declaration of loan repayment (tin) impressed with the hem of the payer. The preserved seals belong to witnesses.

Scribe: Maliya (SG3–4).

Rev.	A: […]	**001**
	B: NA_4 ᴵMušše (DUMU Ṣillī-šemi)	**002**
U.E.	C: […]	not preserved
	D: NA_4 ᴵBēliya (DUMU Katiri)	**003**
Lower edge damaged.		
	E: […]	not preserved
	F: […]	not preserved

PA 2 (EN 9/2 339; SMN 2359; prov. S132)

Declaration of loan repayment (copper and bronze) impressed with the hem of the payer. The preserved seals belong to the declarant/payee, all six witnesses and the scribe.

Scribe: Muš-teya s. Sîn-ibnī (SG3).

Rev.	A: [NA_4 ᴵNūr-k]ūbi ? (DUMU M[a-x-š]u)	**004**
List of witnesses.		
	B: NA_4 [ᴵŠenn]aya (DUMU Ibnuša)	**005**
	C: […]	not preserved
U.E.	D: [N]A_4 ᴵAkiya (LÚ *ḫazannu* DUMU […])	**006**
Right half not preserved.		
L.E.	E: […]	**007**
	F: NA_4 ᴵAkitte ([DUMU …])	**008**
	G: [NA_4 ᴵBel]iya[1]	**009**
	H: NA_4 *ṭupšarru* (Muš-teya DUMU Sîn-ib[nī])	**010**

1. The common practice of using multiple seals prevents us from establishing which of the two witnesses named Bēliya used **seal 9**. There are no other impressions of **seal 9**, which might clarify the matter, and Bēliya s. Aḫ-ummeya cannot be excluded because he used three other **seals 12, 132** and **166**.

[76] The list of signatories refers to the captions that accompany each seal. Restorations are enclosed in square brackets. Names and patronymics that appear in parentheses are mentioned elsewhere in the text. Abbreviations: PA (Pula-ḫali Archive + text no.), P (Pula-ḫali family generation), SG (scribal generation), T (Teḫip-Tilla family generation), S (Šilwa-Teššup family generation). The seal impressions are reproduced on a scale of 3:2.

Generation 2

II. *Sons of Pula-ḫali (text nos. 3–10)*

PA 3 (EN9/2 352; SMN 2349; prov. S132)

Declaration of interest-bearing loan (tin) that is repayable in URU Tupšarriniwe and sealed by all five witnesses.

Scribe: Šamaš-nāṣir (SG5?).

Rev.	A: NA_4 ^{I}Aštar-Tilla (DUMU Bēliya)	**011**
	B: NA_4 ^{I}Bēliya (DUMU Aḫ-ummeya)	**012**
	C: NA_4 ^{I}Kezzi (DUMU Pui-tae)	**013**
	D: NA_4 ^{I}Šukriya (DUMU Kutukka)	**014**
U.E.	E: NA_4 ^{I}Tae (DUMU Bēliya)	**015**

PA 4 (EN9/2 353; SMN 2116; prov. N120)

Declaration of interest-bearing loan (tin and bronze) sealed by the declarant /borrower and four of the six witnesses.

Scribe: Šamaš-nāṣir (SG5?).

Rev.	A: NA_4 ^{I}Ḫašiya (DUMU Ward-aḫḫē)	**016**
	B: NA_4 ^{I}Palte(ya) (DUMU Ward-aḫḫē)	**017**
U.E.	C: NA_4 ^{I}T[eḫ]ip-zizza (LÚ *naggāru*)	**018**
L.E.	D: NA_4 ^{I}Ḫalutta (DUMU Akiya)	**019**
	E: NA_4 ^{I}Šurukka (DUMU Arip-urikke)	**020**

PA 5 (AASOR 16 97; SMN 2094; prov. N120)

Interest-bearing loan of tin and bronze signed by all five witnesses and scribe.

Scribe: Tarmi-Tilla (SG4–5).

Lo.E.	A: NA_4 ^{I}Aḫ-u[m]miša (DUMU Turaša)	**021**
Rev.	List of witnesses.	
	B: NA_4 ^{I}Zime (DUMU Ṣilliya)	**022**[1]
	C: NA_4 ^{I}Attaya (DUMU Zaziya)	**023**[2]
U.E.	D: NA_4 ^{I}Ellatu (DUMU Šimika-atal)	**024**
L.E.	E: NA_4 ^{I}DUB.SAR (Tarmi-Till[a])	**025**

1. **Seal 22** used here by Zime s. Ṣilliya may be identical with **seal 64** used by [Zime s. Ṣilliya?] on HSS 19 126:F (**15**).

3. **Seal 23**, which is used here, on EN 9/2 341 (**19**) and elsewhere by Attaya s. Zaziya, is identical with **seal 80**, which is used by Kennu, a fellow witness, on EN 9/2 341 (**19**).

PA 6 (EN 10/2 166; SMN 2203+2912+2940+NTF P51; prov. unknown)

Interest-bearing loan of bronze signed by the borrower and witnesses.

Written at the great gate of URU Tupšarriniwe.
Scribe: Tarmi-Tilla (SG4–5).

Rev. A: NA_4 [I]Zaziya (DUMU Akuya) 026
B: NA_4 [I]Ḫ[upita] (DUMU Akit[te]) 027
Lower right side damaged.
C: [...] 028[1]
D: NA_4 [I]K[elip-šarri]? (DUMU [...] of URU Eteru) not preserved
Upper edge damaged.
E: [...] not preserved
L.E. F: [NA_4 [I]]Šurkip-šarri (DUMU Ilu-erišt[u]) 029[1]
G: NA_4 [I]Akap-šenni (DUMU Karrat[e]) 030

1. Seals **28** and **29** appear to be identical.

PA 7 (EN 9/2 524; SMN 1448; prov. unknown)

Titennūtu contract. Witness list and most of seals not preserved.

Rev. Lower half damaged.
Upper edge damaged.
L.E. A: NA_4 [I]Ut-x-[...] 031[1]
Right side damaged.

1. **Seal 31** used here by Ut[...] is identical with **seal 72** used by Šurki-Tilla s. Pula-ḫali. It belongs to the Pula-ḫali family and was lent to a witness(?) on this occasion.

PA 8 (EN9/2 267; SMN 2773; prov. unknown)

Titennūtu contract. Damaged on lower reverse, upper edge, and left edge. No seal impressions preserved.

PA 9 (EN 9/3 230; SMN 2719; prov. unknown)

Titennūtu contract signed by witnesses. Several seals not preserved due to damage.

Written at the great gate of URU Tupšarriniwe.
Scribe: Šamaš-[nāṣir] s. Akiya (SG5).
Rev. A: [NA_4 [I]]Aril[lu] (DUMU Teḫip-a[pu]) 032
B: NA_4 [I][K]unnutu (DUMU Zilip-a[pu]) 033
C: [NA_4 [I]]Akip-Till[a] (DUMU Irrike) 034
D: [NA_4 [I]K]urri (DUMU Kel-Teš[up]) 035
E: [...] 036
Lower right side damaged.
Upper edge damaged.
Lower edge damaged.

PA 10 (HSS 19 97 + EN 10/2 167; SMN 2369; prov. S132)

Loc: Iraq Museum. Seals identified and drawn from photographs.

Declaration concerning repayment of *terḫatu* signed by declarant/seller, witnesses, and scribe.

Written at the great gate of URU Tupšarriniwe.

Scribe: Šamaš-[nāṣir] s. Akiya (SG5).

Rev.	A: NA_4 [I]Šamaš-[nāṣir] DUB.SAR (DUMU Akiya)	**037**
	B: NA_4 [I]Ḫalutta (DUMU Akiya)	**038**
	C: NA_4 [I]Unaya (DUMU Akip-Tilla)	**039**
	D: NA_4 [I]Ḫašiya (DUMU Ward-aḫḫē)	016?
U.E.	E. [NA_4 [I]]Tulpi-šenni (DUMU [x]aya)	not photographed
	F: [N]A_4 [I]Šurki-Tilla (DUMU Akkawe)	**040**
L.E.	G: [NA_4 [I]]Attaya [DUMU] Zaziya	unrecognizable
	H: NA_4 [I]Arip-uppi DUMU Teḫip-zizza	**041**
	I: NA_4 [I]Kuntutu (DUMU Zilip-apu)	033?
	J: NA_4 [I]Ḫanakka (DUMU Akiya)	**042**

III. *Pašši-Tilla/Paššiya s. Pula-ḫali (text nos. 11–43)*

PA 11 (HSS 19 99; SMN 2435; prov. S133)

Declaration of receipt of *terḫatu* signed by witnesses and scribe, but due to damage, not all seals are preserved.

Written at the great gate of URU Tupšarriniwe.
Scribe: Tarmi-Tilla (SG4–5).

Rev.	A: [NA_4 [I]Kip]al-enni (DUMU Pula-ḫali)	**043**
	B: [NA_4] [I]Šennaya (DUMU [...])	**044**
	C: [NA_4 [I]Ku]la-ḫupi?	**045**
Turned 90º along right side:		
	D: NA_4 DUB.SAR-*ri* (Tarmi-Tilla)	025

U.E. Damaged.

L.E. Mostly damaged but small trace of impression visible.

PA 12 (EN 9/2 292; SMN 2365; prov. S132)

Declaration of purchase on credit for commercial expedition of the palace, signed by declarant/buyer, witnesses, and scribe.

Written in URU Ulamme.
Scribe: Ḫut-Teššup.

Rev.	A: NA_4 [I]Tae (DUMU Elhip-Tilla)	**046**
	B: NA_4 [I]Ḫašip-Tilla (DUMU Šar-teya)	**047**
U.E.	C: NA_4 [I]Anin-api (DUMU Šukr[apu]?)	**048**
	D: NA_4 DUB.SAR (Ḫut-Teššup)	not preserved
L.E.	E: [NA_4 [I]Ar]-Teššup (DUMU Šummuku)	**049**
	F: NA_4 [I]Zunna (DUMU Urḫiya)	**050**

PA 13 (EN 9/2 505; SMN 2373; prov. S132)

Declaration of receipt of horses signed by witnesses and scribe.

Written at the great gate of Āl-Ilāni, at the sanctuary.
Scribe: Ḫut-T[ešup]

Rev.	A: NA_4 [I]Nūr-Šamaš (DUMU Akap-šenni)	**051**

B: [NA$_4$ ^{I}A]kkul-enni (DUMU [A]kitte) **052**
C: NA$_4$ ^{I}Akaw[atil] (DUMU Elḫip-Tilla) **053**
Turned 90° along right side:
D: NA$_4$ $^{[I]}$Pui-tae (DUMU Ḫamanna) **054**
U.E. not sealed
L.E. E: NA$_4$ ^{I}Ḫut-Tesup DUB.SAR **055**

PA 14 (HSS 16 231; SMN 2403; prov. S132)

Advance payment of gold for purchase of barley, signed by witnesses, but due to damage, not all seals are preserved.

Rev. A: NA$_4$ ^{I}Eḫliya **056**
B: NA$_4$ ^{I}Niḫriya **057**
C: NA$_4$ ^{I}Šimika-atal ([DUMU Nūr-kūbi]?) **058**
L.E. D: NA$_4$ [...]-e **059**

PA 15 (HSS 19 126; SMN 2503; prov. S151?)

Advance payments of gold for purchase of barley, signed by all four intermediaries, some of the witnesses, and the scribe.

Written at the great gate of URU Tupšarriniwe.
Scribe: Akkul-enni (SG4–5).

Rev. A: NA$_4$ ^{I}Š[ilaḫi] (DUMU Elḫip-šarri) **060**
B: NA$_4$ ^{I}Aḫ-ummiš[a] (DUMU Turaše) **061**
C: NA$_4$ ^{I}Sîn-musalli (DUMU [...]) **062**
U.E. Left side damaged.
D: [NA$_4$ ^{I} ...] trace preserved
L.E. E: NA$_4$ ^{I}Šennatati (DUMU [...]) **063**
F: NA$_4$ ^{I}[Zime] ([DUMU Ṣilliya])[1] **064**
G: NA$_4$ ^{I}[Šilaḫi] DUMU Zilip-apu[2] **065**
H: NA$_4$ DUB.SAR (Akkul-enni) **066**

1. Name and patronymic are restored on the basis of an identification between **seals 64** and **22**.
2. The seal caption identifies Šilaḫi s. Zilip-apu by his full name in order to distinguish his seal from that of Šilaḫi (s. Elḫip-šarri).

PA 16 (EN 9/2 374: SMN 2379; prov. S132)

Account of tin deposited with six persons, signed by both depositors, five out of six depositaries, and the scribe.

Written at the great gate of URU Tilla.
Scribe: Ninkiya.

Rev. A: NA$_4$ ^{I}Zike **067**
B. NA$_4$ ^{I}Šimi-Tilla **068**
C: NA$_4$ ^{I}Pusi[r]a **069**
D: NA$_4$ ^{I}Pašši-Tilla (DUMU Pula-ḫali) 014
E: NA$_4$ ^{I}Akkul-enni (DUMU Akitte) **070**

F: NA_4 ᴵPaite **071**
U.E. G: [NA_4 ᴵŠu]rki-Tilla[1] **072**[2]
L.E. H: NA_4 ᴵDUB.S[AR] (Ninkiya) **073**

1. Šurki-Tilla is the son of Pula-ḫali, who uses the same **seal 72** on EN 9/2 337:B (**48**).
2. **Seal 72** is identical with **seal 31**, which was used by Ut[…].

PA 17 (EN 9/2 342; SMN 2081; prov. S132)

Declaration of interest-free tin loan signed by borrower, three out of five witnesses, and the scribe.

Scribe: Tarmi-Tilla (SG4–5).

Rev.	A: NA_4 ᴵTae (DUMU Bēliya)	**074**
	B: NA_4 ᴵKankapa (DUMU Ḫanaya)	**075**
U.E.	C: NA_4 ᴵTarmi-Tilla (DUMU Eḫliya)	**076**
L.E.	D: NA_4 ᴵḪupita![1] (DUMU Akitte)	**077**
	E: NA_4 ᴵDUB.SAR (Tarmi-Tilla)	025

1. Ḫupita = Ḫutipa

PA 18 (EN 9/2 345 +; SMN 2690 + 1091 + NTF P51; prov. unknown)

Interest-bearing tin loan. The few preserved seals with legible captions belong to witnesses, but several are not preserved due to damage.

Scribe: Šamaš-nāṣir (SG5?).

Rev.	A: [N]A_4 ᴵTaika DUMU Aka[p]-š[enni]	**078**
Lower half damaged.		
	B: NA_4 ᴵTae [DUM]U B[eliya]	015
	C: N[A_4 ᴵ]	unrecognizable
	D: NA_4 ᴵṢilliya	traces only

PA 19 (EN 9/2 341; SMN 2180; prov. S112)

Declaration of interest-bearing tin loan. Preserved seals belong to witnesses.

Scribe: [Šamaš]-nāṣir (SG5?).

Lower edge damaged.

Rev.	A: [NA_4 ᴵA]kiya DUMU Šaš-tae	traces only
	B: NA_4 ᴵAtaya DUMU Zaziya	023[1]
	C: NA_4 ᴵAkipta-šenni DUMU Ariḫ-ḫamanna	**079**
Upper edge not sealed.		
L.E.	D: NA_4 ᴵKennu	**080**[1]

1. **Seal 23** = **seal 80**. Ataya s. Zaziya lends his seal to fellow witness, Kennu.

PA 20 (EN 9/2 344; SMN 2381; prov. S132)

Interest-bearing tin loan signed by borrower, witnesses, and the scribe.

Scribe: Šamaš-nāṣir (SG5?).

Obv. A: [NA$_4$ ^{I}]Taika (DUMU Akap-šenni)[1] **081**

Lower edge not sealed.

Rev. B: [NA$_4$ ^{I}Pal]-tea DUMU Ward-aḫḫē **082**

C: NA$_4$ ^{I}Attaya (DUMU Za[zi]ya) 023

Upper edge not sealed.

L.E. D: [N]A$_4$ ^{I}Šamaš-nāṣir DUB.SAR **083**

1. The caption does not include a patronymic because Taika's full name is mentioned in the text.

PA 21 (EN 10/3 292; SMN 2396; prov. S132)

Interest-bearing tin loan. Lower reverse damaged, seals not preserved.

PA 22 (SMN 2383; prov. S132). **Not available for drawing**

Declaration of interest-bearing tin loan signed by borrower, witnesses, and scribe.

Scribe: Tarmi-Tilla (SG4–5).

Rev. A: NA$_4$ ^{I}Tukultī-ilu, *šību* DUMU Pui-tae —

B: NA$_4$ ^{I}Attaya DUMU Zaziya —

C: NA$_4$ ^{I}Šuru<kka> DUMU Ari[p-urikke] —

Upper edge not sealed.

L.E. D: NA$_4$ ^{I}Waḫriya (DUMU Zilip-apu) —

E: NA$_4$ ^{I}Tarmi-Tilla DUB.SAR —

PA 23 (EN 9/2 529; SMN 3620; prov. S133). **Not available for drawing.**

Interest-bearing tin loan. Preserved seals belong to borrower or witnesses. Their names are largely damaged.

Scribe: Enna-mati (SG4).

Rev. A. NA$_4$ ^{I}Ši[...] —

B: [NA$_4$ ...]ip-Tilla —

Rest of reverse damaged.

PA 24 (EN 9/2 512; SMN 3528; prov. unknown)

Interest-bearing loan of bronze. Preserved seals belong to witnesses.

Reverse badly damaged. Correspondence between seals and names is unclear.

A: NA$_4$ KIŠIB ^{I}Tae DUMU Teḫi[ya] **084**

B: [NA$_4$ KIŠIB ^{I} ...]ta[...] **085**

Upper edge damaged.

Lower edge damaged.

PA 25 (EN 9/2 346; SMN 2384; prov. S132)

Declaration of interest-free loan of bronze signed by the witnesses and scribe.

Rev.	A: NA_4 ^{I}T[ukulti-ilu] (DUMU Pui-t[ae]) traces only[1]	
	B: NA_4 ^{I}Ikkiya (DUMU Ar-ti […])	**086**
	C: NA_4 DUB.SAR ([…], l. 19)	**087**
U.E.	D: NA_4 ^{I}Tuppiya (DUMU [Zili]p-apu)	**088**
L.E.	E: NA_4 ^{I}Zilteya ([DUMU …m]a?)	014

1. Possibly **seal 14**, which is used by Tukultī-ilu s. Pui-tae on EN 9/2 364: B (**31**).

PA 26 (EN 9/2 513; SMN 2405; prov.S132). **Not available for drawing.**

Declaration of interest-free(?) and interest-bearing loans of bronze, signed by the scribe.

Scribe: Šamaš-nāṣir (SG5?).

Rev.	A: NA_4 ^{I}Šamaš-nāṣir	—

PA 27 (EN 9/2 343; SMN 2142; prov. unknown)

Declaration of interest-bearing loan of leather hides. Preserved seals belong to witnesses and the scribe.

Scribe: Tarmi-Tilla (SG4–5).

Rev.	A: NA_4 ^{I}Ḫut[ip]-apu (DUMU Eḫli[ya])	**089**
	B: NA_4 ^{I}Itḫ-ap[iḫe] (DUMU Arip-[e]rw[i])	**090**
	C: NA_4 [^{I}Zime] (DUMU Ṣilli[ya])	**091**[1]
Upper edge damaged.		
L.E.	D: NA_4 ^{I}Šimika-a<tal> (DUMU Karti-[…])	**092**[1]
	E: N[A_4] DUB.SAR (Tarmi-Tilla)	**093**

1. Seals **91** and **92** appear to be identical.

PA 28 (EN 9/2 340; SMN 2079; prov. S132)

Declaration of interest-bearing loan of barley and wheat, signed by both borrowers, three of four witnesses, and the scribe.

Scribe: Šamaš-nāṣir (SG5?).

Rev.	A: NA_4 ^{I}Ḫamiya (DU[M]U Aziya)	**094**
	B: NA_4 ^{I}Tukultī-ilu (DUMU Pui-tae)	013
	C: NA_4 ^{I}Tae (DUMU Bēliya)	015
U.E.	D: NA_4 ^{I}Tarmi-Tilla (DUMU Eḫliya)	**095**
L.E.	E: NA_4 ^{I}Ḫutip-apu (DUMU Eḫliya)	**096**
R.E.	seal added along right edge of reverse.	
	F: NA_4 ^{I}Šamaš-nāṣir DUB.SAR	083

PA 29 (EN 9/2 349; SMN 2445; prov. S133)

Declaration of interest-bearing loan of barley, signed by all witnesses and the scribe.

Scribe: Abī-ilu s. ^{d}A[K.DINGIR.RA] (SG4).
Rev. A: NA$_4$ ^{I}Tae (DUMU Beliy[a]) **097**
B: NA$_4$ ^{I}Alki-Till[a] (DUMU Akitte) **098**
C: NA$_4$ ^{I}Akiya (DUMU Nūr-kūb[i][1]) **099**
U.E. D: NA$_4$ ^{I}Abī-ilu DUB.SAR (DUMU ^{d}A[K.DINGIR.RA]) **100**
L.E. E: NA$_4$ ^{I}Akiya ([DUMU Š]aš-ta[e][2]) **101**

1. Patronymic restored on the basis of **seal 99** (EN 9/2 33:C [**37**]).

2. Patronymic restored by process of elimination.

PA 30 (EN 10/2 102; SMN 1712; prov. unknown)

Interest-bearing loan of grain. Tablet in poor condition. Seals and names difficult to identify.

Lo.E. damaged.
Reverse badly damaged.
A: [N]A$_4$ ^{I}[…] **102**
B: [N]A$_4$ ^{I}[…] **103**
C: […] **104**
Upper edge badly damaged.
Lower edge left side damaged.
D: […] **105**

PA 31 (EN 9/2 364; SMN 2393; prov. S132)

Loan. Preserved seals include those of witnesses.

Scribe: Urḫi-Teššup.
Reverse turned 90º:
A: NA$_4$ […] **106**
B: NA$_4$ ^{I}T[ukulti-ilu] (DUMU Pui-tae) 014
Upper edge damaged.
L.E. C: NA$_4$ ^{I}Bel?-r[i] (LÚ *ḫab*[*iru*?]) **107**
Right side damaged.

PA 32 (EN 10/3 202: SMN 2261; prov. unknown)

Loan document. Seals not preserved.

PA 33 (EN 9/2 440; SMN 2372; prov. S132)

Lawsuit concerning debt signed by the judges.

Written in URU Tupšarriniwe.
Scribe: Akkul-enni (SG4–5).
Reverse poor condition
A: [NA$_4$ ^{I}Eteš-šenn]i not preserved
B: [NA$_4$] ^{I}Elḫ[ip]-šarri DUMU I[rili]ya **108**
U.E. C: [NA$_4$ ^{I}Ariḫ-ḫamanna DUMU] Nū[r-k]ūbi not preserved
L.E. D: NA$_4$ ^{I}Zilip-ap[u] DUMU Akkuya **109**
E: N[A$_4$ ^{I}]Šennaya DUMU Papante **110**

PA 34 (EN 9/2 224; SMN 2443; prov. S133)

Titennūtu-contract of field. Preserved seals belong to the lessor and the witnesses/surveyors.

Written in URU Tupšarriniwe.
Scribe: Šamaš-nāṣir s. Akiya (SG5).

Rev. A: N[A$_4$ ^{I}]Akiya (DUMU Šaš-tae) **111**
B: NA$_4$ ^{I}[A]kkul-en[ni] (DUMU Akitte) **112**
U.E. C: [NA$_4$ ^{I}Šurru]kk[a$^{?}$] ([DUMU Ari]p-urikke) traces only
L.E. D: NA$_4$ ^{I}Zime (DUMU Ṣilliya) **113**
E: [NA$_4$ ^{I}...] not preserved

PA 35 (EN 9/2 268; SMN 2428; prov. S133)

Titennūtu-contract of a field within an orchard, a well, and a threshing floor, signed by the lessor.

Lower edge left side damaged.
A: [N]A$_4$ ^{I}Šekar[i] **114**

PA 36 (EN 9/233; SMN 2376; prov. S152)

Ṭuppi māruti-contract. Preserved seals belong to witnesses/surveyors and the scribe.

Scribe: Zu-^{d}IM.
Reverse beginning and left side damaged.

A: [...] **115**
B: NA$_4$ ^{I}Akipta-šenni (DUMU [...]) **116**
C: [NA$_4$ ^{I}At]-taya ([DUMU Zaziya/Zilip-apu])[1] 023
D: NA$_4$ ^{I}Arip-Tilla ([DUMU ...]) **117**
E: [NA$_4$ ^{I}P]al-teya ([DUMU ...]) **118**
F: NA$_4$ ^{I}Te[ššuya] (DU[MU ...]) **119**
Upper edge damaged.
L.E. G: [N]A$_4$ ^{I}Zu-^{d}IM DUB.SAR **120**

1. Name and patronymic restored on basis of seal.

PA 37 (EN 9/2 250; SMN 2221; prov. N120)

Purchase of sheep. Preserved seals belong to the seller, guarantor, witnesses, and the scribe.

Written at the great gate of URU Tupšarriniwe.
Scribe: Šamaš-nāṣir s. Akiya (SG5).

Lo.E. A: NA$_4$ ^{I}Ḫalutta (DUMU Akiya) **121**
Rev. B: NA$_4$ ^{I}Šamaš-nasir (DUMU Akiya, DUB.SAR) **122**
C: NA$_4$ ^{I}Akiya (DUMU Nūr-kūbi) 099
D: NA$_4$ ^{I}Ḫašiya (DUMU Ward-aḫḫē) 014
E.: [...] **123**
Upper edge damaged.
L.E. F: NA$_4$ ^{I}Palteya (DUMU Ward-aḫḫē, *māḫiṣ pūti*) **124**

PA 38 (EN 9/2 283; SMN 2401; prov. S132)

Declaration of sale signed by the seller, a witness(?), and the scribe.

Scribe: Šamaš-nāṣir (SG5?).

Reverse sealed upside down.

A: NA$_4$ ^{I}Taya DUMU [x x]-ia[1] 015

B: [N]A$_4$ ^{I}T[a]ika (DUMU Akap-šenni) **125**

C: NA$_4$ ^{I}Šamaš-nāṣir DUB.SAR **126**

Rest of tablet not sealed.

1. Taya = Tae s. Bēliya, who uses **seal 15** on EN 9/2 352:E (**3**) and elsewhere.

PA 39 (SMN EN 9/2 299; SMN 2681; prov. P485!)

Ṭuppi mārtūti-contract, signed by all the witnesses (acquaintances of the adopter).

Scribe: Šamaš-nāṣir s. Akiya (SG5).

Rev. A: NA$_4$ ^{I}Akiya (DUMU Šaš-tae) 111

B: NA$_4$ ^{I}Tae (DUMU Teḫiya) 084

C: NA$_4$ ^{I}Tuppiya (DUMU Zilip-apu) **127**

Turned 90º along right edge:

D: NA$_4$ ^{I}Šuruk[ka] DUMU A[r]ip-uri[kke][1] **128**

U.E. E: NA$_4$ ^{I}Ḫašiya (DUMU Ward-aḫḫē) 016

L.E. F: NA$_4$ ^{I}Zaziya (DUMU [A]kkuya) 072

G: NA$_4$ ^{I}Attaya (DUMU Zilip-[apu])[2] 023

1. Šurukka s. Arip-urikke is not included in the witness list; hence his name appears in full beside his seal.
2. Attaya DUMU Zilip-apu = Attaya DUMU Zaziya on the basis of **seal 23**.

PA 40 (EN 9/2 391; SMN 2246; prov. N120)

Commission of bricks. Identifiable seals belong to witnesses, including the gatekeeper.

Lower edge damaged.

Reverse very worn.

A: [NA$_4$ ^{I} …]i-Tilla **129**

B: NA$_4$ ^{I}Aki[y]a (DUMU Šaš-[tae]) **130**

U.E. C: NA$_4$ ^{I}[…] (DUMU Eḫ[li]ya) **131**

Lower edge damaged on left side.

D: [NA$_4$ ^{I}Bel]iya *maṣṣar abull*[*i*] **132**

PA 41 (EN 9/3 518; SMN 2356; prov. S132)

Commission of bricks. Fragment of only one seal preserved.

Scribe: Enna-mati (SG4).

Rev. A: […] **133**

Lower half damaged.

Upper edge damaged.

PA 42 (EN 9/2 515; SMN 2250; prov. N120?)

Reimbursement of tin. Identifiable seals belong to witnesses.

Written at the great gate of URU Tupšarriniwe.
Scribe: Šamaš-nāṣir s. Akiya (SG5).

Rev.	A: NA_4 ᴵḪabbūr-Sîn (DUMU Zaziya)	**134**
	B: [N]A_4 ᴵŠilaḫi-Teššup (DUMU Elḫip-[…])	**135**
	C: [NA_4 ᴵPa]l-[teya] (DUMU Ward-aḫḫē)	**136**
Upper edge damaged.		
L.E.	D: […]	**137**

PA 43 (EN 9/3 519; SMN 3535 = SMN 3541; prov. unknown)

Fragmentary text of court case(?). No seals preserved.

IV. *Paššī-Tilla and Kipal-enni (text no. 44)*

PA 44 (EN 9/2 207; SMN 2377; prov. S132)

Declaration concerning receipt of metal, signed by the original owner, witnesses, and the scribe.

Scribe: Šamaš-nāṣir (SG5?).
Reverse damaged along right side.

A: [NA_4] DUMU Ilānu	**138**
B: NA_4 ᴵNiḫriya LÚ […]	**139**
C: NA_4 ᴵŠamaš-nāṣir DUB.SAR	**140**
D: NA_4 ᴵKipal-en[ni][1]	**141**[2]

Upper edge not sealed.

1. Unlike the other three signatories, Kipal-enni is not identified by patronymic or profession. This suggests that he is well known and probably to be equated with his namesake, Kipal-enni s. Pula-ḫali, who features prominently in the text. Compare the similar case of Ḫalutta on EN 9/2 347 (**50**) and see §2.1.
2. **Seal 141** used here by Kipal-enni (s. Pula-ḫali) appears to be identical with **seal 156**, used by Ataya s. Kai-Teššup.

V. *Kipal-enni s. Pula-ḫali (text nos. 45–47)*

PA 45 (EN 9/2 97+; SMN 2439 + NTF P 144; prov. S133)

Interest-free loan of tin. Identifiable seals belong to witnesses.

Scribe: [Man]nu-t[ār]issu.

Rev.	A: NA_4 ᴵŠekar-Tilla (DUMU Ṭāb-š[arru] or Belaya)	**142**
	B: […]	**143**
Lower reverse badly damaged:		
	C: [NA_4 ᴵNiṣ]iya (DUMU Kezzi)	not preserved

Upper edge damaged.
Lower edge damaged on left side.
D: NA$_4$ [I]Ša[r-...] 014

PA 46 (EN 9/2 348; SMN 2434; prov. S133)

Declaration concerning loan of barley. Identifiable seals belong to the declarant/borrower and a witness. Tablet is in poor condition.

Reverse damaged around the edges:
A: NA$_4$ [I]Zike (DUMU Akiya) **144**
B: [...] **145**
C: NA$_4$ [I]Tuppiya (DUMU Zi[lip-apu]) **146**
Upper edge damaged.
Lower edge damaged.

PA 47 (EN 9/2 102; SMN 2380; prov. S132)

Letter concerning court case. Not sealed.

VI. *Šurki-Tilla s. Pula-ḫali (text nos. 48–49)*

PA 48 (EN 9/2 337; SMN 2363; prov. S132)

Declaration concerning interest-free loan of tin signed by the declarant/borrower, witnesses, and the scribe.

Scribe: Šamaš-nāṣir (SG5?).
Lo.E. A: NA$_4$ [I]Šamaš-nāṣir DUB.SAR 122
Rev. B: NA$_4$ [I]Šurki-Tilla DUMU Pula-ḫali, *šību* 072
C: NA$_4$ [I]Ḫanakka, *šību* **147**
D: NA$_4$ [I]Akiya **148**
Rest of reverse damaged.
Upper edge damaged.
L.E. E: NA$_4$ [I]Ḫutip-apu (DUMU Eḫliya) 096
Right side damaged.

PA 49 (EN 9/2 441; SMN 2374; prov. S132)

Declaration concerning a servant signed by the payee, four out of eight witnesses, and the scribe.

Written at the great gate of URU Tupšarriniwe.
Scribe: Ariḫ-ḫamanna (SG3–4?).
Rev. A: NA$_4$ [I]Ariḫ-ḫamanna (DUMU Nūr-kūbi) **149**
B: NA$_4$ *ṭupšarri* (Ariḫ-ḫamanna) **150**
Turned 90º along right edge:
C: NA$_4$ [I]Eteš-šenni **151**
U.E. D: NA$_4$ [I]Mat-Teššup (DUMU [...]a) **152**
L.E. E: NA$_4$ [I]Šurki-Tilla (DUMU Pula-ḫali) **153**
F: NA$_4$ [I]Ukuya ([DUMU ...] x x) **154**

Generation 3

VII. *Waḫḫurra s. Paššì-Tilla (text nos. 50–51)*

PA 50 (EN 9/2 347; SMN 2382; prov. S132)

Interest-bearing loan of tin signed by the borrower, witnesses, and the scribe.

Scribe: […]la[1]

Lo.E. A: [NA_4 [I]Ḫal]utta[2] (DUMU Akiya) **155**
Rev. B: NA_4 [I]Ataya DUMU Kai-Teššup **156**[3]
C: NA_4 [I]Šattuke<wi> DUMU Wirri **157**
D: NA_4 [I]Pilmašše DUMU Ababilu **158**
Upper edge not sealed
L.E. E: [NA_4 [I]…]la[1] DUB.SAR **159**

1. […]la = Teḫip-Tilla, according to B. Lion (see EN 9/2 347 (**50**), l. 14).
2. The caption refers to Ḫalutta without patronymic—his name appears in full earlier in the text.
3. **Seal 156** used here by Ataya s. Kai-Teššup appears to be identical with **seal 141** used by Kipal-enni (s. Pula-ḫali).

PA 51 (EN9/2 452; SMN 2351; prov. S132)

Memorandum (*ṭuppi taḫsilti*) concerning loan of tin, not signed.

VIII. [*I*]*wiya* [*s. Paššì-Tilla*] *(text no. 52)*

PA 52 (EN 9/2 325; SMN 2387; prov. S132)

Interest-bearing loan. Identifiable seals belong to witnesses.

Reverse upper edge damaged.
A: [NA_4] [I]Tarmi-Teššup **160**
B: NA_4 [I]Pai-Tilla DUMU Ar-Teššup[1] **161**[2]
C: NA_4 [I]Šennunni DUMU Šaliya[1] **162**
D: […] **163**
Lower edge damaged.
Upper edge damaged.
Lower edge damaged on outer sides:
E: [NA_4 [I]Šu]rkip-Tilla DUMU […] **164**[2]

1. In the case of B and C, the correspondence between the captions and impressions is unclear and could be vice versa, i.e., Pai-Tilla s. Ar-Teššup may have used **seal 162** and Šennunni s. Šaliya **seal 161**.
2. **Seals 161** and **164** could be identical.

IX. *Related texts (text nos. 53–55)*

PA 53 (EN 9/2 331; SMN 2350; prov. S132)

Declaration concerning receipt of silver impressed with the hem of the payer and sealed by witnesses and the scribe.

Scribe: Ariḫ-ḫamanna (SG3–4?).

Rev.	A: NA_4 [I]Ariḫ-ḫamanna /: DUB.SAR[1]	149
	B: NA_4 [I]Teḫiya (DUMU Ḫaip-šarri)	**165**
	C: NA_4 [I]Bēliya (LÚ *abultannu*)	**166**
Lo.E.	D: NA_4 *ṭupšarri* (Ariḫ-ḫamanna)	150
U.E.	E: NA_4 [I]Ḫutip-apu (DUMU Eḫliya)	**167**
	F: NA_4 [I]Kelteya (DUMU Ṭāb-Arrapḫe)	**168**

1. Scribal error. This seal belongs to Ariḫ-ḫamanna s. Nūr-kūbi, who uses **seal 149** on EN 9/2 441:A (**49**).

PA 54 (EN 9/2 384; SMN 2075; prov. S132)

Statement of debt signed by three of seven witnesses and the scribe.

Scribe: Teḫip-Tilla.

Rev.	A: NA_4 [I]Mušše (DUMU Ṣillī-šemi)	**169**
	B: NA_4 [I]Elḫ[ip-šarri] (DUMU Iriliya)	**170**
U.E.	C: NA_4 [I]Eḫ[liya] (DUMU Akkuya)	**171**
L.E.	D: NA_4 KIŠIB [I]Teḫip-Tilla DUB.SAR	**172**

PA 55 (EN 10/3 295; NTF N 1 C; prov. unknown)

Real estate transaction. Identifiable seal belongs to witness.

Written at the great gate of URU Tupšarriniwe.
Reverse largely damaged, no seals preserved.
Upper edge damaged.
Lower edge damaged on outer edges:

A: NA_4 [I]Zime (DUMU [Ṣ]illiya)	022
B: N[A_4 [I]]	**173**

PA 56 (Clay Bullae Collection no. 123)

Fragment with seal of Šamaš-nasir, the scribe. **Not available for drawing**.

REGISTER OF SEAL IMPRESSIONS[76]

Generation 1
I. *Pula-ḫali (text nos. 1–10)*

1

30 × 6 mm.

An upended stag, the hindquarters of an animal, a quadruped.
PA 1: A (S132) used by [...], witness to loan repayment.

gen. P1/SG3–4
scribe: Maliya

2

17 × 9 mm.

A vegetal-volute pattern, a pigtailed figure.
Group 2.
PA 1: B (S132) used by Mušše s. Ṣillī-šemi, witness to loan repayment.

gen. P1/SG3–4
scribe: Maliya

3

13 × 7 mm.

A horned quadruped.
PA 1: D (S132) used by Bēliya s. Katiri, witness to loan repayment.

gen. P1/SG3–4
scribe: Maliya

4

12 × 12 mm.

Two lions, a scorpion.
Group 4.
PA 2: A (S132) used by Nūr-kūbi s. M[a-x-š]u, declarant/payee.

gen. P1/SG3

5

27 × 12 mm.

Two winged lion-monsters, a recumbent quadruped, a tree.
Group 4.
PA 2: B (S132) used by Šennaya s. Ibnuša, witness.

gen. P1/SG3

6

24 × 12 mm.

Two horned quadrupeds, a fish, a winged star-in-disk standard.
Group 3.
PA 2: D (S132) used by Akiya s. [...] (LÚ *ḫazannu)*, witness.

gen. P1/SG3

7

29 × 12 mm.

A quadruped, a lion, a double-stranded guilloche with central dot, a tree, a stag, a pigtailed figure, two long-robed figures holding a weapon over their shoulder, three dots.
Group 4.
PA 2: E (S132) used by [...], witness.

gen. P1/SG3

Because people often use multiple seals in this archive, the owner of **seal 7** cannot be established by process of elimination.

8

22 × 9 mm.

A volute tree, a figure on one knee, two sphinxes, a bouquet tree.
Group 3.
PA 2: F (S132) used by Akitte s. [...], witness.

gen. P1/SG3

9

16 × 11 mm.

One (of two) lion-monsters, a small standard, a volute pattern, the pigtail of a human figure(?).
Group 3.
PA 2: G (S132) used by Bēliya s. […], witness.

gen. P1/SG3

Because people often use multiple seals in this archive, the patronymic of Bēliya cannot be established by process of elimination.

10

9 × 10 mm.

A horned quadruped, a double-stranded guilloche created by concentric circles.
PA 2: F (S132), used by Muš-teya s. Sîn-ibni, scribe.

gen. P1/SG3

The same scribe uses a different seal on JEN 287 (**Porada no. 275** - late T2).

Generation 2

II. *Sons of Pula-ḫali (seal nos. 11–42)*

11

22 × 7 mm.

A recumbent quadruped, a star, a (griffin-headed) fish-demon.
Group 4
PA 3: A (S132) used by Aštar-Tilla s. Bēliya, witness in Tupšarriniwe.

gen. P2/SG5?

12

30 × 13 mm.

A recumbent mouflon sheep and a griffin.
Group 5

PA 3: B (S132) used by Bēliya s. Aḫ-ummeya, witness in Tupšarriniwe.
P2/SG5?

Bēliya s. Aḫ-ummeya is a gate keeper (EN 9/2 442 [**49**]) and harbinger (EN 9/2 384 [**54**]).

13

26 × 16 mm.

Two upended horned quadrupeds, a bouquet tree held by two long-robed figures seated on stools.

Group 2.

PA 3: C (S132) used by Kezzi s. Pui-tae, witness in Tupšarriniwe.
gen. P2/SG5?

PA 28: B (S132) used by Tukultī-ilu s. Pui-tae, witness.
gen. P2/SG5?

Seal 13 is shared by two brothers. Both tablets are written by the scribe, Šamaš-nāṣir, and involve Tae s. Bēliya.

14

31 × 21 mm.

A frontal nude figure holding two birds. A vase and a mongoose, two recumbent goats, a volute tree, two stars, a recumbent gazelle(?), and a recumbent mouflon sheep.

Group 4.

PA 3: D (S132) used by Šukriya s. Kutukka, witness, in Tupšarriniwe.
gen. P2/SG5?

PA 16: D (S132) used by Pašši-Tilla s. Pula-ḫali, depositor of tin, in Tilla.
P2/SG?
scribe: Ninkiya

PA 25: A? (S132) used by Tukultī-ilu s. Pui-tae, witness.
gen. P2/SG?

PA 25: E (S132) used by Zilteya s. [...m]a?, witness.
gen. P2/SG?

PA 31: B (S132) used by Tukultī-ilu s. Pui-tae, witness.
gen. P2/SG?

scribe: Urḫi-Teššup

PA 37: D (N120) used by Ḫašiya s. Ward-aḫḫē, seller, in Tupšarriniwe.

gen. P2/SG5

PA 45: D (S133) used by Šar[…], witness or debtor(?).

gen. P2/SG?

scribe: Mannu-tārrisu

The identification of Tukultī-ilu's seal on EN 9/2 346:A (**25**) is uncertain. The owner of **seal 14** is most probably Pašši-Tilla/Paššiya s. Pula-ḫali, who is the only common denominator of these texts.

15

41 × 21 mm.

Three long-robed figures with one hand raised stand above a rosette and the horn of a quadruped. A recumbent (horned) animal above a volute tree between two recumbent antelope.

Group 4.

PA 3: E (S132) used by Tae s. Bēliya, witness, in Tupšarriniwe.

gen. P2/SG5?

PA 18: B (—) used by Tae s. Bēliya, witness.

gen. P2/SG5?

PA 28: C (S132) used by Tae s. Bēliya, witness.

gen. P2/SG5?

PA 38: A (S132) used by Tae s. [Beli]ya, witness.

gen. P2/SG5?

16

30 × 16 mm.

Two winged antelope, a star in disk, two birds, a star, and a rosette.

Group 3.

PA 4: A (N120) used by Ḫašiya s. Ward-aḫḫē, witness.

gen. P2/SG5?

PA 10:D? (S132) used by Ḫašiya s. Ward-aḫḫē, witness.

gen. P2/SG5

PA 39: E (P485!) used by Ḫašiya s. Ward-aḫḫē, witness.

gen. P2/SG5

The identification of Ḫašiya's seal on HSS 19 97 + EN 10/2 167:D (**10**) is probable.

17

42 × 15 mm.

Two long-robed figures with scimitar, a bird.
Legend: illegible; uncertain whether real or imitation cuneiform.
Group 1.
PA 4: B (N120) used by Palteya s. Ward-aḫḫē, witness.

gen. P2/SG5?

18

23 × 12 mm.

A double-stranded guilloche, a zigzag, a bucranion, a fish or scorpion, a bull, a goat, a fish or scorpion, and the horn of a quadruped.
Group 4.
PA 4: C (N120) used by Teḫip-zizza (LÚ *naggāru*), witness.

gen. P2/SG5?

19

21 × 11 mm.

Two merged stags, a bouquet tree, and a dot.
Group 2?
PA 4: D (N120) used by Ḫalutta s. Akiya, witness.

gen. P2/SG5?

20

36 × 12mm.

A mouflon sheep, an upright quadruped, a vertical register containing a branch motif, and another containing pigtailed heads in round caps.
Group 5.
PA 4: E (N120) used by Šurukka s. Arip-urikke, declarant/borrower.

gen. P2/SG5?

21

30 × 7 mm.

A mongoose, a recumbent lion(?) and a quadruped fallen on its front legs.
Group 4.
PA 5: A (N120) used by Aḫ-ummiša s. Turaša, witness.

gen. P2/SG4–5

22

31 × 20 mm.

A seated long-robed figure drinking through a tube from a vase. The legs of a recumbent quadruped above an upright gazelle and a lion attacking a recumbent gazelle. The legs of a recumbent quadruped above a winged lion-tailed monster, a bird, a disk or star, and a recumbent antelope.
Group 4.
PA 5: B (N120) used by Zime s. Ṣilliya, witness.

gen. P2/SG4–5

PA 55: A (—), used by Zime s. Ṣilliya, witness in Tupšarriniwe.

gen. P2

Seal 22 could well be identical with **seal 64**, which is likely to have been used by the same person.
Compare **seal 22** with seal **135** and ***AdŠ* seals 16** and **131** (Group 4).

23

35 × 20 mm.

Three suppliant figures face two superposed pairs of seated sphinxes.
Group 4.
PA 5: C (N120) used by Attaya s. Zaziya, witness.
gen. P2/SG4–5
PA19: B (S112) used by Attaya s. Zaziya, witness.
gen. P2/SG5?
PA 20:C (S132) used by Attaya s. Zaziya, witness.
gen. P2/SG5?
PA 36: C (S133) used by used by Attaya s. Zaziya, witness/surveyor.
gen. P2/SG?
scribe: Zu-^{d}IM
PA 39: G (P485!) used by Attaya s. Zilip-apu, witness.
gen. P2/SG5
Seal 23 may be identical with **seal 80** used by Kennu on EN 9/2 341:D (**19**), which Attaya s. Zaziya also signs.
Compare **Porada no. 459** (T3), which is almost identical except that the three figures face in the opposite direction.
Compare ***AdŠ* seal 151** used by UTU-ḪEGAL, the scribe (SG3–4), which is also similar except that the figures place their hands at the waist.

24
28 × 9 mm.

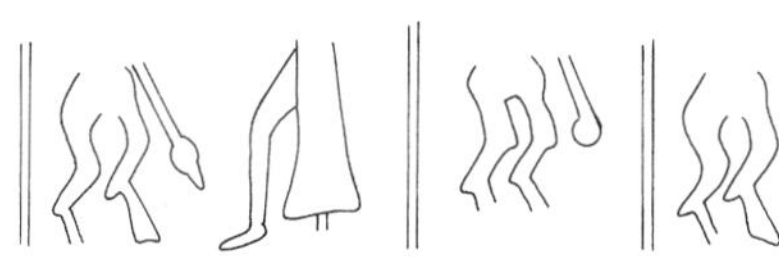

Two vertical registers: upright lion(?) and figure in open mantel. Upright lion(?).
Group 4.
PA 5: D (N120) used by Ellatu s. Šimika-atal, witness.
gen. P2/SG4–5

25
25 × 10 mm.

A tree, a bird, an upright griffin hovering over a mouflon sheep. A winged demon with arm outstretched between two bouquet trees. A circle and dot.
Group 4.
PA 5: E (N120) used by Tarmi-Tilla, scribe.
gen. P2/SG4–5
PA 11: D (S133) used by Tarmi-Tilla, scribe, in Tupšarriniwe.
gen. P2/SG4–5

PA 17: E (S132) used by Tarmi-Tilla, scribe.

gen. P2/SG4–5

The condition of all three impressions is very poor and the resulting composite drawing is tentative.

26

26 × 15 mm.

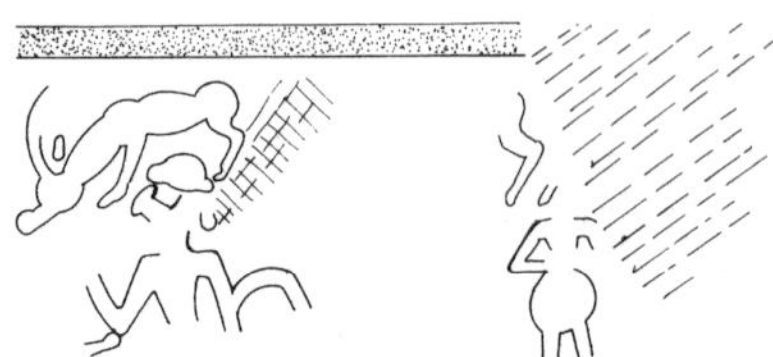

Two horned quadrupeds grazing above a pigtailed figure. The snout of an animal and a nude (female) figure. A deep impression, perhaps of a seal cap, frames the upper edge of the design.

Group 4.

PA 6: A (—) used by Zaziya s. Akkuya, witness, in Tupšarriniwe.

gen. P2/SG4–5

27

20 × 20 mm.

Triple stranded guilloche, pigtailed figure.

PA 6: B (—) used by Ḫupita s.Akitte, witness, in Tupšarriniwe.

gen. P2/SG4–5

28

29 × 17 mm.

A pigtailed figure (seated or on one knee) holding bouquet tree. Two horned animals divided by a horizontal line.

Group 2.

PA 6: C (—) used by […], witness, in Tupšarriniwe.

gen. P2/SG4–5

Seal 28 appears to be the upper half of **seal 29**. The same seal was used by two witnesses on the same tablet.

29

30 × 7 mm.

A long-robed figure seated on a chair (its back rest visible on the right?), the trunk of a bouquet tree, a grazing animal.

Group 2.

PA 6: F (—) used by Šurkip-šarri s. Ilu-erištu, witness, in Tupšarriniwe.

gen. P2/SG4–5

Seal 29 appears to be the lower half of seal **28**. The same seal was used by two witnesses on the same tablet.

30

34 × 8 mm.

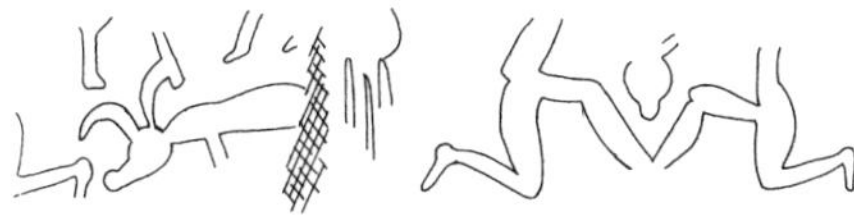

A figure in mantle faces two (pigtailed) figures on one knee holding the trunk (of a bouquet tree). The legs of a quadruped above a grazing mouflon sheep.

Group 2.

PA 6: G (—) used by Akap-šenni s. Karrate, witness, in Tupšarriniwe.

gen. P2/SG4–5

31

25 × 10 mm.

Two winged demons on one knee holding a bouquet tree. A worshiper, the raised hand (of a deity), a rosette or scorpion's tail.

Group 1.

PA 7: A (—) used by Ut-x-[...], witness(?)

gen. P2

Seal 31 appears to be identical with **seal 72**. It belongs to Šurki-Tilla s. Pula-ḫali, who presumably was present as this text concerns the sons of Pula-ḫali.

32

23 × 13 mm.

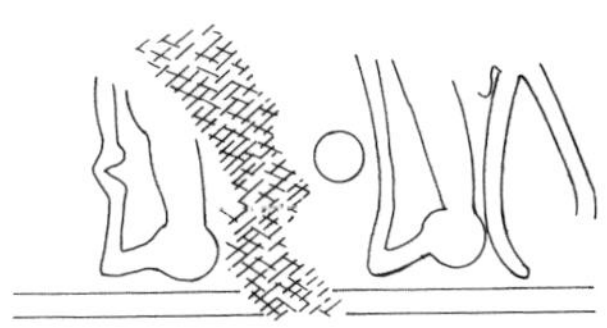

Two upended stags, a disk.

Group 5.

PA 9: A (—) used by Arillu s. Teḫip-apu, witness, in Tupšarriniwe.

gen. P2/SG5

33

Drawn from photographs.

Two seated lion-monsters, a recumbent bull or antelope, a single-stranded guilloche.
Group 3.
PA 9: B (—) used by Kunnutu s. Zilip-apu, witness, in Tupšarriniwe.
gen. P2/SG5
PA 10: I? (S132) used by Kunnutu s. Zilip-apu, witness, in Tupšarriniwe.
gen. P2/SG5

The identity of these two impressions is uncertain.

34

24 × 16 mm.

A bouquet tree between a figure in slit skirt and a figure in open mantle (with scimitar). Faint traces of a grazing quadruped(?) above a bull.
Group 2.
PA 9: C (—) used by Akip-Tilla s. Irrike, witness, in Tupšarriniwe.
gen. P2/SG5

35

6 × 4 mm.

The horn of a quadruped, a star-in(-winged?)-disk.
PA 9: D (—) used by Kurri s. Kel-Teššup, witness, in Tupšarriniwe.
gen. P2/SG5

36

16 × 7 mm.

A fish and traces of an animal or fish.
PA 9: E (—) used by […], witness(?), in Tupšarriniwe.
gen. P2/SG5

37

Drawn from photographs.

One or two figures in open mantle. The trunk of a tree? A rosette and a recumbent bull.

Group 2?

PA 10: A (S132) used by Šamaš-nāṣir s. Akiya, scribe, in Tupšarriniwe.

gen. P2/SG5

38

Drawn from photographs.

A star-in-disk standard between two seated lion-monsters that spit fire(?). A recumbent antelope, a rosette, and a star.

Group 3.

PA 10: B (S132) used by Ḫalutta s. Akiya, seller, in Tupšarriniwe.

gen. P2/SG5

39

Drawn from photographs.

One (of a row of) fish(?) between two vertical branch motifs.

Group 5.

PA 10: C (S132) used by Unaya s. Akip-Tilla, witness, in Tupšarriniwe.

gen. P2/SG5

40

Drawn from photographs.

A recumbent quadruped, two figures in short tunics. Indistinct outlines.

PA 10: F (S132) used by Šurki-Tilla s. Akkawe, witness, in Tupšarriniwe.

gen. P2/SG5

41

Drawn from photographs.

A standard between two winged (lion?-)monsters. A volute tree or standard and two recumbent (horned) quadrupeds.
Group 3.
PA 10: H (S132) used by Arip-uppi s. Teḫip-zizza, witness, in Tupšarriniwe.
P2/SG5

42

Drawn from photographs.

Two upright winged demons or monsters. Indistinct outlines.
Group 4.
PA 10: J (S132) used by Ḫanakka s. Akiya, witness, in Tupšarriniwe.
gen. P2/SG5

III. *Pašši-Tilla /Paššiya s. Pula-ḫali (seal nos. 43–137)*

43

27 × 18 mm.

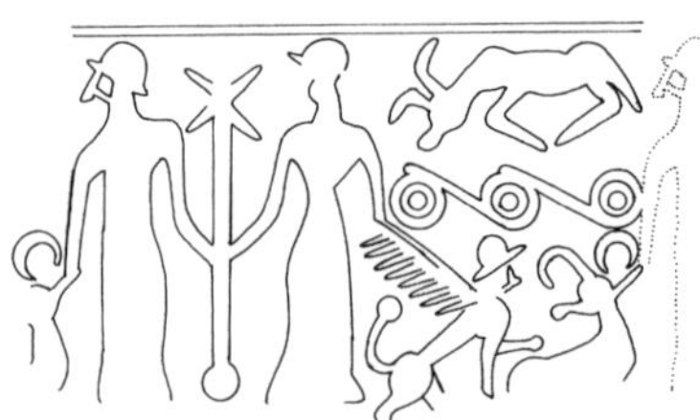

Two long-robed figures hold star standard. A mouflon sheep above a single-stranded guilloche with central dot and a griffin attacking a mouflon sheep.
Group 2.
PA 11: A (S133) used by Kipal-enni s. Pula-ḫali, witness, in Tupšarriniwe.
P2/SG4–5

Compare ***AdŠ*** **seals 642** and **802** (Group 2A).

44

25 × 16 mm.

Two pigtailed figures in long robes, a bouquet tree, two merged antelopes.
Group 2.
PA 11: B (S133) used by Šennaya s. [. . .], witness, in Tupšarriniwe.

gen. P2/SG4–5

45

35 × 12 mm.

A figure in short open mantle, a quadruped, a figure in short skirt, an upright (horned) quadruped, a figure in short skirt, an upright lion (horned) quadruped.
Group 4.
PA 11: C (S133) used by Kula-ḫupi, witness, in Tupšarriniwe.

gen.P2/SG4–5

46

18 × 8 mm.

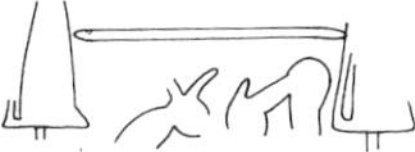

One or two figures in open mantle, a horizontal line above a mouflon sheep and an upended quadruped.
PA 12: A (S132) used by Tae s. Elḫip-Tilla, witness, in Ulamme.

gen. P2/SG?
scribe: Ḫut-Teššup

47

25 × 10 mm.

A winged lion-tailed monster, a nude figure, a disk and traces of unidentifiable motifs.
Group 4.
PA 12: B (S132) used by Ḫašip-Tilla s. Šar-teya, witness, in Ulamme.

gen. P2/SG?
scribe: Ḫut-Teššup

48

11 × 5 mm.

A winged monster(?).
PA 12: C (S132) used by Anin-api s. Šukrapu, witness, in Ulamme.

gen. P2/SG?
scribe: Ḫut-Teššup

49

9 × 6 mm.

A standard and a (pigtailed) figure.
PA 12: E (S132) used by Ar-Teššup s. Šummuku, witness, in Ulamme.

gen.P2/SG?
scribe: Ḫut-Teššup

50

30 × 11 mm.

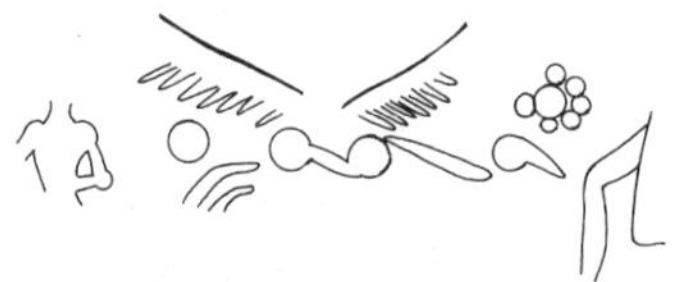

A (pigtailed) figure, a winged disk, a guilloche pattern, a horned quadruped, a rosette, a figure in slit skirt.
PA 12: F (S132) used by Zunna s. Urḫiya, buyer on credit, in Ulamme.

gen. P2/SG?
for palace expedition scribe: Ḫut-Teššup

51

27 × 10 mm.

Two figures holding a standard(?), an upright animal, a figure.
PA 13: A (S132) used by Nūr-Šamaš s. Akap-šenni, witness, in Āl-Ilāni.

gen. P2/SG?
scribe: Ḫut-Teššup

52

28 × 12 mm.

Two winged goat-monsters, a star-in-disk on vegetal-standard, a star(?), a bird, a recumbent quadruped.
Group 3.
PA 13: B (S132) used by Akkul-enni s. Akitte, witness, in Āl-Ilāni.
gen. P2/SG?
scribe: Ḫut-Teššup

53
26 × 10 mm.

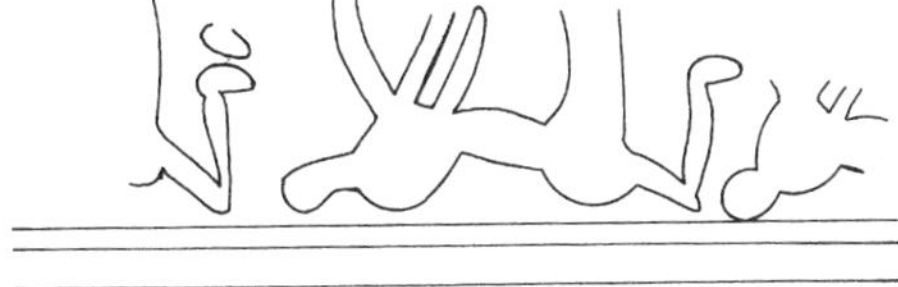

Two(?) upended stags.
Group 5.
PA 13: C (S132) used by Akawatil s. Elḫip-Tilla, witness, in Āl-Ilāni.
gen. P2/SG?
scribe: Ḫut-Teššup

54
35 × 13 mm.

Two figures in open mantles, a trunk (of a bouquet-tree), two merged stags with the head and legs(?) of a quadruped between their heads.
Group 2.
PA 13: D (S132) used by Pui-tae s. Ḫamanna, witness, in Āl-Ilāni.
gen. P2/SG?
scribe: Ḫut-Teššup

55
23 × 8 mm.

(Two?) seated winged monsters, a recumbent quadruped.
Group 3.
PA 13: E (S132) used by Ḫut-Teššup, scribe, in Āl-Ilāni.
gen. P2/SG?

56

26 × 15 mm.

Three nude figures in round caps below a lion and a recumbent quadruped. The hind leg of an animal and an upright animal above a recumbent animal (equid?).

Group 4.

PA 14: A (S132) used by Eḫliya, witness.

gen. P2

57

25 × 14 mm.

A row of dancing figures in short tunics.

Group 5.

PA 14: B (S132) used by Niḫriya, witness.

gen. P2

58

32 × 11 mm.

Two recumbent bulls, a figure in open mantle, the head of a quadruped(?).

PA 14: C (S132) used by Šimika-atal s. Nūr-kūbi, witness.

gen. P2

59

22 × 9 mm.

Two figures, a tree.

PA 14: D (S132) used by […]-e, witness.

gen. P2

60

26 × 20 mm.

A figure holding a bouquet tree, an upright (horned) quadruped (attacked by an) upright lion.

Group 2.

PA 15: A (S151?) used by Šilaḫi s. Elḫip-šarri, witness, in Tupšarriniwe.

P2/SG4–5

61

26 × 10 mm.

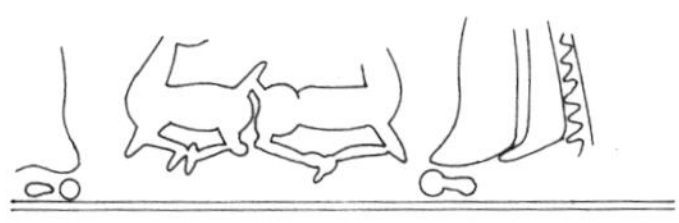

Two opposed figures: one in open mantle with fringed border, facing two recumbent (horned) quadrupeds.

Group 2.

PA 15: B (S151?) used by Aḫ-ummiša s. Turaše, recipient of advance payment.

P2/SG4–5

Tupšarriniwe

62

25 × 10 mm.

The tip of a wing(?) above a tree, a deity in horned cap, the horn of a mouflon sheep(?) below two fallen antelope.

Group 4.

PA 15: C (S151?) used by Sîn-mušalli s. [...], recipient of advance payment.

P2/SG4–5

Tupšarriniwe

63

30 × 9 mm.

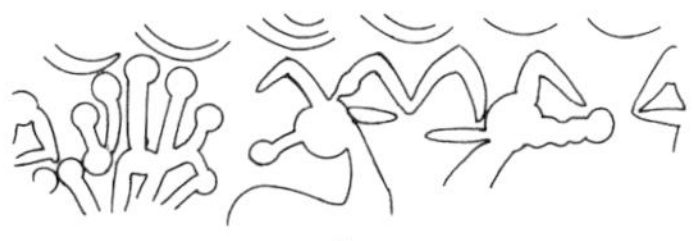

A guilloche above a tree, two bulls, and one (or two) figure(s).

Group 4.

PA 15: E (S151?) used by Šennatati s. [...], recipient of advance payment.

P2/SG4–5

Tupšarriniwe

64

5 × 2 mm.

A gazelle head.

PA 15: F (S151?) used by [Zime s. Ṣilliya?], recipient of advance payment

P2/SG4–5

Tupšarriniwe

This possible restoration of the user's name is based on the identity between **seal 64**, and **seal 22**, as well as on the fact that the other three recipients of advance payments also signed this agreement.

65

15 × 11 mm.

A figure holding a bouquet tree.

Group 2.

PA 15: G (S151?) used by Šilaḫi s. Zilip-apu, witness, in Tupšarriniwe.

P2/SG4–5

66

The wing (of an upright demon or monster).

PA 15: H (S151?) used by Akkul-enni, scribe, in Tupšarriniwe.

gen. P2/SG4–5

67

28 × 17 mm.

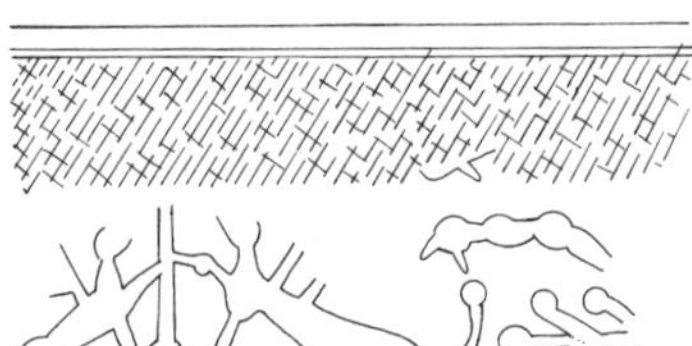

Two winged (griffin?-)monsters, a standard. A fish(?) above a recumbent quadruped and a branch motif.

Group 3.

PA 16: A (S132) used by Zike, depositary of tin, in Tilla.

gen. P2/SG?

scribe: Ninkiya

68

27 × 14 mm.

A single-stranded guilloche and a recumbent horned quadruped above a star, a winged, fire-spitting lion-monster and a lion.

Group 4.

PA 16: B (S132) used by Šimi-Tilla, depositary of tin, in Tilla.

gen. P2/SG?
scribe: Ninkiya

69

27 × 23 mm.

Two upright lion-monsters attack an upright (horned) quadruped above a cow (suckling its calf). One (of two) figure(s) wearing a tasseled belt, holds a volute tree above a stag. (A very faint impression).

Group 3.

PA 16: C (S132) used by Pusira, depositary of tin, in Tilla.

gen. P2/SG?
scribe: Ninkiya

70

33 × 19 mm.

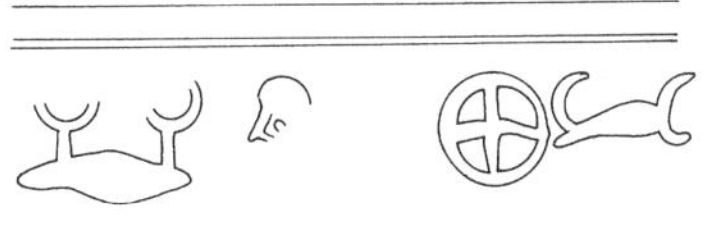

A double disk standard, a figure above a curved object, two upright monsters or demons flank a star-in-disk standard. A scorpion.

Group 3.

PA 16: E (S132) used by Akkul-enni s. Akitte, depositor of tin, in Tilla.

gen. P2/SG?
scribe: Ninkiya

71

33 × 14 mm.

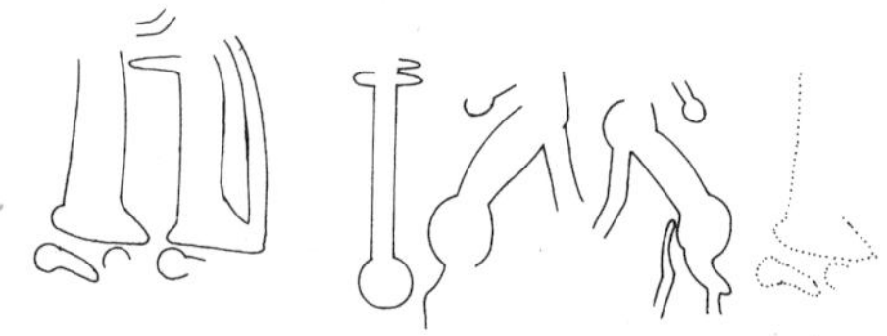

A figure in open mantle faces a standard or tree trunk, two upright (horned) quadrupeds.

Group 2.

PA 16: F (S132) used by Paite, depositary of tin, in Tilla.

gen. P2/SG?
scribe: Ninkiya

72

37 × 22 mm.

A worshiper in open mantle faces a long-robed figure and a suppliant deity. Between them, an upright antelope, a crescent or rosette and a disk(?). Two registers divided by a triple-stranded guilloche with central dot. Above: a winged disk above a volute standard held by two winged griffin-demons on one knee. A small suppliant deity. Below: a lion attacking a seated sphinx.

Group 1.

PA 16: G (S132) used by Šurki-Tilla, depositary of tin, in Tilla.

gen. P2/SG?
scribe: Ninkiya

PA 39: F (P485!) used by Zaziya s. Akkuya, witness.

gen. P2/SG5

PA 48: B (S132) used by Šurki-Tilla s. Pula-ḫali, witness.

gen. P2/SG5?

Seal 72 belongs to Šurki-Tilla s. Pula-ḫali. It was lent to a family friend, Zaziya s. Akkuya, to sign an adoption contract involving his brother, Paššі-Tilla s. Pula-ḫali (EN 9/2 299 [**39**]). Presumably, Šurki-Tilla was present. It was also lent to Ut[…] (= **seal 31**), who witnessed a contract concerning the sons of Pula-ḫali (EN 9/2 524 [**7**]).

Compare **Porada no. 95**, which was used by Ḫaiš-Teššup s. Puḫi-šenni (eT). **Seal 72** is a more modern version of the same design.

73

20 × 7 mm.

Two (horned) quadrupeds flanking a volute tree.
Legend: too fragmentary.
Group 3.
PA 16: H (S132) used by Ninkiya, scribe, in Tilla.

gen. P2/SG?

74

31 × 22 mm.

A pigtailed figure in short skirt opposite a figure in open mantle. A recumbent mouflon sheep above a branch motif above a lion and a disk.
Group 1.
PA 17: A (S132) used by Tae s. Bēliya, witness.

gen. P2/SG4–5

75

? × 14 mm.

A row of dancing men in pointed caps and short tunics.
Group 5.
PA 17: B (S132) used by Kankapa s. Ḫanaya, witness.

gen. P2/SG4–5

The design, borders and measurements of **seal 75** compare closely with **seal 122** used by the scribe, Šamaš-nāṣir s. Akiya, on EN 9/2 250 (**37**). No connection can be made between the seals, however, because Šamaš-nāṣir is not mentioned in EN 9/2 342 (**17**) and we do not know whether Kankapa s. Ḫanaya was present for **37** because several names and seals of witnesses are missing.

76

31 × 11 mm.

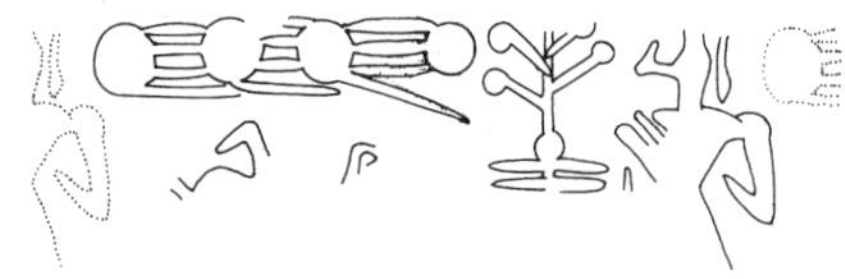

A figure in open mantle faces a bouquet tree. A four-stranded guilloche above the curved horns of (two?) mouflon sheep.
Group 2.
PA 17: C (S132) used by Tarmi-Tilla s. Eḫliya, witness.

gen. P2/SG4–5

77

31 × 9 mm.

A figure in open mantle(?).
Legend: illegible; uncertain whether real or imitation cuneiform.
Group 1.
PA 17: D (S132) used by Ḫupita/Ḫutipa s. Akitte, borrower of tin.

gen. P2/SG4–5

78

29 × 13 mm.

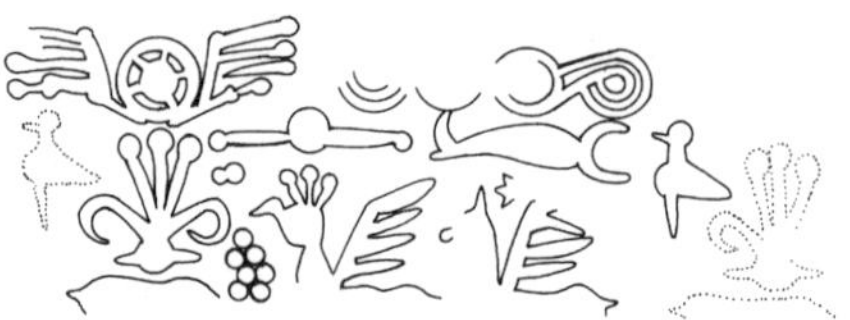

A winged star-in-disk above a volute tree and quadruped. A griffin, a winged lion(?)-monster, a double-stranded guilloche, a ballstaff, a dot, a cluster of seven dots, a scorpion, a bird, and a star.
Group 3.
PA 18: A (—) used by Taika s. Akap-šenni, witness.

gen. P2/SG5?

79

31 × 14 mm.

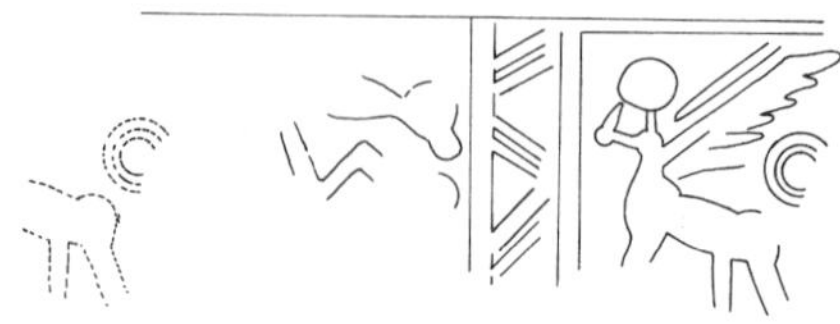

A vertical register containing a zigzag pattern. A sphinx, a circle and dot, indistinct outlines.
Group 5.
PA 19: C (S112) used by Akipta-šenni s. Ariḫ-ḫamanna, witness.

gen. P2/SG5?

80

25 × 11 mm.

Two suppliant figures facing two seated sphinxes.
Group 4.
PA 19: D (S112) used by Kennu, witness.

gen. P2/SG5?

Seal 80 appears to be identical with **seal 23**. Kennu borrows the seal from Attaya s. Zaziya, a fellow witness who uses it on this and other tablets.

81

37 × 13 mm.

A row of suppliant figures in open mantles.
Group 4.
PA 20: A (S132) used by Taika s. Akap-šenni, borrower of tin.

gen. P2/SG5?

82

34 × 18 mm.

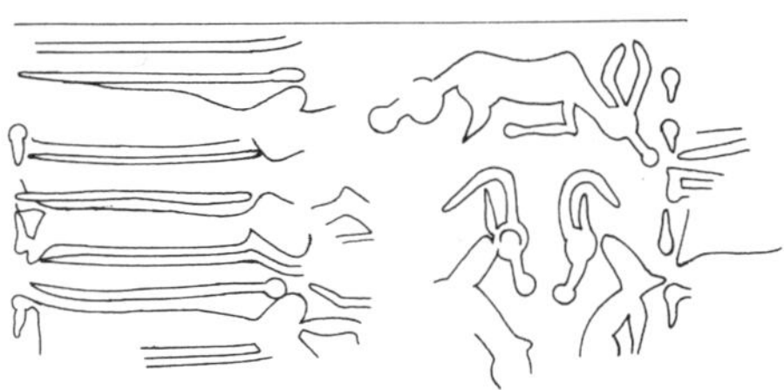

Four suppliant deities turned 90°. Two merged stags above two upright goats.
Group 4.
PA 20: B (S132) used by Pal-tea s. Ward-aḫḫē, witness.

gen. P2/SG5?

83

27 × 11 mm.

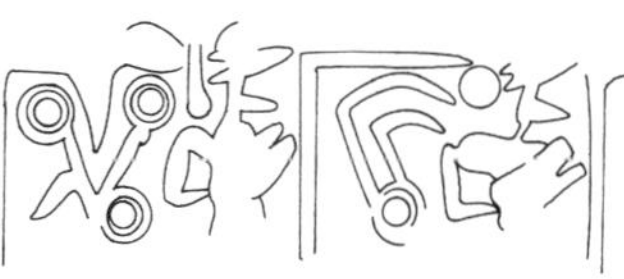

Two vertical panels. One contains a vegetal pattern and a figure in open mantle; the other, an antelope or goat, a figure in open mantle and a disk.
Group 4?

PA 20: D (S132) used by Šamaš-nāṣir, scribe.

gen. P2/SG5?

PA 28:F (S132) used by Šamaš-nāṣir, scribe.

gen. P2/SG5?

84

30 × 22 mm.

Two dancing figures with crossed legs. A bouquet tree between two antelopes. A branch motif along the top border.

Group 4.

PA 24: A (—) used by Tae s. Teḫiya, witness.

gen. P2

PA 39: B (P485!) used by Tae s. Teḫiya, witness.

gen. P2/SG5

85

16 × 8 mm.

A lion attacking a recumbent (horned) animal. Rest unclear.

PA 24: B (—) used by […]ta[…], witness.

gen. P2

86

25 × 16 mm.

Two goats flank a volute tree below a recumbent horned quadruped. A figure with arm raised below traces of a figure, an upright quadruped(?), and the leg of another animal(?).

Group 4.

PA 25: B (S132) used by Ikkiya s. Arti […], witness.

gen. P2

87

33 × 15 mm.

A figure (with mace?) faces a suppliant deity. A mongoose, a sphinx or griffin-monster above two merged mouflon sheep.

Fragmentary legend: [...] AN x [O].
[...] TI x [O]
[...] x BAR

Group 1.

PA 25: C (S132) used by [...], scribe.

gen. P2

88

28 × 7 mm.

A recumbent quadruped, a figure in open mantle, the trunk (of a bouquet tree), and another figure(?).

Group 2.

PA 25: D (S132) used by Tuppiya s. Zilip-apu, witness.

gen. P2

89

22 × 10 mm.

A worshiper with hand raised toward the Warrior Goddess, who holds a lion-scimitar staff and a scimitar. A frontal nude "hero," a ballstaff, bird-headed(?) scimitar-staff. Two disks and two disk-in-crescents.

Group 1.

PA 27: A (—) used by Ḫutip-apu s. Eḫliya, witness.

gen. P2/SG4–5

90

? × 15 mm.

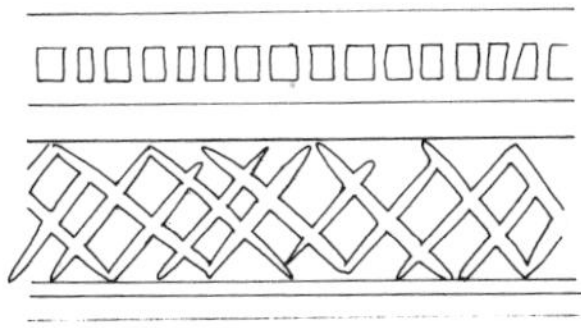

A horizontal ladder pattern above crosshatching.

Group 5.
PA 27: B (—) used by Itḫ-apiḫe s. Arip-erwi, witness.

gen. P2/SG4–5

91
25 × 15 mm.

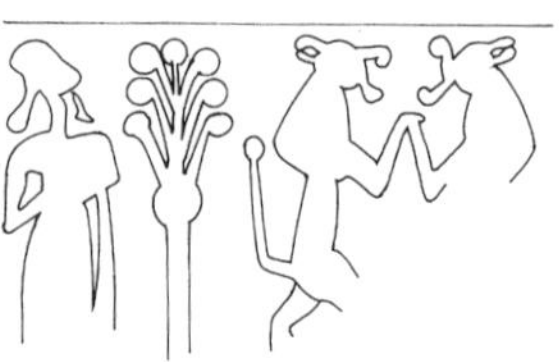

A pigtailed figure in open mantle faces a bouquet tree; two contesting lions.
Group 2.
PA 27: C (—) used by Zime s. Ṣilliya, witness.

gen. P2/SG4–5

Seal 91 appears to be identical to **seal 92**. One witness lent his seal to another witness.

92
22 × 6 mm.

A figure and two contesting lions.
Group 2.
PA 27: D (—) used by Šimika-atal s. Karti-[…], witness.

gen. P2/SG4–5

Seal 92 appears to be identical with **seal 91**. One witness lent his seal to another witness.

93
11 × 9 mm.

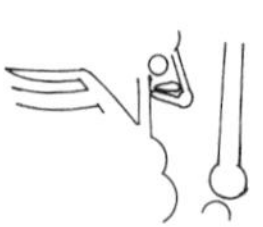

A sphinx facing a standard(?).
Group 3.
PA 27: E (—) used by Tarmi-Tilla, scribe.

gen. P2/SG4–5

AASOR 16 66:A (C112) used by Tarmi-Tilla, scribe, in gate of URU Unapšewe.

94

28 × 17 mm.

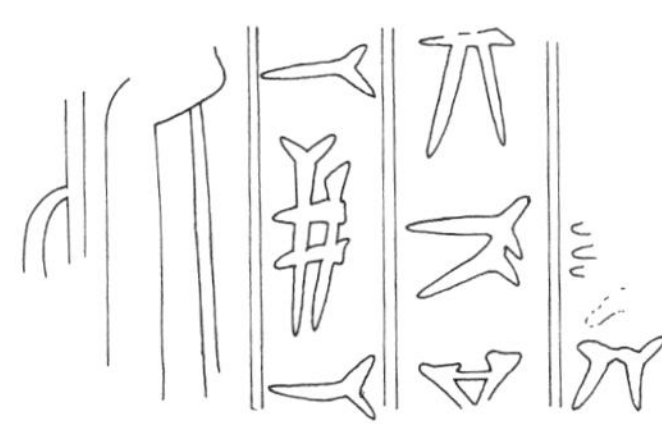

A figure in open mantle. The horn of a quadruped(?).

Legend: very faint impression; uncertain whether real or imitation cuneiform:

[...] x [...]
[...] x x [...]
[...] x NI? x [...]

Group 1.

PA 28: A (S132) used by Ḫamiya s. Aziya, witness.

gen. P2/SG5?

95

36 × 10 mm.

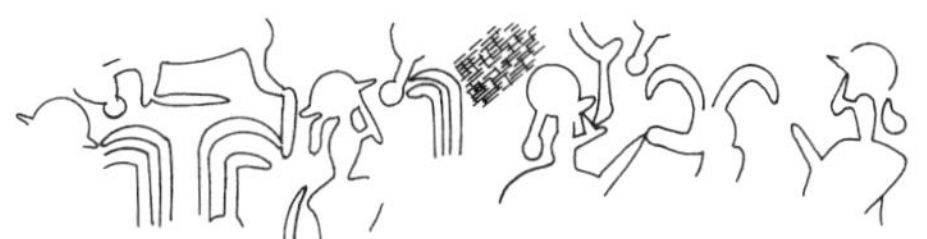

Two opposed antelope below a fallen quadruped. A figure faces an (upright?) antelope below a fallen quadruped. Two opposed figures, each with an arm raised toward an upright mouflon sheep, below a fallen quadruped.

Group 4.

PA 28: D (S132) used by Tarmi-Tilla s. Eḫliya, borrower.

gen. P2/SG5?

96

35 × 10 mm.

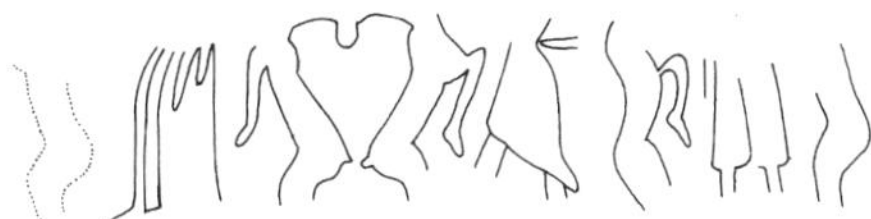

A suppliant(?) figure in long (flounced?) robe opposite a figure in short tunic face two upright quadrupeds with merged heads, figure in short tunic. A figure in short mantle between two upright (horned) quadrupeds.

Group 4.

PA 28: E (S132) used by Ḫutip-apu s. Eḫliya, borrower.

gen. P2/SG5?

PA 48: E (S132) used by Ḫutip-apu s. Eḫliya, borrower.

gen. P2/SG5?

97

33 × 17 mm.

Three figures in open mantles, two upright antelope with heads reversed, one upright mouflon sheep, and two grazing gazelles.
Group 4.
PA 29: A (S133) used by Tae s. Bēliya, witness.

gen. P2/SG4

98

32 × 18 mm.

A figure in open mantle, a star, a rosette and a bird. Two upright lion-demons holding a tree(?)-standard. A cluster of 7(?) dots.
Group 3.
PA 29: B (S133) used by Alki-Tilla s. Akitte, witness.

gen. P2/SG4

99

43 × 26 mm.

Three pigtailed figures face two upright antelope with heads reversed below a horizontal branch motif. Two dots(?)
Group 4.
PA 29: C (S133) used by Akiya (s. Nūr-kūbi), witness.

gen. P2/SG4

PA 37: C (N120) used by Akiya s. Nūr-kūbi, witness, in Tupšarriniwe.

gen.P2/SG5

100

21 × 7 mm.

Two (horned) quadrupeds flank standard. A star and a rosette.
Group 3.
PA 29: D (S133) used by Abī-ilu s. ^{d}AK.DINGIR.RA, scribe.

gen. P2/SG4

HSS 9 19: C (A26) used by Abī-ilu, scribe, in Nuzi.

gen. S3/SG4

= ***AdŠ* seal 501**
JEN 105/u 515: J (T16) used by Abī-ilu s. ^{d}AK.DINGIR.RA, scribe, in Nuzi.

gen. T3/SG4

101

31 × 10 mm.

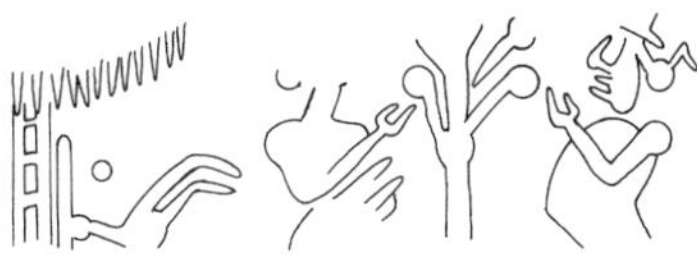

Two figures in mantles raise one hand toward a bouquet tree. A winged standard, a goat, a ballstaff(?) and a dot.
Group 2.
PA 29: E (S133) used by Akiya s. Šaš-tae, witness.

gen. P2/SG4

102

6 × 5 mm.

A seated figure
PA 30: A (—) used by […].

gen. P2

103

30 × 12 mm.

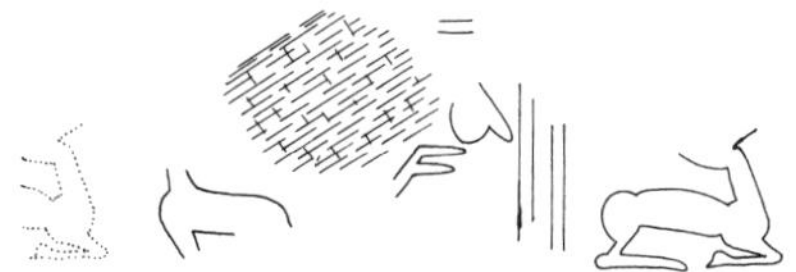

A recumbent quadruped and indistinct outlines of an animal, a wing(?), a star(?), and two vertical lines.
PA 30: B (—) used by […].

gen. P2

104

7 × 6 mm.

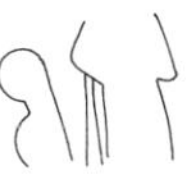

A figure in open mantle and a quadruped(?).
PA 30: C (—) used by […].

gen. P2

105

17 × 7 mm.

A nude figure and two recumbent quadrupeds.
PA 30: D (—) used by […].

gen. P2

106

16 × 21 mm.

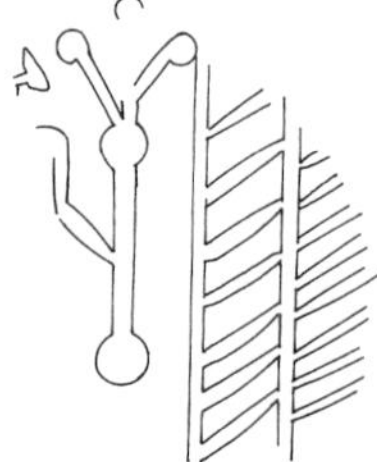

A figure holds a bouquet tree. Two vertical registers of diagonal hatching.
Group 2.
PA 31: A (S132) used by […], witness.

gen. P2/SG?
scribe: Urḫi-Teššup

107

22 × 9 mm.

Three suppliant figures face an upright (horned) quadruped.
Group 4.
PA 31: C (S132) used by Bel?-r[i…] LÚ *ḫabiru*?, witness.

gen. P2/SG?
scribe: Urḫi-Teššup

108

11 × 6 mm.

Faint outlines of a seated figure(?) and a quadruped(?).
PA 33: B (S132) used by Elḫip-šarri s. Iriliya, judge, in Tupšarriniwe.

gen. P2/SG4–5

109

31 × 9 mm.

A lion, a winged(?) monster, a winged(?) lion-monster, the arm of a figure.
Group 5.
PA 33: D (S132) used by Zilip-apu s. Akkuya, judge, in Tupšarriniwe.

gen. P2/SG4–5

110

? × 9 mm.

Crosshatching.

Group 5.

PA 33: E (S132) used by Šennaya s. Papante, judge, in Tupšarriniwe.
gen. P2/SG4–5

Šennaya s. Papante acts as guarantor for a bronze loan and he comes from URU IrW[I…], which is otherwise unknown: EN 10/2 166 (6), lines 14–15.

111

37 × 23 mm.

Two upright goats above a star and a human head. A winged disk above volute tree. A recumbent quadruped, a lunging sphinx, and a seated lion. A figure in long robe and a staff(?).

Group 4.

PA 34: A (S133) used by Akiya s. Šaš-tae, witness/surveyor, in Tupšarriniwe.
P2/SG5

PA 39: A (P485!) used by Akiya s. Šaš-tae, witness.
P2/SG5

112

29 × 15 mm.

A bouquet tree, a lion-demon holding an inverted horned quadruped, the curve of an animal horn, a bird.

Group 4.

PA 34: B (S133) used by Akkul-enni s. Akitte, witn./surveyor, Tupšarriniwe.
P2/SG5

113
17 × 9 mm.

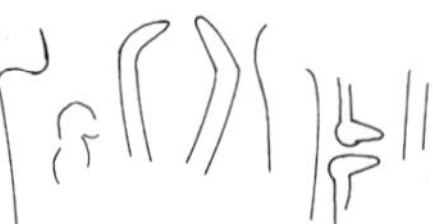

Two figures and traces of an unrecognizable object.
PA 34: D (S133) used by Zime s. Ṣilliya, witness/surveyor, in Tupšarriniwe.
P2/SG5

114
19 × 9 mm.

Human figure, bird(?), and upended stag.
PA 35: A (S133) used by Šekari, lessor of the field.

gen. P2

115
9 × 10 mm.

The trunk (of a tree), a (horned) quadruped, and indistinct outlines.
PA 36: A (S152) used by […].

gen. P2/SG?
scribe: Zu-[d]IM.

116
25 × 11 mm.

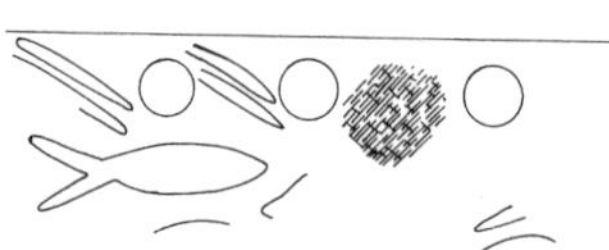

A double-stranded guilloche. One or, possibly, two rows of fish.
Group 5.
PA 36: B (S152) used by Akipta-šenni s. […], witness/surveyor.

gen. P2/SG?
scribe: Zu-[d]IM

117
18 × 7 mm.

A suppliant figure. The top curve of an animal horn(?).
PA 36: D (S152) used by Arip-Tilla s. […], witness/surveyor

gen. P2/SG?
scribe: Zu-[d]IM

118

16 × 10 mm.

Three human figures below two (horned) quadrupeds.
Group 4.
PA 36: E (S152) used by Palteya s. […], witness/surveyor.

gen. P2/SG?
scribe: Zu-^{d}IM

119

15 × 6 mm.

A recumbent bull monster and an upright demon or monster.
PA 36: F (S152) used by Teššuya s. […], witness/surveyor.

gen. P2/SG?
scribe: Zu-^{d}IM

120

24 × 14 mm.

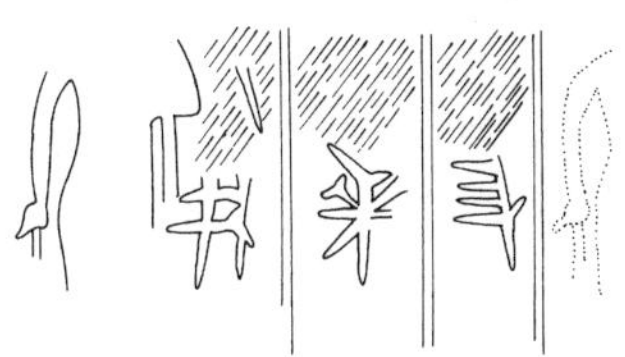

A figure in open mantle holds a scimitar.
Legend: too fragmentary.
Group 1.
PA 36: G (S152) used by ^{I}Zu-^{d}IM, scribe.

gen. P2/SG?

121

32 × 12 mm.

Two pigtailed figures on one knee holding a (winged?-)standard. A mouflon sheep and the head and legs of a quadruped.
Group 2.
PA 37: A (N120) used by Ḫalutta s. Akiya, witness, in Tupšarriniwe.

gen. P2/SG5

122

? × 14 mm.

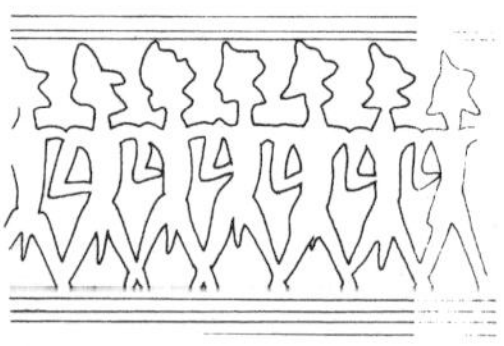

A row of dancing men in pointed hats and tunics.
Group 5.
PA 37: B (N120) used by Šamaš-nāṣir s. Akiya, scribe, in Tupšarriniwe.
gen. P2/SG5
PA 48: A (S132) used by Šamaš-nāṣir, scribe.
gen. P2/SG5?

The design, borders, and measurements of **seal 122** compare closely with **seal 75** used by the witness, Kankapa s. Ḫanaya, on EN 9/2 342 (**17**). No connection can be made between the seals, however, because Šamaš-nāṣir is not mentioned in 17 and we do not know whether Kankapa s. Ḫanaya was present for EN 9/2 250 (**37**) because several names and seals of witnesses are missing.

123

35 × 6 mm.

The hind legs of an upright lion. Two (pigtailed) figures on one knee (holding?) the trunk (of a bouquet tree).
Group 2.
PA 37: E (N120) used by [...], witness, in Tupšarriniwe.
gen. P2/SG5

124

15 × 11 mm.

Two upright goats or antelope. Horizontal bands (on the trunk of a bouquet tree).
PA 37: F (N120) used by Palteya s. Ward-aḫḫē, guarantor, in Tupšarriniwe.
P2/SG5

125

? × 13 mm.

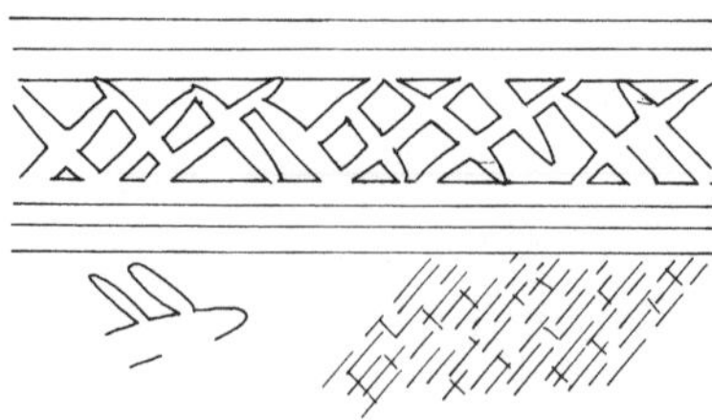

A horizontal border of crosshatching. Two horizontal lines. A (row of?) fish.
Group 5.
PA 38: B (S132) used by Taika s. Akap-šenni, seller.

gen. P2/SG5?

126

11 × 12 mm.

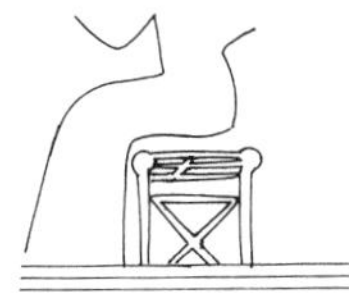

Figure in long robe seated on a stool.
PA 38: C (S132) used by Šamaš-nāṣir, scribe.

gen. P2/SG5?

127

20 × 22 mm.

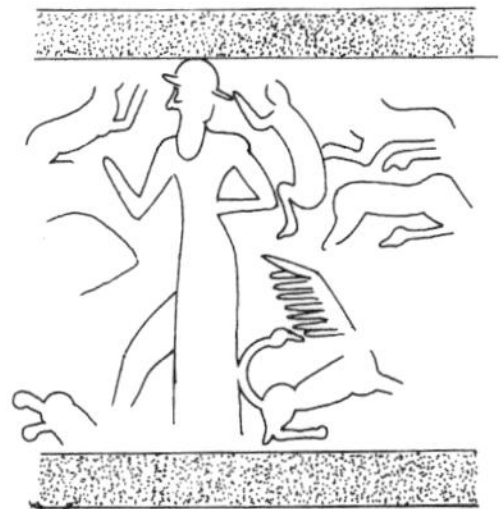

A figure in slit robe stands with one foot on a lion protome. A seated animal(?) above an indistinct outline. A mongoose, a recumbent lion(?), a fallen (horned) quadruped, a seated griffin or sphinx with one paw raised (over a recumbent horned animal). The design is bordered by the impression of two exceptionally wide seal caps.
Group 4.
PA 39: C (P485!) used by Tuppiya s. Zilip-apu, witness.

gen. P2/SG5

128

20 × 13 mm.

A figure in open mantle holds an inverted quadruped toward a suppliant(?) figure.
Group 5.
PA 39: D (P485!) used by Šurukka DUMU Arip-urikke, witness.

gen. P2/SG5

129

20 × 14 mm.

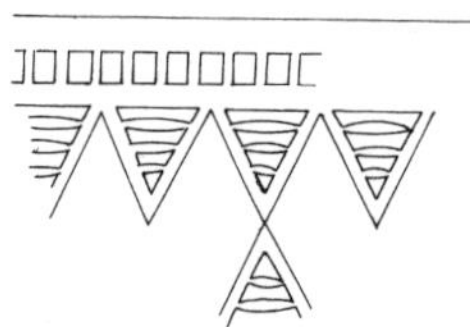

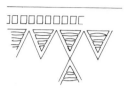

A horizontal ladder pattern. Two rows of opposed triangles filled with hatching.
Group 5.
PA 40: A (N120) used by [...]i-Tilla, witness.

gen. P2

Compare *AdŠ* **seal 502** (Group 5).

130

20 × 19 mm.

A sphinx and a long-robed figure.
PA 40: B (N120) used by Akiya s. Šaš-tae, witness.

gen. P2

131

18 × 8 mm.

Two quadrupeds with heads reversed. Branches of a bouquet tree(?).
PA 40: C (N120) used by [...] s. Eḫliya, witness.

gen. P2

132

12 × 6 mm.

The front leg of a seated monster or quadruped, a vertical register of diagonal hatching, the feet of a figure turned 90°(?).
PA 40: D (N120) used by Bēliya *maṣṣar abulli*, witness.

gen. P2

Bēliya = Bēliya s. Aḫ-ummeya, see EN 9/2 441 (**49**) and EN 9/2 384 (**54**).

133

12 × 9 mm.

A bouquet tree. A row of stars.
Group 2?

PA 41: A (S132) used by […].

gen. P2/SG4

134

25 × 13 mm.

One or two upended stags and a disk.

Group 5.

PA 42: A (N120?) used by Ḫabbūr-Sîn s. Zaziya, witness, in Tupšarriniwe.

P2/SG5

135

27 × 17 mm.

A long-robed figure seated on stool, drinking through tube from a footed vessel on the ground. A ballstaff and a star. Traces of a seated animal or monster (attacking?) a recumbent (horned) quadruped above a lion attacking a recumbent goat.

Group 4.

PA 42: B (N120?) used by Šilaḫi-Teššup s. Elḫip-[…], witnesses in Tupšarriniwe.

P2/SG5

Compare **seal 22** ad ***AdŠ* seals 16** and **131** (Group 4).

136

35 × 15 mm.

Two (or three) recumbent mouflon sheep separated by vertical lines.

Group 5.

PA 42: C (N120?) used by Palteya s. Ward-aḫḫē, witness, in Tupšarriniwe.

P2/SG5

Compare *AdŠ* seals in Group 5F.

137

22 × 5 mm.

A bouquet tree. Rest unrecognizable.
PA 42: D (N120?) used by […], witness, in Tupšarriniwe.

P2/SG5

IV. *Pašši-Tilla and Kipal-enni (seal nos. 138–141)*

138

18 × 12 mm.

A dot, a winged lion-monster, a staff(?), a fallen quadruped.
PA 44: A (S132) used by […] s. Ilānu, witness.

gen. P2–3/SG5?

139

35 × 18 mm.

Two griffin-demons stand with one arm raised, flanking a (star-in-)disk on volute-standard. An upright (horned) quadruped(?).
Group 3.
PA 44: B (S132) used by Niḫriya LÚ […], witness.

gen. P2–3/SG5?

140

29 × 16 mm.

Two winged lion-monsters spitting fire below a dot(?)-in-winged disk. Two birds, a dot, a tree.
Group 3.
PA 44: C (S132) used by Šamaš-nāṣir, scribe.

gen. P2–3/SG5?

141

18 × 11 mm.

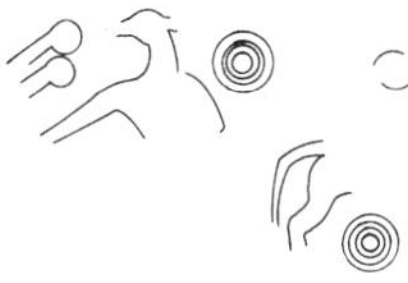

A griffin demon and a bouquet tree(?). A pair of concentric circles, one (of two crossed) upright quadrupeds (zebu-bulls?) above a pair of concentric circles.

Group 3.

PA 44: D (S132) used by Kipal-enni s. Pula-ḫali, depositor.

gen. P2–3/SG5?

Seal 141 used here by Kipal-enni s. Pula-ḫali appears to be identical with **seal 156**, which was used by the witness, Ataya s. Kai-Teššup, on EN 9/2 347 (**50**), a contract concerning Kipal-enni's nephews. Kipal-enni is not mentioned in text **50**, but he may have been present or the seal belongs to the Pula-ḫali family and was lent out to people they recruited as witnesses.

V. *Kipal-enni s. Pula-ḫali (seal nos. 142–146)*

142

20 × 9 mm.

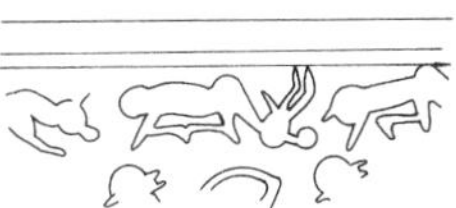

Three recumbent horned quadrupeds above two figures in round caps and the horn of an upright goat or antelope.

Group 4.

PA 45: A (S133) used by Šekar-Tilla s. Ṭāb-šarru or Belaya, witness.

gen. P2/SG?
scribe: Mannu-tārissu

143

25 × 9 mm.

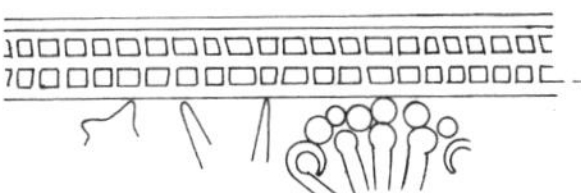

Two horizontal bands of hatching above a figure in pointed hat, a straight-horned animal, and a volute tree.

PA 45: B (S133) used by […].

gen. P2/SG?
scribe: Mannu-tārissu

144

25 × 15 mm.

A scorpion, a small goat or gazelle, a star-in-disk, an antelope, a fish, a large goat.

Group 4.

PA 46: A (S133) used by Zike s. Akiya, borrower.

gen. P2

145

29 × 19 mm.

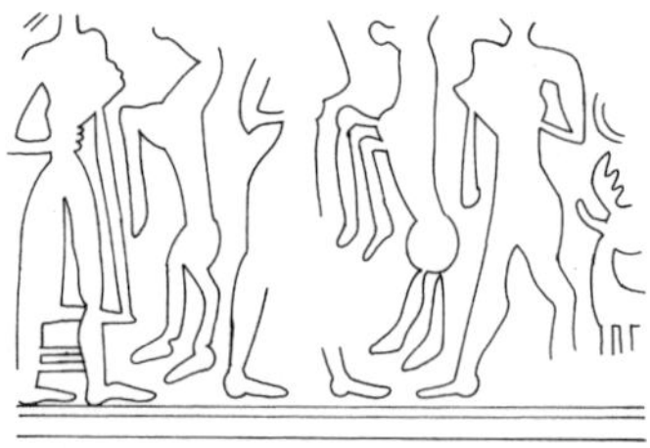

A figure in open mantle faces an upright (horned) quadruped. Two figures in mantles(?) flank an upright (horned) quadruped. One (of two) stags below an arc (of a guilloche?).

Group 4.

PA 46: B (S133) used by […].

gen. P2

146

20 × 18 mm.

Group 4.

A figure with one arm raised behind a figure in short tunic who faces a stag. An upright quadruped and a sphinx. A suppliant goddess in flounced robe behind an upright horned quadruped(?).

PA 46: C (S133) used by Tuppiya s. Zilip-apu, (witness).

gen. P2

VI. *Šurki-Tilla s. Pula-ḫali (seals nos. 147–154)*

147
33 × 22 mm.

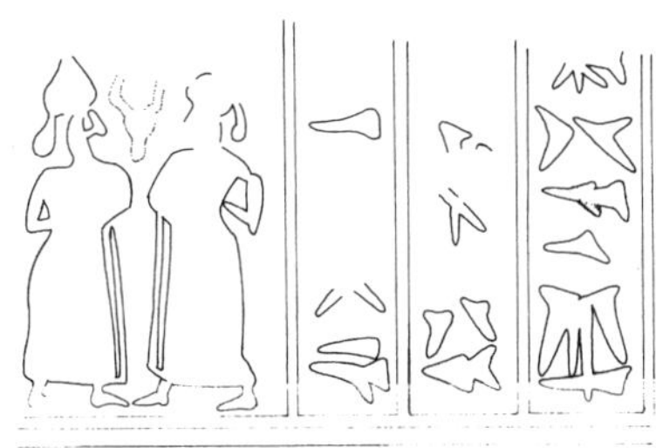

Two opposed figures in pointed hats and open mantles. A bull or stag's head(?).
Legend: [...D]INGIR UTU x x
[...] DINGIR UTU
[...]x × A
Group 1.
PA 48: C (S132) used by Ḫanakka, witness.

gen. P2/SG5?

148
11 × 10 mm.

A bouquet tree(?), the horn of a quadruped(?), a bird(?).
PA 48: D (S132) used by Akiya, witness?

gen. P2/SG5?

149
30 × 24 mm.

A figure in open mantle opposite a suppliant figure. Between them, a winged standard above a smaller scale figure on one knee who holds a spear(?). Another figure on one knee turned 90º above two upright goats with heads reversed.
Group 4.

PA 49: A (S132) used by Ariḫ-ḫamanna s. Nūr-kūbi, witness, Tupšarriniwe. P2/SG3–4

PA 53: A (S132) used by Ariḫ-ḫamanna s. Nūr-kūbi, witness. P2/SG3–4

150

37 × 22 mm.

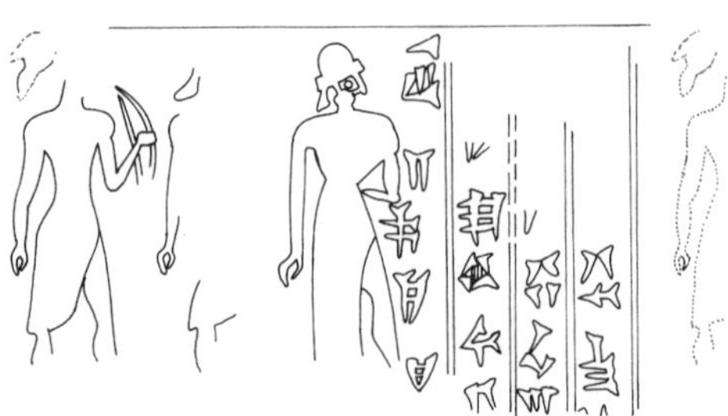

A figure in short open skirt holds a bow and follows behind a second figure and a third figure in open skirt. The hindquarters of an animal(?).

Legend: incomprehensible, uncertain whether meaningful.

[…] UD x x
[…] x UD × M[A?]
[…] x ḪAR IGI x
[…] x NI NI

Group 1.

PA 49: B (S132) used by Ariḫ-ḫamanna, scribe, in Tupšarriniwe. gen. P2/SG3–4

PA 53: A (S132) used by Ariḫ-ḫamanna, scribe. gen. P2/SG3–4

151

30 × 22 mm.

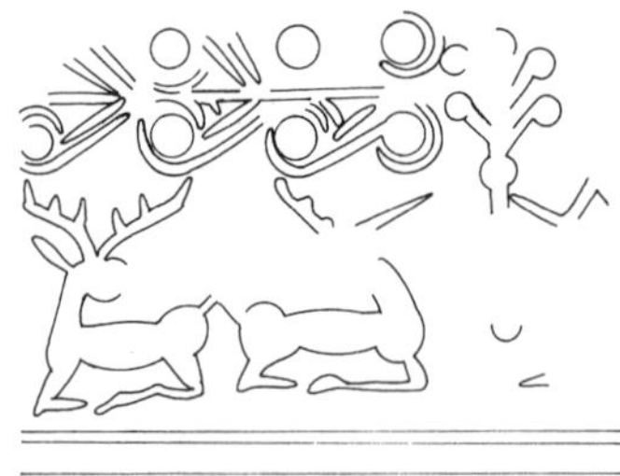

Two double-stranded guilloches or a scroll-and-dot pattern above two recumbent stags. A bouquet tree held by a figure (on one knee).

Group 2.

PA 49: C (S132) used by Eteš-šenni, payee, in Tupšarriniwe. gen. P2/SG3–4

Eteš-šenni signs as judge on EN 9/2 440:A (**23**), but the seal is not preserved.

152
35 × 18 mm.

Three figures with one foot raised through slit skirts hold an inverted horned quadruped in their raised hand. Between them, three upright horned quadrupeds, one of which is a stag.
Group 4.
PA 49: D (S132) used by Mat-Teššup s. [...]a, witness, in Tupšarriniwe.
P2/SG3–4

153
31 × 10 mm.

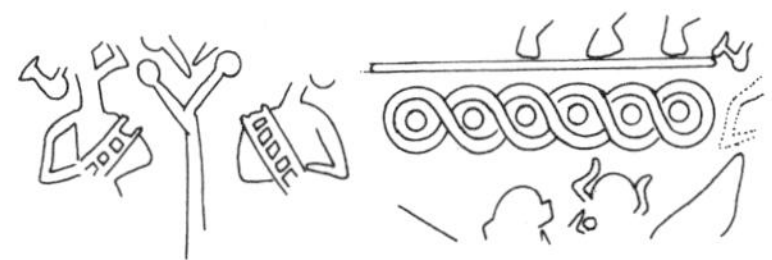

A bouquet tree between two figures in embroidered robes. A quadruped stands on a horizontal line. A single-stranded guilloche with central dot above two sphinxes: one wearing a round cap, the other wearing a horned cap.
Group 2.
PA 49: E (S132) used by Šurki-Tilla s. Pula-ḫali, witness, in Tupšarriniwe.
P2/SG3–4

154
30 × 15 mm.

Three figures in open mantles follow behind two upright antelope. A ball-staff.
Group 4.
PA 49: F (S132) used by Ukuya s. [...], witness, in Tupšarriniwe.
gen. P2/SG3–4

Generation 3

VII. *Waḫḫurra s. Paššī-Tilla (seal nos. 155–159)*

155

24 × 8 mm.

A winged quadruped, a bouquet tree, and a figure.
Group 2.
PA 50: A (S132) used by Ḫalutta s. Akiya, borrower.

gen. P3

156

28 × 15 mm.

A scorpion, a disk, and an upright griffin-demon. Two overlapping zebu-bulls above three pairs of concentric circles.
Group 3.
PA 50: B (S132) used by Ataya s. Kai-Teššup, witness.

gen. P3

Seal 156 used here by the witness, Ataya s. Kai-Teššup, appears to be identical with **seal 141**, which was used by Kipal-enni s. Pula-ḫali, on EN 9/2 207 (**44**). Kipal-enni is not mentioned in EN 9/2 347 (**50**), but most probably, the seal belongs to the Pula-ḫali family and was lent out, as in this case, to people they recruited as witnesses.

157

34 × 12 mm.

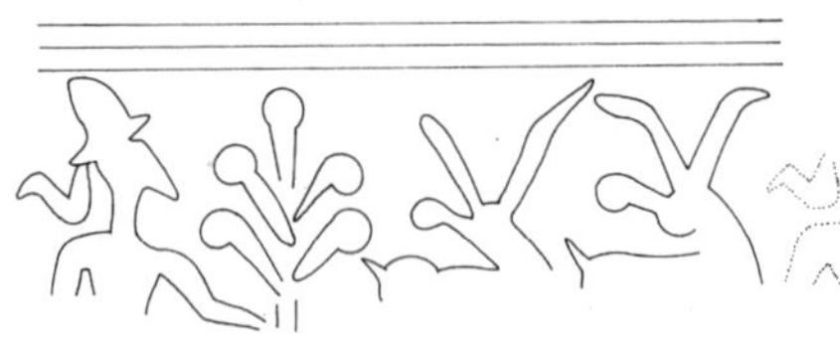

A bouquet tree held by a pigtailed figure in pointed hat. Two horned quadrupeds with heads reversed.
Group 2.
PA 50: C (S132) used by Šattukewi s. Wirri, witness.

gen. P3

158
39 × 11 mm.

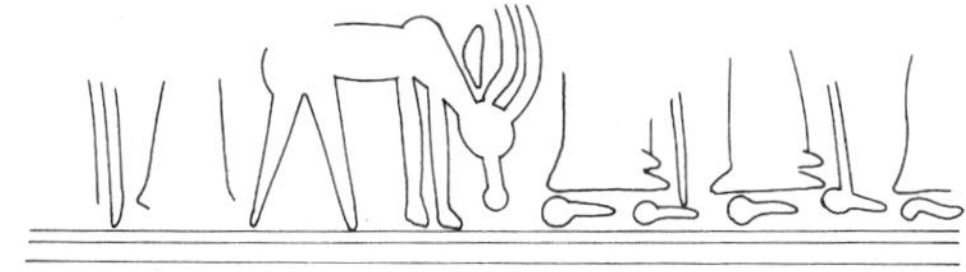

Three figures in long open mantles face a grazing antelope.
Group 4.
PA 50: D (S132) used by Pilmašše s. Ababilu, witness.

gen. P3

159
33 × 10 mm.

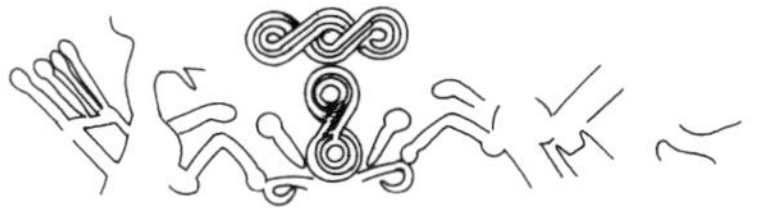

A double-stranded guilloche standard between two upright winged (bull?-) monsters. Indistinct outlines.
Group 3.
PA 50: E (S132) used by [Teḫip-Til]la(?), scribe.

gen. P3

VIII. [*I*]*wiya* [*s. Pašši-Tilla*] (*seal nos. 160–164*)

160
26 × 18 mm.

Upper register: a star-in-winged disk on rosette stand, a scorpion above a bull, a row of contiguous concentric circles above a double-stranded guilloche.
Lower register: a recumbent gazelle, a seated griffin-monster, a recumbent horned quadruped.
Group 3.
PA 52: A (S132) used by Tarmi-Teššup, witness.

gen. P3

161
27 × 13 mm.

A figure with hand raised toward a tree. A figure in open skirt faces a nude figure on one knee. A bird or star above a rosette.
Group 2?
PA 52: B (S132) used by Pai-Tilla s. Ar-Teššup?, witness.

gen. P3

The correlation between the caption and seal impression is uncertain.

Seal 161 appears to be identical with **seal 164**. It was shared by two witnesses on the same tablet.

162

15 × 5 mm.

A sphinx. Rest unrecognizable.
PA 52: C (S132) used by Šennunni s. Šaliya(?), witness.

gen. P3

The correlation between the caption and seal impression is uncertain.

163

27 × 15 mm.

A disk-on-tree standard between two sphinxes. A scorpion.
Group 3.
PA 52: D (S132) used by [...].

gen. P3

164

14 × 7 mm.

The bent arm of a figure. A standard or trunk of a tree. A figure in open mantle(?).
PA 52: E (S132) used by Šurkip-Tilla s. [...], witness.

gen. P3

Seal 164 appears to be identical with **seal 161**. It was shared by two witnesses on the same tablet.

IX. *Related Texts (seal nos. 165–173)*

165
26 × 17 mm.

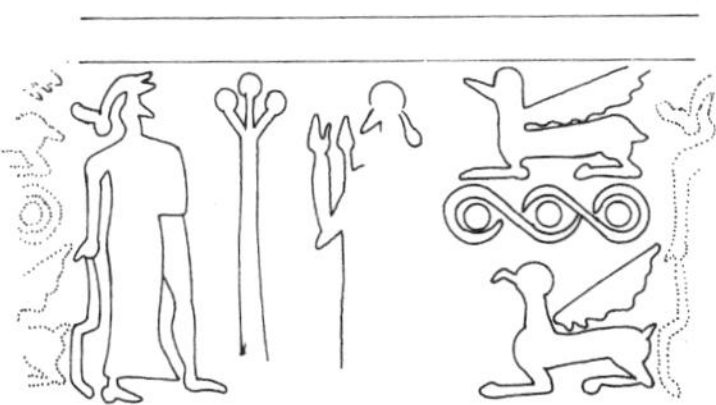

A bouquet tree between a figure with scimitar and a suppliant figure. A single-stranded guilloche with central dot between two recumbent griffins.
Group 2.
PA 53: B (S132) used by Teḫiya s. Ḫaip-LUGAL, witness.

gen. P2/SG3–4

166
35 × 15 mm.

A bouquet tree between two suppliant figures. A sphinx(?) above an upended goat or gazelle. A single-stranded guilloche with central circle.
Group 2.
PA 53: C (S132) used by Bēliya LÚ *abultannu*, witness.

gen. P2/SG3–4

Bēliya = Bēliya s. Aḫ-ummeya, see EN 9/2 441 (**49**).

167
39 × 10 mm.

A figure on one knee with hand raised toward an upright quadruped. A figure in (embroidered) robe raises one hand under a disk opposite a figure on one knee. Two opposed sphinxes wearing horned caps.
Group 4.
PA 53: E (S132) used by Ḫutip-apu s. Eḫliya, witness.

gen. P2/SG3–4

168
30 × 11 mm.

A quadruped, a figure in open mantle, indistinct outlines and a figure with scimitar.
PA 53: F (S132) used by Kelteya s. Ṭāb-Arrapḫe, witness

gen. P2/SG3–4

169
28 × 16 mm.

A worshiper in open mantle opposite a suppliant deity. A star-in-crescent above a recumbent animal. A standing figure and a figure with bent knees who holds the curved horn or leg of a quadruped.
Group 1.
PA 54: A (S132) used by Mušše s. Ṣillī-šemi, witness.

gen. P?/SG?
scribe: Teḫip-Tilla

170
22 × 15 mm.

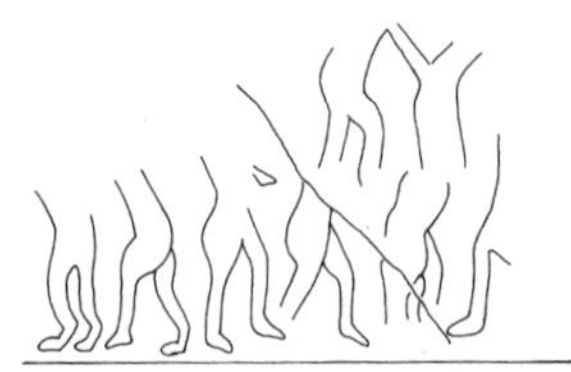

Two partial impressions of the same seal(?) showing a procession of upright quadrupeds. A figure in short tunic holds inverted quadruped.
Group 4.
PA 54: B (S132) used by Elḫip-sarri s. Iriliya, witness.

gen. P?/SG?
scribe: Teḫip-Tilla

Elḫip-sarri s. Iriliya uses **seal 108** as judge in EN 9/2 440 (**33**).

171
35 × 9 mm.

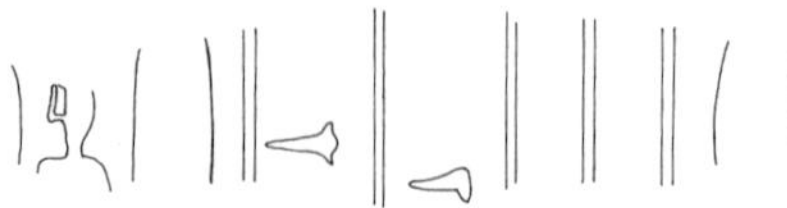

A small figure between larger scale figures(?).
Legend: illegible.
Group 1.
PA 54: C (S132) used by Eḫliya s. Akkuya, witness.

gen. P?/SG?
scribe: Teḫip-Tilla

172

28 × 12 mm.

A worshiper with kid opposite another figure. A goat's head and a disk. Two horizontal registers. Above: a standard or bouquet tree held by two figures in short tunics and a standard beside another figure in short tunic. Below: traces of unrecognizable motifs.

Group 1.

PA 54: D (S132) used by Teḫip-Tilla, scribe.

gen. P?/SG?

173

13 × 8 mm.

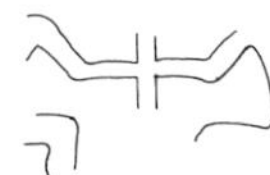

Two seated figures hold the trunk (of a bouquet tree).

Group 2.

PA 55: B (—), used by [...], in Tupšarriniwe.

gen. P2

7
EN 9/2 339: E (2)

8
EN 9/2 339: F (2)

13
EN 9/2 352: C (3)

14
EN 9/2 364: B (31)

14b
EN 9/2 250: D (37)

14c
EN 9/2 374: D (16)

14d
EN 9/2 352: D (3)

15a
EN 9/2 340: C (28)

15b
EN 9/2 352: E (3)

16
HSS 19 97: D (10)

17
EN 9/2 353: B (4)

19
EN 9/2 353: D (4)

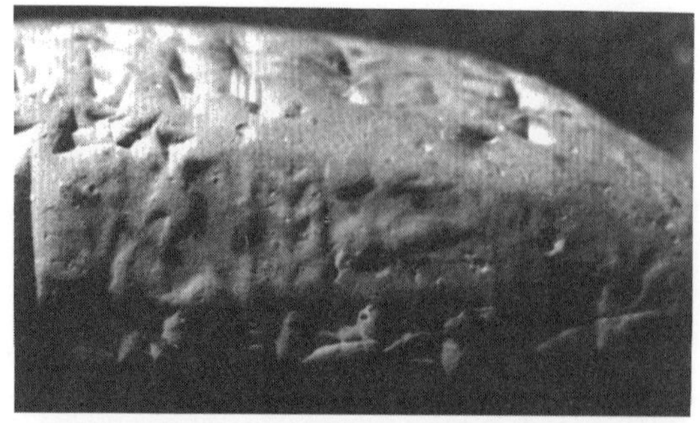

20
EN 9/2 353: E (4)

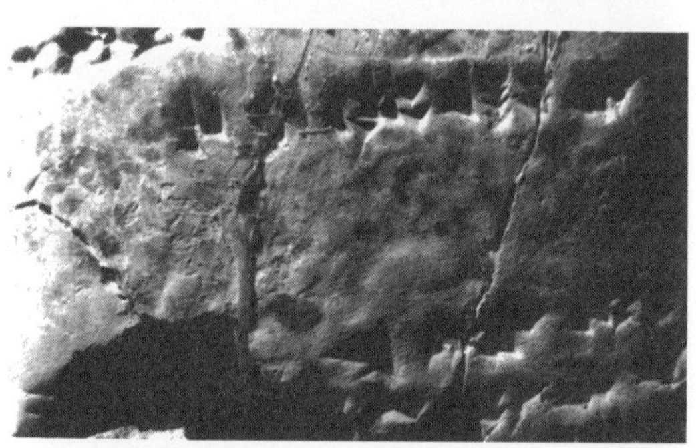

22
AASOR 16 97: B (5)

23a
EN 9/2 299: G (39)

23b
EN 9/2 344: C (20)

33

HSS 19 97: I (10)

37

HSS 19 97: A (10)

38

HSS 19 97: B (10)

39

HSS 19 97: C (10)

40
HSS 19 97: F (10)

41
HSS 19 97: H (10)

42
HSS 19 97: J (10)

43
HSS 19 99: A (11)

44
HSS 19 99: B (11)

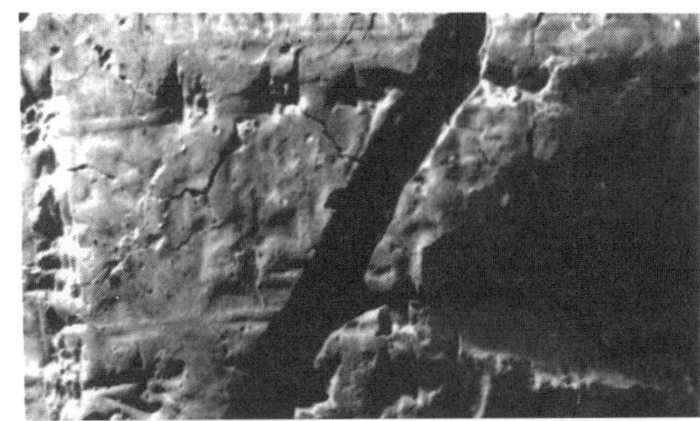

52
EN 9/2 505: B (13)

61
HSS 19 135: B (15)

62
HSS 19 126: C (15)

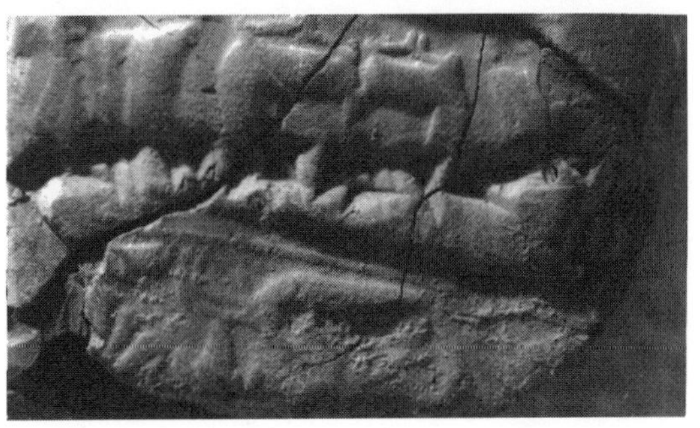

67
EN 9/2 374: A (16)

68
EN 9/2 374: B (16)

69
EN 9/2 374: C (16)

72a
EN 9/2 299: F (39)

72b
EN 9/2 337: B (48)

74
EN 9/2 342: A (17)

75
EN 9/2 342: B (17)

78
EN 9/2 345: A (18)

81
EN 9/2 344: A (20)

82
EN 9/2 344: B (20)

83
EN 9/2 340: F (28)

84
EN 9/2 299: B (39)

95
EN 9/2 340: D (28)

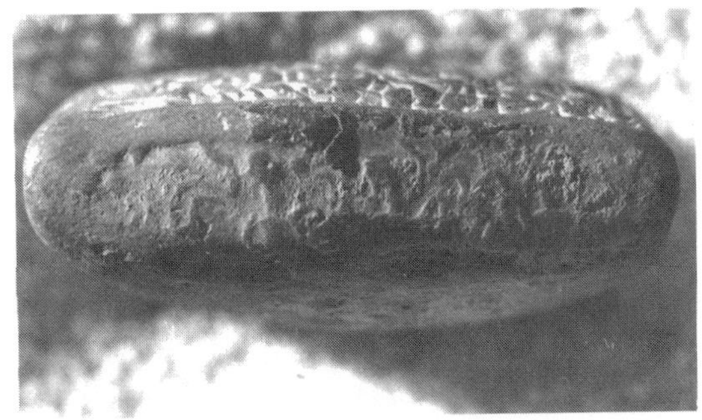

96
EN 9/2 340: E (28)

97
EN 9/2 349: A (29)

98
EN 9/2 349: B (29)

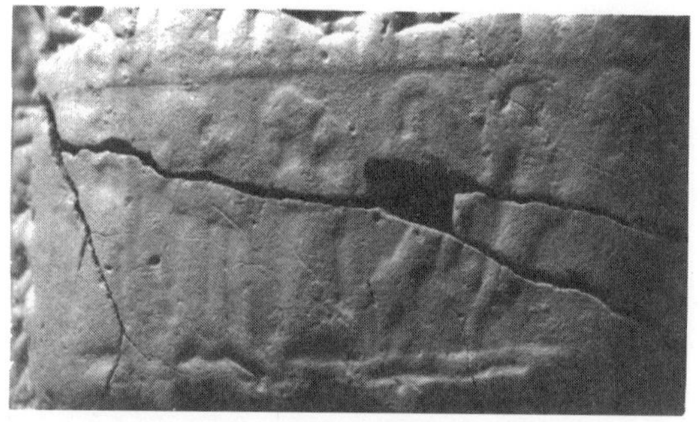

99
EN 9/2 250: C (37)

101
EN 9/2 349: E (29)

106
EN 9/2 364: A (31)

107
EN 9/2 364: C (31)

109
EN 9/2 440: D (33)

110
EN 9/2 440: E (33)

111a
EN 9/2 224: A (34)

111b
EN 9/2 299: A (39)

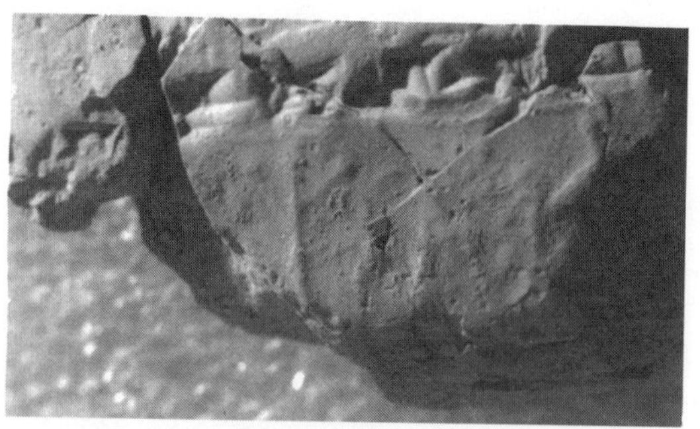

112
EN 9/2 224: B (34)

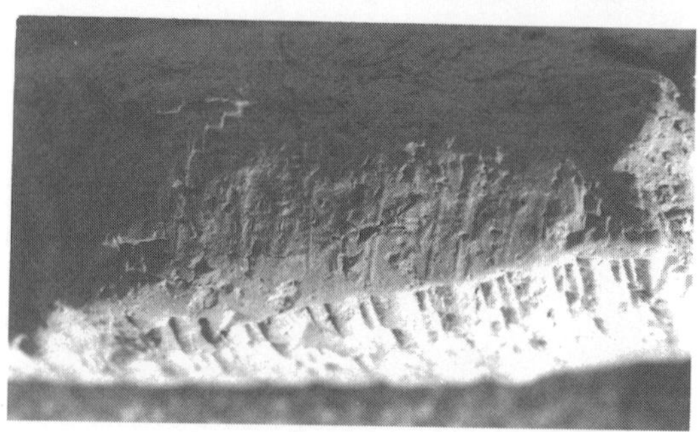

120
EN 9/2 33: G (36)

121
EN 9/2 250: A (37)

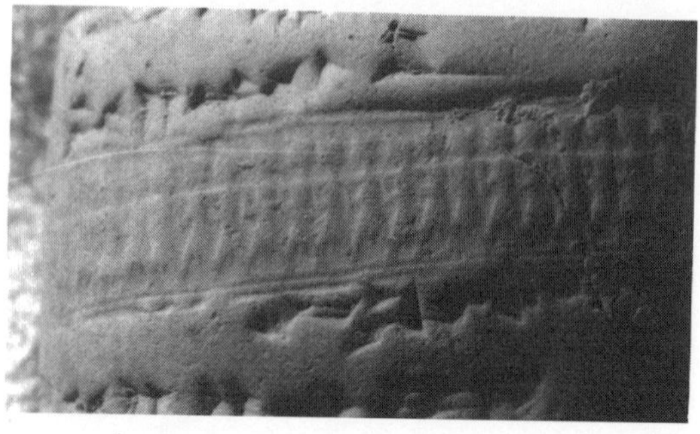

122
EN 9/2 250: B (37)

126
EN 9/2 283: C (38)

127
EN 9/2 299: C (39)

135
EN 9/2 515: B (42)

139
EN 9/2 207: B (44)

140
EN 9/2 207: C (44)

143
EN 9/2 97+: B (45)

144
EN 9/2 348: A (46)

145
EN 9/2 348: B (46)

146
EN 9/2 348: C (46)

147
EN 9/2 337: C (48)

149a
EN 9/2 381: A (53)

149b
EN 9/2 441: A (49)

150a
EN 9/2 331: D (53)

150b
EN 9/2 441: B (49)

151
EN 9/2 441: C (49)

152
EN 9/2 441: D (49)

153
EN 9/2 441: E (49)

154
EN 9/2 441: F (49)

156
EN 9/2 347: B (50)

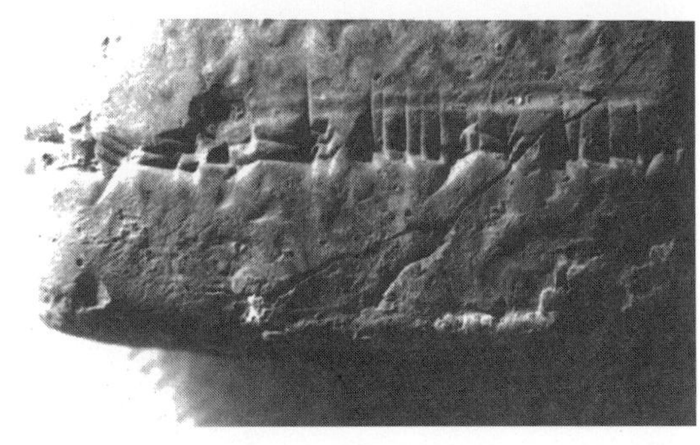

157
EN 9/2 347: C (50)

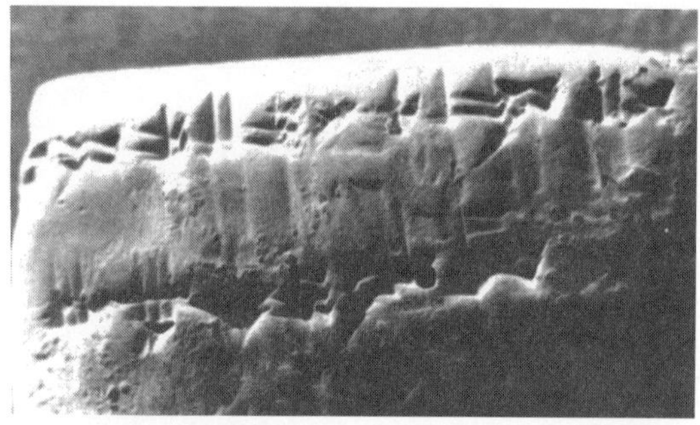

158
EN 9/2 347: D (50)

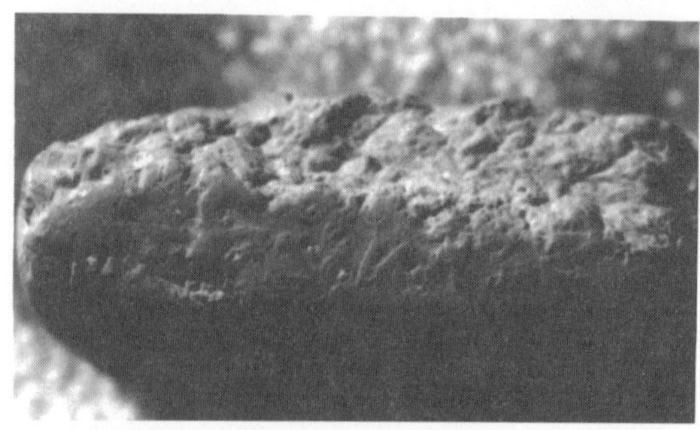

159
EN 9/2 347: E (50)

160
EN 9/2 325: A (52)

161
EN 9/2 325: B (52)

163
EN 9/2 325: D (52)

165
EN 9/2 331: B (53)

166
EN 9/2 331: C (53)

167
EN 9/2 331: E (53)

168
EN 9/2 331: F (53)

169
EN 9/2 384: A (54)

172
EN 9/2 384: D (54)

Index of Seal Users

Studies on the
Civilization and Culture of
NUZI AND THE HURRIANS

Volume 1. *In Honor of Ernest R. Lacheman on His Seventy-fifth Birthday, April 29, 1981*. Edited by M.A. Morrison and D.I. Owen. Winona Lake: Eisenbrauns, 1982. Pp. xxi + 496. ISBN 0-931464-08-0.

Volume 2. *General Studies and Excavations at Nuzi 9/1*. Edited by D.I. Owen and M.A. Morrison. Winona Lake: Eisenbrauns, 1987. Pp. ix + 723 + 1 foldout. ISBN 0-931464-37-4.

Volume 3. *Joint Expedition with the Iraq Museum at Nuzi VII: Miscellaneous Texts*. By E.R. Lacheman and M.P. Maidman Edited by D.I. Owen and M.A. Morrison. Winona Lake: Eisenbrauns, 1989. Pp. xii + 307. ISBN 0-931464-45-5.

Volume 4. *The Eastern Archives of Nuzi and Excavations at Nuzi 9/2*. Edited by D.I. Owen and M.A. Morrison. Winona Lake: Eisenbrauns, 1993. Pp. xii + 420. ISBN 0-931464-64-1.

Volume 5. *General Studies and Excavations at Nuzi 9/3*. Edited by D.I. Owen. Winona Lake: Eisenbrauns, 1995. Pp. ix + 357. ISBN 0-931464-67-6.

Volume 6. *Two Hundred Nuzi Texts from the Oriental Institute of the University of Chicago*, Part 1. By M.P. Maidman. Edited by D.I. Owen. Bethesda: CDL Press, 1994. Pp. xvi + 440. ISBN 1-883053-05-6.

Volume 7. *Edith Porada Memorial Volume*. Edited by D.I. Owen and G. Wilhelm. Bethesda: CDL Press, 1995. Pp. x + 159. ISBN 1-883053-07-2.

Volume 8. *Richard F.S. Starr Memorial Volume*. Edited by D.I. Owen and G. Wilhelm. Bethesda: CDL Press, 1996. Pp. viii+484. ISBN 1-883053-10-2.

Volume 9. *General Studies and Excavations at Nuzi 10/2*. Edited by D.I. Owen and G. Wilhelm. Bethesda: CDL Press, 1997. Pp. viii+396 ISBN 1-883053-26-9.

Volume 10. *Nuzi at Seventy-Five*. Edited by D.I. Owen and G. Wilhelm. Bethesda: CDL Press, 1999. Pp. xi+451. ISBN 1-883053-50-1.

Volume 11. *The Pula-ḫali Family Archives*. By Brigitte Lion and Diana Stein. Edited by D.I. Owen and G. Wilhelm. Bethesda: CDL Press, 2001. Pp. viii+377. ISBN 1-883053-56-0.

Volume 12. *General Studies and Excavations at Nuzi 10/3*. Edited by D.I. Owen and G. Wilhelm. Bethesda: CDL Press, 2002. In preparation. ISBN 1-883053-68-4.